石油和化工行业"十四五"规划教材

U0606069

高等职业教育本科教材

有机化学

徐国财　于子涵　主编

胡劲松　主审

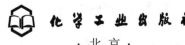

化学工业出版社

·北京·

内容简介

《有机化学》共 14 章，以官能团为主线，简明、系统地介绍了基本有机化合物的结构、性质、制备方法及重要反应的反应机理，将结构或性质相似的化合物进行整合。章前的学习目标（含知识目标、技能目标和素质目标），意在提示学习重点和要点；章中的思考题，意在培养创新意识和创新思维；章后的阅读材料，意在拓展延伸。各章末编写了一定数量的习题，供练习巩固。

本书可作为高等职业教育本科食品、生物制药、化学、化工、环境、材料等专业的教材，也可供高等职业教育专科各相关专业使用，还可作为行业、企业人员的参考书。

图书在版编目（CIP）数据

有机化学 / 徐国财，于子涵主编. -- 北京 ： 化学工业出版社，2025. 5. -- （石油和化工行业"十四五"规划教材）（高等职业教育本科教材）. -- ISBN 978-7-122-48238-9

Ⅰ . O62

中国国家版本馆 CIP 数据核字第 2025Y4R319 号

责任编辑：提　岩　刘心怡　　　文字编辑：朱　允
责任校对：李　爽　　　　　　　装帧设计：王晓宇

出版发行：化学工业出版社
　　　　　（北京市东城区青年湖南街 13 号　邮政编码 100011）
印　　装：三河市双峰印刷装订有限公司
787mm×1092mm　1/16　印张 18¼　字数 448 千字
2025 年 8 月北京第 1 版第 1 次印刷

购书咨询：010-64518888　　　售后服务：010-64518899
网　　址：http ://www.cip.com.cn
凡购买本书，如有缺损质量问题，本社销售中心负责调换。

定　　价：48.00 元　　　　　　版权所有　违者必究

　　教科书的任务，是基于当代人、承续前人创造的科学智慧，加以熔炼而融会贯通，使之成为年轻一代领会系统化基础知识、探索科学创造物质的必要工具。如何凝练教科书而成为有益学习的工具，需要教师认真而巧妙地策划架构、布局内容。有机化学教研组同仁们在多年的教学实践中不断探索总结，进而编写了本书。

　　本书在介绍基础知识的同时，努力在培养科学思维方面进行探索，希望激发学有余力的同学对有机化学进行深入思考，在关联章节内容的基础上，提出具有科学引导性、深度思考性和现实意义的思考题，也勇于挑战"不可能"的思考题或前沿性、热点性的思考题。寄望同学们充分利用网络信息，提升自我学习能力和对科学思考的兴趣，探究当前热点学术问题，闪现科学火花，或许今日埋下的兴趣种子会在未来的求索中发芽开花。

　　本书对与有机化学内容相关的德育素材也进行了挖掘和凝练，通过真实的故事、数据和案例，展现国家发展的片段式、成就式成果，使同学们切身体会到当前海晏河清的时代，是优越的中国特色社会主义制度培育出来的，是伟大的中国共产党卓越的领导力谋划出来的，是中国人民凭借智慧和勤劳奋斗出来的，是中华文明一脉相承的精华凝结而沉淀出来的。

　　有机化学是一门重要的专业基础课，国内已出版了多种类型的教材。但目前的教材内容偏多，不能够与学校授课学时逐年缩减的现状相适应，因此针对食品类、生物制药类等专业的特点，编写取材适当、内容精简、重点突出的《有机化学》教材还是很必要的。

　　本书的特色主要体现在以下方面：

　　（1）在架构上，既保持传统体系又自有特点，对部分传统章节内容进行了整合或单列。例如：对烃的内容进行了整合，分为三章，即饱和烃、不饱和烃和芳香烃；把常规独立成章的羟基和羰基取代羧酸衍生物，合并到羧酸及其衍生物一章，内容互相融合；对天然有机化合物进行了细化，分为糖类化合物、氨基酸与蛋白质、萜类与甾族化合物等三章内容，这样整合更契合食品类、生物制药类专业发展的知识立足点。

　　（2）在内容上，考虑到有机合成对于食品类、生物制药类专业的重要性，增列了各类化合物的制备内容。这既是对相关化合物性质的进一步巩固学习，也是对食品类、生物制药类专业学生有机合成思维的训练。厘清基本概念，弱化反应机理等基础理论的论述，重在有机化合物的结构、性质和应用，符合高等职业教育本科的人才培养需要。

　　（3）在习题上，随着网络信息技术的发展与应用，所需知识可以随时随地进行网络查询，因此，对各章的习题做了精简，保持适度练习。

　　本书共分为14章，保持传统的烃及其衍生物的知识递进顺序，以官能团为纲，以结构和反应为主线，阐明各类化合物的结构、性质之间的关系。在具体内容安排上，注意重点突出、难点分散和循序渐进。在编写时注重质量，更新了插图，并制作了视频、PPT 课件等资源可供学习。

　　本书由上海中侨职业技术大学徐国财、于子涵、周小飞、李冬琴、史雅威、魏蒙月，企业兼职教师吕大鹏高级工程师，宁波职业技术学院李爱元共同编写。具体分工为：第一章 绪论和第十一章 杂环化合物由徐国财编写；第二章 饱和烃和第八章 醛、酮、醌由周小飞编写；第三章 不饱和烃和第四章 芳香烃由史雅威编写；第五章 立体化学由魏蒙月编写；第六章 卤代烃和第七章 醇、醚、酚由李冬琴编写；第九章 羧酸及其衍生物由李爱元编写；第十章 含氮化合物由于子涵、徐国财编写；第十二章 糖类化合物由吕大鹏、于子涵编写；第十三章 氨基酸与蛋白质和第十四章 萜类与甾族化合物由于子涵编写。徐国财、于子涵担任主编，周小飞、李冬琴、史雅威担任副主编。全书由徐国财统稿，安徽理工大学胡劲松教授主审。在编写过程中，上海中侨职业技术大学食品药品学院、中粮融氏生物科技有限公司等单位的领导和同仁们给予了大力支持和协助，上海中侨职业技术大学食品药品学院 2023 级食品营养与健康专业的蓝青同学也协助进行了资料收集整理等工作，在此一并表示衷心的感谢！

　　限于编者水平，书中难免有不足之处，敬请广大读者批评指正！

编者

2025 年 1 月

第一章 绪论

第二章 饱和烃

第三章　不饱和烃

第四章　芳香烃

第五章　立体化学

第六章　卤代烃

第七章　醇、醚、酚

第八章 醛、酮、醌

第九章 羧酸及其衍生物

第十章　含氮化合物

第十一章　杂环化合物

第十二章　糖类化合物

第十三章　氨基酸与蛋白质

第十四章　萜类与甾族化合物

参考文献

二维码资源目录

第一章
绪　论

📖 学习目标

知识目标

1. 掌握有机化合物和有机化学的概念；
2. 掌握有机化合物的分类、结构和官能团等概念；
3. 熟悉有机化合物的一般特性；
4. 了解共价键理论及其属性。

技能目标

1. 利用共价键、分子极性等基本概念，认识有机化合物分子结构；
2. 使用化学符号、结构式和反应机制来描述有机反应；
3. 学会利用科学数据库和资源，检索和分析有机化学领域的文献。

素质目标

1. 了解有机化学课程的主要内容及有机化学在专业课程中的基础地位和重要性；
2. 认同有机化学在社会发展中的积极作用，厚植家国情怀，培养民族自信与专业自信，重视与有机化学有关的社会问题，树立绿色化学理念，提高安全意识等。

第一节　有机化合物和有机化学

一、有机化学概念演变

化学产生于人类的长期生产实践。寻求长生不老的炼丹想法虽然荒诞，但所使用的操作方法和积累的知识，却闪耀着化学的曙光。中国古代智者对自然物质包括无机化合物和有机化合物的认识与探索，奠定了中国古代化学的发展基础，特别是对自然植物的构成组分的认识，逐步发展和熟化了中国中医药和中医学。

国外的化学发展在量化分析方面，取得了卓越成就，奠定了现代化学特别是有机化学的发展基础。1661 年，英国科学家波义耳（Robert Boye，1627—1691）发表《怀疑的化学家》，提出元素定义和化合物的概念，开始了化学分析。1670 年，法国一位科学家首次提出区分植物化学和矿物化学，即后来的有机化学（organic chemistry）和无机化学（inorganic chemistry），把从矿物中得到的化合物叫作无机物（inorganic compound）。基于对自然界的各种元素的发现及其性质的认识，无机化学成为一门学科。作为"无机化学"对应的"有机化学"一词，则是 1806 年由瑞典化学家贝采利乌斯（J. J. Berzelius，1779—1848）首次提出的。19 世纪初，许多化学家认为，在生物体内由于存在所谓"生命力"，才产生了有机化合物，而在实验室里是不能由无机化合物合成有机化合物的。把从动植物中得到的化合物，叫作有机化合物（organic compound）。早在周朝时期，我国已开始制造和使用染料、酒、醋等，这些物质是一类有机化合物的混合物，只是古人没有认识到这些物质的具体化学结构。随着生产实践和科学研究的不断发展，许多有机化合物相继被化学家从无机化合物合成出来。1824 年，德国化学家维勒（F.Wöhler，1800—1882）从氰水解制得草酸（HOOC—COOH）；1828 年他无意中用加热的方法使氰酸铵（NH_4OCN）转化为尿素（NH_2CONH_2）。氰和氰酸铵都是无机化合物，而草酸和尿素都是有机化合物。有机化合物与无机化合物之间似乎没有明显的绝对界限。维勒的实验结果强有力地动摇了"生命力"学说，由于合成方法的改进和发展，越来越多的有机化合物在实验室中被合成出来，而且是在与生物体内迥然不同的条件下合成出来的。其中，典型的工作突破是德国科学家柯尔柏（A. W. H. Kolber，1818—1884）在 1840 年合成了醋酸（CH_3COOH）；法国科学家贝特洛（M. Berthelot，1827—1907）在 1845 年合成了油脂（lipa）。"生命力"学说渐渐被抛弃了，"有机化学"一词却沿用至今。有机化合物这个名词，虽然现在仍沿用，但已失去它原有的含义。

二、有机化合物的概念

有机化学就是研究有机化合物的组成、结构、性质、合成及其理论与应用的一门学科，是化学的一个分支，但已成为一门具有很强独立性的学科。

有机化学的基石是有机化合物，其特征是它们都含有碳原子，因此，有机化合物就是含碳的化合物。有机化合物的组成元素，以碳和氢为主，一些有机化合物还含有氧、氮以及磷和硫等元素。从组成上，有机化学是关于碳氢化合物及其衍生物的化学。

当然，一些碳的小分子化合物，诸如一氧化碳、二氧化碳以及碳酸盐等，它们也是碳的化合物，但与无机化合物的关系密切，属于无机化合物的范畴。

三、有机化合物的特性

"有机"和"无机"虽已没有明显的界线，但现代化学理论还是将化合物分为无机化合物和有机化合物，根本原因是有机化合物和无机化合物在化学结构、组成、物理性质、化学性质以及化学反应性能等方面存在显著的差异。

1. 有机化合物组成元素的特点

绝大多数有机化合物只是由碳、氢、氧、氮、卤素、硫、磷等少数元素组成，并且一个有机化合物分子只含有其中少数几种元素。

2. 有机化合物种类的特点

有机化合物的种类繁多，数量庞大。目前，已知明确结构和性质的有机化合物估计有千万种，远远超出无机化合物的种类之和，而且每年还有数以万计的新有机化合物被发现和合成出来。

3. 有机化合物的结构特点

物质的结构是指分子中原子的排列顺序和连接的方式。有机化合物分子中的原子是以一定的化合价按一定的顺序相连接。由于碳原子处于元素周期表的第二周期，在电负性很强的卤素和电负性很弱的碱金属之间。这个特殊的位置，就决定了含碳化合物具有一些特殊的性质。碳原子最外层的电子结构是 $2s^2 2p^2$，不容易得到或失去电子而形成离子。碳原子和其他元素的原子一般是以共价键相结合。碳原子具有很强的共价键结合力，可以互相结合成碳原子数目不等的碳链或碳环。一个有机化合物的分子中碳原子数目少则一两个，多则成千上万，甚至几十万个。此外，即使是碳原子数目相同的分子，由于碳原子间的连接方式多种多样，因而又可以组成许多结构不同的化合物，普遍存在着同分异构现象（isomerism）。分子式相同，结构相异，因而其性质各异的化合物，称为同分异构体（isomer）。

例如，乙醇和二甲醚的组成和分子式都是 C_2H_6O，但它们的化学结构不同：

$$
\begin{array}{cc}
\underset{\text{乙醇}}{
\begin{array}{l}
\overset{\displaystyle H \quad H}{H-C-C-O-H} \\
H \quad H
\end{array}
} &
\underset{\text{二甲醚}}{
\begin{array}{l}
\overset{\displaystyle H \quad\quad H}{H-C-O-C-H} \\
H \quad\quad H
\end{array}
}
\end{array}
$$

它们是两种性质不同的化合物。化合物的结构决定性质。反过来，根据化合物的性质可以推断其结构。

显然，一个有机化合物含有的碳原子数和原子种类越多，分子中原子间的可能排列方式也越多，它的同分异构体也越多。例如，分子式为 C_7H_{16} 的同分异构体有 9 个，而 $C_{10}H_{22}$ 的同分异构体则可达 75 个。这种普遍存在的同分异构现象在无机化学中并不多见。

4. 有机化合物的性质特点

由于碳原子特殊的核外电子结构，由其构成的含碳化合物分子间只存在着较弱的范德华力（van der Waals force），而不是正负离子间较强的静电引力。因此，有机化合物与无机化合物的物理化学性质存在着明显的差异。有机化合物主要的特点有：

（1）容易燃烧　有机化合物对热很不稳定，受热后往往容易分解炭化，当达到着火点时，就可燃烧（只有 CCl_4 等少数有机化合物例外），而大多数无机化合物都不能燃烧。

（2）熔点、沸点较低　有机化合物的熔点（melting point）一般低于 300℃。因有机化合物一般是分子晶体，晶体中晶格结点上的分子是靠微弱的范德华力连接的（8～42 kJ·mol^{-1}），晶格容易破坏。对液体有机化合物来说，它的分子间作用力更小，因此，要破坏这种作用力所需要的能量也更小。例如，醋酸的熔点为 16.6℃，沸点为 118℃；而氯化钠的熔点为 800℃，沸点为 1440℃，它的熔点和沸点比醋酸高得多。

（3）难溶于水，易溶于有机溶剂　有机化合物的溶解性主要取决于它们的极性。水是一种极性强的液体，对极性物质易溶，而有机化合物的极性一般较弱，或者是非极性物质，因此，它们不易溶于水，而易溶于非极性或弱极性的溶剂。结构相似的分子可以相溶，"相似者相溶解"（相似相溶）是物质溶解的一个经验规律。例如，石蜡可溶于汽油。

（4）反应速率慢，常伴有副反应　无机化合物反应非常迅速，例如硝酸银与氯化钠作用，立即产生氯化银沉淀。有机化合物的反应一般是分子之间的反应，共价键不像离子那样容易解离，因此反应速率较慢，反应所需的时间较长。一般需要加热以加速分子的扩散碰撞，或加入催化剂以使分子活化。而且由于有机化合物的分子比较复杂，反应时并不限定在某一部位发生反应，因此，常常伴有副反应，以致产率较低。反应条件不同，产物也往往不同，所以有机化学反应一般需要严格控制适宜的反应条件。

第二节　有机化合物共价键

一、共价键的概念

有机化合物分子是由几种原子所组成的，这些原子在分子内按一定的顺序排列，相互影响，相互作用，结合成为一个整体。化学键（chemical bond）就是原子间的相互作用。在有机化合物中，普遍存在的化学键是共价键（covalent bond）。碳原子的最外层电子结构特征是 $2s^2 2p^2$。碳原子不容易得到电子，也不容易失去电子。它和其他元素的原子各提供一个电子而形成两个原子共有的电子对，即形成了把两个原子连接在一起的化学键，也就是共价键。有机化合物中共价键只有两种形式，即 σ 键和 π 键。共价键具有饱和性和方向性的成键特征。

按照价键理论（valence bond theory），共价键是两个原子的未成对而又自旋相反的电子偶合配对的结果。共价键的形成使分子体系的能量降低，一个未成对电子经配对成键，就不能再与其他未成对电子偶合。碳原子可以提供用于成键的四个未成对电子，碳原子间不仅可以单键结合，而且可以用双键（>C=C<）或三键（—C≡C—）相连接，形成碳链或碳环。当碳原子和氢原子形成分子时，碳原子最多可提供四个未成对的电子和四个氢原子的未成对电子配对成键，这就是共价键的饱和性。

共价键是由成键原子轨道重叠形成的。重叠部分越大，所形成的共价键就越牢固。形成共价键的电子，必须在各自原子轨道电子云密度最大的方向上重叠成键，这就是共价键的方向性。

二、共价键的性质

化学键的成键原子的属性不同，所构成的有机化合物的结构就有所不同。而这种结构上的差异，一般可从共价键结构参数诸如键长、键角、键能等物理数据反映出来（参见表 1.1）。

表 1.1　常见共价键的键长与键能

共价键	键长 /nm	键能 /(kJ·mol^{-1})	共价键	键长 /nm	键能 /(kJ·mol^{-1})
H—F	0.092	570	H—H	0.074	436
H—Cl	0.127	432	C—C	0.154	346
H—Br	0.141	366	C=C	0.134	602
H—I	0.161	298	C≡C	0.120	835
F—F	0.141	159	N—N	0.145	159
Cl—Cl	0.199	243	N—H	0.104	391
Br—Br	0.228	193	C—H	0.109	415
I—I	0.267	151	O—H	0.096	464

1. 键长

键长（bond length）是指形成共价键的两原子的原子核之间的距离。不同共价键具有不同的键长。一般来说，两原子之间所形成的键越短，就表示键越强、越牢固。一些常见的共价键键长如表 1.1 所示。相同的共价键在不同的分子结构中也不尽相同。

2. 键能

键能（bond energy）是指在形成共价键的过程中，体系所放出的能量或断裂共价键时所吸收的能量。双原子分子的键能也就是键的解离能（bond dissociation energy），键的解离能即在 101.325 kPa 和 25℃下，使 1 mol 化合物（气）解离成原子（气）所需的能量。多原子分子的键能与键的解离能并不一致。

3. 键角

键角（bond angle）是指一个二价以上的原子在与其他原子形成共价键时，键与键之间有一个夹角。相同的原子采取不同的方式成键时，其键角不同；相同方式构成的键角在不同分子结构中也不尽相同。

4. 偶极矩

偶极矩（dipole moment）是共价键具有极性的电性特征。各种元素的电负性（electronegativity）不同（参见表 1.2），电负性表示元素的原子在分子中吸引电子的能力。两个相同的元素的原子所形成的共价键，由于电子云在两个原子之间对称分布，正、负电荷中心相重合，所以没有极性。不同元素的原子，电负性相差在 0.6 ～ 1.7 之间的，它们所形成的共价键，由于共用电子对偏向于电负性较强的元素的原子，正、负电荷中心不能相重合，因而具有极性，有一定的偶极矩。偶极矩就是正、负电荷中心的距离 d 和净电荷 q 的乘积，以 μ 表示，它的单位为 D（德拜），$1\ D=3.336 \times 10^{-30}\ C \cdot m$。当两种元素的电负性相差很大时（1.7 以上），即以带正、负电荷的离子形式，借静电引力而形成离子键。卤代甲烷在气相中的偶极矩，其方向为 $\overrightarrow{CH_3-X}$，其大小如表 1.3 所示。

表 1.2　部分元素的电负性

H	C	N	O	F
2.2	2.5	3.0	3.5	4.0
	Si	P	S	Cl
	1.9	2.2	2.5	3.0
				Br
				2.9
				I
				2.6

表 1.3　卤代甲烷在气相中的偶极矩

$CH_3-F\ [\mu/(10^{-30}\ C \cdot m)]$	$CH_3-Cl\ [\mu/(10^{-30}\ C \cdot m)]$	$CH_3-Br\ [\mu/(10^{-30}\ C \cdot m)]$	$CH_3-I\ [\mu/(10^{-30}\ C \cdot m)]$
6.07	6.47	5.79	5.47

氟原子的电负性比氯的大，但其原子半径却小，正负电荷中心的距离 C—F 比 C—Cl 小，从而导致氟甲烷的偶极矩比氯甲烷的小。

三、共价键的断裂

在化学反应中，总是有一部分共价键是要断裂的，断裂的方式有均裂（homolysis）和异裂（heterolysis）。

1. 均裂

均裂就是共价键的两个电子平均分配到共价键的两个原子或原子团上，形成两个各带有一个未成对电子的原子或原子团。这种带有一个或几个未成对电子的基团叫作自由基（free radical），又叫游离基。自由基不稳定，会继续发生化学反应，凡是由自由基参与的化学反应都称为自由基反应（free radical reaction），诸如后面要讲的自由基加成反应（free radical addition reaction）、自由基取代反应（free radical substitution reaction）等。

$$X \overset{|}{\underset{|}{:}} Y \longrightarrow X\cdot + Y\cdot$$

2. 异裂

异裂就是共价键的两个电子完全转移到成键中的一个原子或原子团上，形成一个带正电荷（Y^+）、一个带负电荷（X^-）的两个基团。通过共价键的异裂而进行的反应，叫作离子反应（ionic reaction）。带负电荷基团又叫负离子或阴离子（anion），带正电荷基团又叫正离子或阳离子（cation）。离子反应可以根据进攻试剂的性质进行分类，阴离子参与的化学反应叫作亲核反应（nucleophilic reaction），诸如后面要讲到的亲核取代反应（nucleophilic substitution reaction）、亲核加成反应（nucleophilic addition reaction）等，发生亲核反应的试剂叫作亲核试剂（nucleophilic reagent），诸如 X^-。阳离子参与的化学反应叫作亲电反应（electrophilic reaction），诸如后面要讲到的亲电取代反应（electrophilic substitution reaction）、亲电加成反应（electrophilic addition reaction）等。发生亲电反应的试剂叫作亲电试剂（electrophilic reagent），诸如 Y^+。

$$X \overset{|}{|} Y \longrightarrow X^- \overset{|}{|} Y^+$$
$$X \overset{|}{|} Y \longrightarrow X^+ \overset{|}{|} Y^-$$

第三节　有机化合物的结构

一、分子结构

分子结构（molecule structure），不仅是指分子中的原子组成、原子间的连接顺序和方式，也包括化学键的结合情况和分子中电子的分布状态等。有机化合物的结构和性质是密切相关的，结构决定性质，性质是结构的反映。要认识有机化合物的性质，必须先了解有机化合物的结构。中国化学会根据国际纯粹与应用化学联合会（IUPAC）的建议，在 1979 年决定用结构（structure）描述分子的一般意义上的构成，它包括构造（constitution）、构型（configuration）和构象（conformation）三种形式。

构造是指分子中原子的连接顺序和方式，前面介绍的乙醇与二甲醚的同分异构现象就是这两种分子的构造不同造成的。相同的元素组成，原子间连接顺序不同，构造是不同的。

构型是指分子中成键原子在空间的相对位置，涉及分子的立体状态。构型异构包括顺反异构和光学异构，这点在第三章不饱和烃和第五章立体化学中介绍。

构象是指分子中成键原子或原子团因 σ 键的旋转而造成的相对空间分布状态。由单键旋转产生的异构体叫作构象异构体（conformation isomer）或旋转异构体（rotamer）。这部分内容将在第二章饱和烃中介绍。

如果分子的分子式不同，其结构就不同。如果分子式相同，则其结构下的构造、构型和构象可能相同也可能不相同，主要依据分子形成过程和所处的条件来定。

二、分子间作用力

分子间作用力（intermolecular force）是决定分子物理性质的重要因素。从本质上讲，分子间的作用力都属于静电作用力，主要包括氢键、偶极 - 偶极作用力、范德华力。

氢键（hydrogen bond）是氢原子与原子半径相对较小，且带有未共用电子对的原子间，通过空间发生相互作用而产生的。可产生相互作用的原子有 O、F、N 等，是裸露的氢原子核与这些富电子原子的孤对电子之间产生的静电吸引作用。氢键具有方向性和饱和性。

偶极 - 偶极作用力（dipole-dipole interaction）是指极性分子与极性分子间的静电引力，可简单理解为极性分子间正负端的相互吸引。这种作用力的大小与分子的偶极矩直接相关。

范德华力是分子间的一种弱作用力，包括取向力、诱导力和色散力。就其本质而言，也是一种静电力。范德华力没有方向性和饱和性，作用能量比化学键能小 1 ~ 2 个数量级，作用里程只在皮米（pm）范围内。

分子间作用力越大，分子的熔点、沸点越高。

第四节　有机化合物的分类

有机化合物数目庞大，为了便于系统地学习和研究，有必要对有机化合物进行科学分类。建立在结构基础上的完整的分类系统，有助于阐明有机化合物的结构、性质以及它们彼此间的联系。有机化合物分类的方法很多，主要是依据分子碳架结构和特征官能团（functional group）进行分类。

一、碳架分类

按碳原子相互结合的方式不同，一般可把有机化合物分为两大类。

1. 开链化合物

开链化合物，又称脂肪族化合物（aliphatic compound），分子中碳原子与碳原子相连接，成为开链的碳链，而无环状结构。

2. 碳环化合物

碳环化合物（carbocyclic compound）分子中具有由碳原子相连接而成的环状结构。根据碳环的特点，其又可分为三类：脂环化合物（alicyclic compound）、芳香族化合物（aromatic compound）和杂环化合物（heterocyclic compound）。

二、官能团分类

有机化合物通常都含有一种官能团，所谓官能团，就是分子中比较活泼而易发生化学反应的原子或原子团或某些特征化学键结构。显然，含有相同官能团的有机化合物具有类似的性质。依据官能团分类，有机化合物可以分成如表 1.4 所示的各类化合物。官能团分类法既方便又系统，对认识数目庞大的有机化合物具有纲举目张的效果。

表 1.4　一些常见的有机化合物及其官能团

化合物类名	官能团结构	官能团名称	化合物类名	官能团结构	官能团名称
烯烃 alkene	$>C=C<$	碳碳双键 double bond	醚 ether	$-\overset{\vert}{C}-O-\overset{\vert}{C}-$	醚基 ether group
炔烃 alkyne	$-C\equiv C-$	碳碳三键 triple bond	过氧化物 peroxide	$-O-O-$	过氧基 peroxy group
卤代烃 halohydrocarbon	$-X$（F，Cl，Br，I）	卤原子 halogen atom	醛 aldehyde	$\overset{O}{\underset{\Vert}{-C-H}}$	醛基 aldehyde group
醇 alcohol	$-OH$①	羟基 hydroxyl	酮 ketone	$\overset{O}{\underset{\Vert}{-C-}}$	羰基 carbonyl
酚 phenol	$-OH$②	羟基	磺酸 sulfoacid	$-SO_3H$	磺（酸）基 sulfo-group
硫醇 thioalcohol	$-SH$①	巯基 sulfhydryl group	羧酸 carboxylic acid	$-COOH$	羧基 carboxy group
硫酚 thiophenol	$-SH$②	巯基	酰卤 acyl halide	$\overset{O}{\underset{\Vert}{-C-X}}$	酰卤基 acyl halide group
酸酐 acid anhydride	$\overset{O\quad\quad O}{\underset{\Vert\quad\quad\Vert}{-C-O-C-}}$	酸酐基 anhydride	亚胺 imine	$>C=N-R$③	亚氨基 imino group
酯 ester	$\overset{O}{\underset{\Vert}{-C-OR}}$	酯基 ester group	硝基化合物 nitro-compound	$-NO_2$	硝基 nitro group
酰胺 amide	$\overset{O}{\underset{\Vert}{-C-N}}\overset{R^{1③}}{\underset{R^2}{<}}$	酰氨基 amido	亚硝基化合物 nitroso-compound	$-NO$	亚硝基 nitroso
胺 amine	$-N\overset{R^{1③}}{\underset{R^2}{<}}$	氨基 amino	腈 nitrile	$-C\equiv N$	氰基 cyano group

① —OH 或—SH 与饱和碳原子直接相连。
② —OH 或—SH 与芳环直接相连。
③ R、R^1、R^2 可以是氢也可以是烃基，R^1 与 R^2 可以相同也可以不同。

第五节　有机化学中的酸碱概念

　　在有机化学中，时常会使用到酸碱概念，例如有很多物质或是酸或是碱，有许多反应属于酸碱反应，有不少反应是在酸碱催化下进行的；有时候用酸碱概念说明有机化合物的性质与结构的关系，分析反应机理等。因此认识酸碱概念是很有必要的。常用的酸碱概念有电离理论、质子理论和电子理论。

一、酸碱电离理论

　　阿伦尼乌斯（S.Arrhenius，1859—1927）在 1884 年提出了酸碱电离理论（the ionization theory of acid-base），该理论的要点是"凡在水溶液中能电离并释放出的阳离子全部是 H^+ 的物质是酸，能电离并释放出的阴离子全部是 OH^- 的物质是碱"。如：

$$H_2SO_4 \Longrightarrow HSO_4^- + H^+$$

$$NaOH \Longrightarrow Na^+ + OH^-$$

中和反应的实质是 H^+ 和 OH^- 的反应。

$$H^+ + OH^- \Longrightarrow H_2O$$

电离理论把酸和碱局限在水溶液中，局限在 H^+ 和 OH^- 的生成上，绝对化了酸和碱的概念，忽视了酸和碱的整体性，适用范围受到很大限制，对非水体系的酸碱性和不含质子物质的酸碱性则无能为力。

二、酸碱质子理论

针对电离理论存在的缺陷，丹麦化学家布朗斯特（J. N. Brönsted，1879—1947）和英国化学家劳里（T. M. Lowry，1874—1936）在 1932 年提出酸碱质子理论（the proton theory of acid-base）。该理论认为能释放质子（H^+）的物质就是酸（质子给体，proton donor）；能接受质子的物质就是碱（质子受体，proton acceptor）。有时把质子酸碱又称为 B 酸碱 ["B" 源于该理论提出者布朗斯特（Brönsted）的首字母]。

在酸碱质子理论中，酸和碱不再对立，而是统一在对质子的关系上：

$$酸 \Longrightarrow 碱 + 质子（H^+）$$

$$HAc + H_2O \Longrightarrow Ac^- + H_3^+O$$

酸和碱的这种相互依存、相互转化的关系称为共轭（conjugation）关系。酸失去质子后形成碱，称为该酸的共轭碱（conjugate base）（如 Ac^- 是 HAc 的共轭碱）；碱和质子结合后形成酸，称为该碱的共轭酸（conjugate acid）（如 HAc 是 Ac^- 的共轭酸）。酸越强，其共轭碱越弱。反之亦然。一般把 HAc 和 Ac^- 这种在组成上仅相差一个质子的酸碱对称为共轭酸碱对。

$$K_a = \frac{[Ac^-][H_3^+O]}{[HAc]}$$

表示酸碱强弱的物理量是平衡常数 K，K_a 是酸的电离平衡常数，其值越大，酸性越强（$K_a > 1$ 为强酸）；K_b 是碱的电离平衡常数，其值越大，碱性越强。酸碱强弱常用 pK_a 和 pK_b 表示，碱的强弱也常用其共轭酸的 K_a 或其负对数 pK_a 来表示，但特别注意这时 pK_a 越大，碱性越强。例如要判断 OH^-、RCH_2O^-、$RCOO^-$ 碱性相对强弱，可以通过它们的共轭酸的强弱判断，OH^- 的共轭酸是 H_2O，其 $pK_a = 15.7$；RCH_2O^- 的共轭酸是 RCH_2OH，其 $pK_a = 18$；$RCOO^-$ 的共轭酸是 RCOOH，其 $pK_a = 4 \sim 5$。所以碱性强弱是 $RCH_2O^- > OH^- > RCOO^-$。

与电离理论相比，质子理论扩大了酸碱的范围，应用十分方便。它的不足就是那些不交换 H^+ 而又具有酸性的物质不能包含在内。

三、酸碱电子理论

美国科学家路易斯（G. N. Lewis，1875—1946）在 20 世纪 30 年代从电子对得失的角度提出了新的酸碱电子概念，又称为路易斯酸碱理论（the Lewis acid-base theory），也称为酸碱电子理论（the electron theory of acid-base）。

电子理论认为，路易斯酸（Lewis acid）是任何可以接受电子对的电子受体；而路易斯碱（Lewis base）是任何可以提供电子对的电子给体。简言之，能接受电子者为酸；能给出电子者为碱。中和反应演变为电子受体与电子给体之间形成配位共价键的过程。例如三氟化硼的外层电子只有六个，可以作为受体接受电子，所以三氟化硼是酸；氨上的氮有一对孤电子，可以作为供体，所以氨是碱。

$$F-\underset{\underset{F}{|}}{\overset{\overset{F}{|}}{B}} + \ :NH_3 \longrightarrow F-\underset{\underset{F}{|}}{\overset{\overset{F}{|}}{B}}:NH_3$$

在有机化学反应中经常用到路易斯酸碱概念相应的术语。一般具有缺电子的结构（如存在空的价轨道），容易和电子云密度高的部位亲和，称为亲电性（electrophilicity），这种具有缺电子结构的物质称为亲电试剂（electrophilic reagent）；而路易斯碱具有富电子的结构（如带有孤对电子等），对正电中心有很强的亲和力，称为亲核性（nucleophilicity），这种具有富电子结构的物质称为亲核试剂（nucleophilic reagent）。路易斯酸碱理论是目前应用最广的酸碱理论，它涵盖了几乎所有的有机化合物和无机化合物。

酸碱电子理论中的路易斯碱与酸碱质子理论中的碱是一致的，路易斯酸则具有更大的适用范围。但酸碱电子理论的最大缺点是不易定量确定酸碱的强度等。

20 世纪 60 年代，又出现了软硬酸碱理论（the hard-soft theory of acid-base），该理论较成功地讨论了配合物的稳定性。

 阅读材料 |

有机化学学习参考资料和我国的科技文献发展成就

1. 文献

文献是指以文字、图像、符号、音频等方式，记录或描述并能够起到存储和传播信息情报和知识作用的载体。参考文献（reference）包括有历史意义或研究价值的图书、期刊、典章等。要学好有机化学一定要阅读许多相关的参考文献。随着现代社会的发展，可供参考的文献越来越多，主要表现形式有图书、期刊、专利和网站等。

2003 年全国科学技术名词审定委员会审定公布的自然辩证法名词，科技文献，是关于报道科技领域原创实证研究与理论研究的文献。有机化学文献属于科技文献的一种。

文献按内容区分有一次文献、二次文献和三次文献。一次文献即原始文献，例如期刊、专利等作者直接报道的科研论文；二次文献指检索一次文献的工具书，例如中国化工文摘、美国化学文摘等；三次文献为将原始论文数据归纳整理形成的综合资料，例如综述、图书、词典、百科全书和手册等。

图书是对已有科研成果与知识系统的全面概括和论述，是甄别、筛选、提炼和融合的纸质印刷品。图书主要分为三类：第一类是教科书、参考书、科普读物和一般生产技术图书，教科书是某一学科学习的基本资料，参考书是依附于教科书的归纳总结性很强的读物，科普读物是用通俗语言表述某一门科学基本知识的读物；第二类是辞典、手册和百科全书等工具性图书，辞典是阐述词义和习语的工具书，手册是汇集某一方面经常需要查阅的基本知识和数据资料的工具书，百科全书是系统概述人类各个专门知识门类或某一知识门类的基本知识，以辞典形式编排的工具书；第三类是含有创造性内容的专著等原始性图书，专著是某一特定知识领域最新研究成果的集成。期刊是指名称固定、开本一致的定期或不定期出版的报道多位作者科研论文的连续性出版物，期刊刊载的内容大多数是原始性的。与图书相比，期刊具有出版周期短、报道速度快、内容新颖、信息量大等优点，是传递科技信息、交流学术思想最基本的文献形式。目前，大多数期刊都有纸质和电子版两种形式，有的期刊本身就是电子版。

2. 有机化学学习资料

经典的有机化学图书和期刊对学好有机化学具有辅助学习、提高学习效率的作用。可参考的有机化学图书和期刊有很多，推荐的图书仅供选择。

① 邢其毅，等.基础有机化学（上下册）.4 版.北京：北京大学出版社，2016.

② 高占先.有机化学.3 版.北京：高等教育出版社，2018.

③ 胡宏纹.有机化学.5 版.北京：高等教育出版社，2020.

④ 高鸿宾.有机化学.4 版.北京：高等教育出版社，2006.

⑤ Graham Solomons T W，Fryhle Craig B. Organic Chemistry. 8th ed（英文影印版）.北京：化学工业出版社，2004.

⑥ Wade L G Jr. Organic Chemistry. 5th ed（英文影印版）.北京：高等教育出版社，2004.

⑦ Jie Hack Li. 有机人名反应及机理.荣国斌译.上海：华东理工大学出版社，2003.

⑧《实用有机化学辞典》，2000 年由高等教育出版社出版。该书包括三大部分：第一部分为名词解释；第二部分包括常见重要有机反应；第三部分介绍了较常见化合物的物态、物理性质、制法和用途。

⑨ 与有机化学密切关联的中文期刊有：《有机化学》、《化学通报》、《大学化学》、《合成化学》、《化学学报》（中、英版）、《高等学校化学学报》（中、英版）、《应用化学》、《有机合成》等，都有纸质版和电子版。

a.《有机化学》：1980 年创刊，专门报道有机化学领域的论文，包括有机合成、生物有机化学、物理有机化学、天然有机化学、金属有机化学和元素有机化学等方面。

b.《高等学校化学学报》：教育部主办，吉林大学承办。1980 年创刊，月刊。栏目有研究论文、研究快报、研究简报。

c.《大学化学》：栏目有今日化学、教学研究与改革、知识介绍、计算机与化学、化学实验、师生笔谈、自学之友、未来化学家等。

d.《化学通报》：中国科学院化学研究所和中国化学会主办。1934 年创刊，月刊，发表化学领域的论文，栏目有科研与探索、科研与进展、实验与教学、研究快报、进展评述、知识介绍。

e.《合成化学》：中国科学院成都有机化学有限公司和四川省化学化工学会主办，双月刊，报道有机化学领域论文。栏目有研究快报、综述、研究论文、研究简报。

⑩ 有机化学密切关联的英文期刊有：

a. *The Journal of Organic Chemistry*，简写为 J. Org. Chem.，双周刊，总部在 Ohio State University，主要报道有机化学和生物有机化学方面的论文，有长篇的文章（articles）以及较短篇快讯（notes）和通讯（communications）。文献题目有图文摘要（graphic abstract），方便了解文章内容。

b. *The Journal of the American Chemical Society*，简写为 J. Am. Chem. Soc. 主要报道综合化学（有机化学、无机化学、分析化学和物理化学等），参考文献出现在每页文章下面，但目前没有图文摘要。

c. *Journal of the Chemical Society*，简写为 J. Chem. Soc.，英国皇家化学学会主办，1848

年创刊，是最老的化学期刊。1976 年起分成 5 个部分，其中 Perkin Transactions Ⅰ、Ⅱ报道有机化学和生物有机化学领域的合成反应、反应机理，动力学，光谱及结构分析等文章。

d. *Synthesis*，德国出版的化学期刊，以英文书写，着重反应合成报道，十分详细，不乏数十页的文章，但刊印出来的比较简洁，只有主要内容大意。

e. *Angewandte Chemie*，德国期刊，英文出版，1965 年出版栏目有综述（reviews）、热点文章（highlight）以及通讯（communications）。

3. 网络文献

（1）普通科技文献资源，可网络查阅：知网、万方数据库、畅想之星、食品科技网、中国食品科学技术协会。

（2）专利资源。世界上每年科技出版物约有 1/4 为专利文献。专利信息只能从专利资料中获取。与有机化学有关的专利网络资源主要有：中国专利数据库、欧洲专利数据库、美国专利数据库。

4. 有机化学教学网站

目前国内各大学基本上都有自己的有机化学教学网站，特别是国内知名大学在精品课程建设中积累了丰富的教学经验，其有机化学教学网站内容丰富，特色鲜明，值得一览。

5. 我国其他科技文献成就

自 1949 年中国共产党领导下新中国成立以来，图书文献资料的发展突飞猛进，成就卓然。1949 年 11 月，成立了我国第一个全国出版管理机构——中华人民共和国新闻出版总署；1950 年起，相继成立了中国科学院出版编译局、科学技术出版社（随后改为机械工业出版社）、人民军医社（随后改名为人民军医出版社）、燃料工业出版社（相继拆分为：煤炭工业出版社、电力工业出版社、石油工业出版社、水利电力出版社）、人民铁道出版社、化学工业出版社。至 1970 年年底，中央部门科学技术出版机构共有 11 家。1956 年成立的上海科学技术出版社，是新中国最早成立的地方科技出版社。1978 年，全国有出版社 105 家，其中科技出版社 40 多家；20 世纪 80 年代，科技出版社总量有近 120 家；进入 21 世纪，科技出版社总量大约有 150 家。

据不完全统计，1949 年 10 月至 1961 年末，共出版科学技术图书 51900 余种，占全国出版新书总数的 30% 左右。至 20 世纪末，已出版科技图书 35 万多种。我国年出版科技图书保持在 2 万种左右，年印数 28 亿册，涵盖了全部科技门类。

📖 阅读材料 Ⅱ

食品化学中常见的有机化学反应

有机化学是食品化学的前置基础课程，而食品化学是食品专业的核心课程。了解食品化学主要化学反应类型，一是认清学习有机化学对专业课程的基础支撑作用；二是通过了解食品化学中的反应类型，帮助我们理解日常烹饪结果，也理解烹饪过程。了解烹饪过程中，大致需要经过哪些处理，以及为什么需要这样的处理，在遇到新的但同类的食品烹饪加工的时候，可以马上知道大致需要哪些烹饪食材和哪些烹饪步骤。

（1）糖化反应　是碳水化合物受热转化成糖类化合物，如糖浆、焦糖等的过程。这种反应在许多烹饪过程中非常常见，包括典型的非酶褐变反应（美拉德反应）。

（2）氧化反应　是物质与氧气反应形成氧化物的过程。氧化反应可以导致食物变质，如脂肪氧化，还可以改变食品的颜色和味道。如食用油长期储存色重变坏等现象。

（3）还原反应　是物质失去氧原子或获得氢原子的过程。这种反应可以导致食物的变化，如烤面包中的麦芽糖会发生还原反应，形成香味和颜色。

（4）酸碱反应　是酸和碱反应形成盐和水的过程。这种反应可以调节食品的酸碱度，如在烤蛋糕时，小苏打可以中和酸性成分，使蛋糕更松软。

（5）聚合反应　是将单体化合物结合成高分子化合物的过程。在食品化学中的聚合反应，主要表现在分子的多维交联固化反应，如淀粉糊化、熟化，蛋白质凝聚固化等。

（6）水解反应　是化合物被水分解成更简单的化合物的过程。在食品中，这种反应可以将大分子化合物分解为小分子化合物，如酶素水解淀粉成葡萄糖。水解反应可以在酸碱作用下进行，也可以在酶作用下进行。

（7）酵解反应　是有机物质被微生物分解成更简单的物质的过程。这种反应在发酵食品制作过程中非常重要，如制作酸奶、酒和酱油等。食品化学的酵解反应，涉及分子各层级结构在食品加工过程中的变化。

（8）焦化反应　焦化反应也称为热解反应，是由高温或长时间加热引起的分解反应。在食品加工和烹饪过程中，可能会出现焦化反应，导致食品表面或内部出现黑色物质，影响食品质量。焦化反应还会影响营养价值和口感，因为它会破坏维生素和蛋白质等营养成分，同时产生苦味和臭味。

（9）糊化反应　糊化反应也称为凝胶化反应，是淀粉加工过程中的重要化学反应之一。当淀粉在高温下加热时，淀粉颗粒会溶解并与水形成凝胶。糊化反应不仅可以改变淀粉的物理性质，使之更容易被消化吸收，还会影响食品口感和稳定性。不过，过度的糊化反应也会导致食品变得浓稠、黏腻或口感变差。

AI 科普

文档扫一扫

有机化学之爱
（AI）

习题

1. 思考有机化学与有机化合物的概念。
2. 举例说明有机化合物的分类。
3. 比较说明有机化合物与无机化合物的区别。
4. 举例说明有机化合物的结构特征。
5. 下列化合物是否具有偶极矩，其偶极矩的方向如何？
（1）CO_2　（2）CCl_4　（3）CH_3Cl　（4）CH_3OH　（5）CH_2Br_2　（6）CH_3OCH_3

第二章
饱和烃

 学习目标

知识目标

1. 掌握饱和烃的结构、分类与命名；

2. 掌握烷烃的物理和化学性质；

3. 熟悉有机化合物中碳原子的类型、饱和烃的同分异构现象、亲电取代反应的历程；

4. 了解有机物中碳原子的 sp^3 杂化、环己烷的构象异构。

技能目标

1. 利用杂化理论认识饱和烃的结构；

2. 根据饱和烃的结构认识饱和烃的物理和化学性质。

素质目标

1. 认识饱和烃在社会发展中的应用；

2. 积极开拓饱和烃在生活中的创新应用；

3. 认识饱和烃在生命起源、自然资源和保护人类环境等方面的重要意义。

分子中只含有碳、氢两种元素的有机化合物称为碳氢化合物，简称烃（hydrocarbon）。饱和烃（saturated hydrocarbon）是成键原子均最大限度地形成化合键的一类烃，即烷烃（alkane）。烷烃是烃中最简单的化合物，碳与氢原子仅由一种共价键构成。

烃是一切有机化合物的母体，包括链烃（chain hydrocarbon）和环烃（cyclin hydrocarbon）两种形式。链烃又称脂肪烃（aliphatic hydrocarbon），分为烷烃（alkane）、烯烃（alkene）、炔烃（alkyne）等。所谓脂肪烃，系最早从动物脂肪中得到烃而称谓的名称沿用。环烃可分为脂环烃（alicyclic hydrocarbon）和芳香烃（aromatic hydrocarbon）。烃的构成如下：

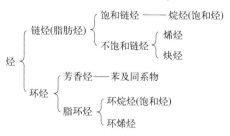

第一节　烷烃结构

一、烷烃分子通式

最简单的烷烃为甲烷，含一个碳原子和四个氢原子。其他烷烃随着碳原子数的增加，氢原子数也相应有规律地增加。如甲烷分子式为 CH_4，乙烷分子式为 C_2H_6，戊烷分子式为 C_5H_{10}。烷烃的通式归纳为 C_nH_{2n+2}。

动画扫一扫
甲烷的分子构型

环烷烃，碳原子彼此以单链连接成闭合的环，单环烷烃的分子通式为 C_nH_{2n}。分子中也可以含有两个或更多的环，每增加一个环，分子通式减少两个氢原子。

凡组成上可由一个通式表示，结构和性质相似的一系列化合物称为同系列（homologous series）。同系列中的各个化合物互称同系物（homolog）。同系列中相邻的两个化合物在组成上的差别称为系差。

二、烷烃和环烷烃的构造异构

含四个或四个以上碳原子的烷烃和环烷烃则不止一种结构。例如分子式为 C_4H_{10} 的烷烃就存在两种结构体：

$$CH_3-CH_2-CH_2-CH_3$$
正丁烷

$$CH_3-\overset{\displaystyle CH_3}{\underset{\displaystyle |}{CH}}-CH_3$$
异丁烷

它们是不同的化合物（沸点分别为 –0.5℃ 和 –11.73℃）。这种分子式相同的不同化合物称为同分异构体（isomer），这种分子式相同结构不同的现象称为同分异构现象（isomery）。分子式相同，分子内原子间相互连接的顺序（即构造）不同的化合物称为构造异构体（constitutional isomer）。由碳骨架不同引起的异构，称为碳链异构（carbon chain isomerism）。烷烃的构造异构属碳链异构。随着碳原子数的增加，构造异构体的数目显著增多，例如 5 个碳的烷烃，有 3 个异构体；7 个碳的烷烃，有 9 个异构体；10 个碳的烷烃，有 75 个异构体；15 个碳的烷烃，大约有 4347 个异构体。一个多碳烷烃分子究竟有多少个同分异构体，目前可以通过计算机模拟计算得到。

三、烷烃的分子表达形式

分子是由其组成的原子按照一定的排列顺序，相互影响和相互作用而结合在一起的整体，这种排列顺序和相互关系称为分子结构。表示分子中每种原子的确定数目的式子称为分子式（molecular formula）。以一个 "—" 代表一个共价键，以元素符号代表不同的原子，按照一定的次序和方式，将分子中的原子连接在一起，表示分子空间形态的化学式称为构造式（structural formula）。构造式书写麻烦，常用构造简式或键线式表示，可以更清楚地反映有机化合物结构和有机化学反应的真实情况。化合物的几种常用的构造式，如表 2.1 所示。

表 2.1　几种常用的构造式

化合物	构造式	构造简式	键线式
正戊烷		$CH_3CH_2CH_2CH_2CH_3$	
1-丁烯		$CH_3CH_2CH=CH_2$	
乙醇		CH_3CH_2OH	
丙酮		CH_3CCH_3 (with O below)	
丁酸		$CH_3CH_2CH_2COOH$	
环戊烷			
苯			

第二节　烷烃命名

一、碳原子与氢原子

通常将有机分子中的不同键接的碳原子给予不同的称谓。分子中，与一个、两个、三个或四个碳原子直接相结合的碳原子，分别称为伯（一级）、仲（二级）、叔（三级）或季（四级）碳原子，常分别用 1°、2°、3° 或 4° 表示。伯、仲、叔碳原子上所连接的氢原子，分别称为伯氢（1° H）、仲氢（2° H）、叔氢（3° H）原子，它们的活性不完全相同。相同的官能团取代不同的氢原子后，其活性也有所差别。例如：

二、烷基的概念

烷烃分子中去掉一个氢原子后剩余的基团称为烷基，包括链烷基（alkyl group）和环烷基（alicyclic group）。链烷基的通式为 C_nH_{2n+1}；环烷基的通式为 C_nH_{2n-1}，常用 R 表示。当烷烃分子中的氢原子位置不同时，一个烷烃可以分别形成几个不同的烷基。最常见的烷基和环烷基，如表 2.2 所示。

表 2.2　常见烷基和环烷基

烷基/环烷基构造简式	名称	缩写	烷基/环烷基构造简式	名称	缩写
—CH_3	甲基（methyl）	Me	—$C(CH_3)_3$	叔丁基（*t*-butyl）	*t*-Bu
—CH_2CH_3	乙基（ethyl）	Et	$CH_3CH_2\overset{\underset{\displaystyle CH_3}{\vert}}{\underset{\underset{\displaystyle CH_3}{\vert}}{C}}$—	叔戊基（*t*-pentyl）	—
—$CH_2CH_2CH_3$	丙基（propyl）	*n*-Pr	$CH_3\overset{\underset{\displaystyle CH_3}{\vert}}{\underset{\underset{\displaystyle CH_3}{\vert}}{C}}CH_2$—	新戊基（neopentyl）	—
—$CH(CH_3)_2$	异丙基（*iso*-propyl）	*i*-Pr	△	环丙基	—
—$CH_2CH_2CH_2CH_3$	丁基（*n*-butyl）	*n*-Bu	□	环丁基	—
—$CH_2CH(CH_3)_2$	异丁基（*iso*-butyl）	*i*-Bu	⬠	环戊基	—
$CH_3\overset{\vert}{C}HCH_2CH_3$	仲丁基（*sec*-butyl）	*sec*-Bu	⬡	环己基	—

三、烷烃的命名

1. 普通命名法

按烷烃碳原子数目将其称为某烷。对于含有十个以内碳原子的烷烃，习惯上采用天干表示碳原子的数目。如甲烷、乙烷、……、癸烷。含有十个以上碳原子的烷烃，则用汉字数字表示碳原子数目，如十一烷等。对于含碳原子数相同的异构体，其直链的烷烃以含碳原子数的多少命名为某烷，在前面加一个"正"字。将链端有 $CH_3\overset{\underset{\displaystyle CH_3}{\vert}}{C}H$—，其余碳架为直链结构的称为异某烷；将链端有 $CH_3\overset{\underset{\displaystyle CH_3}{\vert}}{\underset{\underset{\displaystyle CH_3}{\vert}}{C}}$—，其余碳架为直链结构的含五六个碳原子的烷烃称为新某烷。例如：

$$CH_3CH_2CH_2CH_2CH_3$$
正戊烷

$$CH_3\overset{\underset{\displaystyle CH_3}{\vert}}{C}HCH_2CH_3$$
异戊烷

$$CH_3\overset{\underset{\displaystyle CH_3}{\vert}}{\underset{\underset{\displaystyle CH_3}{\vert}}{C}}CH_3$$
新戊烷

普通命名法简单、方便，但一般只适用于比较简单的烷烃。

2. 衍生物命名法

以甲烷作母体，其他烷烃都看作是甲烷的取代衍生物。命名时把烷烃中含氢原子最少的碳原子看作母体甲烷的碳原子。书写名称时，简单烷基在前，复杂烷基在后。例如：

$$(CH_3)_3CH \qquad\qquad (CH_3)_2CHCH_2CH_3$$

三甲基甲烷 　　　　　　　　二甲基乙基甲烷

衍生物命名法存在局限性。

3. 系统命名法

系统命名法是采用 IUPAC 规定的有机化合物的命名法则，结合我国文字的特点制定的。根据 2017 年修订的《有机化学命名原则》，其命名方法如下：

① 在分子中选择一个最长碳链作为主链（backbone），按主链所含的碳原子数目，称为某烷，作为该烷烃的母体名称。主链以外的烃基都看成是主链上的取代基。命名时将取代基放在母体名称的前面，称为某基某烷。如果结构式中较长的碳链不止一条，则选择有最多取代基的一条作为主链。如：

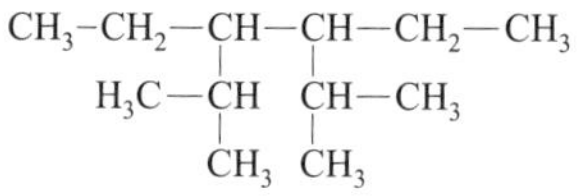

$$CH_3-CH_2-CH-CH-CH_2-CH_3$$
$$H_3C \quad \overset{|}{\underset{CH_3}{C}H} \quad \overset{|}{\underset{CH_3}{C}H}$$

2,5-二甲基-3,4-二乙基己烷

② 给主链碳原子编号。从靠近取代基的一端开始，将主链中各个碳原子依次用阿拉伯数字编号。当主链编号有几种可能时，支链应按照"最低系列"进行编号。将取代基所连碳原子的编号，取代基的数目和名称放在母体名称之前。

"最低系列"是指碳链以不同方向编号时，若有不止一种可能的系列，则依次逐项比较各系列的不同取代基位次，取代基位次之和最小者定为最低系列。例如：

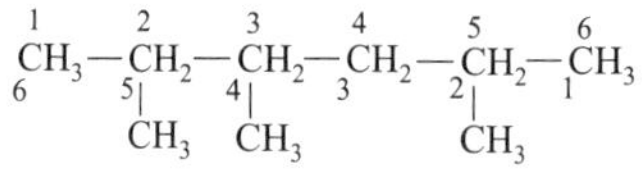

$$\overset{1}{C}H_3-\overset{2}{C}H_2-\overset{3}{C}H_2-\overset{4}{C}H_2-\overset{5}{C}H_2-\overset{6}{C}H_3$$

2,3,5-三甲基己烷 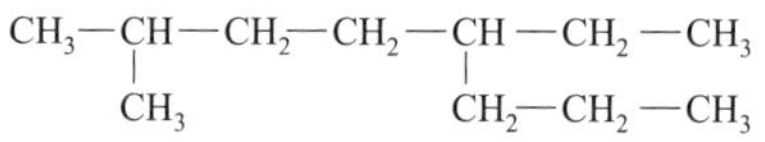　　　　　　　　2-甲基-5-乙基辛烷

③ 如果主链上有多个取代基，且在同一个碳原子上连有两个取代基时，用阿拉伯数字标明取代基的位置。有几个取代基就用几个数字表示。当含有几个相同的取代基时，相同基团合并，用二、三、四等表示其数目，并逐个标明其所在位次，位次号之间用逗号","分开。当几个取代基不同时，其排列顺序，按次序规则所规定的"较优"基团列出。例如：

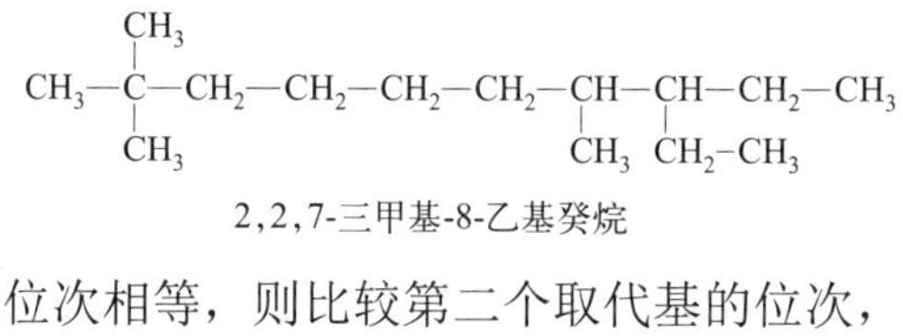

$$CH_3-\overset{CH_3}{\underset{CH_3}{\overset{|}{C}}}-CH_2-CH_2-CH_2-CH_2-CH-CH_2-CH_3$$

2,2,7-三甲基-8-乙基癸烷

如果第一个取代基的位次相等，则比较第二个取代基的位次，以此类推。如：

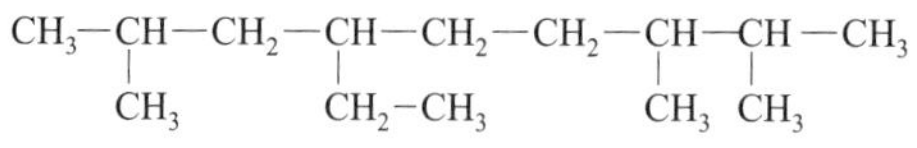

$$CH_3-CH-CH_2-CH-CH_2-CH_2-CH-CH-CH_3$$

2,3,8-三甲基-6-乙基壬烷

如果逐项比较的结果都相同，则从靠近连有较小基团的一端开始编号。即小基团小序号。例如：

$$CH_3-CH_2-CH_2-CH-CH_2-CH-CH_2-CH_2-CH_3$$

3,6-二甲基-4,7-二乙基壬烷

④ 如果支链中又带有支链时，则可将此支链放在括号内。例如：

$$CH_3-CH_2-CH_2-CH_2-CH-CH_2-CH_2-CH-CH_2-CH_3$$

3-乙基-6-(1,1-二甲基丙基)癸烷

⑤ 当烷烃中只有一个不带支链的主链时，则系统命名法和普通命名法相似，但在系统命名法中不加"正"字。如表 2.3 所示。

表 2.3 一些直链烷烃的名称

分子式	名称	英文	分子式	名称	英文
CH_4	甲烷	methane	C_7H_6	庚烷	heptane
C_2H_6	乙烷	ethane	C_8H_{18}	辛烷	octane
C_3H_8	丙烷	propane	C_9H_{20}	壬烷	nonane
C_4H_{10}	丁烷	butane	$C_{10}H_{22}$	癸烷	decane
C_5H_{12}	戊烷	pentane	$C_{11}H_{24}$	十一烷	undecane
C_6H_{14}	己烷	hexane	$C_{12}H_{26}$	十二烷	dodecane

四、环烷烃的分类与命名

根据分子中价键的饱和性，环烷烃分为饱和环烷烃和不饱和环烷烃。

饱和环烷烃：指碳原子彼此以单键连接组成碳环的碳氢化合物，分子中只含有一个碳环的环烷烃的通式为 C_nH_{2n}。

不饱和环烷烃：碳环内含有碳碳双键。这一部分内容将在第三章不饱和烃中介绍。

环烷烃中关注更多的是碳环的多少及其连接方式，可分为单环烷烃和多环烷烃。

1. 单环烷烃

分子中只含有一个碳环的环烷烃称为单环烷烃。根据分子中成环的碳原子数目，将碳环分别称为三元环、四元环……有时又根据成环碳原子数目，分为小环烃（3～4 个 C 原子）、普通环烃（5～7 个 C 原子）、中环烃（8～11 个 C 原子）和大环烃（12 个 C 原子以上）。

命名时，与烷烃类似。根据环烷烃分子中组成碳环的碳原子数目，叫环某烷。

环戊烷　　1,2-二甲基环戊烷　　甲基环丁烷　　1-甲基-3-乙基环己烷

若分子内同时有大环与小环，命名时以大环作母体，小环视为取代基；若环上带有较复杂的支链，则将碳环作为取代基来命名。如：

3-环丙基戊烷

环状有一定的几何形态，可以用简单的几何图形来表示环烷烃的构造式。通常把碳环平面视为垂直于纸面，将碳取代基排布在环平面的上边和下边。一般将靠近读者的取代基键，用实楔形线表示；远离读者的取代基键，用虚楔形线表示。

当有取代基时，把取代基的名称写在环烷烃名称的前面。如果环上有一个以上的取代基，应按照"最低系列"和"次序规则"，将母体环上碳原子顺次编号，把较小的位次给予"次序规则"中原子序数较小的基团，且使所有取代基的编号尽可能小。并根据"次序规则"中较优基团在名称中后列出的原则，将各取代基的位次、个数及名称依次写在环烷烃名称之前。

顺反异构体（cis-trans isomer）是指分子中相同的取代基在分子环平面同一面或不同面而造成的异构体。相同取代基在环平面的同一面的称为"顺"（cis），在不同面的称为"反"（trans）。

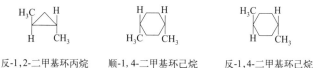

反-1,2-二甲基环丙烷　　　顺-1,4-二甲基环己烷　　　反-1,4-二甲基环己烷

2. 二环烷烃

二环烷烃，指分子中含有两个碳环的环烷烃。

根据两个碳环连接方式的不同，分为联环（union cycloalkane）、螺环（spiro cycloalkane）和桥环（bridged cycloalkane）三种类型。联环化合物：两个环彼此以单键相连，相对简单，其命名与烷烃一致。螺环和桥环烷烃结构复杂些。如下所示：

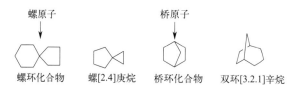

螺原子　　　　　　　　　　　桥原子

螺环化合物　　螺[2.4]庚烷　　桥环化合物　　双环[3.2.1]辛烷

（1）桥环化合物的命名　桥环化合物指共用两个或更多个碳原子的环烷烃。两个碳环交点的碳原子称"桥头"碳原子。命名时：

① 根据组成桥环化合物碳原子的总数称"某烷"，加上词头"双环"或"二环"；

② 把组成各"桥"的碳原子的个数按由大到小的顺序写在"双环"与"某烷"之间的方括号内，并用"."隔开；

③ 当环上有取代基或不饱和键时，需要把它们的位置标记出来，桥环化合物的编号顺序是从一个桥头碳原子开始，先编最长的桥至第二桥头碳原子，再编较长的桥回到第一个桥头碳原子，最后编最短的桥。例如：

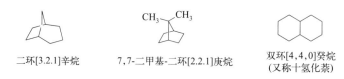

二环[3.2.1]辛烷　　7,7-二甲基-二环[2.2.1]庚烷　　双环[4,4,0]癸烷
（又称十氢化萘）

（2）螺环化合物的命名　螺环化合物指两个环共用一个碳原子的环烷烃。共用的碳原子称为螺原子。命名时：

① 根据成环碳原子的总数称为"某烷"，加词头"螺"；

② 把两个环上的碳原子数，按由小到大的顺序，写在"螺"与"某烷"间的方括号内，并用"."隔开；

③ 环上有取代基或不饱和键时，需要标出它们的位置，螺环化合物的编号顺序是从邻近螺原子的一个碳原子开始，先编小环，再编大环。该原则下，要尽量使不饱和键或取代基的位次最小。例如：

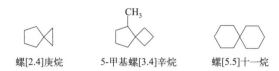

螺[2.4]庚烷　　　5-甲基螺[3.4]辛烷　　　螺[5.5]十一烷

3. 多环烷烃

分子中含有两个以上碳环的环烷烃称为多环烷烃，如立方烷、棱烷、篮烷和金刚烷等。

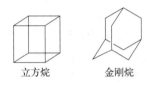

立方烷　　　金刚烷

第三节　烷烃的成键方式与稳定性

一、烷烃的 sp³ 成键方式

甲烷（methane）是最简单的烷烃，其分子碳原子为 sp³ 杂化成键。sp³ 杂化过程示意如图 2.1，形成的 sp³ 杂化轨道如图 2.2 所示。

图 2.1　sp³ 杂化过程示意图　　　图 2.2　sp³ 杂化轨道形状

C—H σ 键是由碳原子的 sp³ 杂化轨道与氢原子的 1s 轨道在对称轴的方向交盖而成，甲烷的成键过程如图 2.3 所示。乙烷分子成键，与此相似，只是 C—C σ 键是由两个碳原子各以一个 sp³ 杂化轨道在对称轴的方向交盖而成。乙烷分子结构如图 2.4 所示。

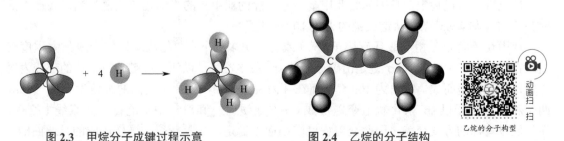

图 2.3　甲烷分子成键过程示意　　　图 2.4　乙烷的分子结构

甲烷分子中，有四个 C—H σ 键；乙烷分子中，有六个 C—H σ 键和一个 C—C σ 键。随着碳原子数的增多，C—H 和 C—C σ 键增多。

环烷烃的碳原子也是 sp^3 杂化，C—H 和 C—C σ 键的构成亦与烷烃相同。不同的是，环烷烃比相应的烷烃少两个 C—H σ 键，而多一个 C—C σ 键。由于 sp^3 杂化轨道的夹角为 109.5°，在碳链中 C—C—C 的键角也必然是 109.5°，因此，碳链的立体构形不是直线形，而是曲折的。前述表 2.1 烷烃分子构造的键线式表达式，正是基于 sp^3 杂化轨道成键所具有一定的夹角。

二、环烷烃的稳定性

环烷烃的稳定性与环的大小有密切关系，环越小，稳定性越差。环丙烷性质最活泼，最不稳定；环丁烷相对稳定一些。如表 2.4 所示，从不同环烷烃的燃烧热（heat of combustion）数据可以看出。

燃烧热是指 1 mol 化合物完全燃烧生成 CO_2 和 H_2O 所放出的热量。它的大小反映分子能量的高低，通常作为有机化合物相对稳定的判据。开链烷烃的燃烧热与所含碳原子数有关，一般碳链每增加一个亚甲基（—CH₂—），燃烧热增加 659 $kJ·mol^{-1}$。环烷烃可以看作是数量不等的亚甲基单元连接起来的化合物，其燃烧热与分子中所含亚甲基的数量有关。可以用亚甲基的平均燃烧热来衡量环烷烃的稳定性。

$$—CH_2— +3/2O_2 \longrightarrow CO_2+H_2O+ 燃烧热$$

表 2.4　一些环烷烃的燃烧热

名称	成环碳数	分子燃烧热 /$(kJ·mol^{-1})$	亚甲基的平均燃烧热 /$(kJ·mol^{-1})$	名称	成环碳数	分子燃烧热 /$(kJ·mol^{-1})$	亚甲基的平均燃烧热 /$(kJ·mol^{-1})$
环丙烷	3	2091	697	环辛烷	8	5310	664
环丁烷	4	2744	686	环壬烷	9	5981	665
环戊烷	5	3320	664	环癸烷	10	6636	664
环己烷	6	3951	659	环十五烷	15	9885	660
环庚烷	7	4637	662	链烷烃	—	—	659

从表 2.4 中可以看出，不同环烷烃中的亚甲基单元的燃烧热因环的大小不同而有明显的差异。由环丙烷到环戊烷，随着环的增大，每个亚甲基单元的燃烧热依次降低。环越小，则每个亚甲基单元的燃烧热越大。这说明在小环化合物中，环越小，能量越高，越不稳定。由环己烷开始，与烷烃相似，亚甲基单元的燃烧热趋于恒定。

环戊烷和环己烷则较稳定，其中尤以环己烷稳定。

环己烷之所以稳定，是因为其亚甲基与链烷烃的亚甲基的平均燃烧热值相当；环己烷的内夹角 120° 与碳 sp^3 杂化轨道成键的夹角 109.5° 相当。

环丙烷不稳定是由于成环碳原子 sp^3（或含有更多的 p）杂化轨道未能形成最大程度交盖。在丙烷分子中，C—C σ 键是由碳原子的 sp^3 杂化轨道，以两个成键碳原子核的连线为对称轴，相互交盖而成，键角为 109.5°。而在环丙烷分子中，碳原子之间的夹角为 60°。因此，两个相邻碳原子以 sp^3 杂化轨道交盖形成 C—C σ 键时，其对称轴不能在一条直线上交盖，而只能以弯曲的方式交盖。因此交盖程度较小而不稳定，容易断裂。这样形成的是弯曲的 σ 键，称为弯曲键（bent bond），如图 2.5 所示。

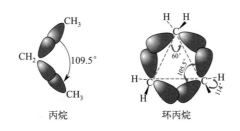

图 2.5　丙烷及环丙烷分子中碳碳原子轨道交盖情况

从环丁烷开始，组成环的碳原子均不在同一平面上。例如，环丁烷是蝴蝶型结构；环戊烷存在两种不同结构——信封型和扭曲型。

第四节　烷烃构象

构象，是物质三级结构中的最高级形式。物质构造包括构造（construction）、构型（configuration）和构象（conformation）。分子的构造，就是分子中成键原子的连接方式；构型是分子中成键原子在二维空间的连接方式；构象是指分子中各原子通过单键旋转而形成的空间分布方式。

含有两个或两个以上多价原子的有机化合物，由于围绕单键（σ键）旋转而造成分子中其他原子或基团空间排列不同，分子的这种立体形象称为构象。构象对于物质的物理性质和化学性质有很大的影响。

一、乙烷的构象

在乙烷分子中，如果使一个甲基固定，而使另一个甲基沿着C—C σ键绕键轴旋转，则两个甲基中氢原子的相对位置将不断改变，产生许多不同的空间排列方式，一种排列方式相当于一种构象，由于转动的角度是随机的，因此，乙烷分子可以有无穷多的构象。其中存在一些特征构象，两个碳原子上的氢原子彼此相距最近的构象，即两个甲基相互重叠的构象，称为重叠式构象（eclipsed conformer）；两个碳原子上的氢原子相距最远的构象，即一个甲基上的氢原子处于另一个甲基上两个氢原子正中间的构象，称为交叉式构象（staggered conformer）。重叠式构象和交叉式构象是乙烷分子中两个典型的极限构象，如图 2.6 所示透视式表达法（Ⅰ），也可以用投影式表达乙烷两个极端的构象，如图 2.6（Ⅱ）。

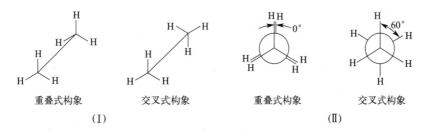

重叠式构象　　交叉式构象　　重叠式构象　　交叉式构象
（Ⅰ）　　　　　　　　　　　　（Ⅱ）

图 2.6　乙烷分子的构象

在重叠式构象中，两个碳原子上的 C—H σ 键两两相对，氢原子之间距离最近，相互之间的扭转张力最大，能量最高，最不稳定。

交叉式构象中两个碳原子上的 C—H σ 键两两交错，氢原子之间相距最远，相互之间的扭转张力最小，能量最低，是最稳定的构象。

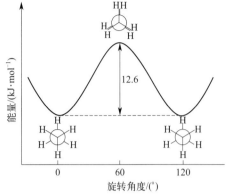

在一个分子的所有构象中，能量最低最稳定的构象，称为优势构象。优势构象在各种构象的相互转化中，出现的概率最大。

乙烷的重叠式构象和交叉式构象之间的能量差约为 12.6 kJ·mol⁻¹，此能量差称为构象能垒。其他构象的能量介于此二者之间。如图 2.7 所示。

室温下，乙烷分子处于无穷构象迅速转化的动态混合体系，其中以能量较低较稳定的交叉式构象为主，但此时要想将其分离出来是不可能的，只有在相当低的温度时，才能得到较稳定的单一交叉式

图 2.7　乙烷不同构象的能量曲线

构象的乙烷。

二、丁烷的构象

正丁烷可以看作是乙烷分子中每个碳原子上各有一个氢原子被甲基取代的化合物，其构象更为复杂，现主要讨论绕 C2 和 C3 之间的 σ 键轴旋转所形成的 6 种极限构象，如图 2.8 所示。最典型的构象就是最稳定的对位交叉式和最不稳定的全重叠式，各构象间相互转化，能垒较小，转化较快。能量转化曲线如图 2.9 所示。

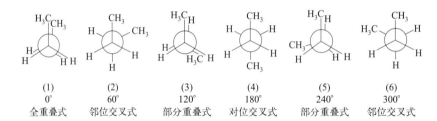

(1)	(2)	(3)	(4)	(5)	(6)
0°	60°	120°	180°	240°	300°
全重叠式	邻位交叉式	部分重叠式	对位交叉式	部分重叠式	邻位交叉式

图 2.8　正丁烷 6 种极限构象投影式

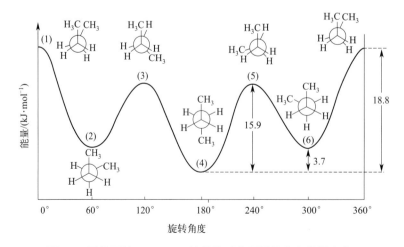

图 2.9　围绕丁烷 C2—C3 σ 键旋转时分子的构象和能量变化

三、环己烷的构象

环己烷的六个成环碳原子不共平面，C—C—C 键角为 109.5°，是无张力环。通过绕 σ 键的旋转和键角的扭动可以得到椅型（chair conformation）和船型（boat conformation）两种不同排列方式，如图 2.10 所示。

椅型构象和船型构象可以相互转变，常温下处于相互转变的动态平衡体系中，常温下主要以能量低的最稳定的椅型构象存在，如图 2.11 所示。

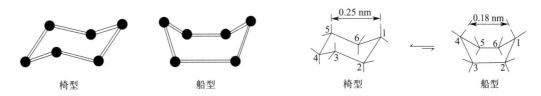

图 2.10 环己烷的椅型和船型排列

图 2.11 环己烷的椅型和船型构象

椅型构象和船型构象虽然都保持了正常键角，不存在角张力，但从投影式（见图 2.12）中可以看出，椅型构象中所有相邻两个碳原子的碳氢键均处于交叉式位置。在船型中，C2 与 C3 之间和 C5 与 C6 之间（即船底）的碳氢键则处于全重叠式位置，从而存在扭转张力（torsional strain）。另外，在船型中 C1 和 C4 两个向上向内侧伸展的碳氢键相距较近（0.18 nm，见图 2.11），两个氢原子的相互距离较小而产生空间斥力（spatial repulsion），称为非键张力（non-bond tension）。由于这两种张力的存在，船型的能量比椅型的能量约高 30 kJ·mol^{-1}，平衡体系中主要以椅型构象存在。

进一步考察环己烷构象，可以把环上的六个碳原子看作 C1、C3、C5 和 C2、C4、C6 两个相互平行平面，这样环己烷中的十二个碳氢键可以分为两种类型。其中六个是垂直于平面而与两个平行平面的对称轴平行的，称为直立键（axial bond）或称 a 键，三个向上，另三个向下交替排列。另外的六个碳氢键则向外伸出，称为平伏键（equatorial bond）或称 e 键，也是三个向上斜伸，另三个向下斜伸，与平面呈 19°。每个碳原子上具有一个 a 键一个 e 键，如 a 键向上，则 e 键向下，在环中上下交替排列，如图 2.12 所示。

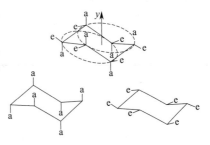

图 2.12 椅型构象的直立键及平伏键

环己烷由一种椅型构象翻转为另一种椅型构象时，原来的 a 键都转变为 e 键，原来的 e 键都变成 a 键。

四、取代环己烷的构象

环己烷的一取代物，取代基或在 e 键，或在 a 键，有这两种可能的构象。

当取代基连在 a 键时，取代基与相邻碳原子的碳架处于邻位交叉式位置，存在非键张力，使得取代基在 a 键上的构象能量较高而不稳定。

当取代基连在 e 键时，取代基与相邻碳原子所连的碳架处于对位交叉式位置，该构象是比较稳定的构象。

环己烷的一元取代物，一般倾向于取代基连在碳环的 e 键上。例如，甲基环己烷 95% 是甲基处于 e 键的构象。而且取代基越大，取代基处于 e 键上的构象概率越大，例如，异丙基环己烷 99% 是异丙基处于 e 键的构象，如图 2.13（a）。

二元取代环己烷，反式 1,4 取代时，两个取代基在 e 键上，如反 -1- 甲基 -4- 异丙基环己烷的构象，如图 2.13（b）所示；顺式 1,4 取代时，两个取代基分别在 a、e 键上，如顺 -1- 甲基 -4- 异丙基环己烷的构象，如图 2.13（c）所示。

多取代的环己烷，则是取代基处于 e 键最多的一般是最稳定的构象。

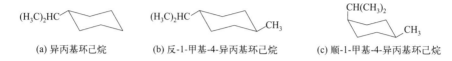

(a) 异丙基环己烷　　　　　(b) 反-1-甲基-4-异丙基环己烷　　　　(c) 顺-1-甲基-4-异丙基环己烷

图 2.13　取代环己烷稳定的构象

第五节　烷烃的主要来源

一、烷烃的天然来源

链烷烃和环烷烃的天然来源主要是石油和天然气。石油是地壳运动所产生的一种物质。虽然因产地不同而成分各异，但其主要成分是各种烃类（开链烷烃、环烷烃和芳香烃等）的复杂混合物。从油田得到的原油通常是深褐色的黏稠液体，根据需要经分馏而得到各种不同的馏分。石油中所含的烷烃是甲烷以上的直链和支链的烷烃；环烷烃则是含五元环和六元环的环烷烃，如环己烷、甲基环己烷、甲基环戊烷和 1,2- 二甲基环戊烷等。

天然气，和石油一样，是碳的另外一种存在形式。通常含 75% 甲烷、15% 乙烷、5% 丙烷，其余则为较高级的烷烃。天然气可用作化工原料，也可直接作为燃料。

链烷烃和环烷烃共存，分离和提纯是比较困难的。通常用俗名——石油组分来表达烷烃和环烷烃的混合物，如表 2.5 所示。

表 2.5　石油的分馏产品

名称	主要成分	沸点范围 /℃	用途
石油气	$C_1 \sim C_4$	< 40	燃料、化工原料
石油醚	$C_5 \sim C_7$	30 ~ 100	溶剂、化工原料
汽油	$C_7 \sim C_{12}$	70 ~ 200	溶剂、内燃机燃料
溶剂汽油	$C_5 \sim C_{12}$	120 ~ 150	溶剂
航空煤油	$C_9 \sim C_{15}$	150 ~ 250	喷气式飞机燃料油
煤油	$C_{12} \sim C_{16}$	200 ~ 275	燃料、工业洗涤剂
柴油	$C_{15} \sim C_{20}$	260 ~ 340	柴油机燃料
润滑油	$C_{18} \sim C_{22}$	> 350	机械润滑、防锈
石蜡	$C_{20} \sim C_{24}$		药丸包衣、封瓶、理疗

二、烷烃的合成

1. 烯烃和芳烃加氢

$$CH_3CH{=}CHCH_3 + H_2 \xrightarrow[25℃,5\,MPa]{Ni,乙醇} CH_3CH_2CH_2CH_3$$

$$\text{（）} + H_2 \xrightarrow[\text{180~250℃, 2.81 MPa}]{Ni} \text{（）}$$

2. 由卤代烷制备

用 Zn 或 Na 与二卤代烃反应，则发生分子内偶联，生成环烷烃，可用来合成小环环烷烃（大环产率很低）。例如：

$$BrCH_2CH_2CH_2Br + Zn \xrightarrow[\triangle]{NaI, 乙醇} \triangle + ZnBr_2$$

$$Br\text{——}\diamondsuit\text{——}Cl + 2Na \xrightarrow[\text{回流}]{二噁烷} \diamondsuit + NaCl + NaBr$$
$$80\%$$

这是制备环丙烷衍生物的重要方法之一。

第六节　烷烃的物理性质

有机化合物的物理性质一般是指它们的状态（state）、熔点（melting point）、沸点（boiling point）、相对密度（relative density）、折射率（refractive index）和溶解度（solubility）等。

通常单一纯净的有机化合物，其物理性质在一定条件下是固定不变的，测定得到的这些固定数值称为物理常数（physical constant），是在一定条件下所固有的标志。通过物理常数的测定，常常可以鉴定有机化合物及其纯度。利用不同化合物的物理性质，可以分离有机化合物。

链烷烃和环烷烃是无色具有一定气味的物质。它们具有相似的物理性质，例如，直链烷烃和无取代基的环烷烃，其熔点、沸点和相对密度随着碳原子数的增加而有规律地变化，其中环烷烃的熔点、沸点和相对密度比碳原子数相同的烷烃高，这主要是因为环烷烃具有较大的刚性和对称性，使得分子之间的作用力较强。一些直链烷烃和环烷烃的物理常数分别列于表 2.6 和表 2.7 中。

表 2.6　一些直链烷烃的物理常数

名称	熔点 /℃	沸点 /℃	相对密度 d_4^{20}	折射率 n_D^{20}
甲烷	−183	−161.5	0.424	—
乙烷	−172	−88.6	0.546	—
丙烷	−188	−42.1	0.501	1.3397
丁烷	−135	−0.5	0.579	1.3562
戊烷	−130	36.1	0.626	1.3577
己烷	−95	68.7	0.659	1.3750
庚烷	−91	98.4	0.684	1.3877
辛烷	−57	125.7	0.703	1.3976
壬烷	−54	150.8	0.718	1.4056
癸烷	−30	174.1	0.730	1.4120
十一烷	−26	195.9	0.740	1.4173
十二烷	−10	216.3	0.749	1.4216
十六烷	18	280	0.775	—

续表

名称	熔点 /℃	沸点 /℃	相对密度 d_4^{20}	折射率 n_D^{20}
十七烷	22	292	0.777	—
十八烷	28	308	0.777	—
二十烷	37	342.7	0.786	—
三十烷	66	446.4	0.810	—

表 2.7   一些环烷烃的物理常数

名称	熔点 /℃	沸点 /℃	相对密度 d_4^{20}	折射率 n_D^{20}
环丙烷	−127.6	−32.9	0.617（25℃）	—
环丁烷	−80	12	0.703（0℃）	1.4260
环戊烷	−93	49.3	0.745	1.4064
环己烷	6.5	80.8	0.779	1.4266
环庚烷	−12	118	0.810	1.4449
环辛烷	14	148	0.836	—

一般说来，在有机化合物中，同系列化合物的物理常数是随分子量的增减而有规律变化的。现以链烷烃为例，说明如下。

一、沸点

直链烷烃的沸点（b.p.）一般随分子量的增加而升高，如表 2.6 所示。因为沸点是与分子间的作用力有关的，烷烃是非极性分子，范德华力主要产生于色散力。色散力的大小与分子中原子的数目和大小有关，烷烃分子中碳原子数增多，则色散力增大，因此，分子间的范德华力增大，沸点随之而升高。一般在常温常压下，四个碳以下的直链烷烃是气体，从戊烷开始是液体，大于十七个碳的烷烃是固体。

在同系列中，虽然相邻两个烷烃的组成都相差一个 CH_2，但其沸点差值并不相等，低级烷烃的差值较大，随着分子量的增加，相邻两个烷烃的沸点差值逐渐减小。如甲烷与乙烷的沸点相差 72.9℃，而十一烷与十二烷只相差 20.4℃。从分子量分析，乙烷的分子量是 30，甲烷的分子量是 16，虽然只相差一个 CH_2，但乙烷的分子量比甲烷大 87%。而十二烷的分子量（170）仅比十一烷的分子量（156）大 9%。可见，虽然同样是相差一个 CH_2，但对整个分子的影响却不一样，这种影响当然也反映在它们的物理性质变化上。

直链烷烃的沸点与分子中所含碳原子数的关系如图 2.14 所示。

此外，在碳原子数相同的烷烃异构体中，含支链越多的烷烃，相应的沸点越低。例如，在戊烷的三个异构体中，其沸点分别是：

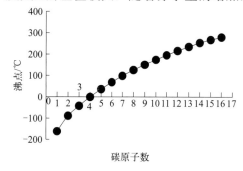

图 2.14   直链烷烃的沸点与分子中所含碳原子数的关系

	$CH_3CH_2CH_2CH_2CH_3$	$\underset{\underset{CH_3CH_2CHCH_3}{\mid}}{CH_3}$	$\underset{\underset{CH_3}{\mid}}{\overset{\overset{CH_3}{\mid}}{CH_3{-}C{-}CH_3}}$
沸点/℃	36.1	27.9	9.5

这是因为烷烃的支链增多时，分子之间彼此靠近的空间阻碍增大，使得分子之间相距较远，而色散力仅限于有限距离，随着距离的增加而很快地减弱，从而分子间范德华力减小，沸点必然相应降低。

二、熔点

烷烃熔点（m.p.）的变化基本上与沸点相似，直链烷烃的熔点变化也是随着分子量的增减而相应增减，如表 2.6 所示。但在晶体中，分子间的作用力不仅取决于分子的大小，而且与晶体中晶格排列的对称性有关，对称性大的烷烃晶格排列比较紧密，熔点相对要高一些。一般偶数碳链具有较高的对称性，因此，含偶

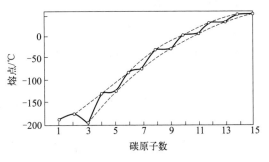

图 2.15 直链烷烃的熔点

数碳原子烷烃的熔点通常比含奇数碳原子烷烃的熔点高，构成相应的两条熔点曲线，偶数居上，奇数在下，如图 2.15 所示。

对于碳原子数相同烷烃的不同异构体，对称性较好的异构体具有较高的熔点。例如：

CH₃CH₂CH₂CH₂CH₃   CH₃CH₂CHCH₃ (上接 CH₃)   CH₃—C—CH₃ (上接 CH₃, 下接 CH₃)

熔点/℃   -130   -160   -17

三、相对密度

烷烃的密度比水小，其相对密度都小于 1，见表 2.6。相对密度变化的规律也是随着分子量的增加逐渐增大。这也是与分子间范德华力有关的，分子间的作用力增大，则分子间的距离相应减小，所以相对密度必然增大。

四、溶解度

溶解度也是有机化合物重要的物理常数。烷烃在水中的溶解度很小，几乎不溶于水，而易溶于有机溶剂，符合"相似互溶"规则。非极性的烷烃则易溶于诸如汽油中，而不溶于强极性溶剂水中。

五、折射率

折射率的大小与有机化合物的结构有关，是化合物所固有的特性。在一定波长的光源和一定的温度条件下测得的折射率已在表 2.6 和表 2.7 中列出。

第七节 烷烃的化学性质

有机化合物的化学性质取决于化合物分子的结构。链烷烃和环烷烃都是以 σ 键相连，σ 键比较牢固，而且 C—H σ 键的极性又很小，因此链烷烃和环烷烃（环丙烷和环丁烷例外）是比较稳定的化合物，一般在常温下与强酸、强碱、强氧化剂、强还原剂都不起作用。许多

链烷烃和环烷烃等常被用作溶剂使用。但反应的活性是相对的，在一定条件下，链烷烃和环烷烃也显示一定的反应性能。

一、自由基取代反应

链烷烃和环烷烃分子中的氢原子被其他原子或基团所取代的反应称为取代反应（substitution reaction）。通过自由基取代分子中氢原子的反应，称为自由基取代反应。

1. 卤化反应

在光、热或催化剂的作用下，链烷烃和环烷径（小环环烷烃除外）分子中的氢原子被卤原子取代，生成烃的卤素衍生物和卤化氢。

$$CH_3—CH_3+Cl_2 \xrightarrow{420℃} CH_3—CH_2Cl+HCl$$
$$78\%$$

$$\text{（环戊烷）} + Cl_2 \xrightarrow{h\nu} \text{（氯代环戊烷）}Cl + HCl$$
$$92.7\%$$

分子中的氢原子被卤原子取代的反应称为卤化反应（halogenation reaction）或卤代反应。

在链烷烃和环烷烃中，只有甲烷、乙烷等少数链烷烃和无取代基的环烷烃分子中的氢原子是等同的，经卤化反应可以得到单一的一取代衍生物。在实验室中一卤代烷几乎不用烷烃直接卤化来制备，而在工业上只有少数烷烃的一卤化反应具有实用价值。例如，工业合成洗涤剂十二烷基苯磺酸钠的原料之一是氯代十二烷，其由主要含十二个碳原子的直链烷烃直接卤化制备。

$$C_{12}H_{26}+Cl_2 \xrightarrow{120℃} C_{12}H_{25}Cl+HCl$$

2. 卤化的反应机理

反应机理（reaction mechanism）是化学反应所经历的途径或过程，亦称反应历程。有机化合物的反应比较复杂，由反应物到产物常常不只是简单的一步反应，也不只有一种途径，因此只有了解了反应机理，才能认清反应的本质，掌握反应的规律，从而达到控制和利用反应的目的。反应机理的研究是有机化学理论的重要组成部分。但反应机理是根据大量的实验事实作出的理论推导，是一种假说，有些是肯定的、可靠的，有些则尚欠成熟、尚未获得充分论据、尚需根据新的实验结果改进和补充。而且，并不是所有反应现在都能提出明确的反应机理。

烷烃氯化的反应机理是比较清楚的。例如甲烷的氯化，首先是在光照或高温下，氯分子吸收能量，共价键均裂而分解为两个 $Cl \cdot$:

$$Cl:Cl \xrightarrow[\text{或}\triangle]{h\nu} 2Cl \cdot \tag{2.1}$$

生成的 $Cl \cdot$ 带有未成对的电子，非常活泼，遇到甲烷可以夺取其中的氢原子而生成氯化氢和另一个带有未成对电子的 $\cdot CH_3$。$Cl \cdot$ 和 $\cdot CH_3$ 都带有未成对的电子，称为自由基（free radical，或叫游离基）。甲基自由基也非常活泼，可以再与氯分子作用生成一氯甲烷，同时又生成一个新的氯自由基，这样新生的氯自由基又可以重复上述反应。

$$Cl \cdot +H:CH_3 \longrightarrow HCl+ \cdot CH_3 \tag{2.2}$$

$$\cdot CH_3 + Cl : Cl \longrightarrow Cl \cdot + CH_3Cl \qquad (2.3)$$

上述反应的开始，是在一定能量的引发下首先产生自由基，这是一步慢步骤，是反应速率的控制步骤。而反应一经引发产生出自由基，就可以连续不断地进行下去，这样的反应一般称为连锁反应或链反应（chain reaction）。反应（2.1）为链反应的引发阶段，即链引发（chain initiation），反应（2.2）和反应（2.3）为链反应的增长阶段，即链增长（chain propagation）。然而链反应并不是可以无限连续的，反应发展到一定阶段时，自由基之间也可以彼此发生反应，这样就消耗了自由基。例如：

$$Cl \cdot + Cl \cdot \longrightarrow Cl—Cl \qquad (2.4)$$

$$\cdot CH_3 + \cdot CH_3 \longrightarrow CH_3—CH_3 \qquad (2.5)$$

$$\cdot CH_3 + \cdot Cl \longrightarrow CH_3—Cl \qquad (2.6)$$

当自由基之间的反应逐渐增加而占了优势时，反应将逐渐停止，这个阶段称为链反应的终止阶段，反应（2.4）～反应（2.6）为链终止（chain termination）的反应。

一般来讲，链反应分为链引发、链增长和链终止三个阶段。

与甲烷相似，其他链烷烃和环烷烃卤化的反应机理也是自由基取代反应机理，反应亦分三个阶段：链引发、链增长、链终止。

自由基反应的特点是：①在光或热或自由基引发剂（容易产生自由基的物质）引发下开始反应，常用的引发剂有过氧化物（如过氧化苯甲酰）和偶氮化合物（如偶氮二异丁腈等）；②反应可在气相或液相中进行，在液相进行时溶剂的极性变化对反应影响较小；③反应一般不被酸、碱所催化；④反应一旦开始，以很快的速率进行连锁反应，但当有自由基抑制剂（能够抑制或缓和化学反应的物质，亦称自由基终止剂）如酚类、分子氧等存在时，能使反应速率降低甚至反应完全被抑制。

3. 自由基的稳定性

除甲烷、乙烷等少数链烷烃和无取代基的环烷烃外，其他链烷烃和环烷烃因结构不同，氢原子所处的位置不同，因此反应取代的位置各异，即取向不同，同时卤化反应进行的难易程度也不相同。现以烷烃为例来说明，例如，丙烷的卤化反应。由于丙烷分子中有两种不同的氢原子，其一卤化产物可能有两种：

实验证明（Ⅰ）与（Ⅱ）得率之比为 45:55。如果考察氢原子被取代的概率，（Ⅰ）中被取代的是伯氢，丙烷中伯氢有六个；而（Ⅱ）中被取代的是仲氢，仲氢只有两个。伯氢与仲氢被取代的概率应为 6:2（3:1），实际却是 45:55，这表明仲氢比伯氢活泼，容易被取代。仲氢与伯氢活性之比为：

$$\frac{仲氢}{伯氢} = \frac{55/2}{45/6} \approx \frac{4}{1}$$

又如，异丁烷的一元氯化反应的实验结果为：

$$CH_3-\underset{\underset{CH_3}{|}}{\overset{\overset{CH_3}{|}}{C}}-H + Cl_2 \xrightarrow[25℃]{h\nu}$$

　　1°H取代 → $CH_3-\underset{\underset{CH_3}{|}}{\overset{\overset{CH_2Cl}{|}}{C}}-H$　64%　异丁基氯　（I）

　　3°H取代 → $CH_3-\underset{\underset{CH_3}{|}}{\overset{\overset{CH_3}{|}}{C}}-Cl$　36%　叔丁基氯　（II）

　　尽管产物（II）只占 36%，如果考虑到伯氢与叔氢被取代的概率为 9:1，可以明显地看出叔氢比伯氢被取代要容易得多。

　　由此，在室温下光引发的氯化反应，叔氢、仲氢、伯氢的活性之比大致为 5:4:1。由此可知，氢原子被卤化的次序（由易到难）为：叔氢 > 仲氢 > 伯氢。

　　烷烃分子中不同氢原子的活性不同，与 C—H 键的解离能有关。键的解离能越小，键均裂时吸收的能量越少，因此也就容易被取代。伯氢、仲氢、叔氢 C—H 键的解离能为：

	伯氢　$-CH_2-H$	仲氢　$\!>\!CH-H$	叔氢　$\!>\!C-H$
键解离能/(kJ·mol^{-1})	405.8	393.3	376.6

　　由于烷烃的卤化反应是按自由基机理进行的，即对烷烃而言，首先 C—H 键发生均裂产生烷基自由基，这一步骤与后续步骤相比是困难的一步，是控制反应速率的慢步骤，因此不同氢原子的活性与自由基的稳定性有关。反应过程中生成的自由基中间体越稳定，则相应的过渡态能量越低，所需的活化能越小，反应越容易进行。

　　烷基自由基的稳定性次序为：叔烷基自由基 > 仲烷基自由基 > 伯烷基自由基。这与卤化反应中叔氢、仲氢、伯氢被取代的活性次序是一致的。取代的甲基自由基稳定性大小如下：

$$(CH_3)_3C\cdot > (CH_3)_2CH\cdot > CH_3CH_2\cdot > CH_3\cdot$$

4. 卤素的反应活性

　　在链烷烃和环烷烃的卤化反应中，不同卤素的活性是不同的。氯化比溴化要容易得多；氟代烷因反应过于激烈而不宜直接通过氟化制取；直接碘代反应不易进行。

　　总之，卤素对烷烃进行卤化反应的相对活性通常是如下的顺序：$F_2 > Cl_2 > Br_2 > I_2$。

　　虽然溴的反应活性比氯小，但其反应选择性却较大。例如，丙烷在相同条件下，分别进行氯化和溴化反应。其结果如下：

$$CH_3-CH_2-CH_3 \xrightarrow{h\nu}$$

　　$\xrightarrow{Cl_2}$ $CH_3-CH_2-CH_2Cl$ + $CH_3-\underset{}{\overset{\overset{Cl}{|}}{C}H}-CH_3$
　　　　　　　45%　　　　　　　　55%

　　$\xrightarrow{Br_2}$ $CH_3-CH_2-CH_2Br$ + $CH_3-\underset{}{\overset{\overset{Br}{|}}{C}H}-CH_3$
　　　　　　　2%　　　　　　　　98%

　　上述实验表明，溴的反应活性比氯小，溴原子取代烷烃分子中活性较大的氢原子，比取代活性较小的氢原子容易得多，具有较大的选择性。其他链烷烃和环烷烃的卤化反应也是如此，这是一般的普遍规律。

二、氧化反应

在常温下，链烷烃和环烷烃一般不与氧化剂（如高锰酸钾水溶液、臭氧等）反应，与空气中的氧气也不起反应。但在空气（氧化）中可以燃烧，燃烧时如果氧气充分，则完全氧化而生成二氧化碳和水，同时放出大量热。例如：

$$CH_4 + 2O_2 \xrightarrow{\text{燃烧}} CO_2 + 2H_2O + 891 \text{ kJ} \cdot \text{mol}^{-1}$$

$$\bigcirc + 9O_2 \longrightarrow 6CO_2 + 6H_2O + 3954 \text{ kJ} \cdot \text{mol}^{-1}$$

这是天然气、汽油和柴油（主要成分为不同碳链的烷烃混合物）等作为能源，在内燃机中燃烧的基本原理。

三、小环环烷烃的加成反应

环丙烷和环丁烷等小环环烷烃，由于环存在角张力，容易开环进行加成反应（addition reaction）。这是小环环烷烃的特殊反应。

1. 加氢

在催化剂的作用下，环丙烷、环丁烷与氢气反应，开环一边加上一个氢原子，生成开链的烷烃：

$$\triangle + H_2 \xrightarrow[80℃]{Ni} CH_3CH_2CH_3$$

$$\square + H_2 \xrightarrow[200℃]{Ni} CH_3CH_2CH_2CH_3$$

环丁烷比环丙烷开环加氢的反应温度更高，说明环丁烷比环丙烷稳定。环戊烷更稳定，需要更高的反应温度才能开环加氢。

$$\pentagon + H_2 \xrightarrow[300℃]{Ni} CH_3CH_2CH_2CH_2CH_3$$

环己烷及更高级的环烷烃开环加氢则更为困难。

2. 加溴

环丙烷及其烷基衍生物不仅容易加氢，而且容易开环与溴加成。环丙烷与溴在室温即可开环进行加成反应，生成 1, 3- 二溴丙烷。

$$\triangle + Br_2 \xrightarrow[\text{室温}]{CCl_4} \underset{Br}{\underset{|}{C}}H_2CH_2\underset{Br}{\underset{|}{C}}H_2$$

环丁烷与溴在常温不反应，必须加热才能开环加成。

$$\square + Br_2 \xrightarrow{\triangle} \underset{Br}{\underset{|}{C}}H_2CH_2CH_2\underset{Br}{\underset{|}{C}}H_2$$

环戊烷以上的环烷烃难与溴进行开环加成反应，当温度升高时，则发生自由基取代反应。

3. 加溴化氢

环丙烷及其烷基衍生物也容易与溴化氢进行开环加成反应。

当烷基取代的环丙烷与溴化氢进行开环加成反应时，环的断裂发生在连接氢原子最多与连接最少的两个成环碳原子之间。即氢原子加到含氢较多的成环碳原子上，而溴原子加到含氢较少的成环碳原子上。例如：

环丁烷以上的环烷烃在常温下则难与溴化氢进行开环加成反应。

🔄 思考题

碳是有机化合物的基石，是地球燃料的构成要件。以碳为核心的具体形式包括固态化石煤，液体化石油，气态化石天然气，还有一种气固态的可燃冰。可燃冰是天然气与水在高压低温条件下形成的类冰状结晶物质，因其外观像冰，遇火即燃。其又称天然气水合物、"固体瓦斯"和"气冰"等。一般分布于深海或陆域永久冻土中，其燃烧后仅生成二氧化碳和水，污染远小于煤、石油等，且储量巨大，因此被公认为石油等的替代能源。储存于 2000 米左右水深的海底表层 0 ~ 200 多米沉积层中，其开采的可行性和科学性，有待科学家进行深入的研究，确保环境安全和技术可靠。借助固态物质的升华原理，你是否能思考设计可燃冰的开采技术方案？

📖 阅读材料 |

我国天然气的发展成就与碳减排目标的实现

天然气，主要成分是甲烷，是目前中国家庭取暖和烹饪的主要燃料。我国的天然气开发和加工成就，促进普通家庭完全告别了易污染空气煤炭燃烧这一能源形式。天然气是我国清洁能源的重要组成部分。

我国天然气，从资源量看，致密气、页岩气、煤层气是天然气生产的主力。2000 年，我国天然气消费量 247 亿立方米，至 2020 年已达到 3288 亿立方米，20 年增加约 12 倍，年均增速约 14%。2023 年天然气消费量达到 3945 亿立方米，同比增长 7.6%。2023 年，全国天然气新增探明地质储量 1.2 万亿立方米，新增储量仅百亿立方米。备用储量占年消费量近 10%，目前天气热仍保持开采量、新增探明地质储量、消费量和备用储量的大幅度增加。当前，天然气主要用于汽车燃气、供暖、烹饪、化学品生产等。天然气的发展成就，推动了民众生活和工业生产走向高质量发展。

未来，天然气要继续保持跨越式增长，非常规天然气勘探和开采是关键。从类别看，我国非常规天然气资源主要分布在岩性地层、海相碳酸盐岩、前陆及复杂构造等几大领域。包括天然气在内的化石能源，将成为保障国家能源安全的"压舱石"，以及高比例新能源接入新型电力系统下电力安全的"稳定器"，在保障国家能源安全方面将发挥更为重要的作用。

　　我国提出二氧化碳排放力争2030年前达到峰值，2060年前实现碳中和。这意味着，我国能源行业将全面向清洁、低碳方向转型。我国能源发展将快速步入增量替代和存量替代并存阶段。推动能源绿色低碳转型，在工业、建筑、交通、电力等诸多领域有序扩大天然气利用规模，充分发挥燃气发电效率高、运行灵活、启停速度快、建设周期短、占地面积小等特点，将气电调峰作为构建以新能源为主体的新型电力系统的重要组成部分，是助力能源碳达峰，构建清洁低碳、安全高效能源体系的重要实现途径之一。天然气是我国向低碳、零碳能源转型最重要和最现实的过渡能源，届时它将承担安全供给与绿色低碳的双重使命。

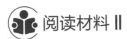 阅读材料 Ⅱ

辛烷值与高质量车用汽油

　　轿车应具备动力性、舒适性、经济性、环保性等特点。相应的，也要求车用汽油具有对应的蒸发性、抗爆性、氧化安定性、无腐蚀性、清洁性和环保性。

　　其中，汽油的抗爆性就是用辛烷值来衡量的。辛烷值越高，不仅抗爆性越好，而且可以提高发动机的燃烧效率，降低排放，从而减少对环境的污染。当然，辛烷值也与发动机的压缩比有正关联性。通常市场汽油的标号与辛烷值也存在相关性。

　　辛烷值是一种人为的规定。汽油是多种烃的混合物，作为组分之一的正庚烷在汽油燃烧时存在爆动性，燃烧不稳定，且对发动机会造成损伤甚至导致爆炸；而汽油组分之一的辛烷特别是异辛烷，却没有爆动性，燃烧平稳且动力足。为了克服汽油存在爆动性，需要严格控制庚烷组分；但汽油的混合性又无法彻底消除庚烷，只能减少。于是规定，庚烷的抗爆值为0，辛烷特别是异辛烷的抗爆值为100。汽油中的每一组分都可以通过技术条件测定其抗爆值。汽油的抗爆值就是各组分所占比例与其抗爆值的乘积之和。汽油的辛烷值可以直接测定，我国目前采用的是研究法测定。

　　辛烷值也是衡量汽油质量的指标之一。目前我国的车用汽油采用的是国家Ⅵ B标准。这是非常苛刻的指标要求，源于汽车尾气对环境的污染。我国汽油质量标准经历几个里程碑式的发展阶段。

　　1956—1985年，中国车用汽油的质量标准，基本上是按照苏联的样本建立和发展起来的。

　　1986—1999年，我国车用汽油的质量标准发生了重大的变化。首先是汽油标准体系发生了根本性转变，脱离沿袭苏联的轨道，面向国际通用标准。

　　2000年，国家颁布实施了《车用无铅汽油》（GB 17930—1999），这是革命性改变。

　　2004年起，我国实施相当于欧洲的汽车排放标准，这是我国加入WTO后经济全球化的需要。此后，我国在2006年12月、2013年12月、2018年分别更新提高GB 17930标准，在短短20年内，车用汽油标准不断更新，我国汽油加工技术日臻完善，在不影响辛烷值的硬指标前提下，对环境存在污染的汽油烯烃组分、芳香烃组分、硫含量等，有了显著性降低，有效地保护了大气环境。特别是2018年在全国范围内实施《轻型汽车污染物排放限值及测量方法（中国第六阶段）》（GB 18352.6—2016），目前是第Ⅵ B阶段。正是基于我国车用汽油质量的大踏步提升，当前我国汽车保有量在3.4亿辆，但大气环境质量却愈加改善。

　　蓬勃发展的我国汽车工业，高质量发展的汽油产品，都是我国改革开放巨大成就的缩影。当然，随着新能源汽车的逐步普及，未来以辛烷值为汽油质量衡量指标之一的燃油汽车发展遇到了新挑战，但也应该相信，如同我国汽油质量不断革命性提升发展历程一样，燃油汽车的发展一定有美好的未来。

 习题

1. 命名下列化合物，并指出其中的伯、仲、叔、季碳原子。

（1）$(CH_3)_3CCH_2CH(CH_3)_2$

（2）$CH_3CH_2CH_2CH_2\underset{\underset{CH_3}{|}}{CH}CH_3$

（3）$CH_3\underset{\underset{CH_2CH_3}{|}}{\overset{\overset{CH_3}{|}}{C}}—\overset{\overset{CH_3}{|}}{CH}CH_3$

（4）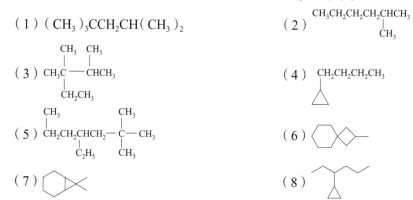

（5）$CH_2CH_2CH\underset{\underset{C_2H_5}{|}}{\overset{\overset{CH_3}{|}}{C}}H—\underset{\underset{CH_3}{|}}{\overset{\overset{CH_3}{|}}{C}}—CH_3$

（6）

（7）

（8）

2. 将下列化合物的沸点按从高到低的顺序排列。

（1）A. 正庚烷　　B. 正己烷　　C. 2-甲基戊烷　D. 正丁烷　　　E. 正癸烷

（2）A. 丙烷　　　B. 环丙烷　　C. 正丁烷　　　D. 环丁烷　　　E. 环戊烷

　　 F. 环己烷　　G. 正己烷　　H. 正戊烷

（3）A. 甲基环戊烷　　B. 甲基环己烷　C. 环己烷　　　D. 环庚烷

3. 将下列自由基按稳定性大小排列。

（1）$·CH_3$　　　（2）$·C(CH_3)_3$　　　（3）$CH_3CH_2\overset{·}{C}H_2$　　　（4）$CH_3CH_2\overset{·}{C}HCH_3$

4. 完成下列反应式。

（1）▷—CH_3　$\xrightarrow{HI}$

（2）▷—CH_3　$\xrightarrow{H_2SO_4}$

（3）▷$\underset{\underset{CH_3}{|}}{\overset{\overset{CH_3}{|}}{}}$　$\xrightarrow{Br_2}$

5. 饱和烃的分子式为 C_7H_{14}，写出符合下列条件的可能结构：除仲碳原子，（1）没有伯碳原子；（2）有一个伯碳原子和一个仲碳原子；（3）有两个伯碳原子，没有叔碳原子。

6. 在己烷（C_6H_{14}）的五个异构体中，试推测哪一个熔点最高，哪一个熔点最低，哪一个沸点最高，哪一个沸点最低。

7. 在发动机的燃料之中，常加入异辛烷、新己烷、三甲基异丙基甲烷作抗爆剂。

（1）试写出它们的构造式，并用 IUPAC 命名法命名。

（2）它们的碳骨架有什么共同的结构？

8. 在光照下，2, 2, 4-三甲基戊烷分别与氯和溴进行一取代反应，其最多的一取代物分别是哪一种？通过这一结果说明了什么？并根据这一结果预测异丁烷一氟代的主要产物。

9. 已知环烷烃的分子式为 C_5H_{10}，根据氯化反应产物的不同推测各环烷烃的构造式。

（1）一元氯代产物只有一种；（2）一氯代产物可以有三种。

10. 以等物质的量的甲烷和乙烷混合物进行一元氯化反应时，产物中氯甲烷与氯乙烷之比为 1∶400，试问：（1）如何解释这样的事实？（2）根据这样的事实，你认为—CH_3 和 CH_3CH_2— 哪一个稳定？

第三章
不饱和烃

📖 **学习目标**

知识目标

1. 掌握不饱和烃的结构、分类与命名；
2. 熟悉不饱和烃的性质和碳正离子稳定性；
3. 了解马氏规则、亲电加成反应历程、超共轭效应。

技能目标

1. 能够根据不饱和烃的结构认识其性质；
2. 利用杂化理论认识不饱和烃的结构与性质；
3. 从不饱和烃的结构认识和理解构型异构。

素质目标

1. 利用不饱和烃聚合形成高分子材料，认识我国有机高分子工业发展的巨大成就；
2. 培养不饱和烃在社会发展中应用的环保意识。

不饱和烃（unsaturated hydrocarbon）包括烯烃、炔烃。烯烃含碳碳双键，炔烃含碳碳三键。它们都是容易发生加成反应形成饱和价键的一类烃。碳碳双键又称烯键，烯键上的碳原子称为烯碳原子；碳碳三键又称炔键，碳碳三键的碳原子称为炔碳原子。烯键是烯烃的官能团，炔键是炔烃的官能团。

第一节　不饱和烃的结构与命名

一、不饱和烃的结构

1. 烯烃的结构

烯碳原子为 sp^2 杂化，三个 sp^2 杂化轨道处于同一平面。如图 3.1，未参与杂化的 p 轨道与该平面垂直。两个烯碳原子各用一个杂化轨道通过轴向重叠形成 σ 键，各用一个 p 轨道通过侧面重叠形成 π 键，由此构成一个碳碳双键。

对乙烯而言，其结构参数如下。实际键角与碳原子 sp^2 杂化轨道理论预测的键角并不完全相等；碳碳双键的键长小于乙烷中碳碳 σ 键的键长。

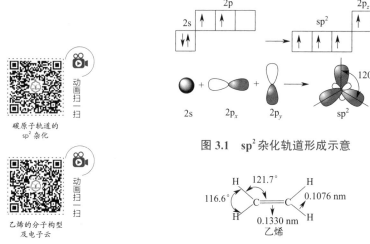

图 3.1   sp^2 杂化轨道形成示意

乙烯分子中的 5 个 σ 键（4 个 σ$_{C-H}$ 键，1 个 σ$_{C-C}$ 键）形成示意如图 3.2。

碳原子轨道的
sp^2 杂化

动画扫一扫

乙烯的分子构型
及电子云

动画扫一扫

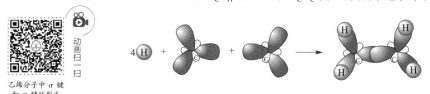

乙烯分子中 σ 键
和 π 键的形成

动画扫一扫

图 3.2   乙烯 5 个 σ 键的形成示意

乙烯中的 π 键形成示意如图 3.3，电子云分布如图 3.4 所示。

图 3.3   乙烯 π 键的形成示意   图 3.4   乙烯分子的 σ 键和 π 键

组成 π 键的上下两部分电子云，像两片面包一样围着圆柱形的 σ$_{C-C}$ 键。故 π 上的两个 C 原子不能绕键轴旋转，造成了乙烯分子存在构造异构体（constitutional isomer）。

2. 炔烃的结构

动画扫一扫

乙炔的分子构型

最简单的炔烃是乙炔，乙炔为线形分子，分子中四个原子排在一条直线上，各键的键长如下：

$$\underset{0.106\ nm}{H-C}\overset{0.120\ nm}{\equiv}C-H$$

杂化轨道理论认为乙炔分子中碳原子成键时采用了 sp 杂化方式，如图 3.5 所示，杂化后形成两个 sp 杂化轨道，剩下两个未杂化的 p 轨道。两个 sp 杂化轨道成 180°分布，两个未杂化的 p 轨道互相垂直，并都垂直于 sp 杂化轨道轴。

由 sp 杂化轨道形成的 σ 键，乙炔分子每个碳原子的 sp 杂化轨道形成 2 个 σ$_{C-H}$ 键、1 个 σ$_{C-C}$ 键，其形成过程如图 3.6 所示；未参与 sp 杂化的两个 p 轨道，如同乙烯，形成两个 π 键。

每个碳原子上两个相互垂直的 p 轨道，与另一碳原子对应的 p 轨道相互平行而从侧面重叠，形成两个相互垂直的 π 键，其形成过程如图 3.7 所示。

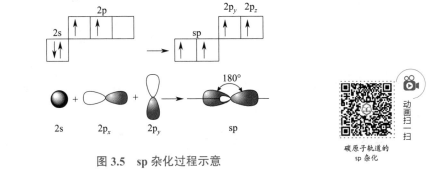

图 3.5 sp 杂化过程示意

图 3.6 乙炔 σ 键形成过程

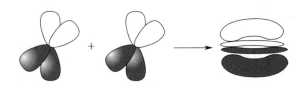

图 3.7 乙炔 π 键形成过程

因此，炔烃的三键由两个 π 键和一个 σ 键组成。与烯烃相似，都存在 π 键而表现出相似的化学性质。

二、不饱和烃的分类

1. 碳链结构分类

根据碳链结构不同，可以将不饱和烃分为不饱和链烃、不饱和环烃。例如：

$CH_3CH=CHCH_3$　　　$H_3CC\equiv CCH_2CHCH=CH_2$　　　H_3C-⬡

　　　　　　　　　　　　　　　　　　 $\underset{CH_3}{|}$

2-丁烯　　　　　　3-甲基-1-庚烯-5-炔　　　　　3-甲基-1-环己烯

2. 官能团分类

根据官能团不同，可以将不饱和烃分为烯烃和炔烃两大类。

烯烃可以进一步分类，包括单烯烃、二烯烃和多烯烃。

① 单烯烃，即含有一个碳碳双键的烯烃，链状单烯烃通式为 C_nH_{2n}（$n \geqslant 2$）。

② 二烯烃，指含有两个碳碳双键的烯烃，根据两个碳碳双键的位置关系，又可细分为：累积二烯烃（cumulative diene），这类化合物虽不多，但其立体化学很有意义；共轭二烯烃（conjugated diene），两个双键被一个单键隔开的烯烃，性质比较特殊；孤立二烯烃（isolated diene），两个双键被两个或两个以上单键隔开的烯烃，其化学性质与一般烯烃相似。

③ 多烯烃，含有两个以上碳碳双键的烯烃，其中共轭烯烃最为重要。

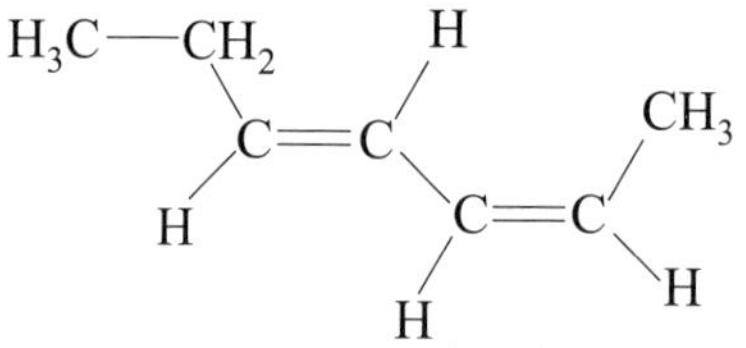

(2Z,4E)-2,4-庚二烯

炔烃，主要有单炔烃、双炔烃等，但主要讨论和应用的还是单炔烃。

3. 不饱和环烯烃分类

不饱和环烯烃包括单环烯、双环烯、桥环烯、稠环烯。

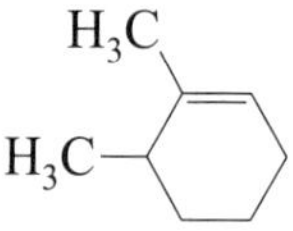

2,3-二甲基-1-环己烯 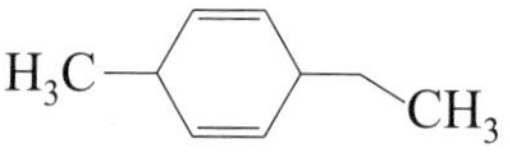　　3-甲基-6-乙基-1,4-环己二烯 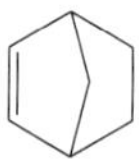　　双环[2,2,1]-2-庚烯

三、烯烃的命名

1. 烯基的命名

烯基同烷烃的烷基一样，经常用到。烯烃去掉烯碳原子上一个氢原子剩余的部分称为烯基（enyl）。如，乙烯基、丙烯基等。

$$H_2C=CH-　　　CH_3-CH=CH-　　　CH_3CH_2CH=CH-$$

乙烯基　　　　　　　　丙烯基　　　　　　　　　1-丁烯基

烯某基：当从烯烃的非烯碳原子上去掉一个氢原子剩下的部分称为烯某基，如烯丙基。注意烯丙基、丙烯基与异丙烯基的区别。

$$CH_2=CHCH_2-　　　CH_3CH=CH-　　　CH_3C=CH_2$$

烯丙基　　　　　　　　丙烯基　　　　　　　　　异丙烯基

亚基：烃分子去掉两个氢原子的剩余部分，比正常"基"多了一个成键的价态。包括同位亚基（-ylidene）和异位亚基（-ylene）两种。烯烃双键均裂的部分就是同位亚基，如亚甲基、亚乙基、亚异丙基；不同碳原子上各有一个自由价键的取代基，称为异位亚基，如1,2-亚乙基、1,2-亚丙基等。

$$H_2C=　　　CH_3CH=　　　(CH_3)_2C=$$
亚甲基　　　　亚乙基　　　　亚异丙基

$$-CH_2CH_2-　　　-CH_2CHCH_3$$

1,2-亚乙基　　　　1,2-亚丙基

2. 烯烃的系统命名法

与烷烃相似，可按下列步骤进行：

① 选主链。选择含双键的最长碳链作为主链，根据主链中的碳原子个数，称某烯。如主链有五个碳原子，则为戊烯。十个碳原子以上时，用汉字数字表示，后缀碳字，如十六碳烯。

② 编序号。从靠近双键的一端开始对主链编号，使双键位置的碳原子数字较小。

③ 编写名称。把烯碳原子的编号写在某烯的名称前面，取代基所在碳原子的编号写在

取代基之前，取代基写在某烯前面，烯碳原子的序号则直接写在某烯前面。

④ 数字与汉字之间用短线连接。

例如：

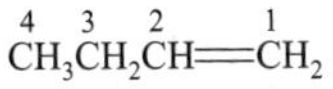

$$\overset{4}{C}H_3\overset{3}{C}H_2\overset{2}{C}H=\overset{1}{C}H_2$$
1-丁烯

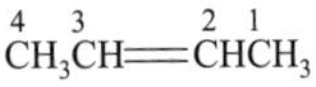

$$\overset{4}{C}H_3\overset{3}{C}H=\overset{2}{C}H\overset{1}{C}H_3$$
2-丁烯

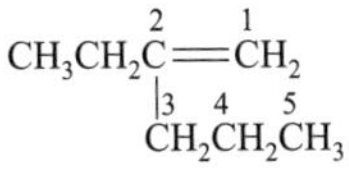

$$CH_3CH_2\overset{2}{C}=\overset{1}{C}H_2$$
$$\underset{CH_2CH_3}{\overset{3}{|}\overset{4}{}\overset{5}{}}$$
2-乙基-1-戊烯

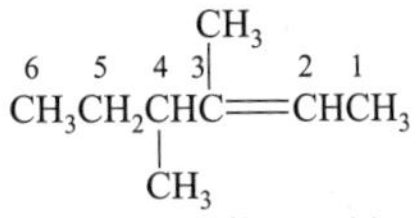

$$\overset{6}{C}H_3\overset{5}{C}H_2\overset{4}{C}H\overset{3}{\underset{CH_3}{\overset{CH_3}{|}}}=\overset{2}{C}H\overset{1}{C}H_3$$
3,4-二甲基-2-己烯

四、烯烃构型异构体及其命名

烯烃同烷烃一样存在同分异构体。因分子碳链和取代基的不同可产生同分异构体，因双键位置不同也可产生同分异构体。

$$CH_3CH_2CH=CH_2 \qquad CH_3CH=CHCH_3$$
$$\text{1-丁烯} \qquad\qquad \text{2-丁烯}$$

在介绍烯烃结构时提到，烯键因不可绕键轴旋转而形成构造异构；所谓构造异构，就是因双键所连的原子或原子团在 π 键平面中有不同的分布，而形成的分子异构。因构造异构的存在，烯烃的异构比烷烃的异构更复杂。

烯烃的构造异构主要是顺反异构。对于两个烯碳原子都连有相同的取代基，则存在顺反异构体。相同取代基在烯键一边者，为顺式；否则，为反式。例如：

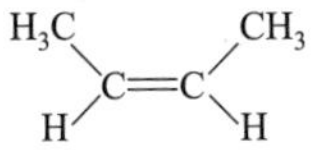

顺-2-丁烯 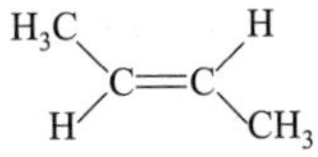　　　　反-2-丁烯

如果顺反异构体的两个双键碳原子上没有两个相同的取代基，顺反命名法存在局限。例如：

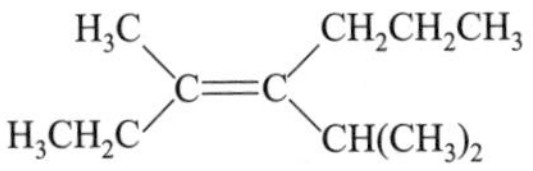

根据 IUPAC 命名法，顺反异构体的构型是用字母 Z（德文 *Zusammen*，同）和 E（德文 *Enttgegen*，对）来表示。构型是 Z 或 E，要依据次序规则（sequence rule）来决定。

所谓次序规则，就是把各种取代基按先后次序排列。取代基游离价所在的原子，原子序数大的在前，小的在后：I—，Br—，Cl—，S—，P—，O—，N—，C—，H—（同位素原子按原子量大小次序排列：D—，H—）；不同烃基的先后次序为：（CH₃）₃C—，（CH₃）₂CH—，CH₃CH₂CH₂CH₂—，CH₃CH₂CH₂—，CH₃CH₂—，CH₃—，H。

要分辨两个异构体的 Z、E 构型，先将双键碳原子的取代基按次序规则排列：

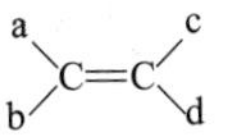

$$\underset{b}{\overset{a}{}}C=C\underset{d}{\overset{c}{}} \qquad \underset{b}{\overset{a}{}}C=C\underset{c}{\overset{d}{}} \qquad \begin{matrix}a>b\\c>d\end{matrix}$$
$$Z \qquad\qquad E$$

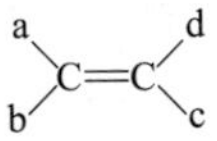

两个烯碳原子上"次序"位置在前的取代基，在双键平面的同一边时，构型为 Z，在两边时为 E。

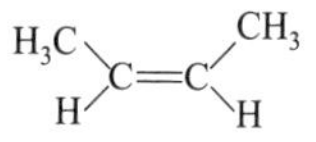

Z-2-丁烯

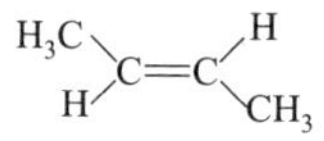

E-2-丁烯

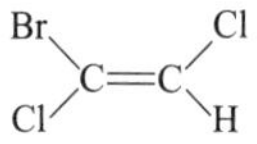

Z-1,2-二氯-1-溴乙烯

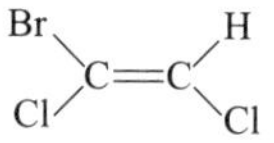

E-1,2-二氯-1-溴乙烯

五、炔烃的命名

① 乙炔衍生物命名法，称之为某某乙炔。例如：

$(CH_3)_3CC{\equiv}CH$	$(CH_3)_3CC{\equiv}CCH(CH_3)_2$	$CF_3C{\equiv}CH$
叔丁基乙炔	二叔丁基乙炔	三氟甲基乙炔

② 系统命名法。与烯烃一样，即以包含三键在内的最长的碳链为主链，按主链的碳原子数目命名为某炔，代表三键位置的阿拉伯数字以最小为原则而置于名词之前，侧链作为主链的取代基来命名。例如：

$HC{\equiv}C—C{\equiv}C—C{\equiv}CH$

1,3,5-己三炔

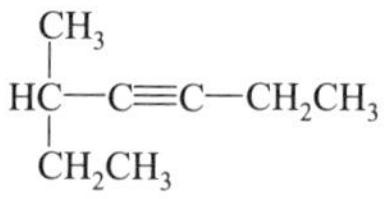

5-甲基-3-庚炔

含有双键的炔烃命名时，先命名烯，再命名炔。碳链编号以表示双键和三键位置的编号尽可能小为原则。例如：

$CH_3CH{=}CHC{\equiv}CH$

3-戊烯-1-炔

$CH_2{=}CH—CH_2—C{\equiv}CH$

4-戊烯炔

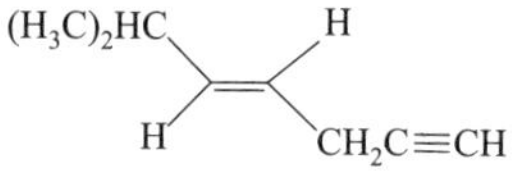

E-6-甲基-4-庚烯-1-炔

第二节　不饱和烃的性质

一、不饱和烃的来源

认识不饱和烃的性质，需要了解不饱和烃的来源或制备方法，其中烯烃的制法是重点。炔烃，因工业需求量不大且来源主要为电石水解法，在此不做介绍。

1. 石油化工的裂解

石油裂解得到乙烯、丙烯和丁二烯，这三种烯烃俗称三烯，是石油化工先进工艺的重要生产指标。

$$C_6H_{14} \xrightarrow{700\sim900℃} \underset{15\%}{CH_4} + \underset{40\%}{CH_2{=}CH_2} + \underset{20\%}{CH_3—CH{=}CH_2} + \underset{25\%}{\text{其他}}$$

2. 醇的脱水

实验室烯烃的制备采用醇脱水法。

$$CH_3CH_2OH \xrightarrow{H_2SO_4,170℃} CH_2{=}CH_2$$

$$(CH_3)_2CCH_3 \xrightarrow{20\% \ H_2SO_4, 85℃} (CH_3)_2C\!\!=\!\!CH_2$$
$$\underset{OH}{|}$$

3. 卤代烷脱卤化氢

卤代烷与氢氧化钾的乙醇溶液共热，失去卤化氢而变成烯烃，但经济成本高，一般不用。

$$RCH_2CHXR+KOH \longrightarrow RCH\!\!=\!\!CHR+KX+H_2O$$

二、不饱和烃的物理性质

烯烃和炔烃的物理性质与烷烃相似，均难溶于水。2～4 个碳原子的烯烃、炔烃在室温下为气体；5～19 个碳原子的烯烃在室温下为液体；10 个碳以下的炔烃沸点比相应烯烃高 10～20℃。烯烃和炔烃的相对密度都小于 1。表 3.1 给出了部分烯烃和炔烃的物理性质。

表 3.1　部分不饱和烃的物理性质

烯烃	熔点 /℃	沸点（0.1MPa）/℃	炔烃	熔点 /℃	沸点 /℃
乙烯	−169.1	−103.7	乙炔	−81.8	−84.0
丙烯	−185.2	−47	丙炔	−101.5	−23.2
1- 丁烯	−185.3	−6.1	1- 丁炔	−125.9	8.1
(Z)-2- 丁烯	−138.9	3.7	2- 丁炔	−32.3	27.0
(E)-2- 丁烯	−105.5	0.9	1- 戊炔	−106.5	40.2
2- 甲基丙烯	−141.0	6.6	2- 戊炔	−109.5	56.1
1- 戊烯	−165.0	30.2	1- 己炔	−132.4	71.4
1- 己烯	−138.0	63.5	2- 己炔	−89.6	84.5
1- 庚烯	−119.7	94.9	3- 己炔	−103.2	81.4
1- 辛烯	−104.0	119.2	1- 辛炔	−79.6	126.2
1- 癸烯	−81.0	172.0	1- 壬炔	−36.0	160.6

三、烯烃的化学性质

碳碳双键是烯烃的官能团，π 键的键能比 σ 键小，烯键容易在烯碳原子上加成两个原子或原子团而转变为 σ 键。因此烯烃的典型反应是加成反应（addition reaction）。加成反应就是两个分子间相互作用，生成一个产物的反应。烯烃的结构决定了其不仅具有加成性质，还具有可氧化性、可取代性、可聚合性等。加成反应的影响因素主要有加成试剂、双键上取代基。烯烃的加成反应机理可以是离子型、自由基型和协同型。

1. 烯烃的亲电加成反应

烯烃可以与卤素、水、卤化氢、硫酸、次卤酸等亲电试剂反应，形成加成产物。

（1）与卤素加成　烯烃容易与卤素发生加成反应：

$$CH_2\!\!=\!\!CH_2+Br_2 \longrightarrow CH_2BrCH_2Br$$

氟与烯烃的反应太猛烈，往往使碳链断裂生成碳原子数较少的产物。碘与烯烃一般不发生反应。只有氯、溴可在室温下与烯烃顺利进行加成反应。氯与烯烃的反应在工业上用来合成氯代烃。

$$CH_2\!\!=\!\!CH_2+Cl_2 \longrightarrow CH_2ClCH_2Cl$$

其加成反应机理如下：

过渡态　　　溴鎓离子　　　加成产物

溴与双键上的 π 电子结合生成相应的溴鎓离子，随后生成加成产物。溴负离子是从溴鎓离子溴原子的对面加成，因此，烯烃的亲电加成是反式加成过程，其产物因单键的可旋转性而无反式加成特征。

溴与烯烃的加成反应可用于实验室对烯烃的定性和定量分析，例如用 5％溴的四氯化碳溶液和烯烃反应，在烯烃滴入溴溶液后，溴溶液的红棕色马上消失，表明发生了加成反应。据此可鉴别烯烃。

（2）与卤化氢加成　烯烃与卤化氢发生加成反应，生成卤代烷，碘化氢最容易发生加成反应，溴化氢次之，氯化氢最难（HI ＞ HBr ＞ HCl）。

$$CH_2\!\!=\!\!CH_2+HI \longrightarrow CH_3CH_2I$$

极性催化剂的存在能使加成反应的速度加快。例如，氯化氢气体与烯烃气体发生反应的速度非常慢，而在无水氯化铝存在下迅速发生加成反应。在无水氯化铝存在下，乙烯在氯乙烷溶液中，即使在 −80℃，也能迅速与氯化氢发生加成反应。因此工业上由乙烯合成氯乙烷时，用无水氯化铝作催化剂。催化剂促使亲电的氢离子迅速生成，而快速加成，形成加成产物。

$$HX \longrightarrow H^+ + X^-$$

卤化氢与不对称烯烃发生加成反应，理论上可以生成两种加成产物。

$$RCH\!\!=\!\!CH_2 + HBr \longrightarrow \underset{\underset{Br}{|}}{RCHCH_3} + RCH_2CH_2Br$$

这是因为亲电氢离子加成形成的碳正离子（carbocation）中间体以最稳定态为主，即仲碳正离子，叔碳正离子为主要中间体，随后形成对应的加成产物。

$$CH_3CH_2CH\!\!=\!\!CH_2 + HBr \xrightarrow{\text{乙酸}} \underset{\underset{80\%\ Br}{|}}{CH_3CH_2CHCH_3}$$

$$(CH_3)_2C\!\!=\!\!CH_2 + HCl \longrightarrow \underset{\underset{100\%\ Cl}{|}}{(CH_3)_2CCH_3}$$

理论与实践表明，碳正离子的稳定性为：

$$(CH_3)_3C^+ \quad > \quad (CH_3)_2HC^+ \quad > \quad CH_3H_2C^+ \quad > \quad H_3C^+$$

叔丁基碳正离子　　　异丙基碳正离子　　　乙基碳正离子　　　甲基碳正离子

即 $3°C^+ > 2°C^+ > 1°C^+ > H_3C^+$。

从上述反应方程式看,亲电加成主要产物是卤原子加在含氢较少的双键碳原子上所生成的化合物,在许多情况下这是主要的产物。

马尔科夫尼科夫(Markovnikov,1868)总结了一条规律:卤化氢等极性试剂与不对称烯烃发生亲电加成反应时,卤化氢中的氢原子加成到烯烃含氢较多的烯碳原子上,卤原子或其他原子(基团)加在烯烃含氢较少的烯碳原子上。简称马氏规则(Markovnikov's rule)。这是一条经验规律。

(3)与硫酸等加成 烯烃与硫酸、水等发生亲电加成反应,都是通过生成中间体碳正离子完成的。烯烃与硫酸的加成在 0℃时就能发生,加成产物硫酸氢酯在热水中很容易水解得到醇。不同结构的烯烃,经间接水合法可制备伯醇、仲醇和叔醇。烯碳上烷基越多,越容易与硫酸反应。

$$CH_2{=}CH_2 + H_2SO_4 \longrightarrow CH_3CH_2OSO_3H$$

$$\underset{CH_3}{\overset{CH_3}{>}}C{=}CH_2 + H{-}OSO_3H \longrightarrow \underset{\underset{OSO_3H}{|}}{(CH_3)_2CCH_3}$$
$$\text{叔丁基硫酸}$$

在催化剂存在下烯烃也可以直接加水变成醇,反应产物符合马氏规则。

$$CH_2{=}CH_2 + H_2O \xrightarrow[300℃,70个大气压❶]{H_3PO_4/硅藻土} CH_3CH_2OH$$

用这种方法生产乙醇要求用高浓度(97%)的乙烯,而用硫酸间接加水可以用低浓度的乙烯。

$$H_2C{=}CH_2 \xrightarrow{98\% H_2SO_4} \underset{\text{硫酸氢乙酯}}{CH_3CH_2OSO_2OH} \xrightarrow[90℃]{H_2O} CH_3CH_2OH + H_2SO_4$$

$$CH_3CH{=}CH_2 \xrightarrow{80\% H_2SO_4} \underset{\underset{\text{硫酸氢异丙酯}}{OSO_2OH}}{CH_3\overset{|}{C}HCH_3} \xrightarrow[\triangle]{H_2O} \underset{\underset{\text{异丙醇}}{OH}}{CH_3\overset{|}{C}HCH_3} + H_2SO_4$$

$$(CH_3)_2C{=}CH_2 \xrightarrow{63\% H_2SO_4} \underset{\text{硫酸氢叔丁酯}}{(CH_3)_3COSO_2OH} \longrightarrow \underset{\text{叔丁醇}}{(CH_3)_3COH} + H_2SO_4$$

工业上利用这个反应由烯烃生产乙醇、异丙醇和叔丁醇。

(4)与次卤酸的加成 次氯酸钠或次溴酸钠的水溶液酸化后,生成的次卤酸可以与烯烃发生加成反应变成卤代醇:

$$CH_2{=}CH_2 + HOBr \longrightarrow \underset{\text{溴乙醇}}{HOCH_2CH_2Br}$$

不对称烯烃与次卤酸发生加成反应,主要产物是羟基加在含氢最少的碳原子上的化合物。

$$CH_3{-}CH{=}CH_2 + Br{-}OH \longrightarrow \underset{\underset{\underset{\text{1-溴-2-丙醇}}{OH}}{|}}{CH_3\overset{}{C}HCH_2Br}$$

❶ 1个大气压 =101325Pa。

由于氧的电负性（3.5）大于氯（3.0）和溴（2.8），因此，溴与双键上的 π 电子结合生成相应的溴鎓离子，随后转变成碳正离子，最后与 OH⁻ 结合生成产物溴代醇。

烯烃与卤素在水溶液中发生反应生成卤代醇和二卤代烃的混合物。

$$CH_2\!=\!CH_2+Cl_2+H_2O \longrightarrow HOCH_2CH_2Cl+ClCH_2CH_2Cl$$

作为中间产物的碳正离子可以与溶剂结合生成卤代醇，也可以与卤离子结合生成二卤化物。

2. 烯烃的自由基加成反应

烯烃在光照或过氧化物（如过氧化苯甲酰 PhCOO—OCOPh）作用下，可以与溴化氢发生自由基加成反应，生成溴代烷。

$$CH_3CH\!=\!CH_2 \xrightarrow[\text{过氧化物}]{HBr} CH_3CH_2CH_2Br$$

产物与按马氏规则所预测的结果恰好相反，这是一个符合反马氏规则（anti- Markovnikov's rule）的加成产物。目前只有溴化氢与烯烃发生反马氏规则的加成反应，氯化氢和碘化氢都不能发生该反应。加成反应是以产生稳定的中间体——仲碳自由基为特征，其加成机理如下：

$$CH_3CH\!=\!CH_2 + Br\cdot \longrightarrow CH_3\dot{C}HCH_2Br$$
$$CH_3\dot{C}HCH_2Br + HBr \longrightarrow CH_3CH_2CH_2Br + Br\cdot$$

如此反应，将不断产生反马氏加成产物，得到 1- 溴丙烷。

3. 烯烃的催化加氢反应

烯烃与氢的加成反应，一般借助催化剂可以顺利实现。在催化剂作用下，烯烃与氢加成生成烷烃的反应为催化加氢（catalytic hydrogenation）反应。常用的催化剂主要是铂、钯、铑、钌和镍等，属异相催化加氢。实验室常用的催化剂有铂、钯、雷尼（reaney）镍等异相催化剂。一般以活性炭、硫酸钡、碳酸钙或氧化铝等为载体。在催化剂作用下，烯烃与氢容易发生加成反应生成烷烃。

$$RHC\!=\!CHR + H_2 \xrightarrow{\text{催化剂}} RCH_2CH_2R$$

在加氢过程中烯烃和氢气先吸附在催化剂表面上，发生反应变成烷烃后再从催化剂表面解吸。双键上取代基的数目越多，体积越大，烯烃越不容易吸附在催化剂上，越不容易加氢。催化剂的活性、溶剂的 pH、温度、压力对反应都有影响。

4. 烯烃的氧化反应

空气中的氧和各种氧化剂都能使烯烃氧化，氧化产物决定于氧化剂的种类和反应条件。

（1）催化氧化反应　在催化剂作用下，烯烃利用空气氧可形成环醚。如乙烯在银的催化作用下与空气中的氧反应，生成环氧乙烷：

$$CH_2=CH_2 + O_2 \xrightarrow[280\sim300℃,1\sim2\,MPa]{Ag} CH_2-CH_2$$

环氧乙烷

（2）高锰酸钾氧化反应　烯烃与碱性高锰酸钾的稀溶液在较低温度下，能够生成邻二醇。乙烯则被氧化成乙二醇。

$$\underset{CH_2}{\overset{CH_2}{\|}} + MnO_4^- \longrightarrow \left[\begin{array}{c}CH_2-O \\ | \\ CH_2-O\end{array} Mn \begin{array}{c}O \\ \diagdown \\ O\end{array}\right]^- \xrightarrow{OH^-,H_2O} \underset{CH_2-OH}{\overset{CH_2-OH}{|}} + MnO_2$$

这个反应可用于双键的定性检验。有双键存在时高锰酸钾溶液褪色，或有褐色二氧化锰沉淀出现。此反应的速度快，现象明显而易于观察。

如果采用酸性 $KMnO_4$ 热溶液，则烯键会发生断裂生成酸和酮。例如：

$$\underset{\underset{CH_3}{|}}{CH_3C=CCH_3} \xrightarrow[加热]{KMnO_4/H_2SO_4} \underset{\underset{CH_3}{|}}{CH_3C=O} + CH_3COOH$$

丙酮　　乙酸

（3）臭氧氧化反应　臭氧，其分子的电子分布式为 $\ddot{O}—\ddot{O}—\ddot{O}$ ，具有很强的化学活性。将含有臭氧（6%～8%）的氧气通入液体烯烃或烯烃的惰性有机溶液中，臭氧迅速而定量地与烯烃作用，生成臭氧化物（ozonide），这叫作臭氧化反应（ozonization reaction）。臭氧化物易于爆炸，但一般不需要把它从溶液中分离出来，可以直接在溶液中加水分解，生成的水解产物为醛或酮。

$$RCH=\underset{R''}{\overset{R'}{C}} \xrightarrow{O_3} R\underset{O}{\overset{O-O}{\diagup}}\underset{R''}{\overset{R'}{C}} \xrightarrow[H_2O]{Zn} \underset{R}{\overset{O}{\|}}\!\!-H + O=\underset{R''}{\overset{R'}{C}}$$

烯烃的臭氧化反应方程式如下：

$$CH_3CH_2CH=CH_2 \xrightarrow[(2)\,Zn+H_2O]{(1)\,O_3} CH_3CH_2CH=O + O=CH_2$$

$$(CH_3)_2C=CH_2 \xrightarrow[(2)\,Zn+H_2O]{(1)\,O_3} (CH_3)_2C=O + O=CH_2$$

5.烯烃的硼氢化氧化反应

烯烃的硼氢化（hydroboration）反应，是烯烃与硼烷作用生成烷基硼的反应。正常使用乙硼烷的醚溶液，很容易与烯烃发生加成反应。此反应速度较快，一般最终产物只能得到三烷基硼烷。烷基硼在碱性条件下与过氧化氢作用生成醇，与烯烃的硼氢化反应合在一起，被称为烯烃硼氢化-氧化（hydroboration-oxidation）反应。这是利用末端烯烃制备伯醇的好方法，不同于仅得到仲醇的烯烃水合法。

$$CH_3CH=CH_2 \xrightarrow{B_2H_6} (CH_3CH_2CH_2)_3B$$

$$(CH_3CH_2CH_2)_3B \xrightarrow[25\sim30℃]{6H_2O_2,OH^-} CH_3CH_2CH_2OH$$

6.烯烃 α- 氢的反应

在室温下烯烃与卤素作用发生亲电加成反应，但在高温（500～600℃）下 α- 碳原子上的氢被取代。所谓 α- 碳原子，就是官连的第一个碳原子，α- 碳原子上的氢，叫 α- 氢。例如：

$$CH_3-CH=CH_2 + Cl_2 \xrightarrow[80\%]{500\sim510℃} CH_2Cl-CH=CH_2 + HCl$$

3-氯丙烯

以 N- 溴代丁二酰亚胺（N-bromosuccinimide，NBS）为溴化试剂的取代反应，很适用实验室条件下进行的 α- 氢取代反应。

烯烃的 α- 氢受双键的作用，比较活泼，容易被氧化。丙烯在氧化铜催化剂存在下被空气氧化生成丙烯醛。

$$CH_2=CHCH_3 + O_2 \xrightarrow[350\sim400℃]{CuO/Al_2O_3} CH_2=CHCHO$$

在铋、钼、磷的催化剂作用下，用空气和氨直接氧化丙烯可得到丙烯腈，这是工业上制备丙烯腈的重要方法，称为氨氧化法（ammoxidation）。

$$CH_2=CH-CH_3 + \frac{3}{2}O_2 + NH_3 \xrightarrow[470℃]{催化剂} CH_2=CH-CN + 3H_2O$$

7. 烯烃的聚合反应

含有双键的化合物在适当的条件下可发生连续加成反应，形成高分子量化合物的反应称为聚合（polymerization）反应。参与反应的烯烃分子称为单体（monomer），聚合后生成的产物称为聚合物（polymer）。乙烯、丙烯在自由基引发剂作用下聚合生成聚乙烯（polyethylene，PE）、聚丙烯（polypropylene，PP）。使用齐格勒 - 纳塔［$TiCl_4/Al(C_2H_5)_3$］催化剂，能够得到结构规整的聚乙烯、聚丙烯。

$$CH_2=CH_2 \xrightarrow[180℃,1500个大气压]{O_2(0.05\%)} -(CH_2CH_2)_n-$$

$$CH_2=CH_2 \xrightarrow[1\sim10个大气压,60\sim75℃]{TiCl_4/Al(C_2H_5)_3} -(CH_2CH_2)_n-$$

$$n\,HC=CH_2 \xrightarrow{TiCl_4/Al(C_2H_5)_3} -(HC-CH_2)_n-$$
$$\quad\;\; | \qquad\qquad\qquad\qquad\qquad\qquad |$$
$$\quad\;\; CH_3 \qquad\qquad\qquad\qquad\qquad CH_3$$

聚乙烯、聚丙烯都是食品工业重要的包装材料。

四、炔烃的化学性质

1. 加成反应

（1）催化加氢　炔烃比烯烃更容易加氢，炔烃的催化加氢分两步进行：第一步加氢生成烯烃；进一步加氢生成烷烃。例如：

$$H_3C-C\equiv C-H + H_2 \xrightarrow{催化剂} CH_3-CH=CH_2 \xrightarrow[催化剂]{H_2} CH_3-CH_2-CH_3$$

催化剂为 Ni、Pt、Pd 时，炔烃加两分子氢直接生成烷烃。常用活性较低的林德拉（Lindlar）催化剂，该催化剂可使炔烃只加一分子氢，加成反应停留在烯烃阶段，且得顺式加成产物。这种催化剂是将金属 Pd 沉淀在 $BaSO_4$ 上用喹啉处理或将金属 Pd 沉淀在 $CaCO_3$

上用醋酸铅处理而得到的。

$$H_3C-C\equiv C-H + H_2 \xrightarrow{\text{Pd-BaSO}_4/\text{喹啉}} CH_3-CH=CH_2$$

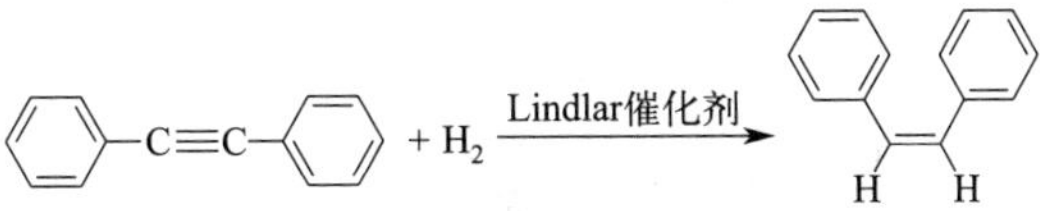

顺-二苯基乙烯(87%)

工业上，利用这个反应可以除去乙烯中含有的少量乙炔，提高乙烯的纯度。

（2）亲电加成

① 与卤素加成：炔烃与卤素在三氯化铁催化下反应，生成二卤代烯烃，二卤代烯烃可以继续和卤素反应生成四卤代烷烃。

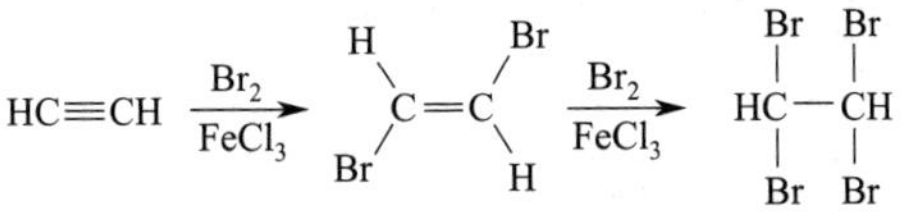

炔烃与溴加成后，溴的红棕色消失，因此可通过溴的四氯化碳溶液颜色的褪去来检验炔烃。

和烯烃相比，炔烃的亲电加成较烯烃难。烯烃可使溴的四氯化碳溶液很快褪色，而炔烃却需要一两分钟才能使之褪色。故当分子中同时存在双键和三键时，与溴的加成首先发生在双键上。

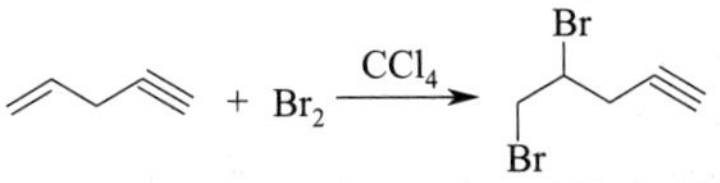

4,5-二溴-1-戊炔

② 与氢卤酸加成：炔烃与氢卤酸（HX）的加成不如烯烃容易。在催化剂 $HgCl_2$ 或 $HgSO_4$ 的作用下，炔烃与卤化氢加成生成卤代烯烃。例如：

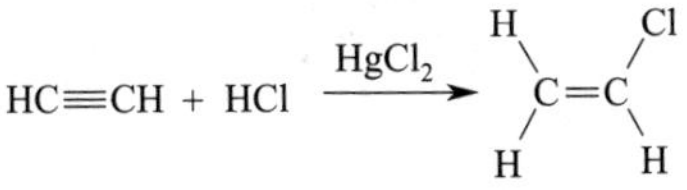

这是工业上生产氯乙烯（vinyl chloride）的一个方法。

不对称炔烃与卤化氢的加成同样遵循马氏加成规则。若三键在中间，则生成反式加成产物，例如：

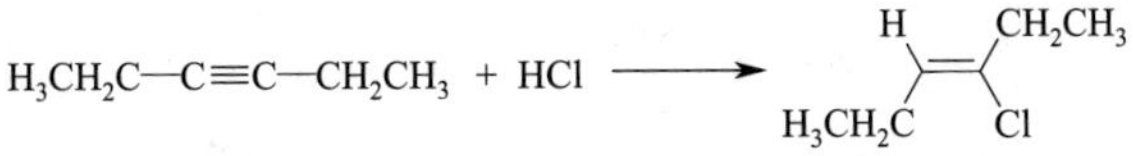

只有在过氧化物存在或光照下与 HBr 的加成，得到的是反马氏加成规则的产物。

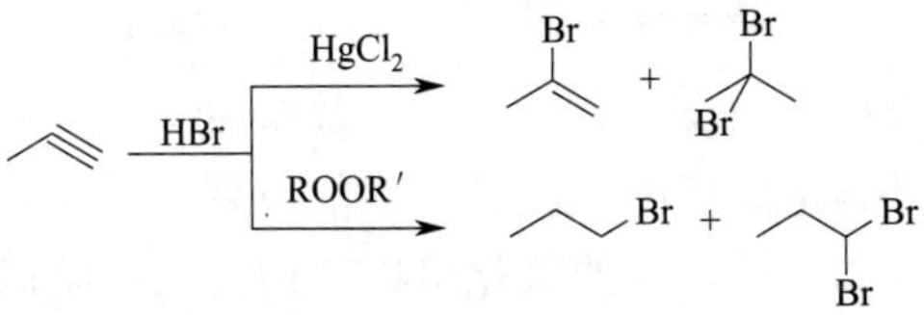

卤化氢与三键加成的速率次序为：HI > HBr > HCl > HF。

③ 与水加成：一般情况下，炔烃直接水合是困难的，但在硫酸汞的稀硫酸溶液催化作用

下，炔烃可以和水进行加成反应，生成烯醇式化合物。烯醇式化合物一般不稳定，会转化成酮式结构，这是一种同分异构体（isomer）的转变。这种转变，称为互变异构（tautomerism）现象。

$$HC{\equiv}CH + H_2O \xrightarrow[H_2SO_4]{HgSO_4} \left[\begin{matrix} & OH \\ & | \\ H_2C & {=}CH \end{matrix}\right] \longrightarrow CH_3-\overset{\overset{\displaystyle O}{\|}}{C}-H$$

烯醇式　　　　　　　乙醛(酮式)

乙烯醇（烯醇式）会主动转变为乙醛（酮式），这种现象发生在乙烯醇分子内，故又称分子内重排（intramolecular rearrangement）现象。这是因为乙醛的总键能（2678 kJ·mol^{-1}）比乙烯醇键能（2741 kJ·mol^{-1}）大约低 63 kJ·mol^{-1}，即乙醛比乙烯醇稳定。因此乙炔水合得到乙醛，也是工业制备乙醛的方法之一。

不对称炔烃与水的反应也遵循马氏加成规则。例如：

$$H_3C-C{\equiv}CH + H_2O \xrightarrow[H_2SO_4]{HgSO_4} \left[\begin{matrix} & OH \\ & | \\ H_2C & {=}C-CH_3 \end{matrix}\right] \longrightarrow CH_3-\overset{\overset{\displaystyle O}{\|}}{C}-CH_3$$

$$\text{⬡}-C{\equiv}CH + H_2O \xrightarrow[H_2SO_4]{HgSO_4} \text{⬡}-\overset{\overset{\displaystyle O}{\|}}{C}-CH_3$$

2. 硼氢化 – 氧化反应

炔烃与乙硼烷加成生成烯基硼，然后在过氧化氢存在下，进行碱性氧化水解生成烯醇式中间体，最后重排成醛或酮。该加成反应是按反马氏规则进行的，所以末端炔烃经硼氢化 - 氧化水解生成醛。

$$RC{\equiv}CH \xrightarrow{B_2H_6} \left[R-CH{=}CH\right]_3 B \xrightarrow[OH^-,H_2O]{H_2O_2} \left[R-CH{=}CH-OH\right] {\rightleftharpoons} RCH_2-CHO$$

非末端炔烃经硼氢化 - 氧化水解，则生成酮。

$$CH_3CH_2C{\equiv}CCH_3 \xrightarrow[(2) \ H_2O_2/OH]{(1) \ B_2H_6} CH_3CH_2CH_2-\overset{\overset{\displaystyle O}{\|}}{C}-CH_3$$

3. 氧化反应

与烯烃的 C=C 双键相似，炔烃的 C≡C 也很容易被氧化。炔烃和氧化剂如高锰酸钾反应，三键完全断裂，最后得到完全氧化的产物羧酸或二氧化碳，同时高锰酸钾溶液的紫色褪去，生成棕褐色的二氧化锰沉淀。

$$HC{\equiv}CH \xrightarrow[H^+]{KMnO_4} CO_2\uparrow + MnO_2\downarrow$$

$$RC{\equiv}CH \xrightarrow[H^+]{KMnO_4} RCOOH + CO_2\uparrow$$

$$RC{\equiv}CR' \xrightarrow{KMnO_4} RCOOH + R'COOH$$

反应现象十分明显，可用于碳碳三键的检验。炔烃的结构不同，其氧化产物也不同，因此通过鉴定氧化产物，可以确定炔烃中的碳碳三键的位置，进而确定炔烃的结构。

在比较缓和的条件下，非末端炔烃的氧化可以停留在二酮阶段。例如：

$$CH_3(CH_2)_7C{\equiv}C(CH_2)_7COOH \xrightarrow[H_2O]{KMnO_4} CH_3(CH_2)_6CH_2-\overset{\overset{\displaystyle O}{\|}}{C}-\overset{\overset{\displaystyle O}{\|}}{C}-CH_2(CH_2)_6COOH$$

思考题

我国总的能源特征是"富煤、少油、有气"。为筑牢我国能源安全的"压舱石"，煤制油成为石油的潜在替代品，国家能源战略有的放矢，矢志攻关，实施直接和间接液化煤制油的两套基础研发方案。其中大型间接液化煤制油成套技术方面达到国际领先水平。石油加工产品以乙烯、丙烯为主要目标产物。煤制油的油是什么组分？谈一谈进一步加工出像石油炼制的产品的科学性和可行性。

第三节 共轭二烯烃

一、共轭二烯烃的结构

最简单的共轭二烯烃是 1,3- 丁二烯。分子的键长和键角如下：

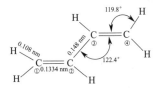

动画扫一扫

1,3- 丁二烯的分子构型及电子云

C1—C2、C3—C4 之间的键长（0.1334 nm）与乙烯双键的键长（0.1330 nm）差不多，C2—C3 之间的键长显然比一般的碳碳单键（0.154 nm）短。对于丁二烯分子中 C2—C3 之间的键长比一般的碳碳单键短，有两种解释：一种认为这是由于 C2—C3 在一定程度上具有双键的性质；另一种解释是 C2—C3 两个碳原子以 sp^2 杂化轨道成键，而在烷烃中碳原子都以 sp^3 杂化轨道成键。原子轨道的杂化状态不同，生成的键的键长自然不同。

在 1,3- 丁二烯分子中，每一个碳原子都用 sp^2 杂化轨道相互重叠或与氢原子的 1s 轨道重叠，生成 9 个 σ 键。此外每个碳原子上还剩下一个 p 轨道。当分子中所有的原子都在同一平面上时，这些 p 轨道的对称轴互相平行，相邻的 p 轨道可以在侧面互相重叠，最可几的成键轨道是 C1—C2 和 C3—C4 的 π 轨道，如图 3.8（a）所示。当然，丁二烯分子中 π 电子的分布不是局限于两个碳原子之间，而是分布在包括 4 个碳原子的分子轨道中。这种两个 π 轨道存在部分重叠而使电子离域的现象，称为 π-π 共轭效应（conjugate effect），由 π-π 共轭产生的分子轨道称为离域轨道。如图 3.8（b）所示。

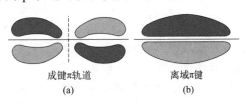

成键π轨道　　　　　　离域π键
(a)　　　　　　　　　(b)

图 3.8　1,3- 丁二烯分子轨道示意图

1- 丁烯与氢加成生成丁烷的氢化热为 126.6 kJ·mol⁻¹。

$$CH_3CH_2CH{=\!=}CH_2 \xrightarrow{H_2} CH_3CH_2CH_2CH_3 \quad \Delta H = 126.6 \text{ kJ·mol}^{-1}$$

1,3- 丁二烯的氢化热为 239 kJ·mol⁻¹，比 1- 丁烯的氢化热 126.6 kJ·mol⁻¹ 的两倍低 14.2 kJ·mol⁻¹，说明 1,3- 丁二烯的能量较低；1,3- 戊二烯的氢化热为 226 kJ·mol⁻¹，比 1,4- 戊二烯的氢化热 254 kJ·mol⁻¹ 低 28 kJ·mol⁻¹，共轭二烯烃的能量比相应的孤立二烯烃低。由于离域键的形成，π-π 共轭体系低于正常非共轭体系的能量称为共轭能（conjugation energy），或离域能（delocalization energy）。

二、共轭二烯烃的反应

共轭二烯烃同烯烃一样，容易与卤素、卤化氢等发生加成反应。它的特点是比烯烃更容易发生加成反应，并且能发生 1,4- 共轭加成反应（1,4-conjugate addition reaction）。

1. 加卤素和卤化氢

共轭二烯烃与卤素加成，很容易得到 1,2- 加成产物，同时还有 1,4- 加成产物。

$$CH_2=CH-CH=CH_2 + Cl_2 \longrightarrow \underset{\underset{Cl}{|}}{CH_2}-CH=CH-\underset{\underset{Cl}{|}}{CH_2} + \underset{\underset{Cl}{|}}{CH_2}-\underset{\underset{Cl}{|}}{CH}-CH=CH$$

1,4-加成产物　　　　　1,2-加成产物

1,2- 加成产物和 1,4- 加成产物的比例决定于反应条件。在低温下 1,2- 加成产物生成的速度快，产物多，这属于动力学控制（kinetic control）反应产物。当温度升高或有催化剂存在时，1,2- 加成产物容易异构化，变成更稳定的 1,4- 加成产物，这属于热力学控制（thermodynamic control）产物。

2. 催化加氢

共轭二烯烃在液氨中用金属钠还原，生成 1,4- 加成产物：

$$H_2C=CH-CH=CH_2 \xrightarrow{\text{Na+ } NH_3(l)} \underset{\underset{H}{|}}{CH_2}-CH=CH-\underset{\underset{H}{|}}{CH_2}$$

催化加氢生成 1,2- 和 1,4- 加成产物的混合物，1,4- 加成产物容易继续加氢变成烷烃。

3. 双烯合成

共轭二烯烃与烯烃或炔烃在受热条件下，可发生 1,4- 环加成反应，形成六元环烯烃，称为双烯合成反应，这是共轭二烯烃所特有的反应。也称为狄尔斯 - 阿尔德（Diels-Alder）反应。

双烯体　亲双烯体　六元环化合物

通常共轭二烯烃称为双烯体，与共轭二烯烃反应的不饱和化合物称为亲双烯体。这是合成六元环化合物的一种重要方法。

当亲双烯体含有吸电子基团时，诸如—CHO、—COR、—CO$_2$R、—CN、—NO$_2$ 等，更容易发生环化反应，环烯烃产率几乎达到百分之百。

4. 聚合

共轭二烯烃在催化剂存在下聚合成高分子化合物。在金属钠等催化剂作用下均聚合得

到顺丁橡胶（*cis*-polybutadiene rubber）。异戊二烯聚合可得到近似天然橡胶结构的高分子化合物。

$$n\text{CH}_2=\text{CH}-\text{CH}=\text{CH}_2 \xrightarrow{\text{催化剂}} \left[\begin{array}{c} \text{H}_2\text{C} \quad \text{CH}_2 \\ \text{C}=\text{C} \\ \text{H} \quad\quad \text{H} \end{array}\right]_n$$

聚丁二烯(顺式聚丁二烯橡胶，顺丁橡胶)

$$n\text{CH}_2=\text{CH}-\overset{\text{CH}_3}{\underset{|}{\text{C}}}=\text{CH}_2 \xrightarrow{\text{催化剂}} \left[\begin{array}{c} \text{CH}_3 \\ \text{C}=\text{C} \\ \text{H}_2\text{C} \quad \text{CH}_2 \end{array}\right]_n$$

聚丁二烯(反式聚丁二烯)

食品保鲜膜与聚乙烯材料

食品保鲜膜，是一种用于食品保鲜和包装的材料。其主要成分是聚乙烯，也就是常说的塑料。保鲜膜的主要特点是具有一定的延展性和可塑性，可以将食品包裹在内，防止空气、水分和异味对食品的侵入，保持食品的新鲜度和口感。

生活超市包装肉类、熟食、蔬菜等的保鲜膜用的大多是 PE 保鲜膜，并且超市销售的主要为 PE 保鲜膜。PE 保鲜膜的显著特点是使用范围广泛，可包裹油脂食物，同时可用于微波炉加热，但温度不超过 110℃。

聚乙烯是一种由乙烯单体聚合而成的合成聚合物。其结构特点是由乙烯单体的碳 - 碳键通过共价键连接形成线性链状结构。聚乙烯分为低密度聚乙烯（LDPE）和高密度聚乙烯（HDPE)两种。低密度聚乙烯具有良好的延展性和柔韧性，而高密度聚乙烯比低密度聚乙烯硬。

聚乙烯最初由英国在 1939 年实现工业化生产。随后 20 世纪 60 年代通过定向配位聚合，生成合成高密度聚乙烯。70 年代末期，生成线性低密度聚乙烯。目前世界聚乙烯产量达到 15000 万吨。

而我国在 1962 年，兰州石化公司建成的 5000 吨 / 年的乙烯装置顺利投产，标志着我国乙烯工业的诞生。我国乙烯工业实现了从无到有的历史性跨越，虽然与国外相比，我国乙烯装置规模小，工艺技术水平落后，但是这个阶段的创业历程揭开了中国乙烯工业发展的新篇章。20 世纪 70 年代末达到百万吨，20 世纪末达到千万吨。2024 年产量超过 3000 万吨。

半个多世纪的聚乙烯研发、生产和加工，我国的聚乙烯产量与性能已经跻身世界大国前列，目前基本满足了人们日益增长的物质消费中的食品保鲜的需求。同时，由之前聚乙烯产品完全依靠进口国，至目前已经有部分聚乙烯产品出口并逐渐走向世界市场，成为聚乙烯产品的生产大国。这一地位的转变充分反映了中国共产党领导下的中国人民的聪明智慧与勤劳勇敢的奋斗精神。

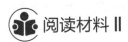

导电聚合物——聚乙炔

众所周知，塑料是一种良好的绝缘材料，在电缆中，塑料常被用做铜线外面的绝缘层。然而，研究导电塑料的三位科学家向人们习以为常的"观念"提出了挑战，并获得了 2000

年度的诺贝尔化学奖。他们研究发现：特殊改造后的有机高分子材料能够像金属一样表现出优良的导电性能。

导电有机高分子材料最初的典型代表是聚乙炔，也是典型的低维（一维和二维）有机导体。1958年首次合成聚乙炔，20世纪70年代合成出有银白色光泽的聚乙炔薄膜。后又通过掺杂碘等物质，显著地提高了聚乙炔的导电性能。聚乙炔的导电性是基于其规整结构：顺式、反式、顺反交替式的构造异构体。

顺式聚乙炔

反式聚乙炔

我国在聚乙炔导电材料的导电本征基础研究、掺杂聚乙炔导电机理研究和聚乙炔导电材料的加工研究方面走在世界前列。普通金属的导电率在7个数量级，目前聚乙炔的导电率虽仅有2个数量级，但比本征的导电率提高了12个数量级，一跃成为具有实际应用价值的导电高分子材料。而且，其柔性、韧性、可加工性和轻量化，是掺杂聚乙炔导电材料应用的独特优势。导电高分子材料的进一步发展拓宽了人类对导体材料的认识及应用领域。掺杂聚乙炔成为导电高分子材料可以作为半导体或导体，同时兼具塑性、电致发光、电致发热等特性，在可卷曲显示器、化学传感器、薄膜晶体管等领域有着广泛的应用前景。

 习题

1. 写出下列基团的构造。

（1）丙烯基 　　　　（2）烯丙基 　　　　（3）异丙烯基 　　　　（4）亚甲基
（5）异亚丙基 　　　（6）亚乙烯基

2. 用系统命名法命名下列化合物。

（1）$(CH_3)_2C=C-CH(CH_3)_2$
　　　　　　　　　　$|$
　　　　　　　　　　CH_3

（2）$CH_3CH=CCH_2CH_3$
　　　　　　　　　　$|$
　　　　　　　　　　CH_3

（3）$\begin{matrix} n\text{-Pr} \\ i\text{-Pr} \end{matrix} C=C \begin{matrix} Me \\ Et \end{matrix}$

（4）

（5）$CH_2=CH-CH=CH_2$

（6）$(CH_3)_2CHC\equiv CC(CH_3)_3$

（7）$\begin{matrix} H \\ (CH_3)_2CH \end{matrix} C=C \begin{matrix} C\equiv C-C_2H_5 \\ H \end{matrix}$

（8）$\bigcirc =CHCH_3$

3. 写出下列化合物的结构式。

（1）2, 3, 5-三甲基-4-乙基-2-己烯
（2）（Z）-2-氯-1-溴丙烯
（3）3-甲基-1-庚烯-5-炔
（4）异戊二烯
（5）环戊二烯
（6）2-甲基-1, 3, 5-己三烯

4. 完成下列反应方程式。

（1）⬠ $\xrightarrow[\text{OH}^-]{\text{KMnO}_4(\text{稀、冷})}$

（2）$CH_3CH\!=\!CHC\!\equiv\!CH + H_2O \xrightarrow[\text{稀H}_2\text{SO}_4]{\text{HgSO}_4}$

（3）$H_3C\!-\!⬠ \xrightarrow[\text{② H}_2\text{O}_2,\text{OH}^-]{\text{① B}_2\text{H}_6}$

（4）⬠ $\xrightarrow{\text{Br}_2/\text{CCl}_4}$

（5）$CH_3CH\!=\!CHCHC\!\equiv\!CH$（下有$CH_3$）$\xrightarrow[\text{喹啉}]{\text{H}_2/\text{Pb}}$ $\xrightarrow[\text{② Zn/H}_2\text{O}]{\text{① O}_3}$

（6）$H_3C\!-\!⬠ \xrightarrow{\text{Br}_2/\text{H}_2\text{O}}$

（7）$CH_3CH_2CH\!=\!CH_2 \xrightarrow{\text{NBS/ROOR}}$

（8）⟋⟍ $+$ ⟋⟍CHO $\xrightarrow{\triangle}$

（9）$CH_3CH_2C\!\equiv\!CH \xrightarrow[\text{H}_2\text{O}_2/\text{OH}]{\text{B}_2\text{H}_6}$

（10）⬡ $+ O_3 \longrightarrow \xrightarrow{\text{Zn/HAc}}$

5. 用化学方法鉴别下列化合物。

（1）乙烷、乙烯、乙炔

（2）$CH_3CH_2CH\!=\!CHCH_3$、$CH_3CH_2CH\!=\!CH_2$

（3）$CH_2\!=\!CHCH_2CH_2CH_3$、$CH_3CH\!=\!CHCH\!=\!CH_2$

6. 某化合物分子式为 C_8H_{16}。它可以使溴水褪色，也可溶于浓硫酸。经臭氧化反应并在锌粉存在下水解，只得到一种产物丁酮。写出该烯烃可能的构造式。

7. 某烯烃经催化加氢得到 2- 甲基丁烷。加 HCl 可得 2- 甲基 -2- 氯丁烷。如经臭氧化并在锌粉存在下水解，可得丙酮和乙醛。写出该烯烃的构造式。

8. A 的分子式为 $C_{10}H_{18}O$，酸性条件下加热脱水生成 B 和 C，它们催化加氢后生成同一化合物，B 经臭氧化及水解后只得到环戊酮。试推测此化合物的结构。

9. 某化合物催化加氢，能吸收一分子氢，与过量酸性高锰酸钾溶液作用则生成丙酸。写出该化合物可能的构造式。

10. 某化合物（A）的分子式为 C_5H_8，在液 NH_3 中与 $NaNH_2$ 作用后再与 1- 丙烷作用，生成分子式为 C_8H_{14} 的化合物（B），用 $KMnO_4$ 氧化（B）得分子式为 $C_4H_8O_2$ 的两种不同酸（C）和（D），（A）在 $HgSO_4$ 存在下与稀 H_2SO_4 作用可得到酮（E）$C_5H_{10}O$，试写出（A）~（E）的构造式。

第四章
芳香烃

 学习目标

知识目标

1. 掌握苯的结构、分类与命名；
2. 掌握芳烃的物理和化学性质；
3. 熟悉休克尔规则与非苯芳香烃芳香性的判断；
4. 了解苯环上亲电取代反应的规律，理解定位效应、一元定位规律及二元定位规律。

技能目标

1. 能够根据芳烃的性质，进行相关化学反应的机理分析；
2. 根据休克尔规则认识多环不饱和烃的芳香性特征；
3. 从稠环芳烃的结构，认识其化学反应特征。

素质目标

1. 从苯的结构和性质认识其在社会发展中的重要应用价值，提升有机物的应用环保意识；
2. 从芳烃衍生物的结构和性质，认识其在我国军工发展中的重要应用意义。

含有苯环的一类碳氢化合物，称为芳香烃（aromatic hydrocarbon）或芳烃（arene）。之所以称为芳香烃，起因于苯环碳氢化合物具有的芳香性。当然，这种芳香性是其气味特征，而实质上这种芳香性对人体是有一定危害性的。芳香烃名称仅是习惯沿用而已。

苯的分子式是 C_6H_6，从碳氢比来看，它似乎应有高度的不饱和性，但实际上并非如此。苯很稳定，不易发生加成和氧化反应，却较容易发生亲电取代反应，这和脂肪族不饱和烃有明显的不同。这些特性总称为芳香性（aromaticity）。

随着科学研究的深入，也有一些虽不含有苯的六碳环结构，但依然具有芳香烃的特性，这些物质被称为非苯芳烃。

第一节　苯的结构

一、苯的凯库勒式

1825 年，法拉第（M.Faraday）发现了苯（benzene）；1834 年，德国化学家测得苯的分子式为 C_6H_6。1865 年，凯库勒（Kekulé）根据苯的一元取代物只有一种，说明六个氢原子是等同的这一事实，提出苯环结构：单、双键交替的六元环结构。

凯库勒式的结构解决了苯环氢地位等同的问题，但还没有解决苯存在的其他客观现象：

① 含有双键结构却不能与卤素发生加成反应，也不能被 $KMnO_4$ 氧化；

② 在发生取代反应时应得到两种二元邻位取代物，但却只有一种。

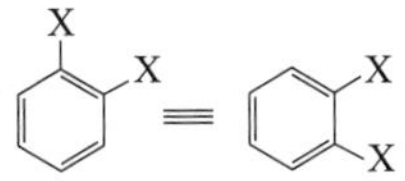

③ 苯的氢化热较低。一个双键氢化时，放出约 $120\ kJ\cdot mol^{-1}$ 热量。如果苯环中有三个双键，由苯加氢变为环己烷时，应放热 $360\ kJ\cdot mol^{-1}$，但实际上只有 $208\ kJ\cdot mol^{-1}$。这说明苯比凯库勒所假定的环己三烯式稳定 $152\ kJ\cdot mol^{-1}$。

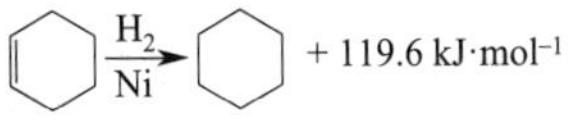

氢化反应是放热反应，反之脱氢反应是吸热反应。脱去两个氢原子形成一个双键时一般需要供给约 $117\sim126\ kJ\cdot mol^{-1}$ 的热量。1,3-环己二烯脱去两个氢原子成为苯时，不但不吸热，反而有少量的热释放，说明苯环结构远比环己三烯稳定。

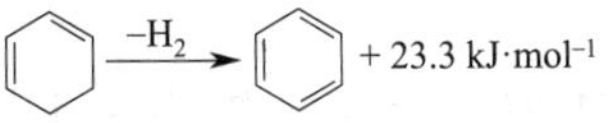

④ 在凯库勒式中，苯分子中是碳碳单键和双键交替的，而单键和双键的键长是不等的。但事实上经过测定苯分子中的碳碳键的长度完全等同，比一般碳碳单键短、碳碳双键长。

由此可见，凯库勒式苯环结构并不能代表苯分子的真实结构。

二、苯分子结构的近代概念

现代物理实验方法（如 X 射线法，光谱法等）测定证明，苯环具有平面正六边形的结构（图 4.1），六个碳原子和六个氢原子处在同一平面上，C—C 键长都是 0.140 nm，C—H 键长都是 0.108 nm，所有键角为 120°。关于苯的结构，杂化轨道理论和分子轨道理论都给予了合理的解释。

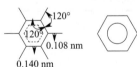

图 4.1　苯的结构

1. 杂化轨道理论

根据杂化轨道理论，苯环上的碳原子都是 sp^2 杂化的。相邻的碳原子用两个 sp^2 杂化轨道以"头碰头"的形式相互交盖构成六个等同的 σ_{C-C} 键，每个碳原子用另一个 sp^2 杂化轨道同氢原子的 1s 轨道交盖，构成六个等同的 σ_{C-H} 键。此时，每个碳原子都保留着一个未参加杂化的带有一个电子的 p 轨道。这些 p 轨道的对称轴垂直于苯环平面，p 轨道彼此间以"肩并肩"的方式相互交盖，构成一个闭合的共轭体系。p 轨道的交盖部分，对称地分布在苯环平面的上下两方，形成了六原子共用六电子的环状闭合大 π 键（π_6^6），键中电子云密度完全平均化（图 4.2）。

2. 分子轨道理论

苯环上六个碳原子的六个 p 原子轨道通过线性组合，可组成六个分子轨道。如图 4.3 中三个是成键轨道，三个反键轨道。成键轨道中无节面或节面较少，能量较低，反键轨道中节面较多，能量较高。

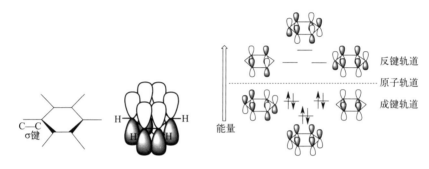

图 4.2   苯分子结构   图 4.3   苯的分子轨道

基态时，苯分子的六个 p 电子成对地分别进入三个成键轨道，这时所有能量低的成键轨道，全部充满了电子（图 4.3），使得体系能量降低，比正常的环己三烯能量降低了 152 kJ·mol^{-1}，这个能量称为离域能。

3. 苯结构的表示方法

苯的大 π 键同共轭二烯烃的大 π 键相似，只是共轭二烯烃是非闭合共轭体系，而苯的共轭体系是闭合的环状体系；同时，苯分子的 π 电子云密度是完全平均化的。许多人采用⬡式表示苯的结构，圆圈表示大 π 键的特殊结构，但这种表示与有机化学的价键结构的表达习惯不同，因此也不令人满意。目前，可用⬡或⬡表示苯的结构。

第二节　芳烃的分类与命名

一、芳烃的分类

苯环及其衍生物称为芳环。苯基，可用 Ph—表示；芳烃基，一般用 Ar—表示。根据芳环的数目和连接方式的不同，芳烃可分为以下三类：

① 单环芳烃（monocyclic aromatic hydrocarbon）：分子中只含有一个苯环的芳烃。

② 多环芳烃（polycyclic aromatic hydrocarbon）：分子中含有两个或两个以上苯环通过 σ 键直接连接或彼此间以共有环边稠合而形成的化合物。

③ 非苯芳烃：不具有苯环结构但具有芳香性的环状化合物。

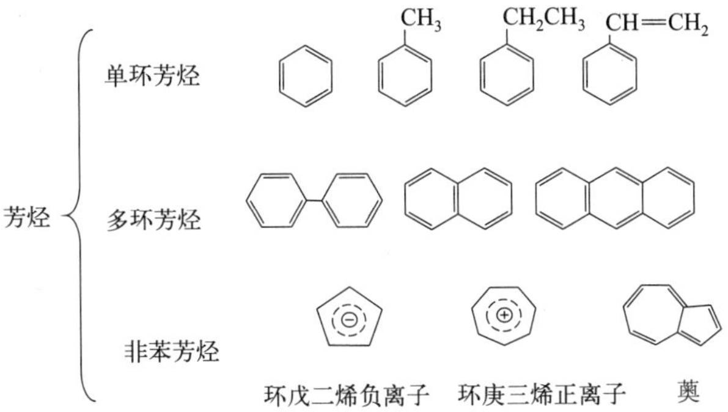

二、苯的同分异构现象

苯环上的六个碳原子和六个氢原子是完全等同的。取代烃基的结构确定后，苯的一元取代物就只有一种。含有两个以上碳原子的取代基，由于存在碳链异构现象，故存在同分异构体。苯的二元取代物，由于取代基在环上有三种不同的位置，故还存在位置异构现象。苯的多元取代则情况更复杂。

苯取代基的异构现象，如：

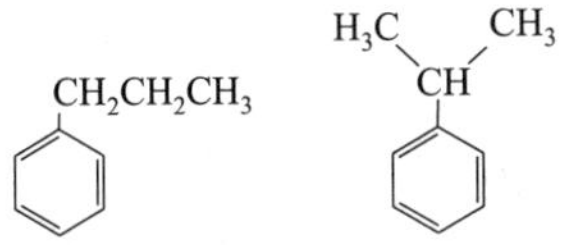

正丙苯　　异丙苯

苯取代基位置异构现象，如：

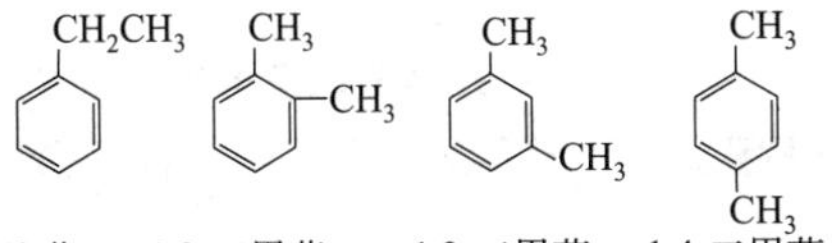

乙苯　　1,2-二甲苯　　1,3-二甲苯　　1,4-二甲苯

邻二甲苯　　间二甲苯　　对二甲苯

乙苯与二甲苯互为同分异构体。

三、芳烃的命名

1. 一元取代物的命名

当烃基的结构较简单时，一般以苯环为母体命名，并省略某基的“基”字，如甲苯、乙苯等。当烃基的碳链比较复杂时，则把苯看作取代基来命名，如：

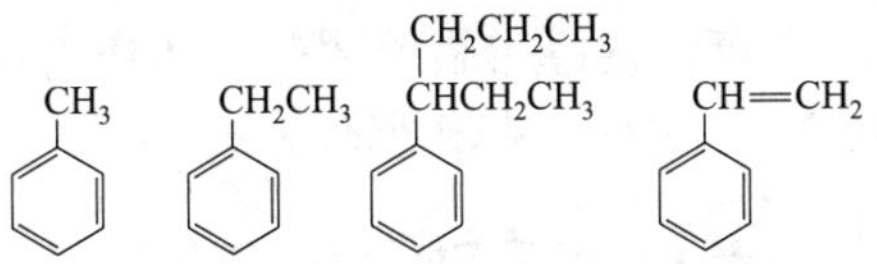

甲苯　　乙苯　　3-苯基己烷　　苯乙烯

2. 二元取代物的命名

二元取代基相应有三种同分异构体，命名时常以邻、间、对作为词头来表明两个取代基

的相对位置，有时也用拉丁语 *ortho*（邻）、*meta*（间）、*para*（对）的第一个字母来表示，还可用阿拉伯数字来表明取代基的位置。

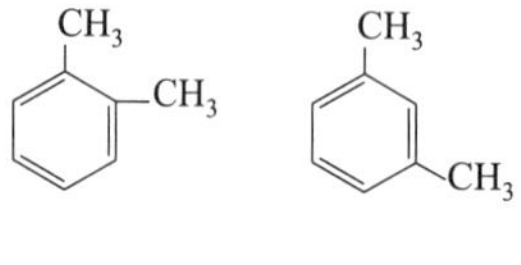

| 1,2-二甲苯 | 1,3-二甲苯 | 1,4-二甲苯 |
| 邻二甲苯 | 间二甲苯 | 对二甲苯 |

3. 多元取代物的命名

多元取代苯常用阿拉伯数字来表明取代基的相对位置。对于三个取代基相同的三取代苯，也可以用连、偏、均等词头来表示。

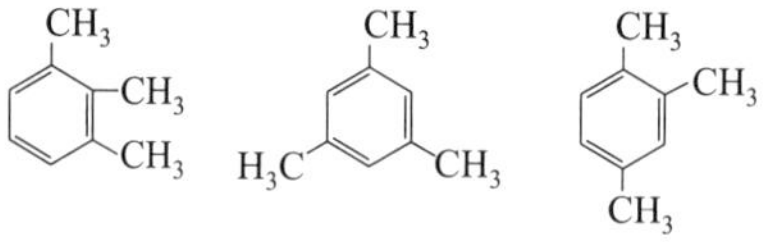

| 1,2,3-三甲苯 | 1,3,5-三甲苯 | 1,2,4-三甲苯 |
| 连三甲苯 | 均三甲苯 | 偏三甲苯 |

4. 芳香烃取代基

苯基（phenyl）是指苯分子去掉苯环上连接的一个氢原子剩余的部分，化学式为 C_6H_5—，用 Ph 表示，苯基是最简单的芳基。芳烃分子的芳环上去掉一个氢原子所剩下的部分称为芳基（aryl），用 Ar 表示。例如，甲苯的苯环上去掉一个氢原子，得到甲苯基，甲苯基属于芳基，几种苯基及芳基如表 4.1 所示。

表 4.1　几种苯基及芳基

名称 / 符号	化学式	结构	所属类别
苯基 /Ph	C_6H_5—	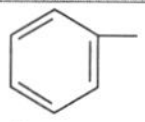	芳基 /Ar
苯甲基 /Bn（苄基）	$C_6H_5CH_2$—	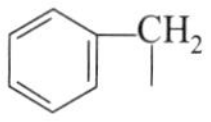	芳烃基
甲苯基（甲基苯基）	$CH_3C_6H_4$—	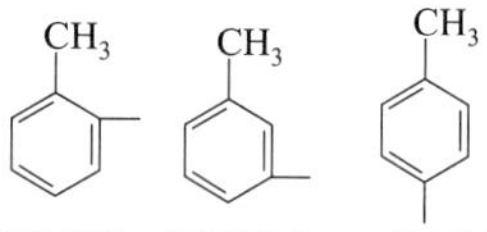 邻甲苯基　间甲苯基　对甲苯基	芳基 /Ar
甲基苯（甲苯）	C_7H_{10}	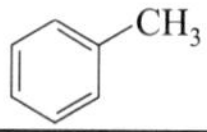	芳烃

当苯环上有多个取代基时，可以选择带官能团的苯环作为母体，遵循官能团优先次序，如表 4.2，排名靠前的官能团优先与苯环一起作母体。

表 4.2　常见官能团的优先次序

官能团	优先次序顺序	化学式
羧基（carboxyl group）	1	—COOH
磺酸基（sulfonate group）	2	$-SO_3H$

续表

官能团	优先次序顺序	化学式
酯基（ester group）	3	—COOR
酰卤基（acyl halide group）	4	—COX（X = Cl，Br，I）
酰氨基（amide group）	5	—CONH$_2$
氰基（cyanide group）	6	—CN
醛基（aldehyde group）	7	—CHO
酮基（ketone group）	8	$>$C=O
羟基（hydroxyl group）	9	—OH
氨基（amino group）	10	—NH$_2$
烃基（hydrocarbon group）	11	—R
硝基（nitro group）	12	—NO$_2$
卤代烃基团（haloalkyl group）	13	—X（X=F，Cl，Br，I）

当物质分子中含有不同优先次序的各种取代基，应按照取代基的优先次序确定主官能团，其他取代基按照优先次序分别写在主官能团前面。例如：

(*E*)-2-苯基-2-戊烯　　　对甲基苯甲酸乙酯

第三节　芳烃的性质

一、芳烃的来源

芳烃在化学工业中占据着极其重要的地位，不仅是合成各种化学品的基础原料，也是许多燃料和溶剂的重要成分。芳烃的来源多样，主要制备方法包括煤焦油加工、石油炼制、生物质转化等。

1. 煤干馏

煤干馏（coal carbonization）是指煤在隔绝空气条件下加热、分解，生成焦炭、煤焦油、粗苯、煤气等一系列的化学物质的过程。煤在炼焦炉里隔绝空气加热至 1000～1300℃，分解得固态、液体和气态的产物。固体是焦炭（coke），液体中有氨（ammonia）和煤焦油（coal tar），气态产物为煤气（coal gas）。煤焦油中含有大量的芳香族化合物（aromatic compound），通过分馏得到不同馏分的芳香族化合物，苯及其同系物主要存在于低沸点馏分即轻油中（见表 4.3）。

表 4.3　煤焦油的馏分组成及主要用途

馏分	沸点	主要成分	用途
轻油	低于 180℃	苯、甲苯、二甲苯、低分子量的酚类、甲基酚类等	溶剂、有机合成的原料、燃料油等
酚油	180～210℃	苯酚、甲苯酚、二甲酚等酚类化合物	酚类、吡啶碱，树脂、制药、染料、农药、香料、橡胶等原料

续表

馏分	沸点	主要成分	用途
萘油	210 ～ 230℃	萘	邻苯二甲酸酐，树脂、工程塑料、染料、油漆和医药产品等原料
洗油	230 ～ 300℃	萘、蒽、芴	回收粗苯、溶剂加工、燃料油加工
蒽油	300 ～ 340℃	蒽、菲等多环芳烃	染料、医药、橡胶助剂和农药等原料
沥青	高于 340℃	高沸点多环芳烃、沥青、游离碳	道路铺设、建筑防水防腐处理；电极、碳制品、燃料等原料

2. 石油的芳构化

石油炼制加工过程中，不能直接得到芳烃，这与煤干馏产物不同。石油制取芳烃主要是将石油蒸馏轻油馏分中含 6 ～ 8 个碳原子的烃类，在铂或钯等催化剂存在下在 450 ～ 500℃进行脱氢、环化和异构化等一系列复杂的化学反应而转变为芳烃。石油工业上称这一过程为铂重整（platforming）。在铂重整中所发生的化学变化叫芳构化（aromatization）。芳构化的实现使石油成为芳烃的主要来源之一。芳构化主要有下列几种反应：①环烷烃催化脱氢；②烷烃脱氢环化和再脱氢；③环烷烃异构化和脱氢。

此外，以生产乙烯为目的的石油裂解过程中，也有芳烃伴生，可以从中得到芳烃。

二、芳烃的物理性质

苯及其同系物具有与一般烃类基本相同的物理性质。苯及其低级同系物都是无色、有芳香气味的液体，不溶于水，易溶于乙醚、四氯化碳、石油醚等有机溶剂中。相对密度一般在 0.86 ～ 0.88 之间，容易燃烧，冒黑烟。它们的蒸气有一定毒性。二元取代苯的异构体中，对位异构体因分子对称性高，晶体内分子间色散力较大，故对位比邻位和间位异构体的熔点高。例如对二甲苯的熔点是 +13℃，而邻位是 −25℃，间位是 −45℃，表 4.4 列出苯及其衍生物的物理常数。

表 4.4　苯及其常见衍生物的物理常数

化合物	熔点 /℃	沸点 /℃	相对密度 d_4^{20}
苯	5.5	80	0.879
甲苯	−95	111	0.866
邻二甲苯	−25	144	0.880
间二甲苯	−48	139	0.864
对二甲苯	13	138	0.961
连三甲苯	−25	176	0.894
均三甲苯	−44	169	0.876
偏三甲苯	−45	165	0.865
乙苯	−95	136	0.867
正丙苯	−99	159	0.862
异丙苯	−96	152	0.862
苯乙烯	−31	145	0.907
苯乙炔	−45	142	0.930

然而，由于它们的潜在毒性，使用时必须采取适当的预防措施，以避免对人体健康和环境造成不良影响。

与脂肪烃不同的是，芳烃易溶于环丁砜、N, N- 二甲基甲酰胺等特殊溶剂。利用此性质，可从脂肪烃和芳烃的混合物中萃取芳烃。

三、芳烃的化学性质

芳烃容易发生取代反应，反应时芳烃体系不变。芳环只有在特殊的条件下才能起加成、氧化反应。此外，苯环与侧链之间的相互作用对它们的性质也有影响。

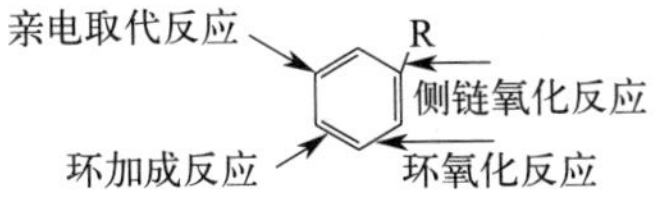

1. 亲电取代反应

由亲电试剂进攻而引起的取代反应叫亲电取代反应（electrophilic substitution reaction），包括苯在内的芳烃与烯烃、炔烃一样，都会发生亲电取代反应。

亲电试剂用 E^+ 来表示。单环芳烃重要的取代反应有卤化、硝化、磺化、烷基化和酰基化等。

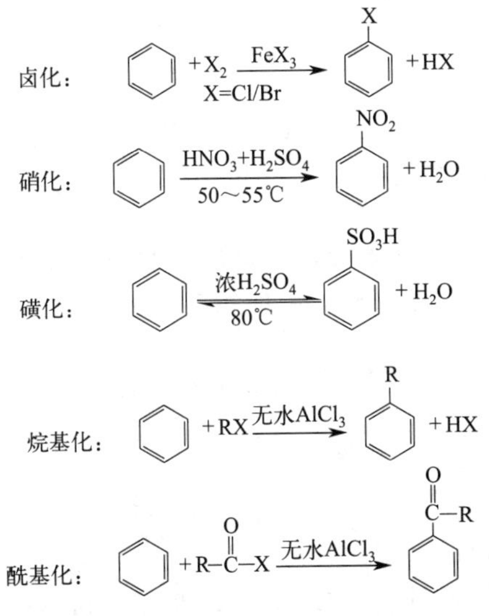

（1）亲电取代反应历程　苯环上的卤化、硝化、磺化、烷基化和酰基化反应都是离子型的亲电取代反应，它们具有相同的反应机理：

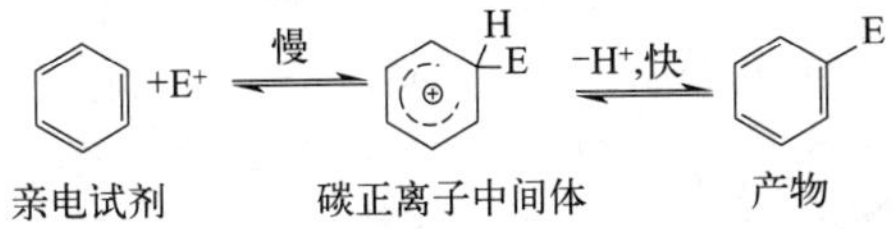

第一步，苯环与带有正电荷（或部分正电荷）的亲电试剂（E^+）相遇时，先形成结构比较松散的配合物，被进攻的碳原子的杂化状态由 sp^2 变为 sp^3，形成碳正离子中间体，类似于烯烃的亲电加成，这一步是决速步骤。

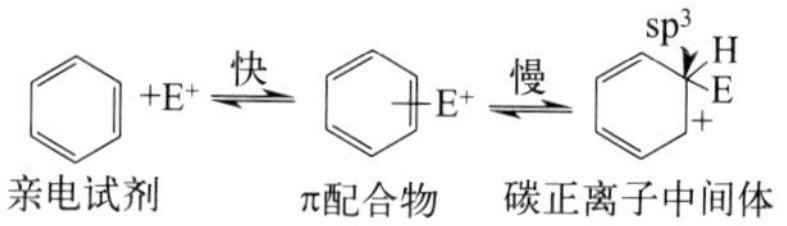

碳正离子中间体的生成破坏了苯环闭合的共轭体系，但正电荷处于不饱和体系的 α-C 上，可形成五个碳原子共用四个 π 电子的共轭体系（π_5^4），很不稳定，容易进一步变化。

第二步，碳正离子中间体消除质子，形成稳定产物。

消除质子所需的活化能小，生成的产物也稳定，因此，碳正离子中间体生成后，随即迅速脱去一个质子，重新获得稳定的苯环结构，得到取代产物。

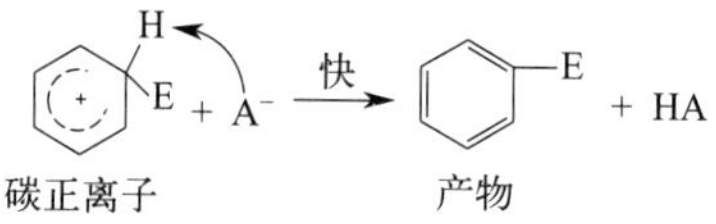

一般，第一步反应较慢，是速率控制步骤，其活化能高于第二步，整个反应为不可逆的。

（2）苯及芳烃的亲电取代反应

① 卤化反应。苯及其同系物分子中的氢原子被卤素原子取代生成卤化物的反应称为卤化（halogenation）反应。在路易斯（Lewis）酸催化下，苯及其同系物可以与氯气或溴发生卤化反应，在苯环上引入氯或溴原子，生成氯（溴）代苯。

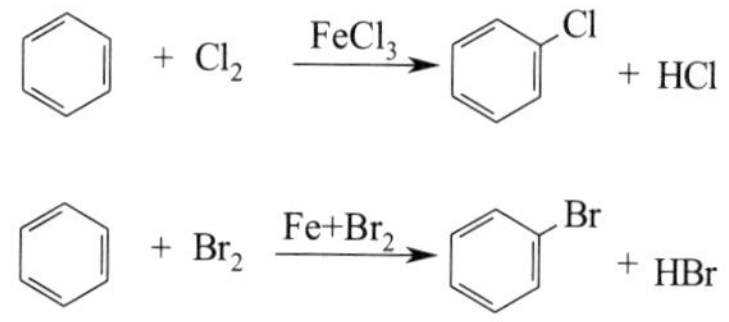

三卤化铁的作用是促进卤素分子极化、解离，使卤素转变为更强的亲电试剂 X^+，也可以用铁粉与卤素替代三卤化铁。氯化反应机理如下：

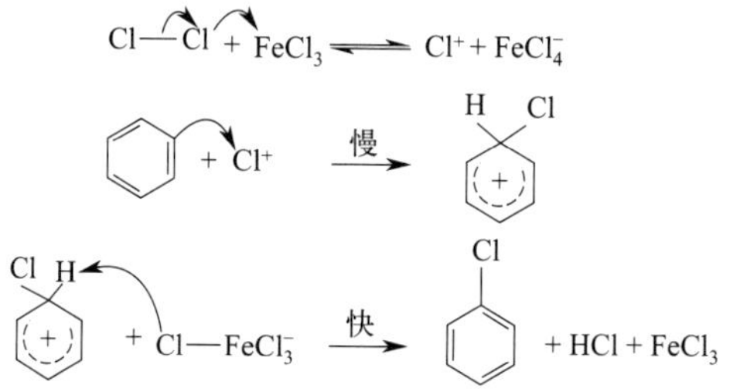

氯化反应选用 $FeCl_3$，溴化反应选用 $FeBr_3$，以防止生成卤化物产生杂质。

甲苯的卤化反应，得到的氯甲苯或溴甲苯中，主要是邻、对位异构体产物。如：

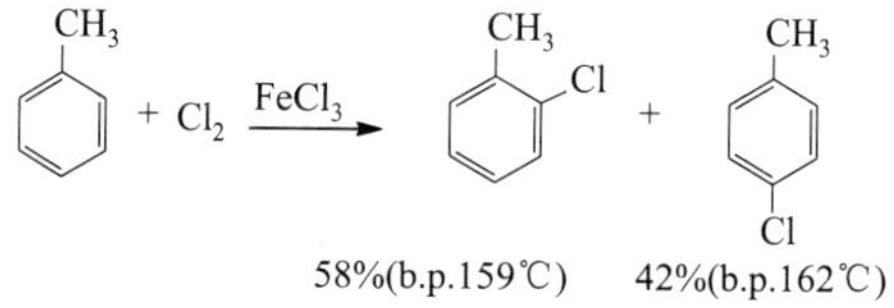

58%(b.p.159℃)　42%(b.p.162℃)

② 硝化反应。苯及其同系物与浓硝酸和浓硫酸的混合物（称为混酸）在一定温度下可发

生硝化（nitration）反应，苯环的氢原子被硝基取代，生成硝基化合物。

浓硫酸的作用是促进亲电试剂 NO_2^+（硝酰正离子）的形成：

$$HO{-}NO_2 + HO{-}SO_2OH \rightleftharpoons H_2O^+{-}NO_2 + HSO_4^-$$

$$H_2O^+{-}NO_2 + HO{-}SO_2OH \rightleftharpoons NO_2^+ + H_3O^+ + HSO_4^-$$

故 $$HNO_3 + 2H_2SO_4 \rightleftharpoons 2H_2SO_4^- + H_3O^+ + NO_2^+$$

硝酰正离子

硝酰正离子进攻苯环，发生取代反应：

硝基苯不易继续硝化。在更高的温度下才能引入第二个硝基，且主要生成间二硝基苯。

烷基苯在混酸作用下发生亲电取代反应时比苯容易，且主要产物是邻、对位的取代物。

58%   38%

硝基甲苯继续硝化，可得到 2，4，6- 三硝基甲苯，即炸药 TNT。

③ 磺化反应。苯及其同系物在加热条件下与浓硫酸发生磺化（sulfonation）反应，在苯环上引入磺基（直接与碳原子相连的—SO_3H），生成苯磺酸。苯用浓 H_2SO_4 磺化，在室温下反应很慢；用发烟 H_2SO_4（含 10% 的 SO_3）磺化，反应在室温下即可进行：

同硝基苯相似，苯磺酸也不容易进一步磺化，在强烈条件下可得到间位产物：

甲苯容易进行磺化反应，可得邻、对位产物，且产物的比例与反应温度有关：

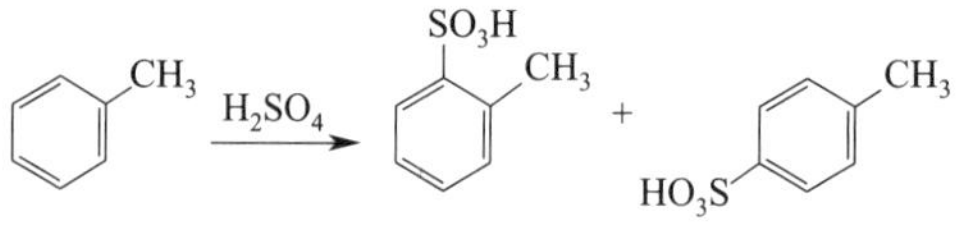

0℃	43%	53%
100℃	13%	79%

磺化反应是可逆反应，它的逆反应称为脱磺基反应或水解反应。苯磺酸与稀酸一起加热，可得到苯和硫酸。

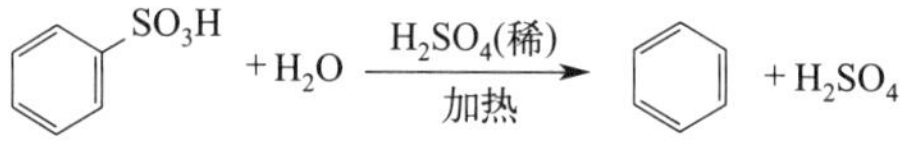

芳磺酸是强酸，其强度与硫酸相当；芳磺酸不易挥发，极易溶于水。这些性质常用于将其作为有机酸催化剂及将有机化合物分离和提纯。在有机合成中利用磺化反应的可逆性，用磺基临时占位，以得到所需的产物。如：

用于制备酚类化合物：

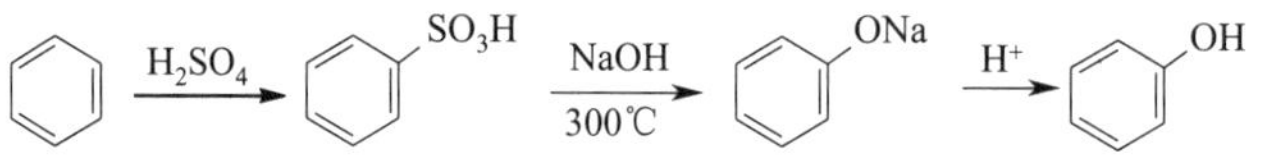

在某些反应中帮助定位：

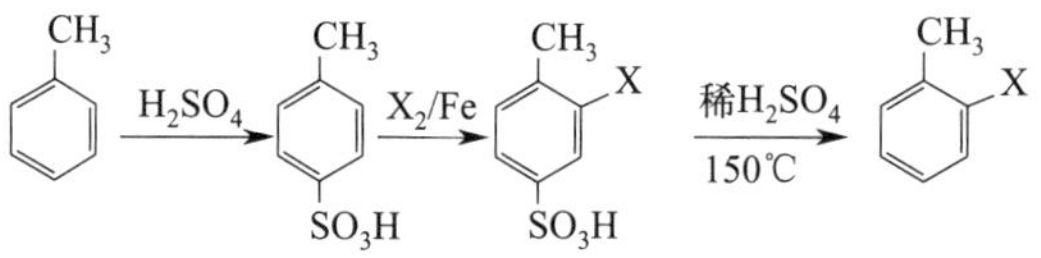

常用的洗涤剂十二烷基苯磺酸钠，就是典型的烷基苯的磺化反应产物：

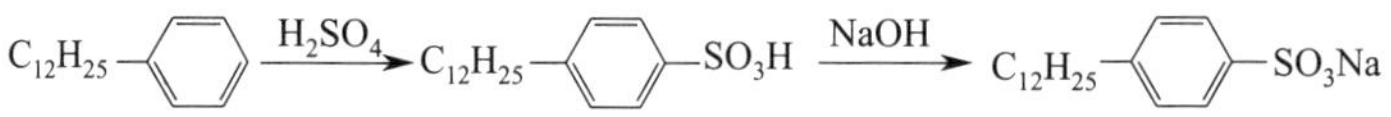

合成洗涤剂

④ 烷基化反应。芳烃在 Lewis 酸（如无水 $AlCl_3$）催化作用下与烷基化试剂（alkylating agent）反应，是在芳环上引入烷基的过程。其中烷基化试剂一般是指在反应中能够提供一个烷基，并与目标分子发生反应，形成一个新的共价键的物质，常见烷基化试剂有卤代烷、烯烃、醇等。

Lewis 酸的催化作用，与芳烃卤化反应中的 Lewis 酸作用一致，即促使卤代烷转变为亲电试剂碳正离子：

$$R—X + AlX_3 \longrightarrow R^+AlX_4^- \longrightarrow R^+ + AlX_4^-$$

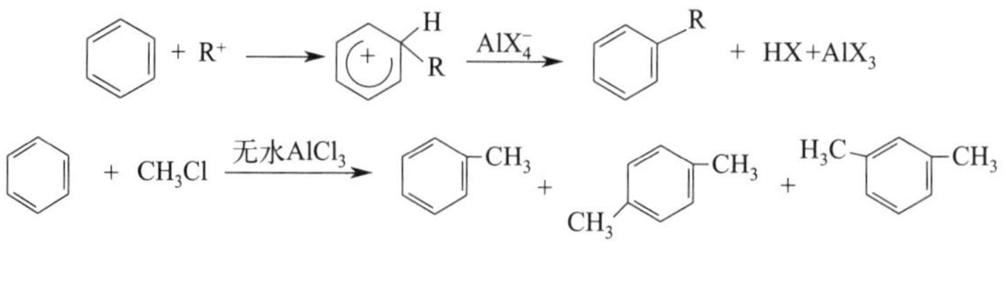

$$\text{苯} + CH_3CH_2CH_2Cl \xrightarrow{\text{无水}AlCl_3} \text{异丙苯} + \text{正丙苯}$$

65%～69%　　　30%～35%

除用卤代烷外，烯烃或醇在酸催化下与苯也可发生烷基化反应，形成碳正离子：

$$ROH + H^+ \rightleftharpoons R\overset{+}{O}H_2 \rightleftharpoons R^+ + H_2O$$

$$\text{苯} + CH_3CH_2CH_2OH \xrightarrow{H_2SO_4} \text{异丙苯}$$

$$RCH{=}CH_2 + H^+ \longrightarrow R\overset{+}{C}HCH_3$$

$$\text{苯} + CH_3CH{=}CH_2 \xrightarrow{H_2SO_4} \text{异丙苯}$$

卤代芳烃、直接连接在双键碳上的卤代烯烃，由于其活性低，都不能作为烷基化反应的试剂。

当苯环上有给电子基存在时，例如甲苯、乙苯等，很容易发生烷基化反应；而苯环上有强吸电子基时，则不能发生反应。硝基苯反而常用作烷基化反应的溶剂。

⑤ 酰基化反应。酰基化反应是芳烃在 Lewis 酸（如无水 AlCl₃）催化作用下，与酰基化试剂（acylation reagent）反应，向芳环上引入酰基（acyl group）的过程。其中酰基化试剂一般指在反应中能够提供酰基并与目标分子发生反应，形成一个新的共价键的物质，常见酰基化试剂有酰氯（acyl chloride）、酸酐（acid anhydride）等。以苯与乙酰氯按照化学计量比发生反应，是制备芳香酮的重要方法。

酰基化反应机理与烷基化类似，但不会发生酰基重排反应。

2. 加成反应

苯环较稳定，一般不易发生加成反应，但在特殊条件下也能发生加成反应。在加热加压及催化作用下，苯与氢加成生成环己烷；在紫外线照射及一定温度下，苯与氯加成生成六氯代苯（benzene hexachloride）。

六氯代苯俗称"六六六"。它的八种异构体中，只有 γ- 异构体（占混合物 18%）具有杀虫活性，是一种有效的杀虫剂，但由于其化学性质稳定，在环境及生物体内难降解，残留毒性大，我国于 1983 年起不再生产这种农药。"六六六"因杀虫作用也曾被用于药品领域，即林丹类药物，可治疗皮肤病寄生虫感染，如头虱、体虱和疥疮等。现已被吡虫啉、马拉硫磷、伊维菌素等对环境和人体健康危害较小的药物代替。

3. 氧化反应

（1）苯环的氧化反应　通常情况下，苯环很稳定，常见的氧化剂如高锰酸钾、重铬酸钾、稀硝酸等都不能使苯环氧化。但在高温和钒氧化物催化下，会发生环破裂，生成顺丁烯二酸酐，这是工业上合成顺丁烯二酸酐的方法：

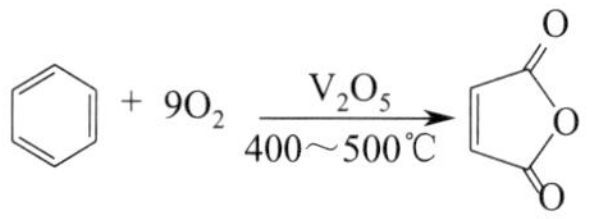

（2）侧链的氧化反应　苯环的侧链上有 α-H 时，很易被氧化成羧基。在侧链 α-H 的氧化中，不论侧链长短，反应的最终产物都是芳甲酸。没有 α-H 的侧链，不会被氧化。如：

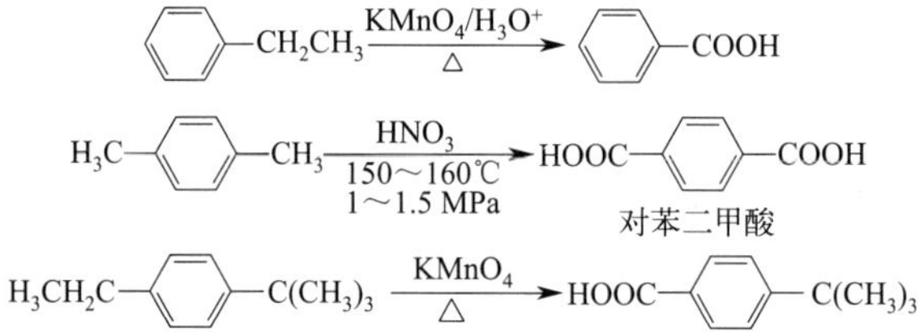

第四节　苯环上亲电取代反应的规律

苯环上的亲电取代反应遵循一定的规律，这些规律主要是指定位基（或取代基）对后续取代反应的影响。

对比苯、甲苯、硝基苯的硝化反应：

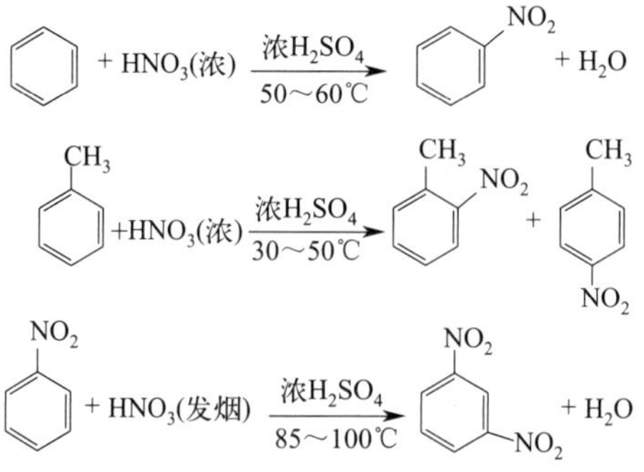

可以发现，对于反应产物，甲苯的反应产物主要为邻、对位取代，硝基苯的反应产物主要为间位，说明苯环上初始的取代基对苯环发生取代反应的难易程度有影响，对后续取代基

进入苯环的位置也有影响。了解这种影响并掌握规律，有助于理解化学反应。

一、定位效应

亲电取代反应中，苯环上原有取代基对后续取代基进入苯环的位置及取代反应的难易程度均有显著影响，原有取代基的这种作用被称为定位效应（orientation effect）。苯环上原有的取代基被称为定位基（directing group）。通过大量实验结果总结，按定位规律不同，将定位基分为邻、对位定位基和间位定位基。

1. 邻、对位定位基

邻、对位定位基（ortho/para-directing groups），又称第一类定位基。这类基团通过对苯环的电子效应使后续的亲电取代反应优先发生在该基团的邻位（ortho-）或对位（para-）位置。常见邻、对位定位基情况见表 4.5。

表 4.5　常见邻、对位定位基

取代基名称	化学式	电子效应	对苯环的作用	定位作用强度
二甲氨基	—N(CH₃)₂	给电子效应	活化	强
氨基	—NH₂	给电子效应	活化	强
羟基	—OH	给电子效应	活化	强
二烷基氨基	—NR₂	给电子效应	活化	强
烷氨基	—NHR	给电子效应	活化	强
烷氧基	—OR	给电子效应	活化	强
烷基	—R	给电子效应	活化	中
酰氨基	—NHCOR	给电子效应	活化	中
甲氧基	—OCH₃	给电子效应	活化	中
烯丙基	—CH₂—CH=CH₂	给电子效应	轻微活化	中
乙酰氨基	—NH—COCH₃	给电子效应	钝化	中
乙酰氧基	—OCOCH₃	给电子效应	钝化	中
酯基	—OCOR	吸电子效应	钝化	中
卤素	—X（X=F、Cl、Br、I）	吸电子效应	钝化	弱
甲基	—CH₃	给电子效应	活化	弱
苯基	—Ph	给电子效应	中性/轻微钝化	弱

2. 间位定位基

间位定位基（meta-directing group），又称第二类定位基。这类基团钝化了苯环的电子活性，间位（meta-）相对电子云密度大，优先发生取代反应。常见间位定位基如表 4.6。

表 4.6　常见间位定位基

取代基名称	化学式	电子效应	对苯环的作用	定位作用强度
三甲铵基	—N⁺(CH₃)₃	吸电子效应	钝化	强
硝基	—NO₂	吸电子效应	钝化	强
磺酸基	—SO₃H	吸电子效应	钝化	强
酰基	—COR	吸电子效应	钝化	强
氰基	—CN	吸电子效应	钝化	中

续表

取代基名称	化学式	电子效应	对苯环的作用	定位作用强度
羧基	—COOH	吸电子效应	钝化	中
甲氧酰基	—COOCH₃	吸电子效应	钝化	中
氨基甲酰基	—CONH₂	微弱给电子效应	活化	中
醛基	—CHO	吸电子效应	钝化	弱
乙酰基	—COCH₃	吸电子效应	钝化	弱

二、一元定位规律

1. 邻、对位定位

（1）甲基　甲基是较弱的邻、对位定位基，具有活化苯环的作用。其对苯环的作用主要为诱导效应、σ-π超共轭效应，如图4.4所示。

给电子诱导效应（+I效应）：从电子效应角度考虑，甲基中的碳原子为sp³杂化，苯环上的碳原子为sp²杂化，杂化轨道中s轨道成分越多，电负性越强，故sp²杂化轨道电负性更强，即苯环上的碳原子电负性更强，甲基的碳原子连接在苯环上，可以通过给电子诱导效应向苯环提供电子，此过程中甲基发挥给电子效应。

σ-π超共轭效应（+C效应）：甲基中三个碳氢σ键的电子云与苯环共轭π键轨道有微弱的重叠，形成σ-π共轭体系，产生的超共轭效应使苯环的电子云密度增加，对亲电试剂的反应活性提高，邻、对位激活作用最显著。

+I与+C效应相叠加，使甲苯中甲基表现出邻、对位定位效应及使苯环活化的作用。

（2）氨基　氨基是较强的邻、对位定位基，具有活化苯环的作用。其对苯环的作用主要为诱导效应、p-π超共轭效应，如图4.5所示。

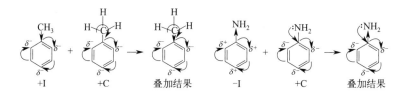

图4.4　甲基的定位效应的示意　　图4.5　氨基的定位效应的示意

吸电子诱导效应（-I效应）：从电子效应角度考虑，氨基与苯环相连，氮的电负性大于碳，具有吸电子诱导效应，使苯环电子云密度减小。

p-π超共轭效应（+C效应）：氨基氮原子的p轨道上有孤对电子，可与苯环的π电子云形成p-π共轭体系，氮原子的电子云向苯环靠近，产生的超共轭效应使苯环电子云密度增加，对亲电试剂的反应活性提高，邻、对位激活作用最显著。

因+C>-I，-I与+C效应相叠加后，氨基表现出邻、对位定位效应及苯环的活化作用。其他如羟基、二甲氨基、甲氧基等与氨基情况类似，均含孤对电子，对苯环有活化作用。

（3）卤素　卤素是较弱的邻、对位定位基，具有钝化苯环作用。其对苯环的作用主要为诱导效应、p-π超共轭效应，如图4.6所示。

吸电子诱导效应（-I效应）：从电子效应角度考虑，卤素与苯环相连，卤素的电负性大于碳，具有吸电子诱导效应，使苯环电子云密度减小。

p-π 超共轭效应（+C 效应）：卤素原子的 p 轨道上有孤对电子，可与苯环的 π 电子云形成 p-π共轭体系，卤素原子的电子云向苯环靠近，产生的超共轭效应使苯环电子云密度增加，对亲电试剂的反应活性提高，邻、对位激活作用最显著。

因 +C ＜ –I，二者相叠加后，表现出邻、对位定位效应及苯环的钝化作用。

2. 间位定位

硝基是较强的间位定位基，具有钝化苯环作用。其对苯环的作用主要为诱导效应、p-π超共轭效应，如图 4.7 所示。

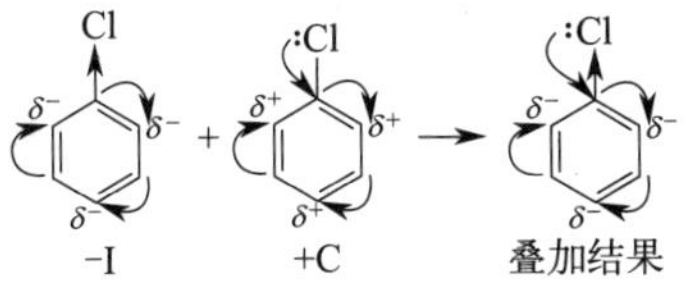

图 4.6　卤素的定位效应的示意 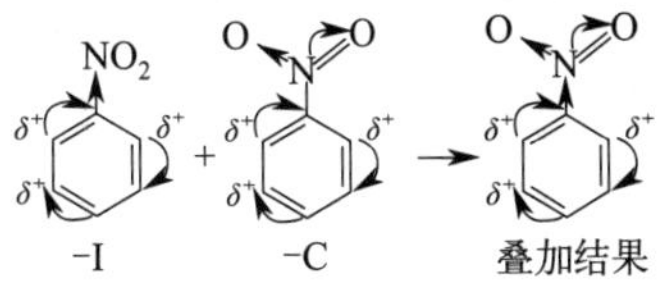　　　图 4.7　硝基定位效应的示意

吸电子诱导效应（–I 效应）：硝基中氧原子的电负性高于氮，呈现吸电子作用，降低苯环的电子云密度，降低苯环活性。

p-π 超共轭效应（–C 效应）：在硝基中，氮原子与两个氧原子形成双键，包含一个氮氧双键，一个氮氧单键。后者的 p 轨道带有孤对电子，可与苯环的 π 电子云形成 p-π 共轭体系，电子云向电负性大的硝基靠近，使苯环活性降低，以邻、对位最显著，故间位为优先取代位置。

–I 与 –C 效应相叠加，使硝基苯中的硝基表现出间位定位效应及苯环的钝化作用。

3. 空间效应

当苯环上已有取代基时，取代基的体积大小、产生的空间位阻对于化学反应具有空间效应影响。苯环上有邻、对位定位基时，定位基和引入基团的体积均对产物有影响。这两种基团体积越大，空间位阻就越大，邻位产物就越少。

如在硝化反应中，反应物定位基叔丁基与甲基相比，叔丁基的体积大、位阻大，故叔丁基的邻位产物比例更少。而在磺化反应中，反应物的定位基叔丁基与磺酸基体积都较大，邻位位阻更大，产物均为对位。

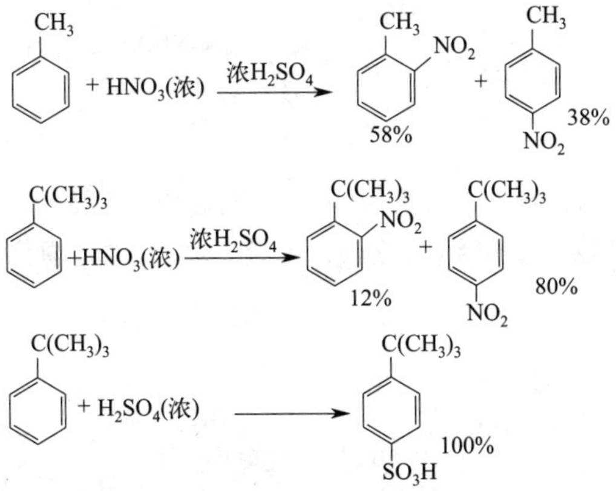

三、二元定位规律

当苯环上有两个取代基时，两个取代基均作为定位基，发挥定位作用，有以下情况。

① 原有定位基作用一致：遵循二者的定位规则，同时遵循空间效应，例如：

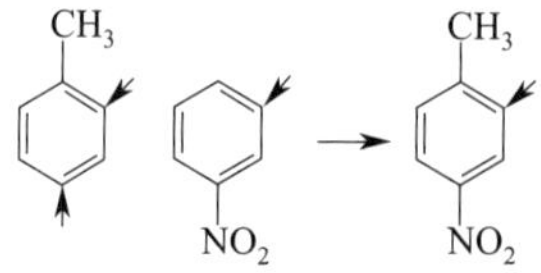

② 原有定位基作用不一致且取代基为不同类定位基时，由较强的邻、对位定位基决定，同时遵循空间效应。

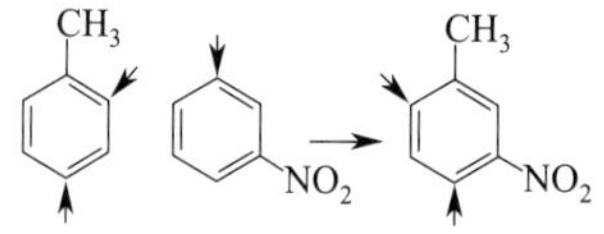

③ 原有定位基作用不一致且取代基为同类定位基时，由较强的定位基决定，同时遵循空间效应。

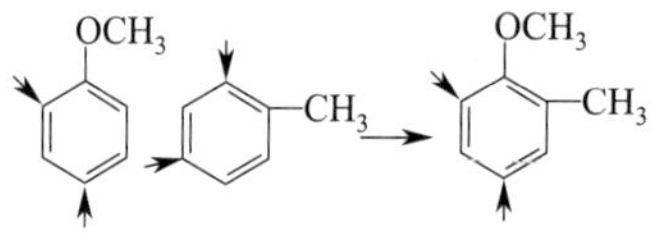

四、定位规律在合成中的应用

在合成具有两个或多个取代基的芳香烃衍生物时，需要根据定位效应，合理地设计合成路线。例如：以苯为原料，先硝化，再氯代，得到间硝基氯苯；若先氯代再硝化，得到的是邻硝基氯苯和对硝基氯苯：

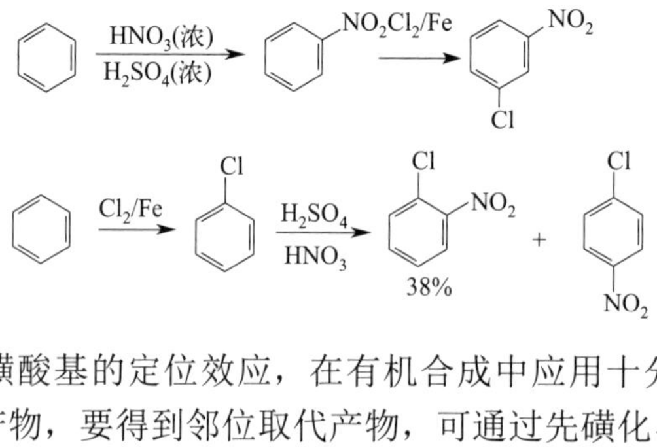

可逆的磺化反应及磺酸基的定位效应，在有机合成中应用十分广泛，如乙酰苯胺硝化时，主产物为对位取代产物，要得到邻位取代产物，可通过先磺化、后硝化、再水解，去掉磺酸基。

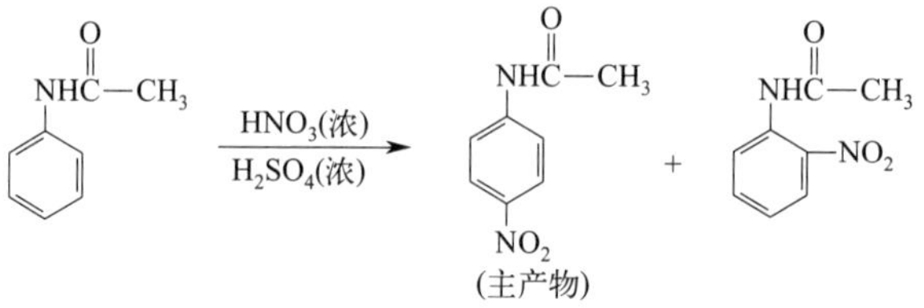

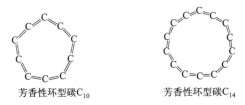

思考题

碳，自然界的化学元素之一。其构成的单质有：金刚石，原子晶体；石墨，分子晶体；无定形碳，非晶体；富勒烯，大分子原子晶体，是二十世纪八十年代发现的碳的同素异形体，发现者凭这一研究获得了 1996 年诺贝尔化学奖；碳纳米管，是一种富勒烯片段结构的管状晶体；聚合富勒烯，超分子结构体；2022 年，中国科学院化学研究所研究员郑健团队创制了一种新型碳同素异形体单晶——单层聚合 C_{60}，这是一种全新的簇聚二维超结构；2023 年，*Nature* 发表了同济大学许维教授团队合成的两种全新的碳分子材料，即芳香性环型碳 C_{10} 和 C_{14}，并精细表征了它们的化学结构。

芳香性环型碳C_{10}　　　　　芳香性环型碳C_{14}

科学家们一直没有停止对碳的同分异构体的研究。你还能想象到碳可能存在的其他晶体结构或超分子结构吗？

第五节　多环芳烃

按照苯环相互联结方式的不同多环芳烃可分为：
① 联苯和联多苯类：多环芳烃中有两个或两个以上的苯环直接以单键相联结；
② 多苯代脂烃类：看作是脂肪烃中两个或两个以上氢原子被苯基取代的产物；
③ 稠环芳烃：有两个或两个以上的苯环以共用两个相邻碳原子的方式相互稠合。

多环芳烃
联苯和联多苯　如：
多苯代脂烃　如：—CH=CH— —CH—
稠环芳烃　如：

一、联苯

联苯为无色晶体，熔点 70℃，沸点 256℃，不溶于水而溶用于有机溶剂。联苯对热很稳定，它和二苯醚的混合物，工业上称为联苯醚，用作高温传热液体。

联苯衍生物的命名是以联苯为母体，分别从两个苯相连处开始编号：

联苯　　　　4,4′-二硝基联苯　　　2-甲基-4′-硝基联苯

工业上用苯在高温下脱氢制联苯，实验室用碘苯与铜粉共热制联苯。

氯苯或溴苯与铜粉共热一般不发生此反应。

联苯的性质与苯相似，可发生磺化、硝化等取代产物；苯为给电子基，使另一环活化，一般在对位取代。

4,4′-二硝基联苯　　　　　　2,4′-二硝基联苯

二、萘及其衍生物

1. 萘的结构与命名

（1）萘的结构　萘（naphthalene）的分子式为 $C_{10}H_8$，是由两个苯环共用两个相邻的碳原子形成的稠环化合物。萘分子中十个碳原子和八个氢原子处于同一平面上。每个碳原子都是 sp^2 杂化，每个碳原子都有垂直于萘环平面的 p 轨道，即十个 p 轨道相互平行，并以"肩并肩"的形式相互交盖，形成一个封闭的共轭体系。萘有芳香性，但芳香性小于苯。

根据 X 射线衍射法测得萘分子中的键长如下。

可见与苯环不同，萘的键长平均化程度不如苯，且萘分子中的碳原子不完全等同。萘的稳定性小于苯。萘分子中有 α、β 两种位置。

不同的位置对应不同产物，即萘具有同分异构体。萘的一元取代物有两种异构体；萘的二元取代物，两个取代基相同时有 10 种异构体，不同时有 14 种。

以甲基萘的一元取代物异构体为例：

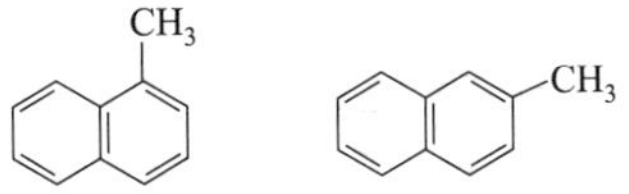

1-甲基萘
α-甲基萘

2-甲基萘
β-甲基萘

（2）萘的命名　以萘为母体，需注意编号时考虑取代基位次最小或取代基位次之和最小。例如：

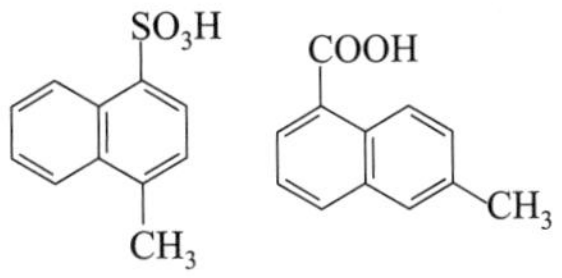

4-甲基-1-萘磺酸　　4-甲基-1-萘甲酸

2. 萘的性质

萘是煤焦油中含量最多的一种稠环芳烃。为无色或白色晶体，熔点80℃，沸点218℃，有特殊气味，易升华，不溶于水，易溶于热的乙醇等有机溶剂。萘的化学性质如下：

（1）取代反应　萘比苯活泼，更容易发生取代反应，如卤化、硝化、磺化等反应。萘环上的电子云密度，α位大于β位，故以α位产物为主。

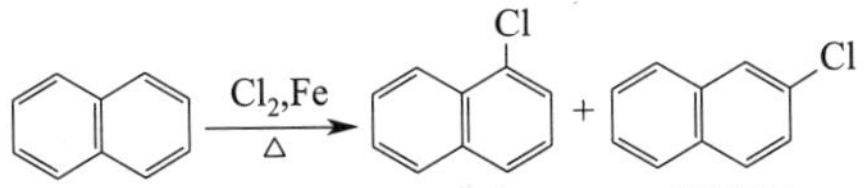

α-氯萘95%　　β-氯萘5%

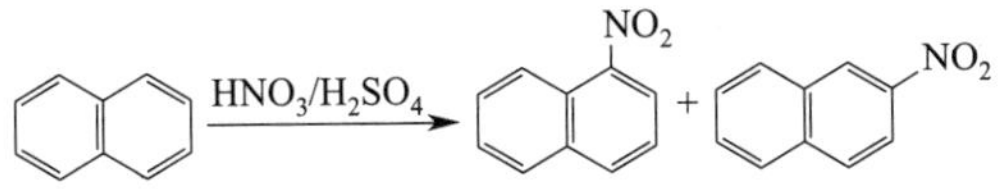

α-硝基萘95.5%　　β-硝基萘4.5%

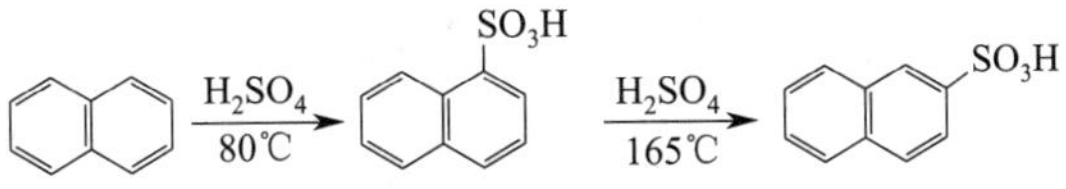

α-磺酸萘96%　　β-磺酸萘85%

（2）加成反应　萘比苯更活泼，比苯易发生加成反应，但比烯烃困难。控制反应条件可以得到不同产物，在更剧烈条件下，四氢化萘继续加氢，最终得到十氢化萘。

1,4-二氯化萘　　1,2,3,4-四氯化萘

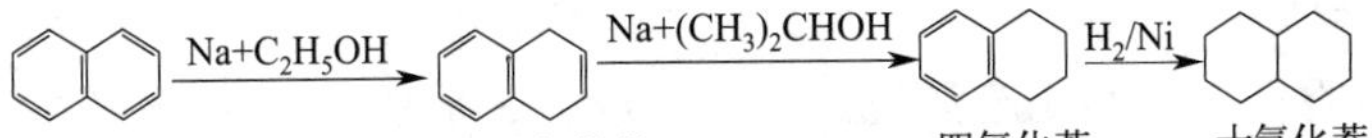

1,4-二氢化萘　　四氢化萘　　十氢化萘

四氢化萘和十氢化萘都是高沸点无色液体，是良好的高沸点溶剂，常用于油漆工业。一些天然产物，如甾体化合物和萜类化合物有许多含有不同结合方式的十氢化萘结构。

十氢化萘有顺、反两种异体，如下式表示。

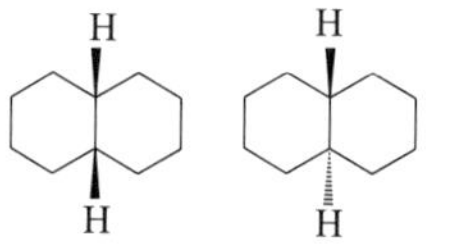

顺-十氢化萘　反-十氢化萘

（3）氧化反应　萘比苯容易被氧化。控制条件可以得到不同产物。

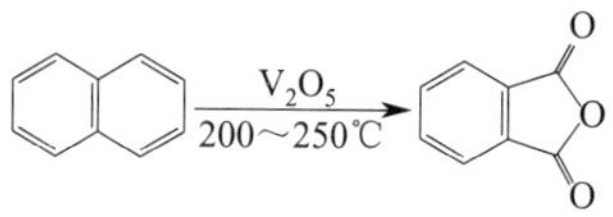

一元取代萘氧化时，原有取代基为邻、对位定位基时，该取代基所在的苯环被氧化；原有取代基为间位定位基时，则异环被氧化。

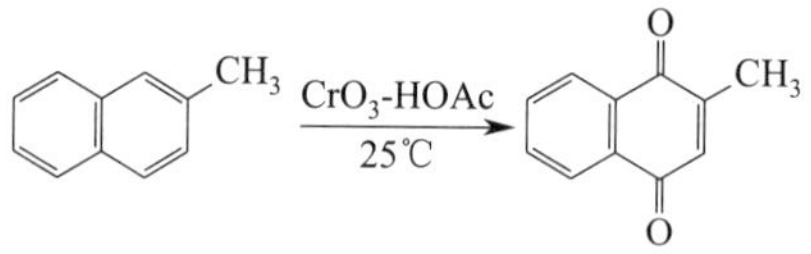

2-甲基萘醌

三、蒽和菲及其衍生物

1. 来源和结构

蒽和菲是由三个苯环稠合的稠环化合物，是同分异构体，存在于煤焦油中。蒽和菲环有特定的编号方式。

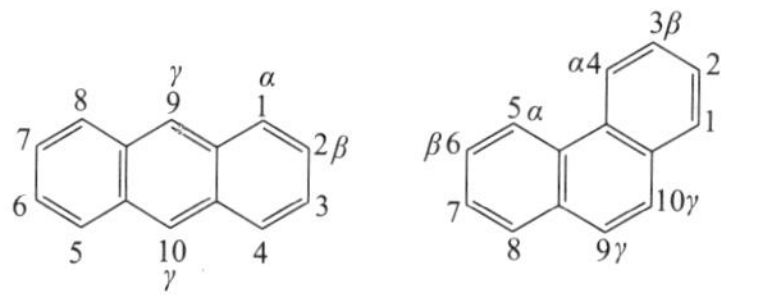

蒽　　　　　　菲

有取代基时，按照取代基的名称和位置，称为某蒽（菲）。

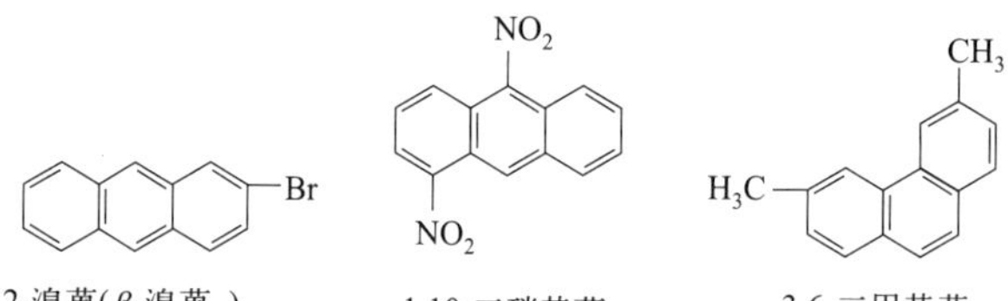

2-溴蒽(β-溴蒽)　　　1,10-二硝基蒽　　　3,6-二甲基菲

2. 蒽和菲的性质

蒽和菲具有芳香性，它们比苯活泼，可发生取代、加成、氧化及还原等反应。试剂主要进攻 γ 位，以保持两个苯环的稳定。

（1）加成反应　γ- 加成后的产物可保留两个苯环结构，稳定性较高。因此，加成一般发生在 9、10 位。溴在没有 Lewis 酸催化剂存在下，同蒽发生加成反应，生成的产物受热后，失去溴化氢，变成 9 位取代产物；溴与菲反应，可得取代产物及加成产物。

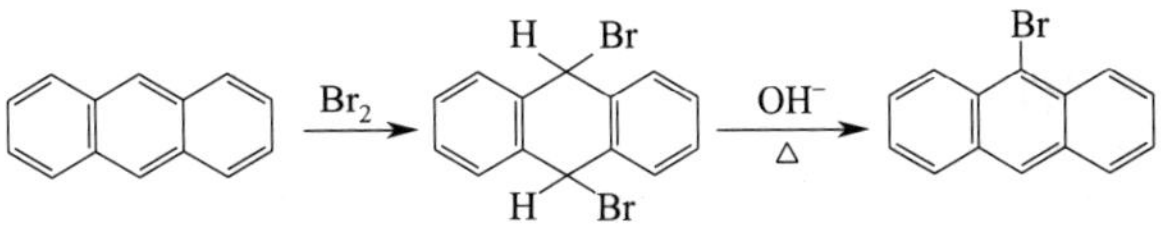

9,10-二溴-9,10-二氢蒽　　9-溴蒽

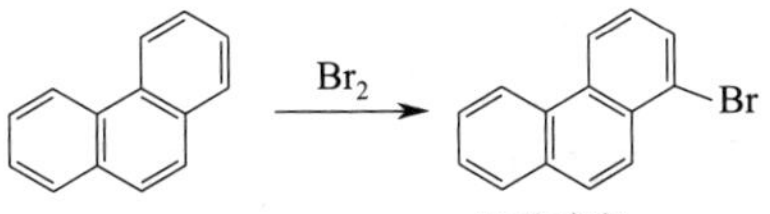

取代产物

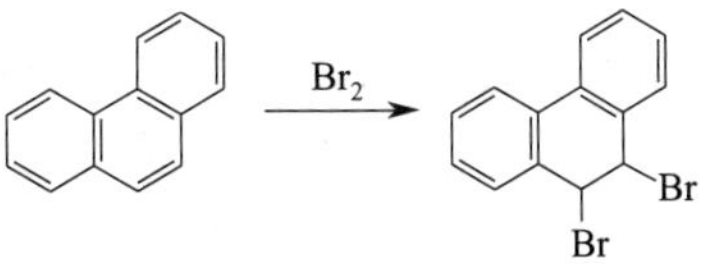

加成产物

（2）氧化和还原　蒽和菲容易发生氧化和还原反应。

氧化：

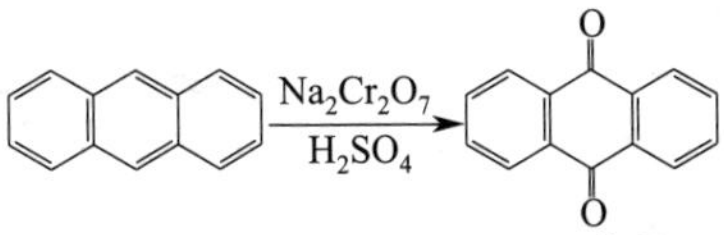

9,10-蒽醌

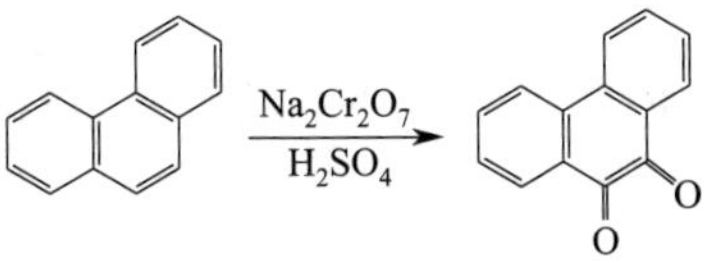

9,10-菲醌

还原：

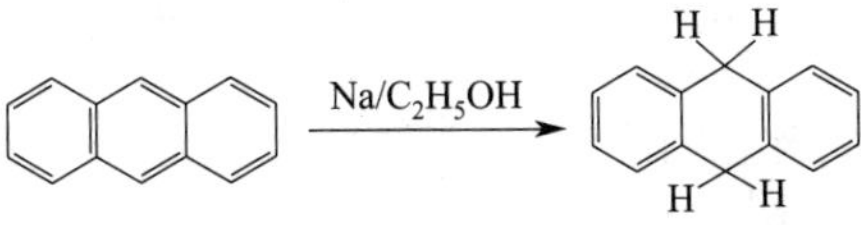

9,10-二氢蒽

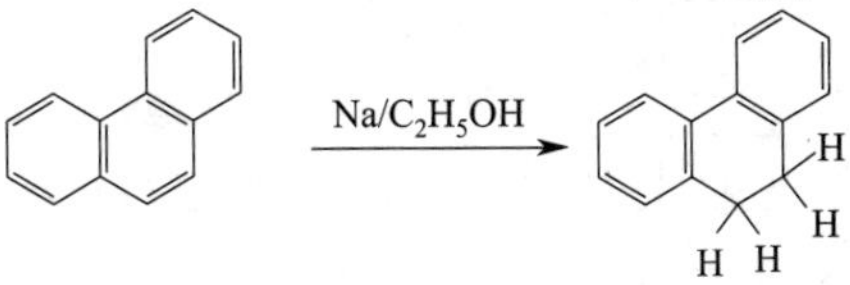

9,10-二氢菲

🔄 思考题

　　超导材料是一种电阻率几乎为零的材料，一般有金属氧化物、金属有机化合物等。我国在超导材料方面处于世界领先地位，核聚变装置小太阳"托卡马克"就利用了大量的金属氧化物超导材料。我国有研究人员进一步研究发现，碱金属掺杂的具有芳香性的菲，形成的金属有机化合物具有超导电性，超导温度为5 K。后经研究证明，稠环芳香烃具有室温超导潜力。能否基于芳香烃的结构和性质设计新型的室温有机超导材料？

第六节　非苯芳烃

一、休克尔规则

大多数芳香族化合物含有苯环，它们与苯具有类似的稳定性和化学性质，都具有芳香性。还有一些化合物不含苯环，但具有与苯类似的芳香性特征。研究发现，一个同平面结构的、环状闭合共轭体系的环烯烃，只要它的 π 电子数为（$4n+2$）（$n=0$、1、2 等正整数）时，就具有芳香性。这就是判断一个化合物是否具有芳香性的规则，称为休克尔规则（Hückel's rule）。（$4n+2$）表示环状共轭体系中的 π 电子数。因此，只有当这种体系的电子数为 2、6、10 等时，体系才具有芳香性。

有些环状多烯烃，虽然也具有环内的交替单键和双键，但它们不符合休克尔规则，因而没有芳香性，如环丁二烯和环辛四烯：

环丁二烯　　　环辛四烯　0.134 nm

0.147 nm

二、非苯芳烃的结构

非苯芳烃是具有芳香性，但又不含苯环的烃类化合物。常见的有环多烯的正、负离子，如表 4.7 所示，都是非苯芳烃。

表 4.7　部分非苯芳烃的结构与芳香性

名称	结构式	π 电子数	有无芳香性
环丙烯	sp³ H H △	2	无
环丙烯正离子	H ╱sp² △⊕　H ╲sp² △⊕	2	有
环丁二烯	▯	4	无
环丁二烯正离子	▯⁺　⊕	2	有
环丁二烯负离子	▯　⊖	6	有

环戊二烯 sp³ 碳上的氢有明显的酸性，在碱作用下易转化为负离子，这个负离子称为茂，茂中的"戊"表示五元环，草字头表示具有芳香性。

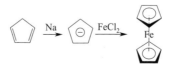

具有芳香性的环戊二烯负离子可以形成金属有机化合物，如二茂铁，它具有夹层结构，有芳香性，可在环上进行磺化反应和烷基化反应。

环庚三烯与溴作用生成二溴化物，二溴化物受热失去溴化氢生成溴化䓬（环庚三烯正离子又称为䓬离子）。䓬离子有六个π电子，符合休克尔规则，具有芳香性。

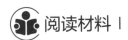

单环共轭多烯统称为轮烯。苯可称为 [6] - 轮烯。根据休克尔规则，[10] - 轮烯、[14] - 轮烯及 [18] - 轮烯都应具有芳香性，但由于 [10] - 轮烯环内的两个氢原子的空间位阻作用破坏了环的平面性，分子不具有芳香性。[18] - 轮烯是个平面形分子，具有芳香性。

[18]-轮烯   [10]-轮烯

阅读材料 I

我国表面活性剂的发展

表面活性剂是指分子结构为两亲性结构（亲水基亲水、疏水基亲油）的一类两亲化合物，其中，分子的一端是亲油基，另一端是亲水基。加入少量表面活性剂能使溶液体系的界面状态发生明显变化。根据相似相溶原理，当其在水中溶解时，水对于亲水基的亲和力比较强，而对于疏水基有排斥力。这种排斥力使疏水基有从水中逃逸的趋势，从而使分子在水的表面发生富集，形成分子在水和空气界面的定向单分子层吸附。

我国表面活性剂的发展从肥皂开始。《礼记》中就有草木灰洗涤衣帽的记录。魏晋时期出现皂角、猪胰等独特的洗涤剂，并一直沿用千年。直至1905年，我国成立了第一家肥皂生产厂，生产出最早的工业表面活性剂产品——肥皂。时至今日，表面活性剂相关产品从肥皂、皂粉、洗衣液、洗手液、洗洁精、洗发水、沐浴露等清洁用品，到化妆品、食品、纺织品等，在人们日常生活和生产中发挥着重要作用。

自20世纪50年代起，我国表面活性剂产业随着石油化工行业的兴起而逐步发展壮大。1958年中国科学院植物保护研究所，开发成功我国第一个表面活性剂蓖麻油聚氧乙烯醚，标志着我国表面活性剂工业的形成。最初，表面活性剂行业的发展较为缓慢，工人们急切地寻求突破，国家更是高度重视。"七五""八五"期间，为了加速行业发展，我国加大了研究开发力度，引进了一系列先进的生产装置，包括三氧化硫连续磺化装置、乙氧基化装置、油脂水解装置，以及脂肪醇、脂肪胺和烷基酚等关键原料的生产设备。在中国共产党的领导下，中国工人们积极响应号召，发扬艰苦奋斗、勇于创新的精神，通过不懈努力，使我国多种表面活性剂的基本原料生产能力迅速提升，很快达到了世界先进水平。这一时期的努力为我国表面活性剂行业的长远发展奠定了坚实的基础，也为后续的技术革新和产业升级创造了有利条件。

进入 20 世纪 90 年代，表面活性剂品种增长速度越来越快，表面活性剂的产量也始终保持稳步增长。根据相关数据显示，我国表面活性剂的产量从 2001 年的 67 万吨增长至 2022 年的 426.2 万吨，并且这一增长势头持续至今。如今，我国已成为世界上重要的表面活性剂生产和消费大国之一。进入 21 世纪，随着改革开放的深入，我国表面活性剂行业迎来了前所未有的发展机遇。我们不仅实现了从跟跑到并跑，再到领跑的历史性跨越，更是在绿色化学和可持续发展的道路上迈出坚实步伐，绿色表面活性剂技术的突破，让我国在这个领域占据了国际领先地位，彰显了中国制造的实力与魅力。

面对全球化的竞争与挑战，我国表面活性剂行业始终保持着昂扬向上的姿态，不断创新进取。今天，当我们站在新的历史起点上，回望过去，那些不畏艰难、勇攀高峰的身影依然历历在目。正是这样一代又一代化工人的不懈奋斗，才铸就了今日中国表面活性剂行业的辉煌成就。

 阅读材料 II

三硝基甲苯与军工发展

三硝基甲苯（TNT），又名 2，4，6- 三硝基甲苯，化学式为 $C_7H_5N_3O_6$，为白色或黄色针状结晶，无臭，有吸湿性，是一种比较安全的炸药，能耐受撞击和摩擦。

2017 年 10 月 27 日，世界卫生组织国际癌症研究机构公布的致癌物清单初步整理参考，2，4，6- 三硝基甲苯在三类致癌物清单中。

三硝基甲苯是一种安全的烈性炸药。

19 世纪中叶，发明了 TNT 并实现工业应用。三硝基甲苯是一种威力很强而又相当安全的炸药，即使被子弹击穿一般也不会燃烧和起爆，因此，需要雷管来起爆。在 20 世纪初开始广泛用于装填各种弹药和进行爆炸，逐渐取代了苦味酸。在第二次世界大战结束前，TNT 一直是综合性能最好的炸药，被称为"炸药之王"。

每公斤 TNT 炸药可产生 4.20 MJ 的能量，这个能量值比脂肪（38 MJ·kg^{-1}）和糖（17 MJ·kg^{-1}）要小很多。但它可疾速地释放能量，这是因为它含有氧，可作为助燃剂，不需要大气中的氧气。而现今有关爆炸和能量释放的研究，也常常用"公斤 TNT 炸药"或"吨 TNT 炸药"为单位，以比较爆炸、地震、行星撞击等大型反应时的能量。

人民军工因党而生，为军而行。1931 年 10 月，中央革命军事委员会在江西省兴国县官田村创建了"中央军委兵工厂"。在星火燎原、烽火连天、极端困难的条件下，白手起家、自力更生，"一切为了前线"，千方百计制造了大批枪炮、弹药，全力支撑人民军队的前线作战。为夺取革命战争的胜利，为保卫祖国的安宁，为支援社会主义建设和巩固世界和平做出了重大贡献。在和平建设年代，人民军工也是在国家建设的困难时期建设了包括 TNT 在内的军品生产基地，二十世纪六七十年代的三线建设中，以辽宁 375 厂为母体，新建了诸如湖北 525 厂等 TNT 生产工厂，建厂的筚路蓝缕，是当今幸福生活的人无法体会到的。

军工人，遍及祖国的大江南北，依靠勤劳和智慧，信守为人民服务的初心，把 TNT 的应用发挥到了极致：不仅满足国防建设需要，能够生产，甚至不再使用 TNT 而能够生产高安全性的水性乳化炸药应用到民用矿山开采等。

习题

1. 写出单环芳烃 C_9H_{12} 的同分异构体的构造式并命名。

2. 命名下列化合物。

（1）

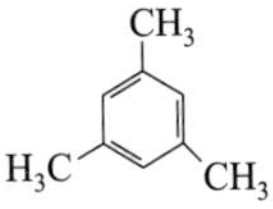

（2）

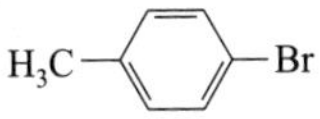

（3）

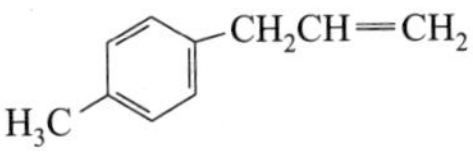

（4）

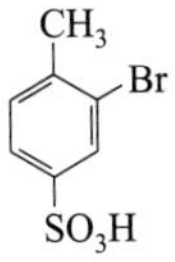

（5）

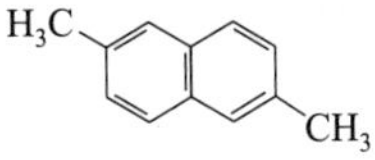

（6）

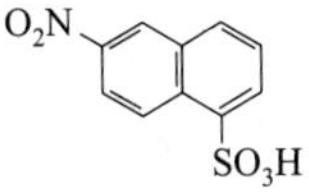

（7）

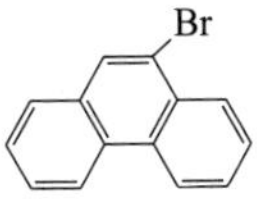

（8）

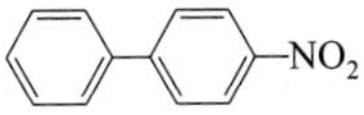

（9）

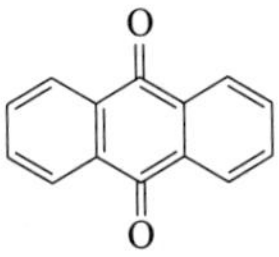

3. 写出下列化合物的结构式。

（1）3,5-二溴-2-硝基甲苯

（2）2,6-二硝基-3-甲氧基甲苯

（3）2-硝基对甲苯磺酸

（4）10-菲醌

（5）反-二苯基乙烯

（6）环己基苯

（7）3-苯基戊烷

（8）1,7-萘二胺

（9）对溴苯胺

（10）氨基苯甲酸

4. 将下列化合物进行一次硝化，试用箭头表示硝基进入的位置（指主要产物）。

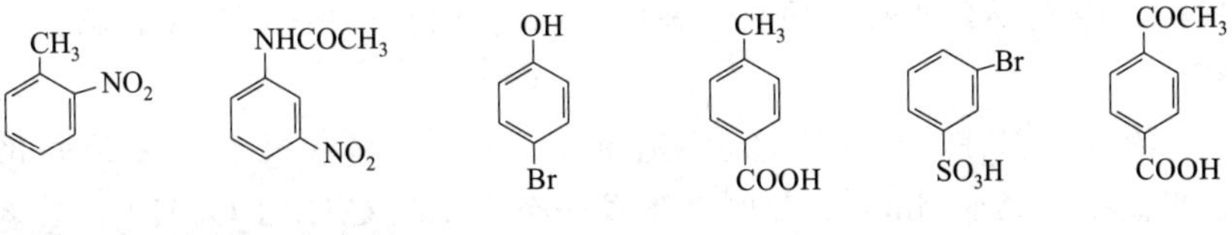

5. 试写出下列反应的主要产物。

（1）

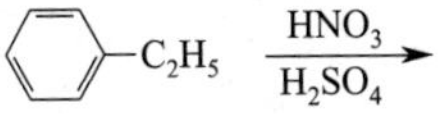

$\xrightarrow{\text{HNO}_3}{\text{H}_2\text{SO}_4}$

（2）O_2N—◯—$NHCOCH_3$ $\xrightarrow{\text{Cl}_2}{\text{Fe}}$

（3）◯—CH_3 $\xrightarrow{(\ )}$ HO_3S—◯—CH_3 $\xrightarrow{(\ )}$ HO_3S—◯—CH_3（Br）$\xrightarrow{(\ )}$ ◯（Br, CH_3）

（4）◯—CH_3 + ◯ $\xrightarrow{\text{AlCl}_3}$

（5）◯ $\xrightarrow{(CH_3)_2C=CH_2}{HF}$ $\xrightarrow{C_2H_5Br}{AlCl_3}$ $\xrightarrow{KMnO_4}{H^+}$

（6）◯ + $CH_3CH_2CH_2CH_2Cl$ $\xrightarrow{\text{AlCl}_3}$

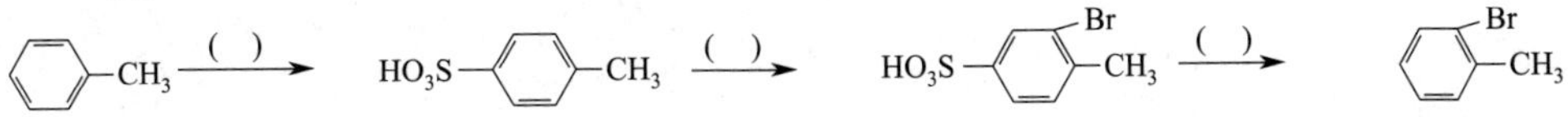

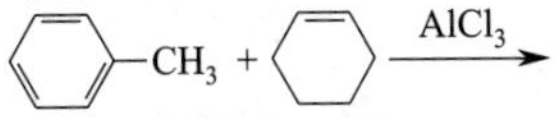

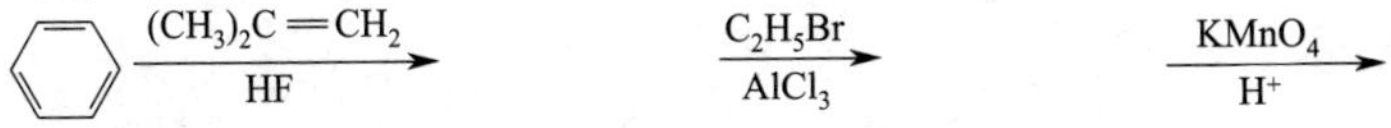

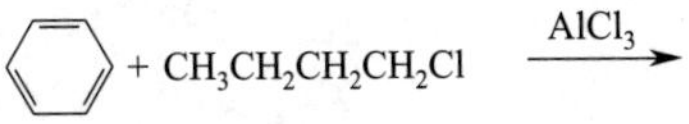

（7） $\xrightarrow{Cl_2}$ $\xrightarrow[\triangle]{OH^-}$

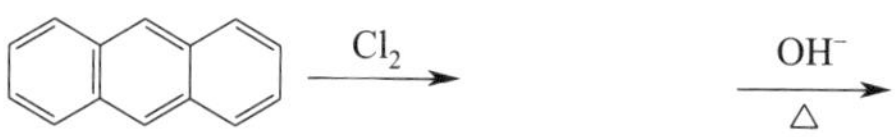

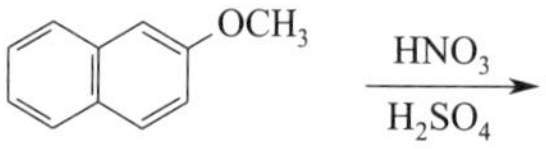

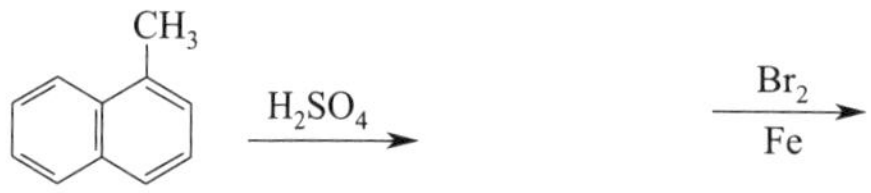

（8） $\xrightarrow[H_2SO_4]{HNO_3}$

（9） $\xrightarrow{H_2SO_4}$ $\xrightarrow[Fe]{Br_2}$

（10） $\xrightarrow[H_2SO_4]{HNO_3}$ $\xrightarrow[H^+,\triangle]{KMnO_4}$ $\xrightarrow[Fe]{Cl_2}$

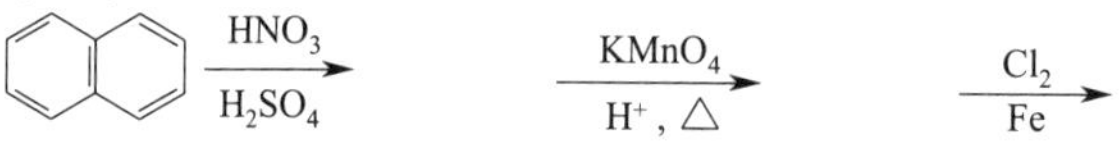

6. 比较下列各组化合物进行硝化反应的活性顺序。

（1）A. 苯　　　　　B.1,2,3- 三甲苯　　　　　C. 甲苯　　　　　D. 间二甲苯

（2）A. 苯　　　　　B. 硝基苯　　　　　C. 甲苯

（3）A. 苯　　　　　B.$C_6H_5COCH_3$　　　　　C.$C_6H_5NHCOCH_3$

（4）A. 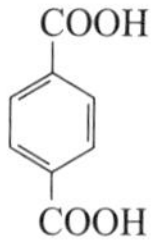 　　B. 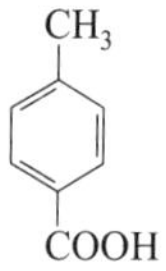 　　C.  　　D.

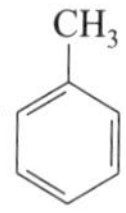

（5）A. 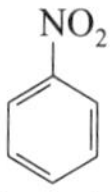 　　B. 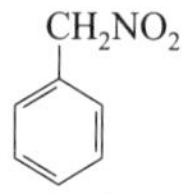 　　C.

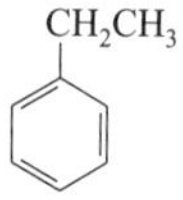

7. 以甲苯为起始原料，完成下列转化。

（1） 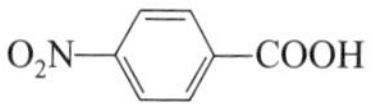　　（2） 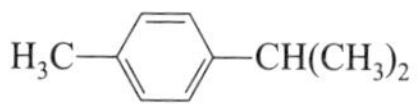　　（3）

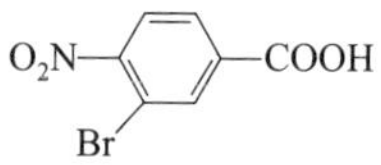

（4） 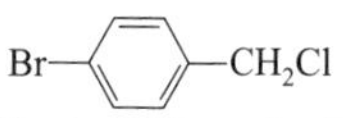　　（5） 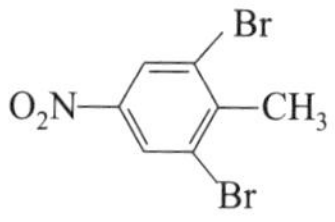　　（6）间氯苯甲酸

8. 比较下列碳正离子的稳定性。

A. R_3C^+　　　　B. $ArCH_2^+$　　　　C. Ar_3C^+　　　　D. Ar_2CH^+　　　　E. H_3C^+

9. 甲、乙、丙三种芳烃分子式同为 C_9H_{12}，氧化时甲得一元羧酸，乙得二元酸，丙得三元酸。但经硝化时甲和乙分别得到两种一硝基化合物，而丙只得一种一硝基化合物，推测甲、乙、丙三者的结构。

10. 一化合物 A（$C_{16}H_{16}$）能使 Br_2/CCl_4 和 $KMnO_4$ 水溶液褪色，常压氢化时只吸收 1 mol H_2，当它用热而浓的 $KMnO_4$ 氧化时只生成一个二元酸 $C_6H_4(COOH)_2$，后者溴化时只生成一个单溴代二羧酸，试写出 A 的结构式，其中还有什么结构问题没有解决吗?

第五章
立体化学

📖 学习目标

知识目标
1. 掌握有机化合物中手性、手性碳原子和对映异构体的基本概念；
2. 掌握手性分子对称面和对称中心的判断依据；
3. 熟悉旋光异构体的 D/L 和 R/S 构型标记；
4. 了解费歇尔投影式的表达形式。

技能目标
1. 对已知手性化合物的分子组成，判别其手性、标记其 R/S 或 D/L 构型；
2. 利用手性化合物的性质，学会拆分对映异构体；
3. 识别分子中的手性中心，尝试设计其手性合成的路线。

素质目标
1. 认识手性物质化学对生命科学、信息科学、材料科学及空间科学等学科的应用价值；
2. 了解手性单体在手性合成和手性材料中的核心作用，对于推动环境友好材料的发展具有的重要意义。

立体化学（stereochemistry）是一种以三维空间来研究分子结构和性质的科学，有机分子具有立体的结构特征，所以在研究有机化学时要有立体化学的概念。

有机化合物的结构分为构造、构型和构象三个层次，同分异构现象在有机化合物中非常普遍，涵盖了这三级立体结构现象，具体地说，可分为两大类，即一维构造异构和二维、三维的立体异构。

构造异构是指分子式相同、构造不同，即分子中原子间的连接方式和次序不同的异构。主要包括碳架异构、取代基位置异构、官能团位置异构等。

立体异构是指分子式相同，构造也相同，但由于分子中原子或基团在空间的排布位置不同而产生的异构。立体异构包括构型异构和构象异构。构型异构包括在不饱和烯烃章节中介绍的顺反异构以及对映异构。现在介绍对映异构（enantiomerism），又称旋光异构（optical isomerism）。同分异构的各级异构关系如下：

第一节　分子的手性与旋光性

一、手性的概念

1. 手性的定义

人的双手看起来似乎完全相同，如果把左手放在镜子面前，在镜子中呈现的镜影恰好与右手相同，所以人的左右手好比是实物和镜像的关系，如图 5.1 所示。但是人的左右手又不能重合，如果将右手的手套戴到左手上就不合适。像左手和右手这样具有互为实物和镜像关系，又彼此不能完全重叠的特性，叫作手性（chirality）。

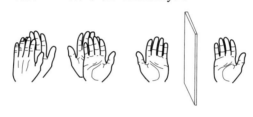

图 5.1　左手和右手互为实物和镜像关系

2. 有机化合物的手性

手性现象在分子结构中普遍存在。1848 年科学家在研究酒石酸钠铵的晶体时，发现酒石酸钠铵的晶体的外形稍有差异，于是用一只放大镜和一把镊子，细心地把酒石酸钠铵分拣成两小堆外形一致的晶体，并把它们分别溶解在水中。实验测试表明，分别溶解的酒石酸钠铵水溶液，居然都具有旋光性质。而且两溶液的旋光度完全相等，但旋光方向正好相反，即一个溶液使平面偏振光向右旋转，而另一个溶液以相同的度数使平面偏振光向左旋转。除此之外，两水溶液的酒石酸钠铵的其他性质都相同。通过水溶液旋光度的差异，即左旋和右旋现象，似乎如同左手与右手一致，推断这种现象不是酒石酸钠铵晶体结构特性，而是酒石酸钠铵分子具有手性特征，这种特征缘起酒石酸钠铵分子结构的特性。由此，有机化合物的手性特征的研究成为立体化学研究一个重要方面。

酒石酸钠铵分子是手性化合物，酒石酸钠铵分子具有手性特征。

研究发现，乳酸（2-羟基丙酸）也具有与酒石酸钠铵晶体一样的旋光特性，存在左旋和右旋现象。由肌肉运动得到的乳酸分子和由乳糖经乳杆菌发酵产生的乳酸分子，虽然分子式相同，都能使平面偏振光旋转的角度相同，但旋转的方向相反，具有左手与右手一样的特征，彼此不能完全重叠，如图 5.2 所示。

酒石酸钠铵和乳酸分子具有手性特征，存在两种如同实物与镜像关系不能完全重叠的分子结构，这种分子叫手性分子（chiral molecule）。

结构式相同，构型不同且互呈镜像对映关系的立体异构体称为对映异构体。由于它们的旋光性能不同，所以对映异构体又称为旋光异构体。

二、分子的对称因素

酒石酸钠铵和乳酸分子之所以存在对映异构体，是根据实物与其镜像能否完全重叠，来确定该化合物是否具有手性，这是判断手性分子最根本的方法。事物的所有外部表现，都是其内在因素主导的，手性分子是与分子结构密切相关的，深入研究表明，化合物中存在的对称因素对化合物是否存在对映异构体有着决定性影响。判断一个化合物是否是手性分子，需要考虑分子的对称因素。

1. 对称轴

如果分子中有一条直线，以此直线为轴旋转 $360°/n$（$n=2，3，4，\cdots$）后，得到的图形与原分子完全重合，此直线就是该分子的 n 重对称轴（符号 C_n）。如图 5.3 所示，1,2- 二氯乙烯具有 C_2 对称轴；氯甲烷具有 C_3 对称轴；环丁烷具有 C_4 对称轴。凡是分子存在对称轴，都没有手性特征，都不是手性分子。

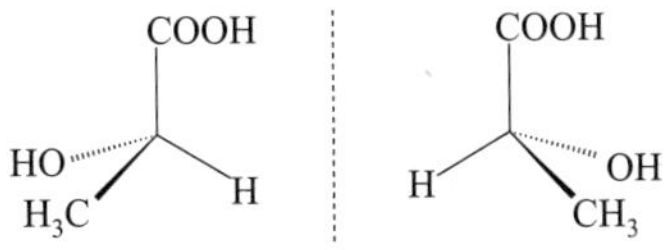

图 5.2 乳酸两种分子结构 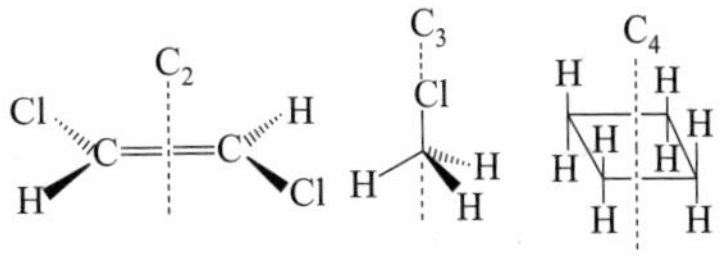　　图 5.3 有对称轴的分子

2. 对称面

如果某分子能被一个平面分成互为实物和镜像的两部分，或者分子中的所有原子都在一个平面上，则此平面就是该分子的对称面（符号 σ）。如图 5.4 所示，1,2- 二氯乙烯，单烯烃 C=C 所连的原子共平面，这个平面就是分子的对称面；二氯甲烷，同一个碳上连有两个相同原子或基团的化合物，也有一个对称面，无手性。凡是有对称面的分子，都不存在手性特征，都是非手性分子（achiral molecule）。

3. 对称中心

如果分子中有一个点 P，从任何一个原子或基团向 P 点引连线并延长，在等距离处都遇到相同的原子或基团，则 P 点称为该分子的对称中心（center of symmetry，符号 i）。如图 5.5 所示，2,4- 二氯 -1,3- 二甲基环丁烷分子结构。凡是具有对称中心的分子，就是非手性分子，没有旋光性。

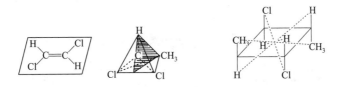

图 5.4 有对称面的分子　　图 5.5 有对称中心（i）的分子

在一般情况下，四重交替对称轴往往和对称面或对称中心同时存在。只要一个分子既没有对称面又没有对称中心，一般就可初步断定它是手性分子。绝大多数的非手性分子都具有对称面或对称中心。

凡是手性分子，必有互为镜像的构型。分子的手性是分子存在对映体的必要和充分条件。

三、旋光性和比旋光度

前面说到的酒石酸钠铵、乳酸都能够使偏振光偏转，偏振光的偏转与手性分子的旋光性是密切相关的。

1. 偏振光

光是一种电磁波，其振动方向与传播方向垂直，即普通光在垂直于其传播方向的无数相互交错的平面内振动。具有单一波长的单色光（如钠光，$\lambda=589.6$ nm），仍在无数相互交错的平面内振动。如果光通过尼科尔（Nichol）棱镜后就变成只在一个平面内振动的光，称为平面偏振光（plane-polarized light），简称偏振光（如图 5.6 所示）。

普通光的振动平面   偏振光的振动平面   光的前进方向与振动方向

图 5.6 普通光与偏振光

若让平面偏振光通过一些物质，例如水、乙醇等，它们对偏振光不产生影响。但有些物质，例如乳酸、葡萄糖等能使偏振光的振动平面旋转一定的角度。这种能使偏振光振动平面偏转的性质称为物质的旋光性（optical rotation）。具有旋光性的物质称为旋光物质（optically active substance）或光学活性物质。能使偏振光振动平面向右偏转的物质叫右旋体（dextroisomer）。能使偏振光振动平面向左旋转的物质叫左旋体（levoisomer）。不同物质的旋光性如图 5.7 所示。

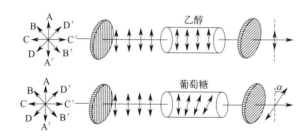

图 5.7 不同物质的旋光性

2. 旋光仪与比旋光度

旋光仪（polarimeter）是一种测量化合物旋光性能的仪器（如图 5.8 所示）。主要部分是两个完全一样的尼科尔棱镜：一个棱镜是固定不动的，称为起偏镜，它的作用是使投射进来的光线变为偏振光；另一个棱镜是可以转动的，称为检偏镜，它上面附有可以测量检偏镜旋转角度大小的刻度盘，可以显示偏振光旋转的角度。在两棱镜间有一试样管，测定时先在试样管中装入蒸馏水，旋转检偏镜，使视场中三部分的亮度一致，刻度盘上标出零度。当试样管中放进旋光性物质的溶液后，由于溶液具有旋光性，使偏振光的振动平面旋转了一定角度，零度视场发生变化。将检偏镜向左或向右转动一定角度，使三分视场的三部分界限消失，亮度一致，则检偏镜转动的角度 α 即为被测物质的旋光度（optical rotation）。

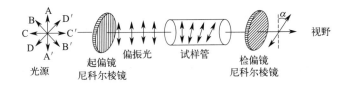

图 5.8 旋光仪的结构

旋光度是旋光性物质使平面偏振光的偏振方向偏转的方向和程度。面对光源右偏的叫右旋，记作"+"或 d（dextro-rotatory）；左偏的叫左旋，记作"–"或 l（levo-rotatory）。旋转角度用"°"表示。

旋光度的大小取决于该物质的分子结构，并与测定时溶液的浓度、试样管的长度、测定温度、所用光源波长等因素有关。

$$\alpha= [\alpha]_D^t \times l \times c$$

式中，α 为旋光度测定值；c 为样品浓度（$g \cdot mL^{-1}$）或密度（$g \cdot cm^{-3}$）；l 为试样管长度，dm；t 为测量时的温度，℃；D 为钠光（λ=589.6 nm）。$[\alpha]_D^t$ 是 25 ℃，钠光源时，浓度为 $g \cdot mL^{-1}$ 的样品液，在 1 dm 长的试样管中所测得的旋光度，即比旋度（specific rotation）。比旋光度是一个常数，表征一个旋光性化合物的旋光性。

例如，16.5 g 樟脑溶于 100 mL 乙醇中，在 20℃时，用 10 cm 长的试样管在旋光仪中测得旋光度为 –7.29°，试计算其比旋光度。

则　　　　　　　　$[\alpha]_D^t = \alpha/lc = -7.29° / [(10/10) \times (16.5/100)] = -44.2°$

第二节　手性化合物

一、手性碳原子、对映异构体与外消旋体

1. 手性碳原子

在有机化合物中，四价键的碳原子连有四个相同或不同的原子或原子团。连有四个互不相同的原子或原子团的碳原子，称为手性碳原子（chiral carbon atom），用 C^* 表示，下面是几组表达手性碳原子的结构式。

$$
\begin{array}{cccc}
CH_3 & COOH & \overset{\displaystyle COOH}{\underset{\displaystyle CH_2}{|}} & COOH \\
H-\overset{|}{\underset{|}{C^*}}-OH & H-\overset{|}{\underset{|}{C^*}}-OH & H-\overset{|}{\underset{|}{C^*}}-OH & H-\overset{|}{\underset{|}{C^*}}-Cl \\
CH_2CH_3 & CH_3 & COOH & CH_3
\end{array}
$$

这种碳原子没有任何对称因素，所以称为不对称碳原子。从分子结构的对称因素评判，含有一个手性碳原子的化合物一定是手性分子，一定存在互为实物和镜像关系的两种构型，即一对对映异构体。

含有手性碳原子的化合物，手性碳原子可能是 1 个，也可能是 2 个甚至更多。有 1 个手性碳原子的化合物，有 2 个对映异构体；有 2 个手性碳原子时，有 4 个对映异构体；有 3 个

手性碳原子时，则存在 8 个对映异构体；如此类推，理论上，有 n 个手性碳原子，则有 2^n 个对映异构体。

2. 对映异构体

具有实物和镜像关系的构型，称为对映异构体（简称对映体）。对映体的物理性质相同，只是旋光方向相反。一般情况下，对映体的化学性质也相同，但在遇到具有旋光性的试剂、溶剂、催化剂时，也会表现某些差异，特别是生理效应明显不同。如左旋氯霉素有抗菌作用，它的对映体——右旋氯霉素则无疗效。右旋葡萄糖在动物代谢中有独特作用，具有营养性，而左旋葡萄糖则不能被动物代谢。

乳酸是典型的含有一个手性碳原子的化合物，所具有的对映异构体，彼此互为实物与镜像关系，形状相似，但不能重叠，分别代表对映体的两个分子，如图 5.9 所示。

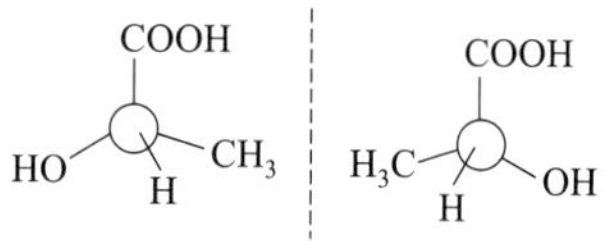

3. 外消旋体

人们很早就已经发现，来源不同的乳酸旋光性不同，而从人工合成得到的乳酸则没有旋光性。这种没有旋光性的乳酸称

图 5.9　两种乳酸分子式

为外消旋体（racemate），它是由等量的左旋体和右旋体混合而成的混合物。用（±）或（dl）表示。外消旋体和纯对映体除旋光性不同外，其他物理性质如熔点、沸点、密度、在同种溶剂中的溶解度等也不同。例如（+）- 乳酸、（−）- 乳酸和（±）- 乳酸的物理性质如表 5.1 所示。

表 5.1　（+）- 乳酸、（−）- 乳酸和（±）- 乳酸的物理性质

项目	熔点 /℃	$[\alpha]_D^{20}(H_2O)$	$pK_a(25℃)$
（R）-（−）- 乳酸	53	−3.82°	3.83
（S）-（+）- 乳酸	53	+3.82°	3.79
（±）- 乳酸	18	0°	—

外消旋体在手性环境中，两个对映体表现出不同的性质。如在外消旋酒石酸培养液中放入青霉菌，右旋酒石酸被青霉菌消耗掉，左旋酒石酸剩下来，溶液慢慢由不旋光变成旋光体。

二、手性分子的构型

对映异构体是构型异构体，认识对映异构体的表示方法，构型确认和构型标记是很有必要的。

1. 构型的表示方法

在饱和烷烃中，利用透视式、楔形式和投影式认识烷烃特别是环己烷的构象，非常方便。在认识手性化合物的构型时，一般采用费歇尔（Fischer）投影式。现以乳酸为例，说明费歇尔投影式的表示方式。

乳酸分子有四个基团，如同甲烷的空间结构，构成四面体，如图 5.10。其中，横键上的两个基团朝前，竖键上的两个基团朝后，将这样摆放的分子投影到平面上，用十字交叉线表

示，交叉点代表碳原子，这样的投影式称为费歇尔投影式。

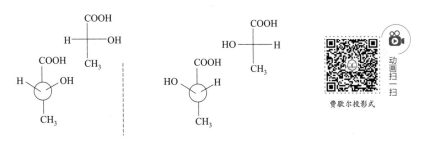

图 5.10　乳酸分子的费歇尔投影式

投影式的横键基团朝前，竖键基团朝后，严格表示了各基团的空间关系。在使用时要注意以下几点：

① 投影式不能离开纸面翻转，否则就会改变化合物的原构型，成为它的对映体，Ⅰ与Ⅱ是对映异构体。

$$\underset{CH_3}{\overset{COOH}{H-\!\!\!-OH}} \ \xrightarrow{离开纸面翻转180°} \ \underset{CH_3}{\overset{COOH}{HO-\!\!\!-H}}$$
$$\quad\quad Ⅰ \quad\quad\quad\quad\quad\quad\quad Ⅱ$$

② 投影式在纸面上向左或向右旋转 180°，其构型保持不变，Ⅰ与Ⅱ是同一化合物。

$$\underset{CH_3}{\overset{COOH}{H-\!\!\!-OH}} \ \xrightarrow{纸面上旋转180°} \ \underset{COOH}{\overset{CH_3}{HO-\!\!\!-H}}$$
$$\quad\quad Ⅰ \quad\quad\quad\quad\quad\quad\quad Ⅱ$$

在纸面上旋转 90°或 270°后变成它的对映体。Ⅰ与Ⅱ是对映异构体。

$$\underset{CH_3}{\overset{COOH}{H-\!\!\!-OH}} \ \xrightarrow{纸面上旋转90°} \ \underset{OH}{\overset{H}{H_3C-\!\!\!-COOH}}$$
$$\quad\quad Ⅰ \quad\quad\quad\quad\quad\quad\quad Ⅱ$$

③ 投影式中的四个基团，固定一个基团，其余三个基团顺时针或逆时针旋转，构型保持不变。

$$\underset{C_2H_5}{\overset{CH_3}{H-\!\!\!-OH}}=\underset{CH_3}{\overset{H}{C_2H_5-\!\!\!-OH}}=\underset{CH_3}{\overset{C_2H_5}{HO-\!\!\!-H}}=\underset{H}{\overset{C_2H_5}{H_3C-\!\!\!-OH}}$$

④ 投影式中任意两个基团对调后，变成它的对映体。

$$\underset{CH_2OH}{\overset{CHO}{HO-\!\!\!-H}} \ \xrightarrow{对调} \ \underset{CHO}{\overset{CH_2OH}{H-\!\!\!-OH}}$$

2. 构型的标记

（1）R/S 标记法　根据 IUPAC 命名法建议，将与手性碳相连的四个原子或基团按次序规则排列出基团的大小 a ＞ b ＞ c ＞ d，让最小的基团 d 离观察者最远，其他三个基团在观察者的面前构成一个平面，如果在这个平面上 a → b → c 由大到小的排列是顺时针，称为 R（拉

丁文 *Rectus* 的首字母）构型；逆时针，则称为 *S*（拉丁文 *Sinister* 的首字母）构型。

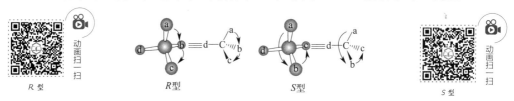

乳酸分子中，碳所连的四个基团的大小次序为 OH > COOH > CH$_3$ > H，因此，*R*- 乳酸和 *S*- 乳酸分别为：

R-乳酸   S-乳酸

用费歇尔投影式表示分子构型时，记住：横键是伸向读者的，竖键是远离读者的。运用上述命名法，可方便确认构型。

需要指出的是，*R/S* 标记法仅表示手性分子中四个基团在空间的相对位置。对于一对对映体来说，一个异构体的构型为 *R*，另一个则必然是 *S*，但它们的旋光方向（"+"或"–"）不能通过构型来推断，其旋光方向可能是左旋的，也可能是右旋的，与 *R/S* 标记无关，而只能通过旋光仪测定得到。只有测定出其中一个手性分子的旋光方向后，才能推测出其对映体的旋光方向。

（2）D/L 标记法   由于分子的构型与其旋光方向无关，在过去很长一段时间，人们无法确定手性分子的真实构型（即绝对构型）。为解决这一问题，科学家提出了以（+）- 甘油醛的构型为标准来标记其他与甘油醛相关联的手性化合物相对构型的一种方法，称为 D/L 标记法。指定（+）- 甘油醛的投影式是 CHO 在手性碳的上方，CH$_2$OH 在下方，OH 在右方，H 在左方，构型用 D 标记；而（–）- 甘油醛的 CHO 和 CH$_2$OH 不变，OH 在左方，H 在右，构型用 L 标记。

D-(+)-甘油醛   L-(-)-甘油醛

其他手性化合物与甘油醛相关联，不涉及手性碳四个键断裂的构型保持不变。由此分别得到 D– 和 L– 构型系列化合物。例如：

D-(+)-甘油醛   选择性氧化 [O]   D-(-)-甘油酸   选择性还原 [H]   D-(-)-乳酸

1951 年，科学家用 X 射线单晶衍射法成功地测定了右旋酒石酸铷钠的绝对构型，并由此推断出（+）- 甘油醛的绝对构型。有趣的是，实验测得的（+）- 甘油醛的绝对构型正好与指定的构型吻合。从此与甘油醛相关联的其他化合物的 D/L 构型也都代表绝对构型。D/L 标记法在糖和氨基酸等天然化合物中使用较为广泛。

D/L 标记法有一定的局限性，许多手性化合物不易通过化学反应与甘油醛发生直接和间接的联系，特别对分子中含有多个手性碳原子的化合物，无法将每个手性碳原子的构型都表示出来。因此，对于多个手性碳的化合物（除了糖和氨基酸等天然化合物外），一般选用 *R*/*S* 标记法。

三、含有多个手性碳原子化合物的立体异构

如前所述，含两个手性碳原子的分子，有 4 个旋光异构体。

1. 含有两个不同手性碳原子化合物的旋光异构

以 2，3，4- 三羟基丁烷分子为例，其有 4 个旋光异构体。

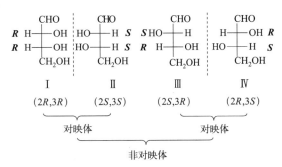

化合物 Ⅰ 和 Ⅱ 是一对对映体，化合物 Ⅲ 和 Ⅳ 也是一对对映体，两对对映体可组成两个外消旋体。化合物 Ⅰ 或 Ⅱ 与化合物 Ⅲ 或 Ⅳ 不是实物和镜像的关系，这种不为实物和镜像关系的对映异构体叫作非对映异构体。

随着分子中手性碳原子数目的增加，旋光异构体的数目也会增多。其规律是，含 n 个不同手性碳原子的化合物有 2^n 个旋光异构体，可组成 2^{n-1} 个外消旋体。

2. 含有两个相同手性碳原子化合物的旋光异构

酒石酸 HOOC$\overset{*}{C}$HOHC$\overset{*}{H}$OHCOOH 分子中含有 2 个手性碳原子，似乎有 4 个旋光异构体：

$$
\begin{array}{cccc}
\text{COOH} & \text{COOH} & \text{COOH} & \text{COOH} \\
R\ \text{H——OH} & \text{HO——H}\ S & \text{HO——H} & \text{H——OH} \\
R\ \text{HO——H} & \text{H——OH}\ S & \text{HO——H} & \text{H——OH} \\
\text{COOH} & \text{COOH} & \text{COOH} & \text{COOH} \\
(2R,3R) & (2R,3S) & (2S,3R) & (2R,3S) \\
\text{Ⅰ} & \text{Ⅱ} & \text{Ⅲ} & \text{Ⅳ}
\end{array}
$$

化合物 Ⅰ 和 Ⅱ 是一对对映体，可组成一个外消旋体。化合物 Ⅲ 和 Ⅳ 也互为实物和镜像的关系，似乎也是一对对映体，但将 Ⅳ 沿纸面旋转 180° 即可与 Ⅲ 完全重叠，它们实际上是同一构型的分子。事实上，在化合物 Ⅲ 或 Ⅳ 的分子中存在一个对称面，可以将分子分成互为实物和镜像关系的两部分，这两部分的旋光能力相同，但旋光方向相反，旋光性在分子内被完全抵消，因此不具有旋光性。

$$
\begin{array}{c}
\text{COOH} \\
\text{HO——H} \\
\text{- - - - - - - -} \\
\text{HO——H} \\
\text{COOH}
\end{array}
$$

这种分子中虽然含有手性碳原子，但由于分子中存在对称因素，不显示旋光性的化合物

叫作内消旋体（mesoisomer），常用 *meso-* 或 *i-* 标记。内消旋体的分子中存在对称面，两个手性碳原子所连接的四个基团是一样的，所以这两个手性碳原子是一样的。但其构型却是相反的，是互为实物与镜像的关系。

由上可见，含 2 个相同手性碳原子的化合物有 3 个旋光异构体，一个为左旋体，一个为右旋体，一个为内消旋体。显然，含 n 个相同手性碳原子的化合物，其旋光异构体的数目要小于 2^n，外消旋体的数目也要小于 2^{n-1}。

酒石酸的旋光异构体的性质见表 5.2。

表 5.2　酒石酸的旋光异构体的性质

项目	熔点 /℃	$[\alpha]_D^{20}$（H$_2$O）	溶解度 /（g·100mL^{-1}）	pK_{a1}	pK_{a2}
（2*R*，3*R*）- 酒石酸	170	+12.0	139	2.98	4.23
（2*S*，3*S*）- 酒石酸	170	−12.0	139	2.98	4.23
（+）- 酒石酸（*dl*）	206	0	20.6	2.96	4.24
meso- 酒石酸	146	0	125	3.11	—

四、外消旋体的拆分

外消旋体分离成旋光体的过程通常叫作拆分（resolution）。在不对称合成方法出现以前，经典的外消旋体拆分仍是一种基本的常用方法，即异构体通过与光学纯的拆分试剂成盐或形成非对映异构体，利用非对映异构体之间物理和化学性质的不同将两者分开。这种方法在工业生产中的应用已有 100 多年的历史，如以 D- 樟脑磺酸为拆分剂制备抗生素左旋氯霉素；一直位于世界最畅销药物榜首的抗胃溃疡药物奥美拉唑，其左旋异构体可用联萘二酚为拆分剂拆分得到。拆分的方法很多，一般有下列几种。

（1）机械拆分法　利用外消旋体中对映体的结晶形态上的差异，借助肉眼直接辨认或通过放大镜进行辨认，把两种晶体挑拣分开。此法要求结晶形态有明显的不对称性，且结晶大小适宜。

（2）微生物拆分法　某些微生物或它们所产生的酶，对于对映体中的某种异构体有选择性的分解作用，在拆分过程中，外消旋体至少有一半被消耗掉。例如青霉素菌在含有外消旋体的酒石酸培养液中生长时，右旋酒石酸被消耗掉，只剩下左旋体。

（3）选择吸附拆分法　采用柱色谱法，用某种旋光性物质作为吸附剂，使之选择性地吸附外消旋体中的一种异构体，左旋体和右旋体就会先后流出色谱柱，达到拆分的目的。

（4）诱导结晶拆分法　在外消旋体的过饱和溶液中加入一定量的某一种旋光体的纯晶种。与晶种相同的旋光体先结晶出来，通过过滤而达到拆分的目的。此时滤液中另一旋光体的量相对较多。再加入一些消旋体制成过饱和溶液，于是另一种旋光体优先结晶出来，如此反复进行结晶，就可交替地把一对对映体完全分开。

（5）化学拆分法　其原理是将对映体转变成非对映体，然后分离。外消旋体与无旋光性的物质作用并结合后，仍是外消旋体。若使外消旋体与旋光性物质作用并结合，则原来的一对对映体变成了两种互不对映的衍生物。外消旋体变成了非对映体的混合物。

非对映体具有不同的物理性质，可以用一般的分离方法把它们分开。最后再把分离所得的两种衍生物分别还原为原来的旋光化合物，即达到拆分的目的。这种拆分法最适用于酸或碱的外消旋体的拆分。

如异丁醇的外消旋体，当与旋光物质（酒石酸）作用之后，形成非对映体；然后再分离，分离完再还原，最后纯化，能拆分成纯的左旋和右旋的物质。见图 5.11。

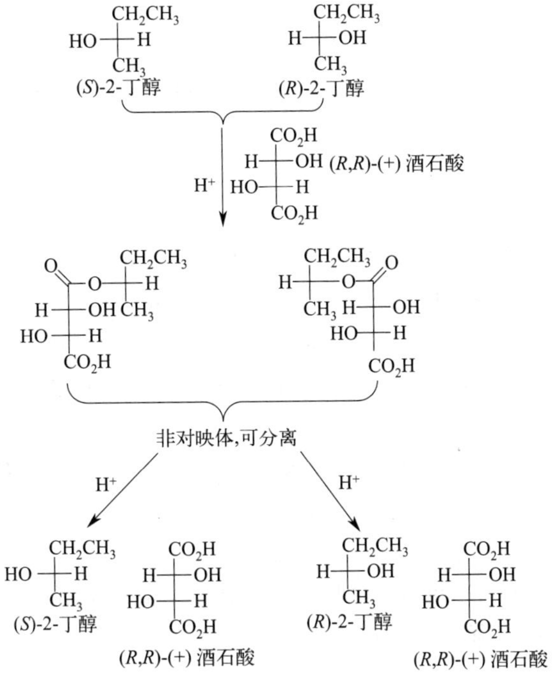

图 5.11　异丁醇外消旋体拆分流程

第三节　手性化合物的获取方法

手性是自然界的普遍特征，也是生命物质区别于非生命物质的重要标志，许多物理、化学、生物等功能的产生都源于分子手性的精确识别和严格匹配。同时，手性也是化学研究领域中一个相当重要的概念，立体化学的迅速发展以及制药工业需求，推动了手性化合物的制备、结构表征、性质研究、性能应用。

手性化合物的获得有多种途径，主要包括以下几类。

一、分离提取法

即从自然界生物中分离提取得到单一光学活性异构体的方法。自然界某些生物体中含有具有生理活性的手性化合物（氨基酸、萜类化合物和生物碱等），可用适当的方法将这些手性天然产物从动植物中提取出来。例如，具有强抗癌活性的紫杉醇最初就是从紫杉树树皮中提取出来的，现已实现紫杉醇的不对称合成。

二、生物转化法——酶法

在生物体的手性环境中，分子之间的严格手性匹配是分子识别的基础。酶具有高度的催化性能，底物、区域、位点和立体专一选择性，为生物的手性化学过程奠定了基础。酶是具备控制立体构型的生物催化剂，底物在特定酶的作用下可产生单一对映异构体。酶催化反应的优点：具有很好的立体选择性和区域选择性；催化剂酶的催化效率高且反应产物较单一、易分离纯化，非常符合绿色化学的特点，可避免使用贵金属催化剂，能源消耗低，并且可以合成一些难以用化学方法合成的化合物。例如，用 Candida rugosa 脂肪酶、Pseudomonas fluorescens 脂肪酶将 2- 氰基 -2- 苯基己醇的消旋体转化为相应的 *S*- 异构体和 *R*- 异构体，它们可用于农用杀菌剂手性腈菌唑的合成。

三、不对称合成法

即利用不对称催化合成、手性源诱导定向合成、手性辅剂不对称诱导等化学手段得到纯光学活性化合物。通过不对称合成的方法可只获得或主要获得所需的旋光异构体，这是一种既经济有效又合理的合成方法，是有机合成发展的一个重要方面。不对称合成又可分为化学计量的不对称合成反应和催化不对称合成反应两种，其中催化不对称合成反应的效率更高。

不对称催化反应是化学发展最重要的突破之一，它作为手性技术应用于合成工业，尤其是涉及人类健康的手性药物工业，受到国际社会的普遍关注，使得不对称催化领域的研究迅速发展。

不对称催化方法合成手性药物，例如以右旋麻黄素为催化剂，用 KBH_4 还原 *E*-烯效唑时可得到杀菌剂（*E*）-（*R*）-烯唑醇，反应式如下：

（*E*）-（*R*）-烯唑醇

思考题

旋光异构体的不对称合成技术，关键是催化剂。2021 年诺贝尔化学奖授予 Benjamin List 等两位科学家，以表彰他们在不对称有机催化发展中的贡献。目前已经探索稀有金属、过渡金属，甚至主族金属元素的有机化合物结构设计、合成工艺科学，得到不对称合成催化剂的有机金属化合物，金属锂、镁是应用广泛的、性能特别的普通主族金属。请尝试思考设计金属有机化合物催化剂的合成方案，并对手性磺胺类药物的合成应用进行预测。

阅读材料 |

中国学科发展战略——手性物质化学

手性物质广泛存在于自然界中，并与我们的生活息息相关。例如，自然界中的糖都是 D 构型，氨基酸都是 L 构型，DNA 的双螺旋结构都是右手螺旋。正因为如此，自人类诞生以来，手性物质就已经融入了我们的生命和生活，影响着我们的健康。今天我们所使用的药物多数是手性药物。此外，手性材料也得到广泛应用。例如，手性液晶材料为我们提供了更加清晰的显示屏；手性传感材料、手性仿生材料等为我们带来了许多便利。

手性物质的创造与转化，以及手性物质的表征和性能等研究已经形成一门新兴的化学学科——手性物质化学。手性物质化学往往采用手性原料、手性催化剂等，或者通过不对称反应、不对称催化反应及手性拆分等方法合成和构筑手性物质。在手性物质化学研究中，合成和构筑手性物质是指得到单一对映异构体或者一种对映异构体过量的具有旋光性的手性物质。由此可见，手性物质的合成和构筑除了注重传统合成化学关注的合成效率和选择性（化学选择性、区域选择性、立体选择性等）外，更注重获得单一对映异构体的产物。因此，手性物质的创造难度更大。为了避免"无效"对映异构体的产生，手性物质的合成和构筑更加追求精准和环境友好，它代表了合成化学未来的发展趋势。

2021年，中国科学院把手性物质化学作为战略举措之一，强力推进手性物质合成与构筑、手性物质的分离分析与表征、手性物质的性能和应用，并展望了手性物质化学的发展趋势：未来的合成化学必须是经济的、安全的、环境友好的，以及节省资源和能源的化学，化学家需要为实现"完美的反应化学"而努力，即以100%的选择性和100%的产率只生成需要的产物而没有废物产生。

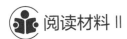 阅读材料 Ⅱ

手性单体与聚乳酸环境友好材料

2020年，年产5万吨聚乳酸项目在安徽蚌埠正式生产。经过近二十年的潜心研究开发，聚乳酸（PLA）新材料攻关团队已经全面掌握了从玉米到乳酸，再到聚乳酸的发酵、提取、聚合以及下游聚乳酸纤维和聚乳酸塑料制品制造的全产业链生产技术。整条自主创新的全产业链聚乳酸生产线完美登场。由聚乳酸制成的产品除能生物降解外，生物相容性、光泽度、透明性、手感和耐热性好，同时还有一定的耐菌性、阻燃性和抗紫外线性能，具有绿色、安全、环保等优点。

聚乳酸性能与聚丙烯相近，改性后可替代聚乙烯薄膜，因此，在包装制品、餐具、容器、生物医药等领域具有广泛的应用。我国科学家除了开发出乳酸聚合制造聚乳酸工艺之外，研发了以原料单体丙交酯的开环聚合合成高分子量PLA的新方法，由于开环聚合的原料单体丙交酯手性单体的构型和旋光纯度及其聚合方法直接影响PLA的微观链型、结晶度、力学强度和制品的耐热性能，以丙交酯手性单体的聚合工艺成为开发新型规整结构的聚乳酸的有效方法。从生物可降解角度，以乳酸聚合形成的杂同和无规立构PLA是非结晶高分子，降解速度较快；但如果从聚合物材料的性能角度来说，普通聚乳酸的熔点为176℃，而聚右旋乳酸（PDLA）和聚左旋乳酸（PLLA）等比例混合可以形成熔点高达254℃的立体复合物，对提高耐热PLA的实际应用具有重要的指导价值。

丙交酯的制备成本是制约PLA应用推广的主要瓶颈，高效精准地合成手性丙交酯是制备PLA的关键。常规的合成方法是二步法，现在从成本和单一手性构型出发，我国科学家提出了α-羟基丙酸合成丙交酯，由此聚合全同立构聚乳酸的合成技术方案，有望解决聚乳酸的生物定向合成问题，而且合成的聚乳酸是全立体构型，为下游产品的开发和精准应用提供了坚实的物质基础。

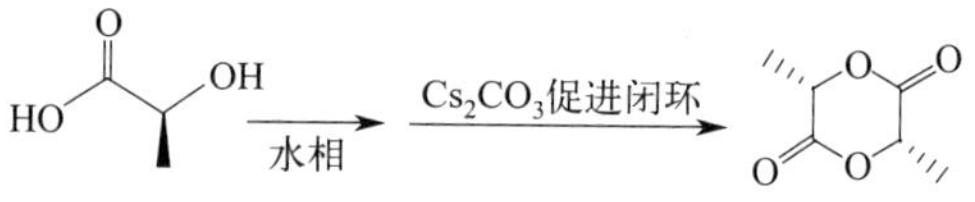

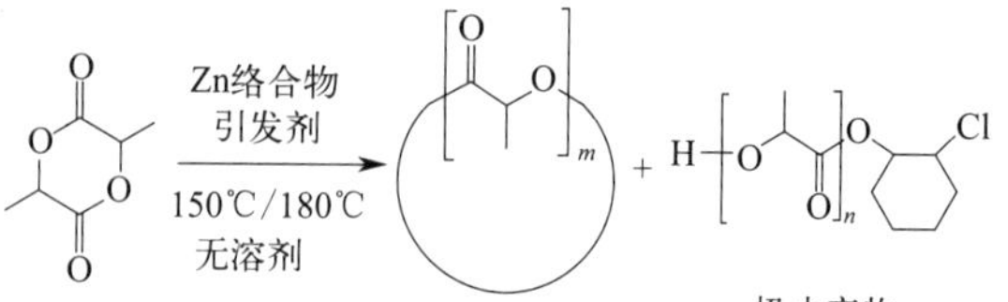

主产物　　极少产物

习题

1. 用 *R*/*S* 法标记下列化合物中手性碳原子的构型。

（1）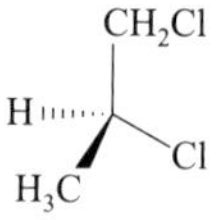　（2）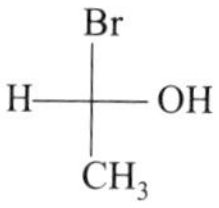　（3）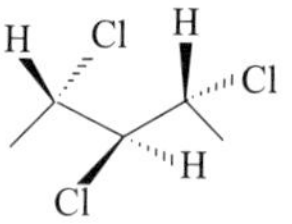

（4）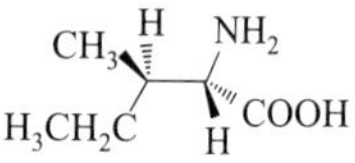　（5）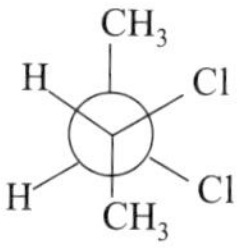　（6）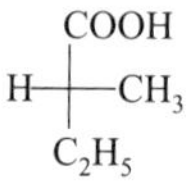

（7）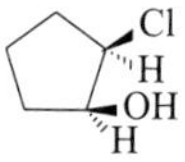　（8）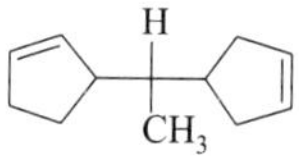　（9）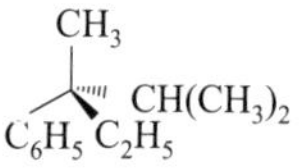

2. 写出下列化合物的费歇尔投影式，并对每个手性碳原子的构型以（*R*）或（*S*）标记。

（1）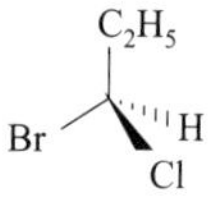　（2）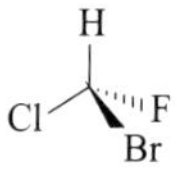　（3）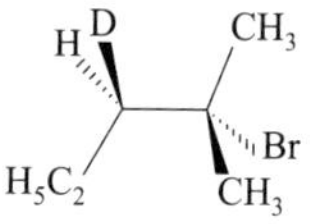　（4）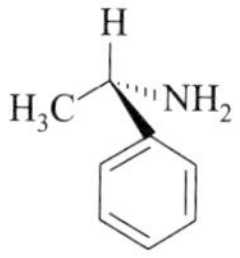

3. 麻黄素的结构为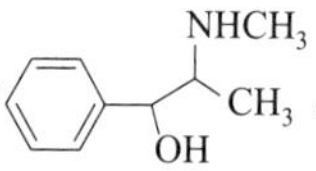，写出它所有的旋光异构体的构型。

4. 某醇 $C_5H_{10}O$（A）具有旋光性，催化加氢后生成的醇 $C_5H_{12}O$（B）没有旋光性，试写出 A 和 B 的结构式。

5. 判断下列叙述是否正确。

（1）多取代环己烷的优势构象是所有取代基都处于 e 键的构象。

（2）外消旋体是没有旋光性的化合物。

（3）内消旋体是没有手性碳原子的化合物。

第六章
卤代烃

📖 学习目标

知识目标
1. 掌握卤代烃的定义、分类、结构与命名；
2. 熟悉卤代烃的物理和化学性质；
3. 了解卤代烃的亲核取代及消除反应的机理。

技能目标
1. 根据卤代烃的结构认识其性质；
2. 根据卤代烃的性质认识其应用性能；
3. 根据卤代烃相对密度大于 1 的特征，认识卤代烃与其他有机化合物的性质差异。

素质目标
1. 根据卤代烃的阻燃性认识其在社会发展中的应用意义，尤其是在灭火材料中的应用；
2. 根据卤代烃对环境潜在的负面影响，在现实生活中辩证地认识和应用卤代烃。

烃分子中的氢原子被卤原子取代后的化合物称为卤代烃（halohydrocarbon），一般用 RX 表示，R 为烃基，X 为 Cl、Br、I、F，卤原子是卤代烃的官能团。由于氟代烃的性质和制备方法比较特殊，本章重点讨论氯代烃、溴代烃及碘代烃。

第一节 卤代烃的结构、分类和命名

一、结构

卤代烷分子中 C—X（X＝F，Cl，Br，I）键中的碳原子为 sp^3 杂化，碳原子与卤素以 σ 键相连，价键间的夹角接近 109.5°。因为卤素原子的电负性比碳原子大，所以碳卤键为极性共价键，成键电子对偏向卤原子，碳原子带有部分正电荷，而卤原子带有部分负电荷，偶极方向由碳原子指向卤素原子，如图 6.1 所示。

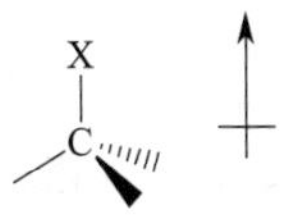

图 6.1 卤代烃中碳卤键极性

卤代烃中卤原子的反应活性

动画扫一扫

卤代烷中四种 C—X 键的偶极矩、键长和键能数据见表 6.1。

表 6.1　C—X 键的偶极矩、键长和键能

C—X 键	键偶极矩 /($C \cdot m$)	键长 /pm	键能 /($kJ \cdot mol^{-1}$)
C—F	6.10×10^{-30}	142	485.6
C—Cl	6.87×10^{-30}	178	339.1
C—Br	6.80×10^{-30}	190	284.6
C—I	6.00×10^{-30}	212	217.8

二、分类

根据分子的组成和结构特点，可从不同角度对卤代烃进行分类。

① 根据卤原子的不同，可分为氟代烃、氯代烃、溴代烃及碘代烃。

CH₃CH₂CH₂Cl　　　　CH₃CH₂CH₂Br　　　　CH₃CH₂CH₂I

氯丙烷　　　　　　　溴丙烷　　　　　　　碘丙烷

② 根据卤代烃的烃基不同，可分为饱和卤代烃、不饱和卤代烃及卤代芳烃。

CH₃CH₂CHCH₃　　CH₂=CHCH₂Br　　⬡—CH₂Cl　　CH₃CH=CHBr　　⬡—Cl
　　　|
　　　Cl

2-氯丁烷　　　　　3-溴丙烯　　　　苄氯　　　　1-溴丙烯　　　　氯苯

在上述分子式中，3-溴丙烯和苄氯的卤原子与饱和的 α-碳原子直接相连，常称为烯丙型卤代烃，1-溴丙烯和氯苯的卤原子与双键碳原子直接相连，常称为乙烯型卤代烃。二者在化学性质上有明显差别。

③ 根据卤原子直接相连的碳原子的种类不同，还可将其分为伯、仲和叔卤代烃。

CH₃CH₂CH₂CH₂Cl　　CH₃CHCH₂CH₃　　　CH₃
　　　　　　　　　　　　　|　　　　　　|
　　　　　　　　　　　　　Cl　　　　CH₃CCH₃
　　　　　　　　　　　　　　　　　　|
　　　　　　　　　　　　　　　　　　Cl

氯丁烷　　　　　　2-氯丁烷　　　　2-甲基-2-氯丙烷
1°(伯)卤代烃　　　2°(仲)卤代烃　　3°(叔)卤代烃

④ 根据卤代烃中所含卤原子数目多少，可分为一（元）卤代烃及多（元）卤代烃。

CH₃C≡CBr　　　ClCH₂CH₂Cl　　　HCI₃　　　　CCl₄

1-溴丙炔　　　　二氯乙烷　　　三碘甲烷(碘仿)　　四氯化碳

三、命名

1. 普通命名法

对于简单的卤代烃，以烃基为取代基，卤素为母体来命名，也可以在烃基前加"卤代"，称为"卤代某烃"。

CH₃CH₂CH₂CH₂Br　　⬡—Br　　　CH₃CH=CHBr　　HCCl₃

正溴丁烷　　　　环己基溴　　　1-溴丙烯(丙烯基溴)　　三氯甲烷

有些卤代烃常有俗称，如 CHCl₃ 俗称氯仿，CHI₃ 俗称碘仿。

2. 系统命名法

复杂的卤代烃采用系统命名法。与烃类化合物的命名程序相当，即以烃基为母体，卤原子为取代基来命名。命名时选择含有卤原子的最长碳链为主链，并遵循最低系列原则和次序规则（较优基团后列出）。

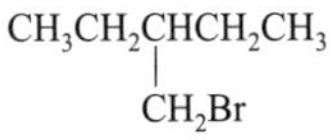

$$CH_3CH_2CHCH_2CH_3$$
$$\underset{CH_2Br}{|}$$
2-乙基-1-溴丁烷

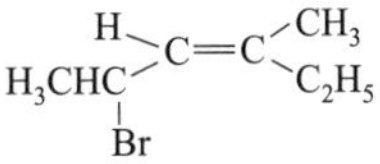

Z-4-甲基-2-溴-3-己烯

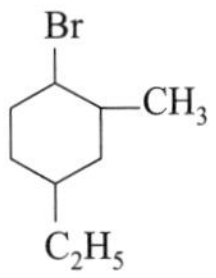

1-甲基-3-乙基-6-溴环己烷

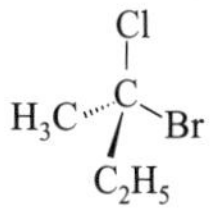

S-2-氯-2-溴丁烷

在芳卤代烃中，以苯环为母体，若芳烃的侧链较复杂，则以烃基为母体，将芳环和卤原子作为取代基来命名：

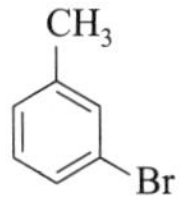

3-溴甲苯

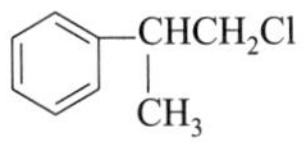

2-苯基-1-氯丙烷

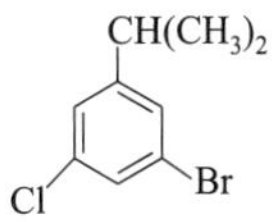

3-氯-5-溴异丙苯

第二节 卤代烃的制法

卤代烃在自然界很少存在，常用的卤代烃一般都是用合成的方法制备的。

一、烃的卤代

（1）烷烃的卤代 在第二章饱和烃中，烷烃的化学性质之一，就是在光照或加热下烷烃与卤素作用，直接卤代得到混合产物。由于溴代的选择性高于氯代，以适当烷烃为原料，可得到一种主要的溴代产物。

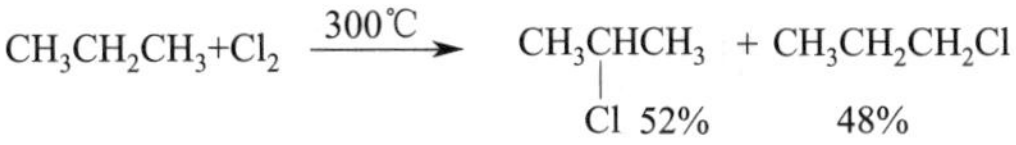

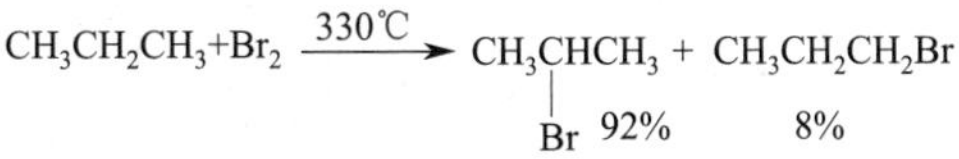

$$CH_3CH_2CH_3+Cl_2 \xrightarrow{300℃} \underset{\underset{Cl\ 52\%}{|}}{CH_3CHCH_3} + CH_3CH_2CH_2Cl$$
$$48\%$$

$$CH_3CH_2CH_3+Br_2 \xrightarrow{330℃} \underset{\underset{Br\ 92\%}{|}}{CH_3CHCH_3} + CH_3CH_2CH_2Br$$
$$8\%$$

（2）烯烃的卤代 在第三章不饱和烃中，烯烃的 α-H 可以卤代，这是制备烯丙型卤代烃的方法。

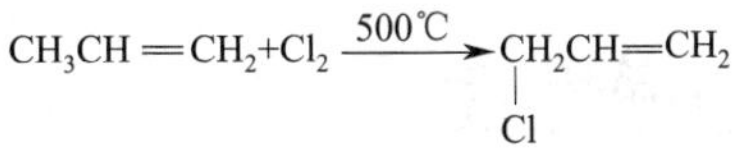

$$CH_3CH=CH_2+Cl_2 \xrightarrow{500℃} \underset{\underset{Cl}{|}}{CH_2}CH=CH_2$$

实验室中常用 N- 溴代丁二酰亚胺（NBS）做溴化剂制备烯丙型溴代烃。

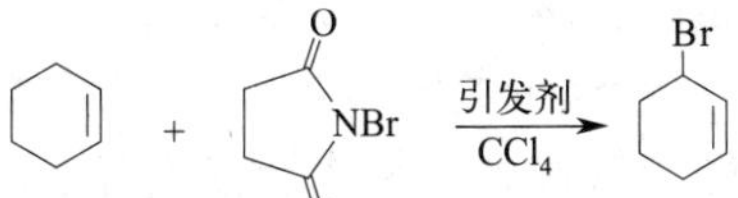

（3）芳香烃的卤代   在第四章芳香烃中，苯具有的亲电取代反应，可在苯环上引入卤素。

二、烯、炔的加成

在第三章不饱和烃中，不饱和烃的亲电加成反应之一就是烯（炔）烃与 HX 及 X_2 加成，反应产物是相应的卤代烃。

三、由醇制备

醇可以与卤化氢（HX）、三卤化磷（PX_3）、亚硫酰氯（$SOCl_2$）等试剂作用生成卤代烃，这是卤代烃合成中最重要和最常用的一种方法。

$$CH_3CH_2CH_2CH_2OH + HBr \xrightarrow{\triangle} CH_3CH_2CH_2CH_2Br$$

醇与 $SOCl_2$ 反应生成氯代烃，此反应所生成的副产物都是气体，易于纯化，产品纯度高，产率能达到 90%。

四、卤素置换反应

碘代烃可通过卤素置换反应获得：

$$RCl + NaI \xrightarrow{\text{丙酮}} RI + NaCl$$

$$RBr + NaI \xrightarrow{\text{丙酮}} RI + NaBr$$

反应中加入丙酮，主要是利用碘代烷能溶于丙酮，而氯化钠和溴化钠不能溶于丙酮，从而提高反应产物的产率。

第三节   卤代烃的物理性质

在室温下，除氯甲烷、氯乙烷和溴甲烷是气体外，其他常见的卤代烃大多为液体，高级卤代烃是固体。卤代烃的沸点随着分子量的增加而升高。烃基相同而卤原子不同的卤代烃中，碘代烃的沸点最高，溴代烃、氯代烃、氟代烃依次降低。直链卤代烃的沸点高于含支链的异构体，支链越多，沸点越低。

卤代烃不溶于水，能溶于醇、醚、烃等有机溶剂，有些卤代烃本身就是有机溶剂。一氟代烃、一氯代烃相对密度小于1，多卤代烃相对密度大于1。卤代烃中卤原子增加，可燃性降低。例如，CCl_4曾用作灭火剂，但它在高温时遇水分解产生剧毒的光气，现已不用。表6.2是一些卤代烃的沸点和相对密度。

表 6.2 一些卤代烃的沸点和相对密度

烷基	氯代物		溴代物		碘代物	
	沸点 /℃	相对密度 d_4^{20}	沸点 /℃	相对密度 d_4^{20}	沸点 /℃	相对密度 d_4^{20}
CH_3—	−24.2	0.916	3.6	1.676	42.4	2.279
CH_3CH_2—	12.3	0.898	38.4	1.440	72.3	1.933
$CH_3CH_2CH_2$—	46.6	0.890	71.0	1.335	102.5	1.747
$CH_3CH_2CH_2CH_2$—	78.4	0.884	101.6	1.276	130.5	1.617
$(CH_3)_2CH$—	35.7	0.862	59.4	1.223	89.5	1.705
$(CH_3)_2CHCH_2$—	68.9	0.875	91.5	1.310	120.4	1.605
$(CH_3CH_2)(CH_3)CH$—	68.3	0.873	91.2	1.258	120.0	1.595
$(CH_3)_3C$—	52.0	0.842	73.3	1.222	100.0	1.545
XCH_2CH_2X	83.5	1.356	131.0	2.180	分解	2.130
CHX_3	61.2	1.492	149.5	2.890	升华	4.008

纯净的卤代烃多数是无色的，溴代烷和碘代烷在光照下能缓慢分解，游离出卤素而分别带棕黄色和红棕色。卤代烃蒸气有毒，尽可能防止吸入。

第四节 卤代烃的化学性质

卤素的电负性大于碳，因此在卤代烷中，卤素是决定其化学特性的官能团。碳 - 卤键属于极性共价键，成键电子对因卤素的强吸电子性而偏向卤原子，使碳原子带有部分正电荷。这种结构特点导致卤代烷易发生四类典型反应：一是碳原子易受负离子或孤对电子的试剂进攻，发生卤原子被取代的反应；二是可从分子中消去卤化氢，形成碳碳双键，即发生消除反应；三是碳 - 卤键间能发生金属原子的插入反应；四是卤素本身活性下的成盐反应。反应位点如下所示：

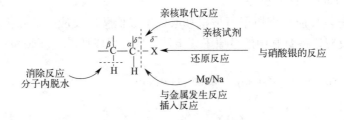

一、亲核取代反应

由亲核试剂（nucleophilic reagent）进攻分子中电子云密度较低的碳原子而发生的取代反

应称为亲核取代反应（nucleophilic substitution reaction，S_N）。用 Nu^- 和 S_N 分别表示亲核试剂和亲核取代反应，X^- 表示离去基（leaving group）。常见的 Nu^- 有 OH^-、OR^-、NC^-、NH_3、ONO_2^-、I^-、$RC \equiv C^-$ 等。

卤代烃分子中 C—X 键为极性共价键，碳带部分正电荷（$C^{\delta+}$），易受带负电荷或孤对电子的试剂的进攻而发生亲核取代反应。

$$R{-}X + Nu^- \longrightarrow R{-}Nu + X^-$$
亲核试剂　　　　　　　　　离去基团

$$R{-}X + \ddot{N}u \longrightarrow R{-}\overset{+}{N}u + X^-$$
亲核试剂　　　　　　　　　离去基团

卤代烃的反应活性：RI ＞ RBr ＞ RCl ＞ RF。

1. 水解（hydrolysis）反应

即卤代烷与碱的水溶液发生取代生成醇的反应。

$$n\text{-}C_5H_{11}Cl + NaOH \xrightarrow{\ H_2O\ } n\text{-}C_5H_{11}OH + NaCl$$

2. 醇解（alcoholysis）反应

即卤代烷与醇钠作用生成醚的反应，这是制备混醚（R—O—R'）的方法。

$$CH_3CH_2Br + (CH_3)_2CHONa \longrightarrow \underset{\text{乙基异丙基醚}}{CH_3CH_2OCH(CH_3)_2} + NaBr$$

3. 氰解（cyanolysis）反应

即伯卤代烷与氰化钠发生取代生成腈的反应。

$$n\text{-}C_4H_9Br + NaCN \xrightarrow[\text{回流}]{C_2H_5OH/H_2O} n\text{-}C_4H_9CN + NaBr$$

腈可进一步水解，生成羧酸，这是制备羧酸的一个重要方法。

$$n\text{-}C_4H_9CN \xrightarrow[\text{加热}]{NaOH/H_2O} n\text{-}C_4H_9COONa \xrightarrow{\ H_3O^+\ } n\text{-}C_4H_9COOH$$

4. 氨解（aminolysis）反应

即伯卤代烷与氨反应，卤原子可被氨基取代生成伯胺的反应。伯胺仍是一个亲核试剂，可继续与卤代烷反应，使氨基中的氢原子逐步被取代，生成仲胺、叔胺和季铵盐。

$$C_2H_5X + NH_3 \longrightarrow \underset{\text{胺}}{C_2H_5NH_2} + HX(或 \underset{\text{季铵盐}}{C_2H_5\overset{+}{N}H_3X^-})$$

$$\xrightarrow{C_2H_5X} (C_2H_5)_2NH + HX[或(C_2H_5)_2\overset{+}{N}H_2X^-]$$

$$\xrightarrow{C_2H_5X} (C_2H_5)_3N + HX[或(C_2H_5)_3\overset{+}{N}X^-]$$

仲卤代烷在发生水解、醇解、氰解和氨解时，反应的产率通常较低，而叔卤代烷则主要发生消除反应而得到烯烃。

5. 与硝酸银的乙醇溶液反应

卤代烷与硝酸银的乙醇溶液反应，生成硝酸烷基酯和卤化银沉淀。

$$C_2H_5X + AgNO_3 \longrightarrow C_2H_5ONO_2 + AgX \downarrow$$

烯丙型卤代烃、苄基型卤代烃及叔卤代烃，在室温下即可与硝酸银的醇溶液发生反应，生成卤化银沉淀；伯卤代烃和仲卤代烃则需在加热条件下才能与该溶液反应并产生卤化银沉淀；而与不饱和键直接相连的卤原子（如乙烯型卤代烃、卤苯等），即使在加热条件下也不与硝酸银的醇溶液反应。基于上述反应活性的显著差异，可利用该反应对这三类卤代烃进行鉴别。

6. 与碘化钠的丙酮溶液反应

氯代烷和溴代烷可以与碘化钠的丙酮溶液反应，生成碘代烷。这就是前面所述的卤代烷制备方法中的置换反应。

$$n\text{-}C_4H_9X + NaI \xrightarrow{\text{丙酮}} n\text{-}C_4H_9I + NaX \downarrow$$
$$(X=Cl,Br)$$

二、消除反应

卤代烷在碱性水溶液中进行水解，发生取代反应得到醇；如果在碱的醇溶液中加热，则发生消除反应（elimination reaction，E），卤素 X 和 β-H 形成 HX 而得到烯烃，称为 β- 消除反应。

$$R-\underset{\underset{H}{|}}{CH}-\underset{\underset{X}{|}}{CH_2} + NaOH \xrightarrow{\text{醇}} R-CH=CH_2$$
烯烃

β- 消除反应是制备特殊烯烃的一种方法。

不同种类的卤代烷进行消除反应的难易程度不同，叔卤烷最易脱去卤化氢，仲卤烷次之，伯卤烷较难。当卤代烷有多种不同的 β-H 可供消除，主要消除含氢较少的 β-C 上的氢原子，生成双键碳原子上连接较多烃基的烯烃，该经验规律称为札依采夫（Saytzeff rule）规则。

$$CH_3\underset{\underset{H}{|}}{CH}\underset{\underset{Br}{|}}{CH}\underset{\underset{H}{|}}{CH_2} \xrightarrow[\triangle]{KOH-C_2H_5OH} CH_3CH=CHCH_3 + CH_3CH_2CH=CH_2$$
2-丁烯(81%)　　1-丁烯(19%)

$$CH_3CH_2\underset{\underset{Br}{|}}{C}(CH_3)_2 \xrightarrow[\triangle]{KOH-C_2H_5OH} CH_3CH=C(CH_3)_2 + \underset{\underset{CH_3}{|}}{CH_3CH_2C}=CH_2$$
2-甲基-2-丁烯(71%)　2-甲基-1-丁烯(29%)

卤代烯烃脱卤化氢时，消除方向总是倾向于得到稳定的共轭二烯烃。

$$CH_2=CHCH_2\underset{\underset{Br}{|}}{CH}CHCH_3 \xrightarrow{-HBr} CH_2=CHCH=CHCH_3$$

邻二卤代物在 +++Zn 粉作用下加热，脱除卤素可得烯烃。

$$CH_3-\underset{\underset{X}{|}}{\overset{\overset{H}{|}}{C}}-\underset{\underset{X}{|}}{\overset{\overset{H}{|}}{C}}-CH_3 \xrightarrow[C_2H_5OH]{Zn, \triangle} CH_3-CH=CH-CH_3$$

三、与金属作用

卤代烷与某些金属（如钠、镁等）反应，生成金属原子与碳原子直接相连的一类化合物，称为金属有机化合物，其中最重要的是有机镁化合物。有机金属化合物非常活泼，在有机合成中起着非常重要的作用。

1. 与金属钠的反应

$$RX \ + \ Na \ \longrightarrow \ RNa \ \xrightarrow{RX} \ R{-}R$$

该反应可用于制备偶数烃，但副反应多，产率低。

2. 与金属镁的反应

卤代烷在无水乙醚（也称干醚）中，与金属镁反应生成烷基卤化镁（RMgX）。

$$RX + \ Mg \ \xrightarrow[\text{回流}]{\text{干醚}} \ RMgX$$
$$\text{烷基卤化镁}$$

烷基卤化镁称为格氏试剂（Grignard reagent），无水乙醚可与格氏试剂形成配合物而使之稳定：

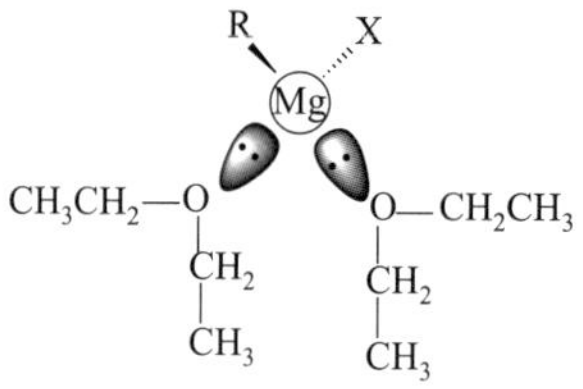

格氏试剂属于亲核试剂，试剂分子中带部分负电荷的碳原子可进攻卤代烷分子中的烷基碳原子而生成分子量大的烷烃：

$$\overset{\delta^+}{R'}{-}\overset{\delta^-}{X} + \overset{\delta^-}{R}{-}\overset{\delta^+}{MgX} \longrightarrow R'{-}R + MgX_2$$

在制备格氏试剂时，卤代烃的活性次序是：碘代烷 > 溴代烷 > 氯代烷。一般用溴代烃。伯卤代烃最适宜，叔卤代烃在碱金属镁作用下，主要发生消除反应，难以制得格氏试剂。活泼卤如苄卤、烯丙卤需低温（约 0℃）反应，否则容易发生副反应；惰性卤如芳卤、乙烯卤需在较高的温度下反应，使用四氢呋喃（THF）为溶剂，可顺利得到产物。

$$\underset{}{\bigcirc}{-}Br + Mg \ \xrightarrow[\text{回流}]{\text{干THF}} \ \underset{}{\bigcirc}{-}MgBr$$

格氏试剂非常活泼，可以与空气中的氧、二氧化碳及水汽反应。因此，在制备和使用格氏试剂时都必须用无水溶剂和干燥的容器，操作时要采取隔绝空气的措施。

$$CH_3MgBr \ + \ CO_2 \ \xrightarrow{Et_2O} \ CH_3COOMgBr \ \xrightarrow{H_3O^+} \ CH_3COOH \ + \ HOMgBr$$

$$CH_3MgBr \ + \ 1/2O_2 \ \longrightarrow \ CH_3OMgBr \ \xrightarrow{H_2O} \ CH_3OH \ + \ HOMgBr$$

在格氏试剂中，C—Mg 是极性很强的共价键，它具有强碱性和强亲核性，含有活泼氢的化合物会使格氏试剂分解生成相应的烃，因此在利用 RMgX 进行合成过程中还必须注意避免使用含活泼氢的化合物。

$\circlearrowright$ 思考题

金属有机化合物具有特殊的性质和应用性能，除了本节所述金属镁的有机化合物之外，二茂铁也具有非常特别的应用性能，作为太阳能转换的钙钛矿也是金属有机化合物。与二茂铁结构相似的二茂镁、二茂锂等二茂金属化合物是否具有二茂铁相似的应用性能？能否作为新能源电池材料或改性目前锂电池性能？

四、卤代烃的亲核取代反应机理

卤代烷的亲核取代反应是一类重要反应。亲核取代历程可以用一卤代烷的碱性水解为例来说明。伯卤代烷的碱性水解：

$$OH^- + CH_3Br \xrightarrow{H_2O} CH_3OH + Br^-$$

$$v=\kappa\left[CH_3Br\right]\left[OH^-\right]$$

该反应的速率与卤代烷 CH_3Br 和碱 OH^- 的浓度成正比，是双分子参与的反应，这在动力学上称为二级反应。

叔卤代烷的水解反应：

$$v=\kappa\left[(CH_3)_3CBr\right]$$

反应速率只与卤代烷的浓度成正比，而与碱的浓度无关，仅涉及单分子的反应，这在动力学上称为一级反应。

实验表明，卤代烷的水解反应有两种反应机理：双分子亲核取代反应机理（S_N2）和单分子亲核取代反应机理（S_N1）。

1. 双分子亲核取代反应机理（S_N2）

伯卤代烷的水解反应速率与 RCH_2Br 和 OH^- 的浓度都有关。以 CH_3Br 为例表示如下：

在反应过程中，亲核试剂 OH⁻ 从反应物离去基团（Br⁻）的背面，向与 Br⁻ 相连的碳原子发起进攻；与此同时，溴原子会携带一对电子逐渐脱离分子。中心碳原子上的三个氢由于受 OH⁻ 进攻的影响而往溴的一边偏转。当它们处于同一平面，且羟基、溴和中心碳原子处于垂直该平面的一条直线上时，即达到过渡态。这时，O—C 键部分形成，C—Br 键部分断裂。接着，亲核试剂 OH⁻ 与中心碳原子的结合逐渐增强，而溴原子带着电子对逐渐远离，最后得到取代产物。反应过程中的能量变化见图 6.2。

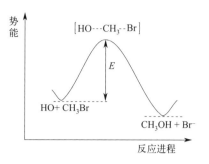

图 6.2　S_N2 反应能量变化图

在反应中，反应物是通过一个过渡态而转化为产物的，没有任何中间体的产生，属于一步反应。因有两种分子参与过渡态的形成，所以该反应称为"双分子亲核取代反应"，用 S_N2 表示，其中，"2"代表双分子。

在 S_N2 反应中，过渡态时亲核试剂与碳原子及离去基团处于一条直线上，碳原子上另外三个键逐渐由伞形转为平面。随着反应的旧键断裂和新键的形成，碳原子上三个键由平面向另一边偏转，这个过程就像雨伞被大风吹翻过去，产物醇与反应物卤代烃有相反的构型，这称为瓦尔登（Walden）转化或瓦尔登翻转。例如：

$$HO^- + \quad S\text{-}2\text{-溴丁烷} \quad \longrightarrow \quad [\text{过渡态}] \quad \longrightarrow \quad R\text{-}2\text{-丁醇} \quad +Br^-$$

2. 单分子亲核取代反应机理（S_N1）

叔丁基溴在碱性溶液中的水解速率仅与叔丁基溴的浓度成正比，与碱的浓度无关。说明决定反应速率的一步取决于叔丁基溴本身 C—Br 键断裂的难易。因此，叔丁基溴水解分两步进行。

第一步：

$$H_3C-\overset{CH_3}{\underset{CH_3}{C}}-Br \xrightarrow{\text{慢}} \left[H_3C-\overset{CH_3}{\underset{CH_3}{\overset{\delta^+}{C}}}\cdots\overset{\delta^-}{Br} \right] \longrightarrow H_3C-\overset{CH_3}{\underset{CH_3}{C^+}} + Br^-$$

过渡态T_1

第二步：

$$H_3C-\overset{CH_3}{\underset{CH_3}{C^+}} + OH^- \xrightarrow{\text{快}} \left[H_3C-\overset{CH_3}{\underset{CH_3}{\overset{\delta^+}{C}}}\cdots\overset{\delta^-}{Br} \right] \longrightarrow H_3C-\overset{CH_3}{\underset{CH_3}{C}}-OH$$

过渡态T_2

第一步叔丁基溴解离，溴原子带着电子对逐渐离开中心碳原子，C—Br 键部分断裂，经过过渡态 T_1，当 C—Br 键完全断裂时形成碳正离子中间体，这一步是决定反应速率的慢步骤；第二步是碳正离子与亲核试剂（OH⁻）结合，经过过渡态 T_2，生成产物叔丁醇。第一步反应速率仅与反应物浓度成正比，与亲核试剂（OH⁻）无关。在决定反应速率的慢步骤中，发生共价键变化的只有一种分子，所以称为单分子亲核取代反应，用 S_N1 表示。S_N1 反应的能量变化见图 6.3。

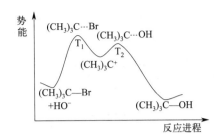

图 6.3　S_N1 反应能量变化图

S_N1 反应中由于生成了碳正离子中间体，因此，重排是这种反应的重要特征。

$$H_3C-\underset{\underset{CH_3}{|}}{\overset{\overset{CH_3}{|}}{C}}-CH_2Br \xrightarrow{S_N1} H_3C-\underset{\underset{CH_3}{|}}{\overset{\overset{CH_3}{|}}{C}}-\overset{+}{C}H_2 \xrightarrow{重排} H_3C-\overset{+}{\underset{\underset{CH_3}{|}}{C}}-CH_2-CH_3$$

$$\xrightarrow[②-H^+]{①C_2H_5OH} H_3C-\underset{\underset{CH_3}{|}}{\overset{\overset{OC_2H_5}{|}}{C}}-CH_2-CH_3$$

碳正离子中间体是一个 sp^2 杂化的平面构型，亲核试剂（OH^-）在第二步与碳正离子成键时，从平面两边进攻的机会是均等（50%）的，所以有 50% 瓦尔登转化的构型：

有些 S_N1 反应，反应产物是外消旋体；但在多数情况下，外消旋体发生部分构型转化，反应产物有不同程度的旋光性。如 2- 溴代辛烷水解后，生成 34% 外消旋体和 66% 构型转化的旋光物质。

事实上，一个反应完全按 S_N1 或 S_N2 机理进行是比较少见的，对于一般卤代烃的亲核取代反应，这两种机理是并存的。

3. 影响亲核取代反应的因素

饱和碳原子上的亲核取代反应可按两种不同历程进行。但就一种反应物而言，在一定条件下究竟按什么历程进行，反应活性如何，这与反应物的结构、亲核试剂和溶剂的性质等诸多因素有关。

（1）烃基结构　卤代烃分子中的烃基结构，主要通过电子效应和空间效应影响亲核取代反应的活性，而这种效应在不同的反应机理中所起的作用往往不同，因此，烃基结构对反应活性的影响与反应机理密切相关。

通过几种溴代烷在甲酸水溶液中水解反应的 S_N1 相对速率，可以看出不同烷基结构的卤代烃的反应速率大小。

溴代烷	CH_3Br	CH_3CH_2Br	$(CH_3)_2CHBr$	$(CH_3)_3CBr$
相对速率（S_N1）	1.0	1.7	45	10^8

对 S_N1 而言，决定反应速率的步骤是 C—X 键断裂形成碳正离子，碳正离子越稳定，也就越容易生成。由于碳正离子的稳定性为

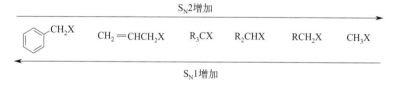

因此，不同烷基结构的卤代烃，其 S_N1 反应的速率是：

$$\underset{\text{（苯环）}}{\overset{CH_2X}{\bigcirc}} > CH_2=CHCH_2X > R_3CX > R_2CHX > RCH_2X > CH_3X$$

对 S_N2 而言，决定反应速率的关键是其过渡态是否容易形成。当反应中心碳原子（α-C）上连接的烃基多时，拥挤程度较大，对反应所表现的空间位阻也加大，亲核试剂进攻必须克服空间位阻，才能接近中心碳原子而形成过渡态。因此，随着 α-C 上烷基的增加，过渡态难以形成，S_N2 反应速率将依次下降。如：溴化物与 I^- 的相对反应速率：

溴化物	$CH_3CH_2—Br$	$CH_3CH_2CH_2—Br$	$(CH_3)_2CHCH_2—Br$	$(CH_3)_3CCH_2—Br$
相对速率（S_N2）	1.0	0.82	0.036	0.000012

可见，除 α-C 上的支链影响反应速率外，β-C 上的支链也影响反应速率，β-C 上连有的支链越多，S_N2 反应越不易发生。

综上所述，卤代烷的结构对亲核取代反应的影响可归纳为：

$$\xrightarrow{\qquad\qquad\qquad S_N2\text{增加}\qquad\qquad\qquad}$$

$$\underset{\text{（苯环）}}{\overset{CH_2X}{\bigcirc}} \qquad CH_2=CHCH_2X \qquad R_3CX \qquad R_2CHX \qquad RCH_2X \qquad CH_3X$$

$$\xleftarrow{\qquad\qquad\qquad S_N1\text{增加}\qquad\qquad\qquad}$$

（2）离去基团的影响　亲核取代反应无论按哪种历程进行，离去基团总是带着电子对离开中心碳原子。因此，无论是 S_N1 或 S_N2 反应，离去基团的碱性越弱，在决定速率步骤中越容易带着电子对离开中心碳原子，即反应物越容易被取代。若离去基团特别容易离去，那么，反应中碳正离子中间体容易生成，反应按 S_N1；若离去基团不容易离去，反应按 S_N2。例如：

碱性次序 $I^- < Br^- < Cl^-$；离去倾向是：$I^- > Br^- > Cl^-$。

卤代烷的亲核取代反应活性是：RI > RBr > RCl。

碘代物的亲核取代活性较高，就是因为 I^- 是一个较好的离去基团。

（3）试剂的亲核性　试剂的亲核性是指试剂提供电子对，与带正电荷碳原子结合的能力。在亲核取代反应中，亲核试剂的作用是提供一对电子与 RX 的中心碳原子成键，试剂给电子的能力强，则成键快，亲核性就强。

在 S_N1 反应中，反应速率只决定于 RX 的解离，与亲核试剂无关，因此，亲核试剂的性质对 S_N1 反应无明显影响。

而在 S_N2 反应中，亲核试剂的亲核性越强，浓度越大，S_N2 历程的反应趋势就越大，反应速率越快。

试剂的亲核性一般与它的碱性、可极化度等因素有关。

① 试剂所带电荷：一个带负电荷的亲核试剂要比相应呈中性的试剂更为活泼。

如：$OH^- > H_2O$，$RO^- > ROH$，$HS^- > H_2S$，$H_2N^- > H_3N$

② 试剂碱性：试剂的碱性是指试剂与质子结合的能力。亲核试剂都是带有负电荷或未共用电子对的，所以它们都是路易斯碱。多数情况下，试剂的碱性愈强，亲核能力也愈强。亲核试剂的亲核能力大致与其碱性强弱次序相对应。例如：

当试剂的中心原子相同时，碱性与亲核性一致：

碱性大 ←————————————————————————— 碱性小

EtO^-　　HO^-　　PhO^-　　CH_3COO^-

亲核性大 ←——————————————————————— 亲核性小

试剂中心原子不同，但处于同周期，碱性与亲核性一致：

碱性大 ←————————————————————————— 碱性小

R_3C^-　　R_2N^-　　RO^-　　F^-

亲核性大 ←——————————————————————— 亲核性小

试剂中心原子不同，但属于同族，碱性与亲核性不一致：

碱性大 ←————————————————— 碱性小

F^-　　Cl^-　　Br^-　　I^-

亲核性小 ←————————————————— 亲核性大

卤素负离子碱性和亲核性不一致的原因之一是溶剂的作用。在卤素负离子中，F^- 的体积最小，电荷集中，溶剂化程度大，负电荷较隐蔽，不利于进攻带正电荷的碳原子，亲核性弱；而体积大，电荷分散的 I^- 不易溶剂化，负电荷较暴露，亲核性强。

但卤素负离子在非质子性溶剂中，由于它们没有被溶剂化而处于"自由"状态，亲核性强弱顺序与碱性强弱顺序是一致的，即：$F^- > Cl^- > Br^- > I^-$。

（4）溶剂的极性　在 S_N1 反应中，过渡态的极性大于反应物，极性溶剂有利于稳定它们的过渡态，降低活化能，使反应加速。因此，增加溶剂的极性能够加速卤代烷的解离，对 S_N1 历程有利。

$$R{-}X \xrightarrow{慢} [\overset{\delta^+}{R}{-}{-}{-}\overset{\delta^-}{X}] \longrightarrow R^+ + X^-$$
$$过渡态$$

在 S_N2 反应中，亲核试剂电荷比较集中，而过渡态的电荷比较分散。增加溶剂的极性，对 S_N2 过渡态的形成不利。

$$Nu^- + R{-}X \longrightarrow [\overset{\delta^-}{Nu}{-}{-}{-}R{-}{-}{-}\overset{\delta^-}{X}] \longrightarrow Nu{-}R + X^-$$
$$过渡态$$

如：$C_6H_5CH_2Cl$ 水解的反应，在水中按 S_N1 历程，在极性较小的丙酮中则按 S_N2 历程进行。

五、卤代烃的消除反应机理

卤代烃脱卤化氢发生 β- 消除反应，这个反应是伴随亲核取代反应发生的，在一定条件下，消除反应可成为主要反应：

$$-\overset{|}{\underset{H}{C}}-\overset{|}{\underset{X}{C}}- \longrightarrow \overset{}{\underset{}{>}}C=C\overset{}{\underset{}{<}} + HX$$

与亲核取代反应类似，消除反应也表现出两种不同的动力学过程，即单分子消除（E1）和双分子消除（E2）机理。

1. 消除反应机理

（1）单分子消除反应　单分子消除反应机理和 S_N1 机理相似，也分两步进行。如叔丁基溴在碱性溶液中发生消除反应：

$$CH_3-\overset{CH_3}{\underset{CH_3}{\overset{|}{\underset{|}{C}}}}-Br \xrightarrow[-HBr]{B^-} H_2C=C\overset{CH_3}{\underset{CH_3}{<}}$$

第一步，叔丁基溴分子在溶剂中经过过渡态 T_1 解离为碳正离子。

$$CH_3-\overset{CH_3}{\underset{CH_3}{\overset{|}{\underset{|}{C}}}}-Br \xrightleftharpoons{慢} \left[CH_3-\overset{CH_3}{\underset{CH_3}{\overset{|}{\underset{|}{C}}}}\overset{\delta^-}{\cdots}\overset{\delta^-}{Br} \right] \rightleftharpoons CH_3-\overset{CH_3}{\underset{CH_3}{\overset{|}{\underset{|}{C^+}}}} + Br^-$$

过渡态 T_1

第二步，B^- 进攻 β-C 上氢原子，经过过渡态 T_2，在 β-C 上消除一个质子生成烯烃。

$$B^- H-CH_3-\overset{CH_3}{\underset{CH_3}{\overset{|}{\underset{|}{C^+}}}} \xrightarrow{快} \left[\overset{\delta^-}{B}\cdots H\cdots CH_2=\overset{CH_3}{\underset{CH_3}{\overset{|}{\underset{|}{C}}}}\overset{\delta^+}{} \right] \xrightarrow[-HB]{快} H_2C=C\overset{CH_3}{\underset{CH_3}{<}}$$

过渡态 T_2

在决定反应速率的第一步，只涉及卤代烃一个分子，因此，称为单分子消除，用 E1 表示。E1 机理中第一步生成的碳正离子也可以重排为更稳定的碳正离子，然后再消除 β-H。

$$CH_3-\overset{CH_3}{\underset{CH_3}{\overset{|}{\underset{|}{C}}}}-CH_2Br \xrightarrow[C_2H_5OH]{OH^-} CH_3-\overset{CH_3}{\underset{CH_3}{\overset{|}{\underset{|}{C}}}}-CH_2 \xrightarrow{重排} CH_3-\overset{}{\underset{CH_3}{\overset{|}{\underset{|}{C^+}}}}-CH_2-CH_3 \xrightarrow{-H^+} CH_3-\overset{}{\underset{CH_3}{\overset{|}{\underset{|}{C}}}}=CH-CH_3$$

E1 和 S_N1 反应是一对竞争性反应：

$$CH_3-\overset{CH_3}{\underset{CH_3}{\overset{|}{\underset{|}{C}}}}-Br \xrightleftharpoons{慢} \left[CH_3-\overset{CH_3}{\underset{CH_3}{\overset{|}{\underset{|}{C}}}}\overset{\delta^+}{\cdots}\overset{\delta^-}{Br} \right] \rightleftharpoons CH_3-\overset{CH_3}{\underset{CH_3}{\overset{|}{\underset{|}{C^+}}}} + Br^-$$

过渡态 T_1

OH^- 进攻 α-C　$\downarrow S_N1$　　　OH^- 进攻 β-H　$\downarrow E1$

$$CH_3-\overset{CH_3}{\underset{CH_3}{\overset{|}{\underset{|}{C}}}}-OH H_2C=C\overset{CH_3}{\underset{CH_3}{<}}$$

（2）双分子消除反应　正溴丙烷在强碱性溶液中，经过一个过渡态，生成烯烃：

$$H_3C-\overset{}{\underset{}{CH}}-CH_3-Br \xrightarrow{} \left[H_3C-\overset{\overset{\delta^-}{B}\cdots H}{\underset{H}{\overset{|}{\underset{|}{C}}}}=CH_2\cdots\overset{\delta^-}{Br} \right] \longrightarrow BH + CH_3CH=CH_2 + Br^-$$

过渡态

反应速率由卤代烷及亲核试剂两种分子的浓度决定，因此，称为双分子消除反应，用

E2 表示。在 E2 机理中，反应是连续进行的，中间经过一个势能较高的过渡态，一步完成，即旧键断裂和新键形成同时进行。

E2 与 S_N2 反应是一对相互竞争反应：

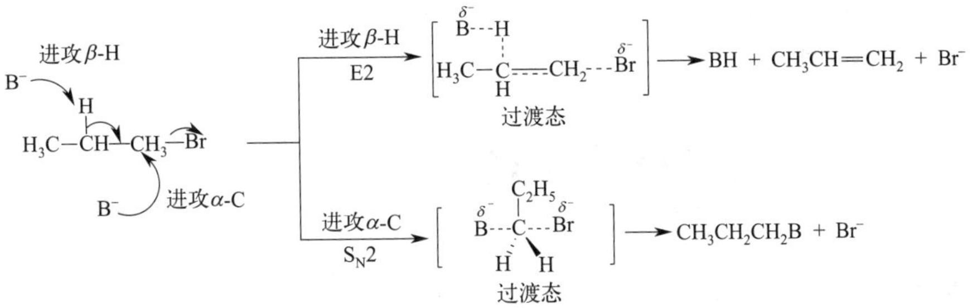

E2 反应与 S_N2 反应机理的区别是，在 E2 中试剂进攻 β-H 原子，S_N2 反应中进攻 α-C 原子。反应按何种方式进行，取决于反应物结构、溶剂性质等因素。

2. 消除反应方向

当一个含有两种 β-C 的卤烷进行消除反应时，若每个 β-C 原子上都有 H 原子，则消除反应可以在不同的方向进行，生成产物可能不止一种。实验证明，无论是 E1 还是 E2 反应，消除产物都是由产物烯烃的稳定性决定。双键上烷基多的烯烃稳定性大，能量低，达到过渡态所需的活化能较小。因此，一般情况下，总是优先消除含 H 较少的 β-C 上的 H，这就是札依采夫规则，即生成取代基多的烯烃为主：

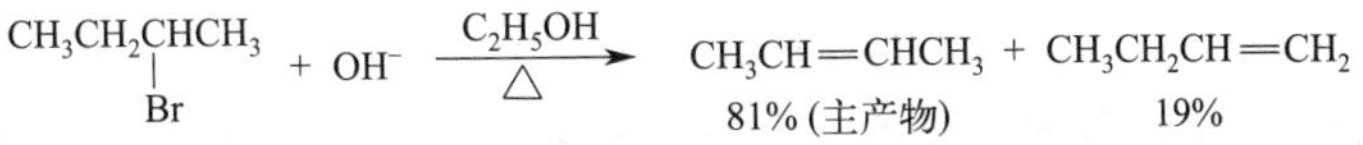

当卤代烃分子中两个 β-C 上所含 H 数相同，优先生成较稳定的共轭烯烃。

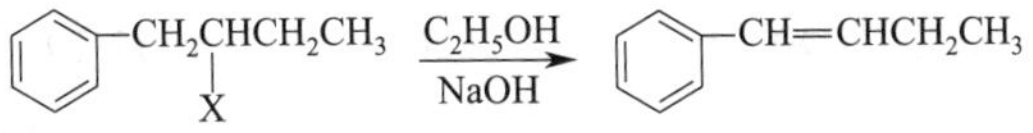

3. 影响消除反应的因素

卤代烃消除反应也有多种影响因素。

从烃基结构考虑，无论是 E1 还是 E2 机理，不同烃基的卤代烃消除反应活性为：叔卤＞仲卤＞伯卤。因此，常用叔卤烷制备烯烃。卤代烯烃若经过消除能形成共轭体系，其消除反应活性特别高。当烃基相同时，无论是 E1 还是 E2 机理，不同卤素卤代烃消除反应活性为：RI ＞ RBr ＞ RCl ＞ RF。

从试剂碱的强弱和浓度考虑，高浓度的强碱可提高 E2 反应速率，E1 反应则不受试剂的碱性和浓度的直接影响。

从溶剂的极性考虑，E1 反应中 C—X 键的解离受溶剂影响较明显，极性较大的溶剂可提高 E1 反应速率，而对 E2 反应则是不利的。

🔄 思考题

六六六（六氯代环己烷）等大多数卤代烃具有较强的环境持久性和生物毒性，其引发的严重环境和健康问题层出不穷。国家标准对涉卤产品的残留卤代物含量都有严格限制。

科学家初步发现微生物具有还原脱卤的潜力。脱卤菌能触及土壤、沉积物、地下水等厌氧或兼性厌氧介质中的卤代烃并将其高效地转化为低毒或无毒产物；微生物还原脱卤修复成本低，无二次污染，不改变修复场地的原生结构和功能。这种脱卤菌的发现与应用，无疑成为环保措施的最佳选择。如果筛选、培养、利用一种噬卤菌体或针对性强的噬氯（溴）菌体，把涉卤产品的残存卤代烷消灭掉，或将是解决环境领域的前沿难点和问题的有效方式。请为环境污染物治理提供新思路新方案。

第五节　卤代烯烃和卤代芳烃

一、卤代烯烃

1. 卤代烯烃的分类和命名

乙烯型卤代烃，卤原子直接与双键碳原子相连，通式为 $RCH{=}CHX$。

$$R{-}CH{=}CH{-}Cl$$

烯丙基型卤代烃，卤原子与双键碳原子相隔一个饱和碳原子相连，$X{-}CH_2{-}CH{=}CH{-}R$。

$$R{-}CH{=}CH{-}CH_2{-}Cl$$

孤立型卤代烯烃，卤原子与双键碳原子相隔两个或多个饱和碳原子相连，$X{-}CH_2{-}CH_2{-}CH{=}CH{-}R$。

$$R{-}CH{=}CH{-}CH_2{-}CH_2{-}Cl$$

命名卤代烯烃时，选择既含不饱和键又含有卤原子的最长碳链作为主链，从靠近不饱和键一端起始，将主链编号。如：

$$CH_3CH{=}CHCHBrCH_3 \qquad CH_2{=}C（C_2H_5）CH_2CH_2Cl$$

4-溴-2-戊烯　　　　　　　　　2-乙基-4-氯-1-丁烯

2. 双键位置对卤原子活泼性的影响

卤代烯烃中含有两个官能团，即双键和卤素，它们之间相互影响，尤其对于乙烯型和烯丙基型类卤代烃中卤原子的活泼性有很大影响。

① 乙烯型的卤代烃中卤原子不活泼，一般条件下，不发生亲核取代反应；发生加成反应时，遵守马氏规则。这是因为卤原子的一对未共用电子对可与双键发生 p-π 共轭效应，电子离域使得电子云平均化，分子的偶极矩变小，键长变短，C—X 键结合得更加紧密，卤原子的活性减弱。

$$H_2C{=}CH{-}\ddot{C}l:$$

② 烯丙基型的卤代烯烃中卤原子的活泼性较强。一般认为烯丙基卤无论对 S_N1 或 S_N2 历程来说，都是活泼的。

S_N1：烯丙基卤代烃容易解离成稳定的烯丙基正离子，有利于 S_N1 反应进行。

$$CH_2{=}CHCH_2Cl \rightleftharpoons CH_2{=}CHCH_2^+ + Cl^-$$

$$\updownarrow$$

$$^+CH_2{-}CH{=}CH_2$$

S_N2：由于 α-C 相邻 π 键的存在，可和过渡态电子云交盖，使过渡态能量降低，有利于 S_N2 反应进行。

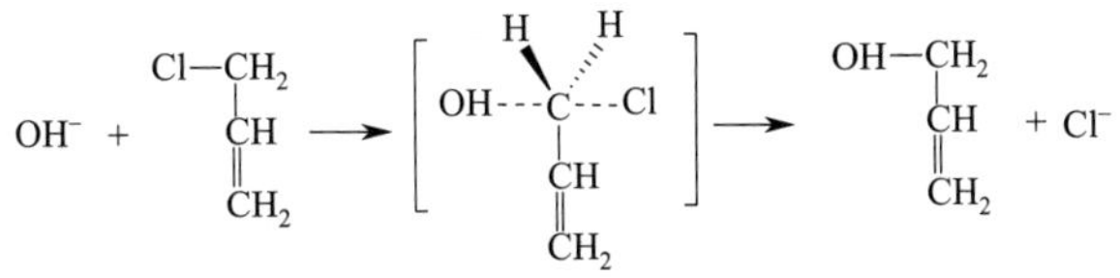

③ 孤立型的卤代烯烃中的卤原子的活泼性类似于卤代烷。

上述三类卤代烯烃中，以烯丙基型卤代烃最为活泼，乙烯型卤代烃最为稳定。

若用 $AgNO_3$ 的乙醇溶液分别和上述三类卤代烯烃反应，烯丙基型、叔卤代烃反应速率最大，室温下立即生成卤化银沉淀，各反应示意如下：

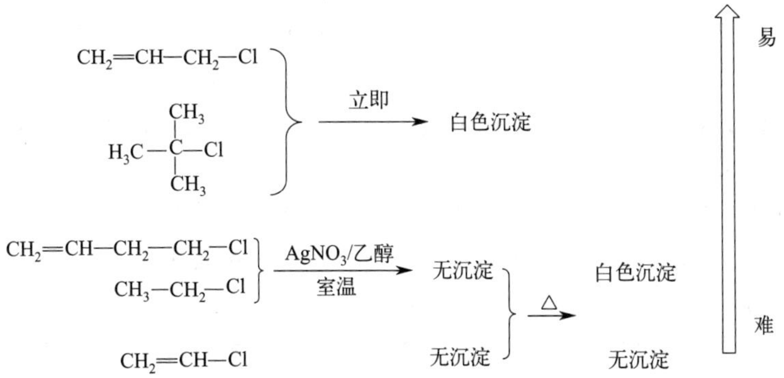

二、卤代芳烃

卤原子直接与苯环相连的卤代烃称为卤代芳烃，卤原子与苯环碳原子相隔一个饱和碳原子的卤代烃称为苄基型卤代烃。它们的命名，前者以芳烃为母体，卤素作为取代基，后者以烷烃为母体，卤素和芳基为取代基。

对溴甲苯　　2,4-二氯甲苯　　氯化苄(苄基氯)　　对氯苯氯甲烷

卤代芳烃的类型与卤代烯烃相似，卤苯型与乙烯型相类似，卤甲苯型与烯丙基型相类似。其化学性质也与对应的卤代烯烃相似。

氯苯是典型的乙烯型芳烃，化学性质很稳定，只有在比较激烈条件下能发生亲核取代反应。

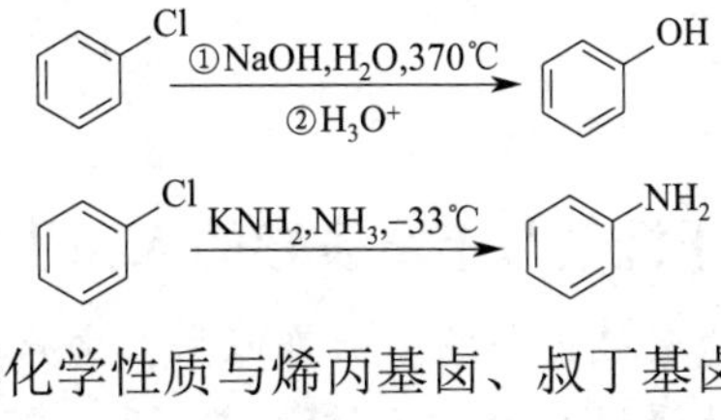

卤甲苯，又称苄基卤，其化学性质与烯丙基卤、叔丁基卤相似，与硝酸银乙醇溶液很容易形成白色沉淀。

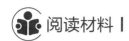 阅读材料 I

我国的气体灭火剂与卤代烃

气体灭火剂，顾名思义，就是以气体物质作为抑制或熄灭火焰的一种灭火材料。气体物质包括二氧化碳、卤代烷烃、氮气、氩气等；卤代烷烃包括三氟一溴甲烷（代号1301）、二氟一氯一溴甲烷（代号1211），以及后期开发的七氟丙烷（代号HFC-227ea）等。目前从环保、安全和成本角度出发，更关注高压气雾水的灭火剂研发与应用工作。

气体灭火剂的主要应用场所，是一些特别的关键防火区域，诸如计算机房、通信机房、图书馆、档案馆、博物馆、重点文物保护单位、工厂的控制室和变配电室、飞机座舱与货舱、飞机发动机短舱、船舶的轮机舱与货舱，以及电厂等重要保护场所。

最初使用气体灭火剂的是19世纪末期的西方工业发达国家，1929年美国颁布了史上第一部CO_2灭火系统标准。

我国在20世纪50年代开始应用CO_2灭火系统。随着科技的进步和防火防灾的安全标准提高，我国基本与世界其他国家同步开始于20世纪60年代研发灭火剂卤代烷1211、1301，并于20世纪80年代制定了气体灭火系统国家标准。由于卤代烷灭火剂具有灭火效率高、不导电、安全洁净等优点，卤代烷1211、1301灭火系统在船舰等军用行业、工业级民用建筑场所得到广泛应用。

1301灭火剂属于早期开发的卤代烷灭火剂品种，随着科学家发现全卤代烃严重破坏大气臭氧层，地球的两极已经出现了臭氧空洞，为了保护人类环境、制止对大气中臭氧层的破坏。联合国统一要求禁止全卤代烃的使用，包括灭火剂的使用。

HFC-227ea是一种制冷剂和灭火剂。代号是按照制冷剂的命名法（ISO 817）制定的。"HFC"表示氢氟烃；"227"三个数字分别表示：碳原子的个数（即3个碳原子）减1、氢原子的个数（即1个氢原子）加1、氟原子的个数（即7个氟原子）；"ea"表示分子结构的对称性。七氟丙烷不仅有良好的环保性，而且它对臭氧层的耗损潜能小。综合性能比较来看七氟丙烷的灭火性能比较突出。

我国行政管理部门和专业技术部门高度重视灭火剂研发工作、科学管理工作和技术标准建设工作，国家的高质量发展必须要有坚固的安全技术保障。我国总结出绿色化洁净化灭火剂及其灭火系统的多项技术指标，包括：①对环境大气无危害，不破坏臭氧层；②最好不产生温室效应或温室效应较小；③对人体无毒性危害或仅有轻微影响；④设计灭火浓度安全高效、灭火速度宜在秒量级内；等等。

气体灭火剂的研发与应用在我国的特种环境、特种装备的防火减灾方面发挥了突出的作用，可以相信，在未来的气体灭火剂更新换代中，环保绿色、安全高效的产品将层出不穷。

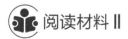 阅读材料 II

卤代烃干洗剂与丰富多彩的人民生活模式

干洗剂，非水的清洗服饰的有机化合物。长期以来，卤代烃是干洗剂的主要成分。

一次偶然发现，服饰被煤油浸过的地方不但没脏，反而将原来的污渍清除了，比别处显得更干净。有心人持之以恒钻研，在煤油里加入了一些其他的化学原料，一种特殊的洗衣剂诞生了。用这种洗衣剂清洗衣服，比用水清洗得更加干净。十九世纪中叶，世界上第一家服装干洗店在巴黎开张营业。

十九世纪的干洗剂主要成分是苯、煤油、汽油、樟脑萜等。这些溶剂都具有可燃性，使用时，一不小心就容易造成火灾，这一致命缺陷使干洗难以推广。十九世纪末二十世纪初，一种新型干洗剂四氯化碳出现了。四氯化碳是无色、易挥发、不易燃的液体，而且洗涤效果好，但也存在缺点，如带有刺鼻的异味并且有毒，对设备具有腐蚀性。随后，改用三氯乙烯取代四氯化碳。三氯乙烯也是一种无色透明液体，它难溶于水，溶于乙醇、乙醚等。但是，三氯乙烯同样是可燃液体，遇到明火、高热有引发火灾爆炸的危险。虽然这样的溶剂仍然不够理想，但是人们对干洗的重视使它渐渐发展起来。现在干洗店里常用的干洗剂是四氯乙烯，它既无害于人体健康，又没有起火危险。这种干洗剂可以回收再利用，既降低了干洗成本，又减轻环保压力。

现在大街小巷，随处都能够看到干洗店，规模大小不一，实实在在衬托出人们生活的多彩和对美好生活的追求。生活在中国共产党领导的当下，我们享受党领导人民奋斗的成果，享受时代文明与进步，感受社会主义社会的巨大变化。

近年来新开发出的新型液态二氧化碳（CO_2）溶剂，利用 CO_2 的气液变化，再添加必要的助剂进行衣物洗涤，这是干洗剂的革命性变化。我国已制造出首台实用 CO_2 干洗机，并经实践证明，使用液态 CO_2 进行衣物洗涤可以有效去除各种污垢。这进一步反映出物质文明与生活文明的协调统一，关注自身的身体健康，使用更加环保安全的干洗剂。在生活的点点滴滴中，追求绿色低碳生活，追求美丽生活环境。

 习题

1. 命名下列化合物。

（1）CH₃CH₂CHCH₂CHCH₃，含 CH₂Cl 和 CH₃ 取代基

（2）CH₃CHCH₂CH₂CHCH₃，含 CH₃、CH₃、CH₃、Br 取代基

（3）CH₃CH₂C—Br，含两个 CH₃ 取代基

（4）Cl—C—CH(CH₃)₂，含 CH₃、CH₂CH₃ 取代基

（5）环己烷，含 CH₂CH₃ 和 Cl 取代基

（6）苯基CHCH₂Cl，含 CH₃ 取代基

2. 写出下列化合物的结构简式。

（1）3-溴环戊烯

（2）1-溴丙烯

（3）3-甲基-2-氯-1-戊烯

（4）对氯苯基溴甲烷

（5）氯仿

（6）间硝基氯苯

（7）5-氯-4-甲基-2-戊炔

（8）2-苯基乙基溴

3. 写出下列化合物脱卤化氢后的主要产物。

（1）4-甲基-2-溴己烷

（2）2-溴-2-甲基戊烷

（3）3-溴-2-甲基戊烷

（4）3-溴-2,3-二甲基戊烷

4. 完成下列反应式。

（1）$CH_3CH{=}CH_2 + HBr \longrightarrow$（ ）$\xrightarrow{NaCN}$（ ）

（2）$CH_3CH{=}CH_2 + HBr \xrightarrow{ROOR}$（ ）$\xrightarrow{H_2O(KOH)}$（ ）

（3）$CH_3{-}\underset{\underset{Br}{|}}{CH}{-}CH_2{-}CH_3 \xrightarrow[\triangle]{KOH/醇}$（ ）$\xrightarrow{Br_2}$（ ）$\xrightarrow[\triangle]{KOH/醇}$（ ）

（4） $+ CH_3CH_2Cl \xrightarrow{无水AlCl_3}$（ ）

（5） $+KOH \xrightarrow{ROH}$（ ）

（6） $+ KCN \xrightarrow{ROH}$（ ）

（7）$CH_3CH{=}CH_2 + Cl_2 \longrightarrow$（ ）$\xrightarrow{2KOH/C_2H_5OH}$（ ）

（8） $\xrightarrow{KOH/C_2H_5OH}$（ ）

5. 卤代烷与 NaOH 在水与乙醇混合物中反应，指出哪些属于 S_N2 机理，哪些属于 S_N1 机理。

（1）产物的构型完全转化　　　　　　（2）有重排产物

（3）碱浓度增加反应速率加快　　　　（4）叔卤烷速率大于仲卤烷

（5）增加溶剂的含水量，反应速率明显加快　　（6）反应不分阶段，一步完成

（7）试剂亲核性越强反应速率越快

6. 用简单方法鉴别下列各组化合物。

（1）己烷和溴乙烷

（2）苄氯和对氯甲苯

（3）1-氯丁烷，1-氯 -1- 丁烯，1-氯 -2- 丁烯

（4）对甲基溴苯，苄溴，溴代环己烷，3- 溴 -1- 环己烯

7. 某化合物 A，分子式为 C_4H_8，加溴后的产物与 KOH 醇溶液共热后生成分子式为 C_4H_6 的化合物 B，B 能和银氨溶液反应生成沉淀。试写出 A 和 B 的结构式和有关反应式。

8. 某卤代烃 C_3H_7Br（A）与 KOH 醇溶液作用生成 C_3H_6（B），B 氧化后得到具有两个碳原子的羧酸（C）、CO_2 和水，B 与溴化氢作用正好得到 A 的异构体 D。试推测 A、B、C、D 的结构式。

第七章
醇、醚、酚

 学习目标

知识目标
1. 掌握醇、醚、酚的结构、分类与命名；
2. 熟悉醇、醚、酚的制法及物理和化学性质；
3. 了解醇、醚、酚的主要反应机理。

技能目标
1. 从氢键的性质，认识醇、酚、醚的溶解度和沸点等物理性质；
2. 从醇、酚、醚的结构认识其化学性质；
3. 从醇、酚、醚的性质区别各自的特殊性。

素质目标
1. 通过乙醇的学习，认识悠久的中国酿酒历史和源远流长的酒文化；
2. 通过醇醚化合物的学习，深刻理解"开车不喝酒，喝酒不开车"；
3. 能够深入理解醇、酚、醚的化学原理和应用，认识到醇、酚、醚在工业应用中的潜在影响。

醇（alcohol）、醚（ether）、酚（phenol）都属于烃的含氧衍生物，其通式分别为 R—O—H、ROR（Ar—O—R 或 Ar—O—Ar'）、Ar—O—H。醇和酚具有相同的官能团——羟基（hydroxy）。羟基与脂肪烃基相连，称为醇；羟基与芳香烃基相连，称为酚。醚的官能团是醚键（—O—），它与含相同碳原子的醇为同分异构体。

第一节　醇的结构、分类和命名

一、醇的结构

醇是烃分子中非芳环的氢原子被羟基（—OH）取代后的生成物；也是水中的氢原子被脂肪烃基取代的产物。通常用 ROH 表示。羟基是醇的官能团，构造异构包括碳链异构和官能团位置不同的异构。

醇中 O—H 键的氧原子以一个 sp^3 杂化轨道与氢原子的 s 轨道相互交盖成键，C—O 键是碳原子的一个 sp^3 杂化轨道与氧原子的一个 sp^3 杂化轨道成键。甲醇的结构见图 7.1。甲醇的键长和键角数据如表 7.1 所示。

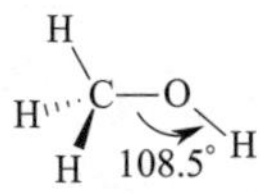

图 7.1　甲醇的结构

表 7.1 甲醇的结构参数

共价键	键长 /nm	共价键	键角
C—H	0.110	H—C—H	109°
O—H	0.096	H—C—O	110°
C—O	0.143	C—O—H	108.9°

二、醇的分类和命名

1. 醇的分类

① 根据醇分子中所含羟基的数目多少，分为一元、二元、三元醇等，含两个以上羟基的醇称为多元醇。

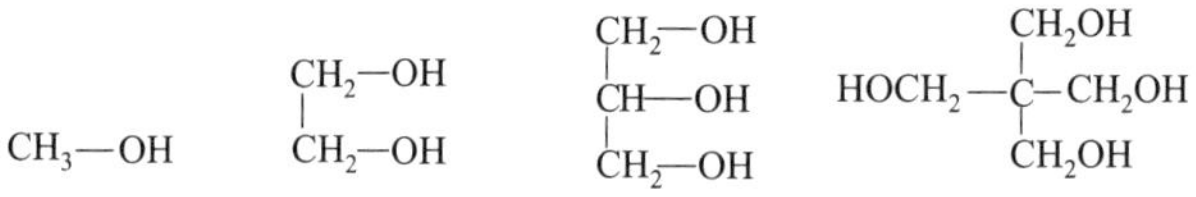

甲醇　乙二醇　丙三醇　季戊四醇

② 根据醇羟基所连碳原子种类，分别称为（一级）伯醇、（二级）仲醇和（三级）叔醇。

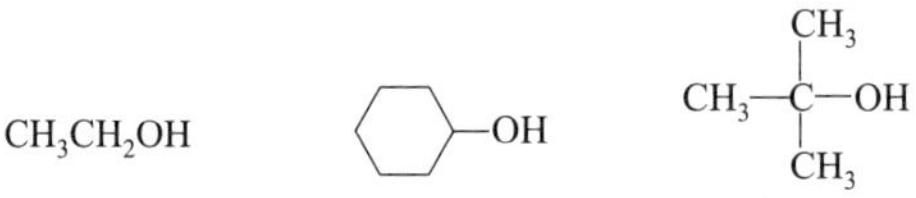

乙醇　环己醇　叔丁醇

③ 根据分子中羟基所连接的烃基不同，分为饱和醇、不饱和醇和芳香醇。

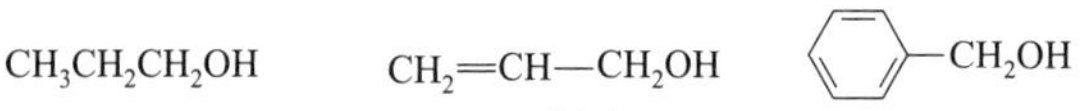

丙醇　2-丙烯醇　苯甲醇

2. 醇的命名

（1）俗名　根据某些醇的来源和性质，如 CH_3OH 最初是从木材干馏得到，所以称为木精，CH_3CH_2OH 是酒的主要成分，俗称酒精。又如：

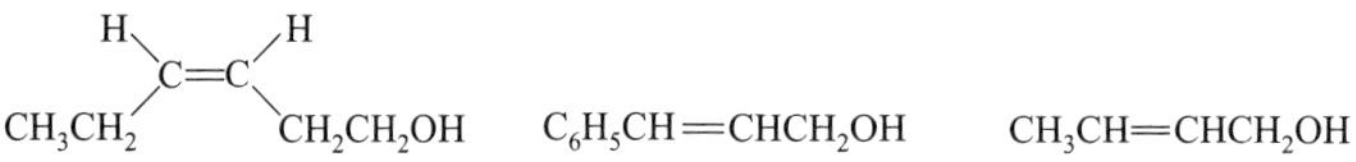

叶醇　肉桂醇　巴豆醇

（2）普通命名法命名　结构简单的醇先写出与羟基相连的烃基名称，再加上一个“醇”字。

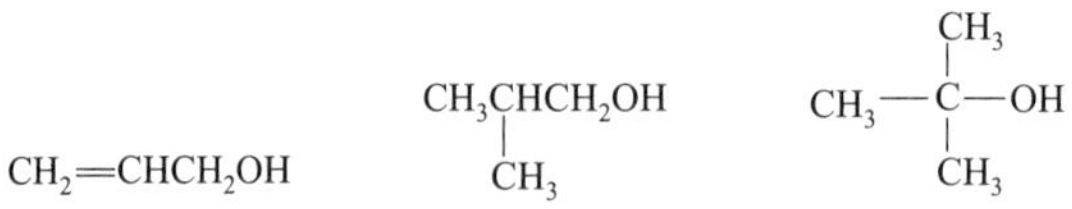

烯丙醇　异丁醇　叔丁醇

（3）甲醇衍生命名法　结构不太复杂的醇，以甲醇为母体，都视为甲醇的烷基衍生物。

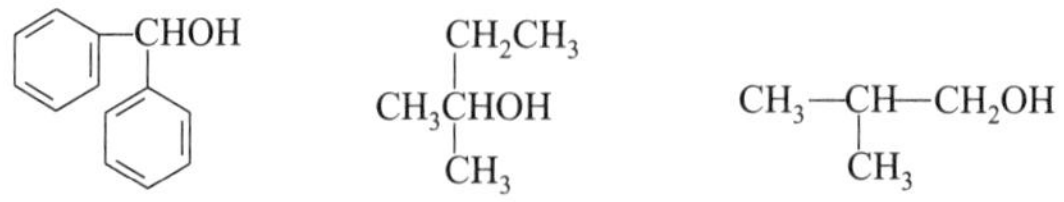

二苯甲醇　二甲基乙基甲醇　异丙基甲醇

（4）系统命名法

① 对饱和醇命名，首先选择连有羟基的最长碳链为主链，从距羟基最近的一端给主链编号，按主链所含碳原子的数目称为"某醇"，取代基的位次、数目、名称以及羟基的位次分别注于母体名称前。

3-甲基-2-戊醇　　　　2,4,4-三甲基-2-戊醇　　　　2,3-二甲基-3-戊醇

② 对不饱和醇命名，主链应包含羟基和不饱和键，从距羟基最近的一端给主链编号，按主链所含碳原子的数目称为"某烯醇"或"某炔醇"，羟基的位次注于"醇"字前。

(Z)-3,4-二甲基-3-己烯-2-醇　　　2-甲基-3-丁烯-1-醇　　　4-(正)丙基-5-己烯-1-醇

③ 对芳香醇命名时，将芳环看作取代基。

3-苯基-2-丙烯醇　　　　2-苯基-1-丙醇　　　　4-苯基-3-丁烯-2-醇

④ 对多元醇命名，主链应包含尽可能多的羟基，按主链所含碳原子和羟基的数目称为"某二醇""某三醇"等。也可用 α、β、γ、δ 等希腊字母来标明两个羟基的相对位次，当两个羟基位于相邻两个碳原子时，叫 α- 二醇，两个羟基所连的两个碳原子中间相隔一个碳原子时，叫 β- 二醇，以此类推。

3-甲基-2,4-戊二醇　　　4,5-二甲基-2-乙基-1,3-己二醇　　　1,3-丙二醇(β-丙二醇)

第二节　醇的制备

一、发酵法

此法是制备醇的较古老的工业方法，以农副产品为原料，经过发酵而得到醇。其优点是方法成熟，设备简单，容易生产；缺点是需要消耗大量粮食。

$$淀粉 \xrightarrow{淀粉酶} 麦芽糖 \xrightarrow{麦芽糖酶} 葡萄糖 \xrightarrow{酒化酶} 酒精$$

二、由合成气制取

工业上甲醇几乎都来源于合成气（一氧化碳和氢气），合成气来自煤的气化。

$$CO+H_2 \xrightarrow[210\sim270℃,5\sim10\ MPa]{CuO/ZnO/Cr_2O_3} CH_3OH$$

三、由烯烃的水合反应制取

酸性条件下烯烃与水的化合反应有两种方式，即直接水合法和间接水合法，是工业上生产低级饱和一元醇的方法。这在第三章不饱和烃中已有介绍，是烯烃的加成反应性质之一。

（1）直接水合

$$CH_3CH{=}CH_2 + H_2O \xrightarrow[300℃,10\ MPa]{H_3PO_4} CH_3\underset{\underset{OH}{|}}{C}HCH_3$$

（2）间接水合　醇可以从烯烃与浓硫酸作用生成硫酸酯，再经水解制得。

$$CH_2{=}CH_2 \xrightarrow{H_2SO_4} CH_3CH_2OSO_3H \xrightarrow{H_2O} CH_3CH_2OH$$

四、由醛、酮还原制取

醛、酮可被催化加氢和金属氢化物还原成相应的醇，这是第八章醛、酮、醌中醛酮的部分化学性质。

LiAlH$_4$、NaBH$_4$是实验室常用的还原剂，是具有选择性的强还原剂，但易水解，需在绝对无水条件下进行。

$$CH_3CH_2CH_2CHO \xrightarrow{NaBH_4} \underset{85\%}{CH_3CH_2CH_2CH_2OH}$$

$$C_2H_5COCH_3 \xrightarrow{NaBH_4} \underset{87\%}{C_2H_5\underset{\overset{|}{OH}}{C}HCH_3}$$

$$C_6H_5CO_2C_2H_5 \xrightarrow[② H_2O]{① LiAlH_4} \underset{90\%}{C_6H_5CH_2OH{+}C_2H_5OH}$$

五、卤代烃水解

卤代烃在碱性溶液中水解可以得到醇。由于卤代烷通常由相应的醇制取，所以此法只是在卤代烃容易得到时才使用。

$$RX+NaOH \rightleftharpoons ROH+NaX$$

关于制醇的卤代烃水解的内容，已在第六章卤代烃中有详细介绍。

六、硼氢化－氧化反应

产物是顺式加成，氢加到含氢较少的双键碳原子上，产率高。反应条件温和，选择性好，是实验室制备醇的一种较好方法。这是第三章不饱和烃的重要化学性质之一。

$$CH_3{-}CH{=}CH_2 \xrightarrow[二甘醇]{B_2H_6} \xrightarrow{H_2O_2/OH^-} CH_3{-}CH_2{-}CH_2OH$$

七、由格氏试剂合成

格氏试剂与羰基所得的加成产物经稀酸水解，可转变成相应的醇，可用来制备不同类型的伯、仲、叔醇。这是第六章卤代烃中金属卤化物重要的应用之一。只有甲醛参与的反应可以制备伯醇，其他醛制备仲醇，酮制备叔醇。

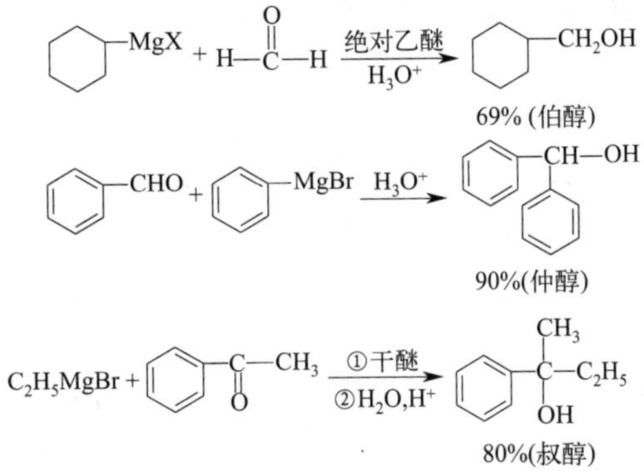

$$69\%\text{(伯醇)}$$

$$90\%\text{(仲醇)}$$

$$80\%\text{(叔醇)}$$

⟳ 思考题

    生物燃料是用红薯、马铃薯、玉米等含淀粉的物质通过微生物发酵，把淀粉转化为乙醇制得，可用作汽车燃料，通常称为乙醇燃料。然而，生物能源的大规模开发应用改变了全球粮食的需求结构。那么，为了节约粮食资源，能否不用淀粉发酵，而用纤维素生物降解的方法来获得乙醇燃料？

第三节 醇的物理性质

    十二个碳原子以下的直链饱和一元醇是易挥发的液体，C_{12} 以上的醇在室温下为蜡状固体。饱和一元醇随着碳原子数目的增加而沸点上升，碳原子数目相同的醇，支链越多，沸点越低。低分子量的醇，其沸点比分子量相近的烷烃高得多。这是因为醇分子中的羟基氢氧键高度极化，相互间形成了氢键。醇分子间借氢键而相互缔合 [如图 7.2（a）]，使液态醇气化时，不仅要破坏醇分子间的范德华力，而且还需额外的能量破坏氢键。

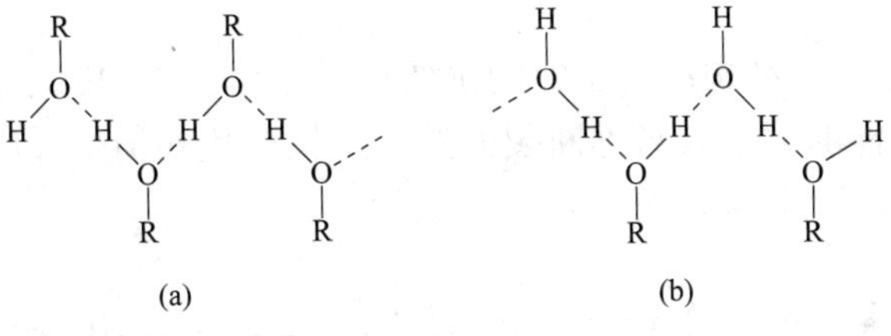

(a)   (b)

图 7.2 醇分子形成氢键示意

    随着碳链的增长，一方面碳链起屏蔽作用，阻碍氢键的形成，另一方面羟基在分子中所占的比例降低，因而高级醇的沸点随着碳链的增长而与分子量相近的烷烃的沸点愈来愈接近。

    直链饱和一元醇的熔点和密度，除甲醇、乙醇、丙醇外，均随分子量的增加而增高。饱和一元脂肪醇的相对密度小于 1，芳香醇的相对密度大于 1，具体见表 7.2。

    低级醇能与水混溶，这是由于低级醇分子与水分子之间形成氢键 [如图 7.2（b）]，使得低级醇与水无限混溶，同样随着醇分子碳链的增长，醇中羟基与水形成氢键的能力下降，故醇随着分子量的增加，其溶解度下降。多元醇分子间可形成更多的氢键，沸点较高，在水中的溶解度也更大。

表 7.2　部分醇的物理常数

名称	结构简式	熔点 /℃	沸点 /℃	相对密度 d_4^{20}	溶解度（水）/（g·100g^{-1}）
甲醇	CH_3OH	-97.8	65.0	0.7914	∞
乙醇	CH_3CH_2OH	-114.7	78.5	0.7893	∞
正丙醇	$CH_3(CH_2)_2OH$	-126.5	97.4	0.8035	∞
异丙醇	$CH_3CH(OH)CH_3$	-88.0	82.4	0.7855	∞
正丁醇	$CH_3(CH_2)_3OH$	-89.5	117.3	0.8098	8.00
仲丁醇	$CH_3CH_2CH(OH)CH_3$	-114.7	99.5	0.8063	12.50
叔丁醇	$(CH_3)_3COH$	25.5	82.2	0.7887	∞
正戊醇	$CH_3(CH_2)_4OH$	-79.0	138.0	0.8144	2.20
新戊醇	$(CH_3)_3CCH_2OH$	53.0	114.0	0.8120	∞
正己醇	$CH_3(CH_2)_5OH$	-52.0	156.5	0.8190	0.60
正庚醇	$CH_3(CH_2)_6OH$	-34.0	176.0	0.8220	0.20
正辛醇	$CH_3(CH_2)_7OH$	-15.0	195.0	0.8250	0.05
烯丙醇	$CH_2=CHCH_2OH$	-129.0	97.0	0.8550	∞
苯甲醇	$PhCH_2OH$	-15.0	205.0	1.0460	4.00
1,2-乙二醇	$HOCH_2CH_2OH$	-11.5	198.0	1.1132	∞
丙三醇	$HOCH_2CHOHCH_2OH$	18.0	290.0	1.2613	∞

低级醇可与氯化钙、氯化镁等形成结晶醇化合物，因此醇类不能用氯化钙等作干燥剂以除去水分。

第四节　醇的化学性质

羟基是醇的官能团，其结构决定了醇的主要化学性质，O—H 极性键使醇具有一定的酸性，C—O 极性键使其能够由于碳氧键断裂而发生亲核取代和消除反应，羟基氧上的未共用电子对使其具有一定的碱性和亲核性。反应位点如下：

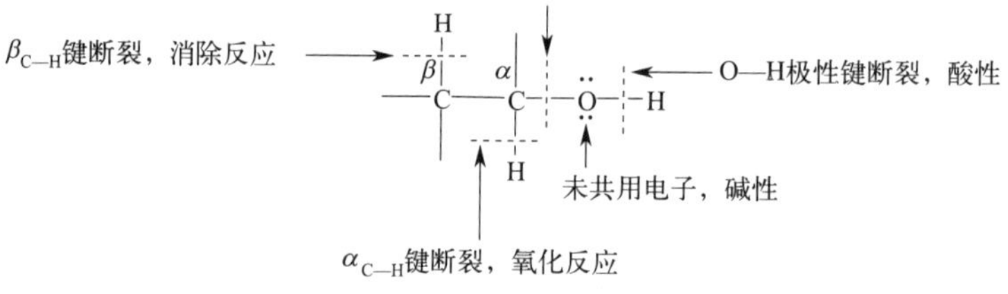

一、醇与活泼金属的反应

醇与水类似，可与钾、钠等活泼金属作用，生成醇钠或醇钾，同时放出氢气。

$$HOH + Na \longrightarrow NaOH + H_2$$

$$CH_3CH_2OH+Na \longrightarrow RONa+H_2$$

各种不同结构的醇与金属钠反应的速度是甲醇＞伯醇＞仲醇＞叔醇，表明它们的酸性强弱顺序是伯醇 ＞ 仲醇 ＞ 叔醇；其他活泼的金属，例如镁、铝等也可与醇作用生成醇镁和醇铝。异丙醇铝和叔丁醇铝在有机合成上有重要的应用。

二、醇的氧化反应

对一元醇而言，醇分子中由于羟基的影响，使得 α-H 较活泼，容易发生氧化反应。不同类型的醇，氧化得到不同的氧化产物。反过来，根据氧化产物的不同，可推测或区别不同结构的醇。常用的氧化剂是酸性条件下的重铬酸钾或高锰酸钾等。

伯醇首先被氧化成醛，醛易被氧化成酸。由伯醇制备醛收率很低。

$$CH_3CH_2OH+K_2Cr_2O_7+H_2SO_4 \longrightarrow CH_3COOH+Cr_2(SO_4)_3+H_2O$$
橙色 深绿色

$$CH_3CH_2OH+KMnO_4+H_2SO_4 \longrightarrow CH_3COOH+MnSO_4+H_2O$$
紫红色

用于检测汽车驾驶员是否饮酒的呼吸分析仪，原理就是利用醇能被 $K_2Cr_2O_7$ 氧化的反应。

采用较温和的氧化剂或特殊的氧化剂，可以使伯醇氧化反应停留在醛阶段；仲醇氧化反应则生成含相同碳原子数的酮。酮较稳定，不易被氧化，仲醇可用于酮的合成。

$$CH_3CH_2OH \xrightarrow[250\sim350℃]{Cu} CH_3CHO+H_2\uparrow$$

$$CH_3CH_2\underset{\underset{OH}{|}}{C}HCH_3 \xrightarrow[400\sim480℃]{Cu} CH_3CH_2\underset{\underset{O}{\|}}{C}CH_3+H_2\uparrow$$

采用特殊氧化剂，可使共轭烯醇分子中的烯键稳定而仅形成共轭烯醛，例如吡啶和 CrO_3 形成具有弱氧化性的络合物，在 CH_2Cl_2 溶液中可把共轭烯伯醇控制在生成共轭烯醛的阶段。

反应产物醛收率高，且不影响分子中 C=C、C=O、C=N 等不饱和键。MnO_2 作为氧化剂对烯丙基型醇具有很好的选择性氧化作用，而不影响 C=C 双键。

叔醇不含 α-H，一般不容易被氧化。强氧化剂则使叔醇氧化成烯烃，再进一步氧化碳链断裂生成酮、酸等小分子化合物，产物复杂，实用价值不大。

由上面的反应可以看出，在有机化学反应中加入氧或去掉氢的反应，都称为氧化；反之，加入氢或去掉氧的反应，都称为还原。在有机反应中，凡是电负性较大的原子取代了电负性较小的原子的反应也都称为氧化；反之，电负性较小的原子取代电负性较大的原子称为还原。例如，甲烷的氯代反应，电负性大的氯原子取代了电负性小的氢原子，是氧化反应。

对一元脂环醇，被氧化先生成酮，继续以强氧化剂氧化碳碳键断裂，生成含同碳原子数的二元羧酸，这种氧化产物比较单一。环己醇可以被氧化成环己酮，再进一步氧化，则形成己二酸产物。己二酸是合成尼龙的原料。

对二元等多元醇而言，如果两个羟基相隔一个以上碳原子，则这种多元醇的氧化反应与一元醇相似；如果两个羟基相邻，即邻二醇，其氧化反应有其特点。如乙二醇被氧化生成两分子的甲醛。

三、醇羟基的亲核取代反应

1. 与氢卤酸的反应

醇与氢卤酸作用生成卤代烃和水，这是制备卤代烃的重要方法。反应如下：

$$ROH + HX \rightleftharpoons RX + H_2O$$

醇与氢卤酸反应的快慢与氢卤酸的种类及醇的结构有关。不同种类的氢卤酸相对活性顺序为：

$$HI > HBr > HCl$$

不同结构的醇活性大小顺序为：烯丙基型醇、苄基型醇≈叔醇＞仲醇＞伯醇＞甲醇。

无水氯化锌和浓盐酸的溶液（称为卢卡斯试剂）可用于区分伯、仲、叔醇。但应注意此反应的鉴别只适用于含 6 个碳以下的伯、仲、叔醇。

对伯醇而言，其反应机理是 S_N2。

对烯丙基型醇、苄基型醇、叔醇、仲醇而言，一般采取 S_N1 机理。

$$R_3COH+H^+ \underset{快}{\overset{快}{\rightleftharpoons}} R_3\overset{+}{C}OH_2 \underset{慢}{\overset{慢}{\rightleftharpoons}} R_3\overset{+}{C}+H_2O$$

$$R_3\overset{+}{C}+X^- \xrightarrow{快} R_3CX$$

因为有碳正离子中间体生成，往往发生重排现象。

CH₃—CH—CH—CH₃ 的反应结构（H、OH）与 HCl 反应，生成极少的 H、Cl 产物和主要产物（重排产物）Cl、H

CH₃CH₂CH₂CHCH₃（OH）与 HBr 反应，生成 CH₃CH₂CH₂CHCH₃（Br）2-溴戊烷(86%) + CH₃CH₂CHCH₂CH₃（Br）3-溴戊烷(14%)

3-甲基-2-丁醇 与 HBr 反应生成 2-甲基-2-溴丁烷(64%)

2. 与卤化磷的反应

在实验室和工业上常采用三卤化磷（PX_3）、五卤化磷（PX_5）、亚硫酰氯（$SOCl_2$）等作为卤化剂，与醇反应来制备卤代烃类化合物。这样可以避免产生碳正离子中间体，减少重排反应的发生，能得到纯度较高的产物。

$$3ROH+PX_3 \longrightarrow RX+P(OH)_3$$

$$（X=Br、I）$$

$$ROH+PX_5 \longrightarrow RX+POX_3+HX$$

$$（X=I、Br）$$

$$CH_3CH_2CH_2CH_2OH \xrightarrow{PBr_3,165℃} CH_3CH_2CH_2CH_2Br$$

这是由醇制备溴代烃、碘代烃的方法之一，产率较高。

3. 醇的脱水反应

醇与浓硫酸混合在一起，随着反应温度的不同，有两种脱水方式。在高温下，可分子内脱水（消除反应）生成烯烃；在低温下也可分子间脱水（亲核取代反应）生成醚。通常叔醇脱水难以成醚，而生成烯烃。

$$CH_3CH_2—OH \xrightarrow[或Al_2O_3,360℃]{浓H_2SO_4,170℃} CH_2{=}CH_2+H_2O$$

$$CH_3CH_2—OH+CH_3CH_2—OH \xrightarrow[或Al_2O_3,240\sim260℃]{浓H_2SO_4,140℃} CH_3CH_2OCH_2CH_3+H_2O$$

醇脱水生成烯烃的难易与醇的结构有关，由易到难依次为：

$$叔醇＞仲醇≥伯醇$$

当分子内脱水可有两种方向时，主要产物与卤代烷烃脱卤代氢一样服从札依采夫规则，生成双键碳原子上连有最多烷基的烯烃。

$$CH_3CH_2CHCH_3 \xrightarrow[100℃]{66\% \ H_2SO_4} CH_3CH=CHCH_3+H_2O$$

在质子酸的催化作用下，大多数醇特别是仲醇和叔醇，是按 E1 机理进行的。由于有碳正离子的生成，有重排现象存在，所以这类反应除用来合成重排产物外，一般用来制备简单烯烃。

伯醇、仲醇在低温下会发生分子间脱水反应，产物是醚，叔醇不发生此反应。

4. 醇酸酯化反应

醇与酸在一定条件下反应，产生一分子水后得到的产物叫作酯。

① 醇可与无机酸反应生成无机酸酯。

醇与硫酸反应，首先生成硫酸氢甲酯（酸性硫酸甲酯），经减压蒸馏得到硫酸二甲酯（中性硫酸酯）。

$$CH_3OH+HOSO_2OH \xrightarrow{<100℃} CH_3OSO_2OH+H_2O$$

$$CH_3OSO_2OH+CH_3OSO_2OH \xrightarrow{减压蒸馏} CH_3OSO_2OCH_3+H_2SO_4$$

酸性硫酸甲酯是吸水性很强的黏稠状液体，具有强酸性，用碳酸钠中和即得到其钠盐。烷基硫酸钠（$ROSO_3Na$）当 R 为 $C_{12} \sim C_{16}$ 时，用作合成洗涤剂的原料。

醇与硝酸的反应得到硝酸酯，该物质具有爆炸性能，多元醇的硝酸酯爆炸性更强。

硝酸酯受热后会发生爆炸，多元醇的硝酸酯爆炸性更强。丙三醇的硝酸酯俗称硝化甘油，是一种烈性炸药，还有扩张冠状动脉的作用，在医药上用作治疗心绞痛的急救药。

磷酸是三元酸，不易与醇直接成酯，通常使用磷酰三氯。磷酸酯常用作萃取剂、增塑剂和杀虫剂，某些特殊的磷酸酯是有机体生长和代谢中的重要物质。

② 醇与有机酸及其衍生物也可生成有机酸酯。

$$CH_3COOH+C_2H_5OH \xrightleftharpoons{H_2SO_4,140℃} CH_3COOC_2H_5+H_2O$$

$$67\%$$

这个反应是可逆的，在一定条件下达到平衡。工业上采用蒸馏法，移除产物酯和水，使平衡向右移动，从而获得产率比较高的酯。

5. 多元醇的反应

（1）与高碘酸或四乙酸铅反应　在目前的氧化反应中，多元醇与高碘酸的反应很特别，端羟基碳形成醛，邻双羟基的羟基碳形成甲酸。四乙酸铅在冰醋酸溶液中可将多元醇氧化为醛或酮，两个羟基之间的碳碳单键断裂生成羰基化合物，由于反应是定量完成的，该反应可用于邻二醇的结构测定。

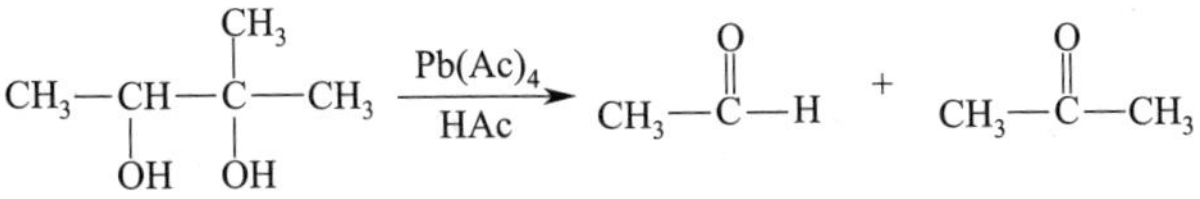

$$CH_3-\underset{OH}{CH}-\underset{OH}{\overset{CH_3}{\underset{|}{C}}}-CH_3 \xrightarrow[HAc]{Pb(Ac)_4} CH_3-\overset{O}{\overset{||}{C}}-H \ + \ CH_3-\overset{O}{\overset{||}{C}}-CH_3$$

具有 1,2- 二醇结构的化合物（乙二醇、丙三醇、糖类化合物等）可被高碘酸（HIO_4）氧化，连有羟基的两个相连碳原子之间发生 C—C 键断裂，如：

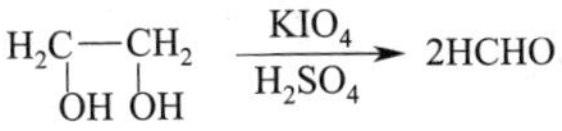

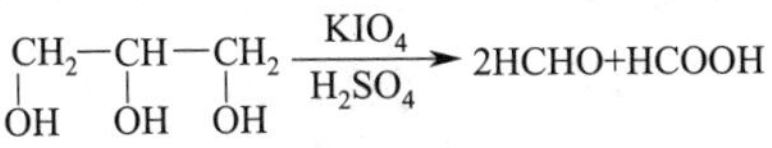

$$\underset{OH}{H_2C}-\underset{OH}{CH_2} \xrightarrow[H_2SO_4]{KIO_4} 2HCHO$$

$$\underset{OH}{CH_2}-\underset{OH}{CH}-\underset{OH}{CH_2} \xrightarrow[H_2SO_4]{KIO_4} 2HCHO+HCOOH$$

反应在室温或低温下进行，定量转化为羰基化合物。因此，这一反应常用来检测分子中是否具有邻二羟基的结构，并可从产物的性质、数量和消耗的高碘酸的量来推测反应物的结构，这是分析化学定量测定方法中碘量法的基本原理。

（2）与氢氧化铜的反应　多元醇能与金属氢氧化物反应，生成类似于盐的产物。甘油在碱性条件下与氢氧化铜反应生成绛蓝色的甘油铜溶液。

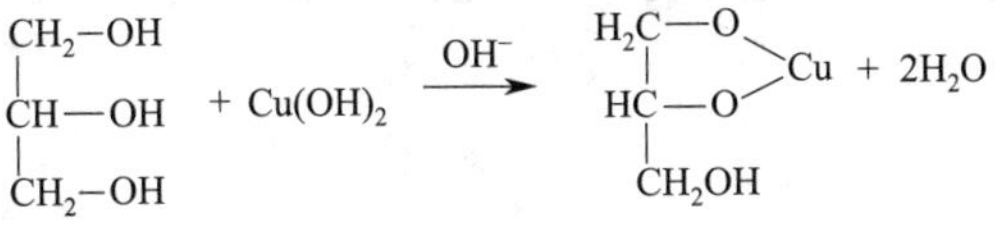

$$\underset{CH_2-OH}{\overset{CH_2-OH}{\overset{|}{CH-OH}}} + Cu(OH)_2 \xrightarrow{OH^-} \underset{CH_2OH}{\overset{H_2C-O}{\overset{|}{HC-O}}}\!\!\!\overset{}{\diagdown}Cu + 2H_2O$$

第五节　醚的结构、分类与命名

一、醚的结构、分类

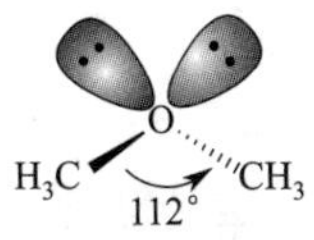

图 7.3　甲醚的结构
示意

醚可看作醇羟基的氢原子被烃基取代后的产物，或者是水中的两个氢被两个烃基取代的产物。分子中的 C—O—C 称为醚键，通式为 R—O—R 或 R—O—R′。醚分子中的氧原子为 sp^3 杂化。甲醚的结构见图 7.3。

按醚键所连接的烃基结构和方式不同，醚可分为：

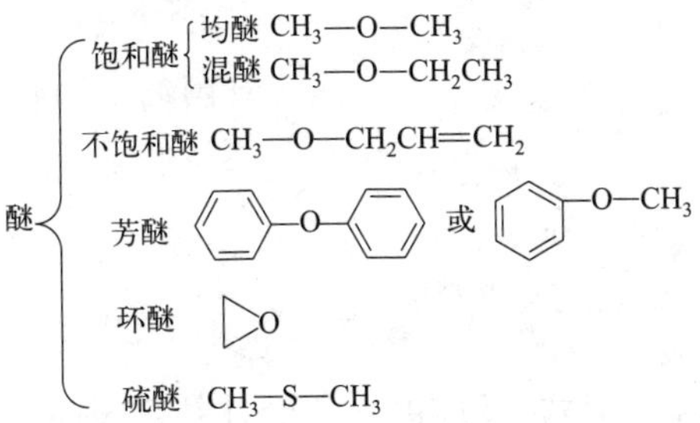

$$醚\begin{cases} 饱和醚\begin{cases} 均醚\ CH_3-O-CH_3 \\ 混醚\ CH_3-O-CH_2CH_3 \end{cases} \\ 不饱和醚\ CH_3-O-CH_2CH=CH_2 \\ 芳醚\ \ \ \\ 环醚\ \ \\ 硫醚\ CH_3-S-CH_3 \end{cases}$$

包含在环中的醚叫环醚。三元环醚性质比较特殊，在有机化学中称为环氧化合物。

二、醚的命名

对于简单醚的命名是先写出两个烃基名称，再在后面加"醚"字，单醚只列一个烃基。混合醚命名时，两个烃基的名称都要写出来，较小的烃基其名称放于较大烃基名称前面，芳香烃基放在脂肪烃基前面。

$$CH_3CH_2OCH_2CH_3 \qquad CH_3OC(CH_3)_3$$

二乙基醚(简称乙醚)　　甲基叔丁醚　　　二苯醚　　　甲基苄基醚

结构复杂的醚可当作烃的衍生物命名，较大烃基作为母体，剩下的 RO— 作取代基。

$$C_2H_5OCHCH_2CH_2CH_3$$
$$\overset{\displaystyle CH_3}{}$$

2-乙氧基己烷　　　　乙氧基环己烷　　　4-叔丁氧基-1-环己烯

多元醚的命名，首先写出潜含多元醇的名称，再写出另一部分烃基的数目和名称，最后加上"醚"字。

$$CH_3OCH_2CH_2OCH_3 \qquad CH_3CH_2OCH_2CH_2OH \qquad CH_3OCH_2CH_2OCH_2CH_2OCH_3$$

乙二醇二甲醚　　　　　　　乙二醇乙醚　　　　　　　　二乙二醇二甲醚

第六节　醚的性质

一、醚的来源

由醇脱水制备醚。在酸催化下，两分子醇之间脱水生成醚，这是醇的性质之一。前面已有介绍。一些二元醇可脱水合成五元、六元环的醚。

$$HO\diagdown\diagup OH \xrightarrow[\triangle]{\text{浓}H_2SO_4} O\diagdown O$$

$$\overset{}{\underset{OHHO}{\bigcirc}} \xrightarrow[\triangle]{\text{浓}H_2SO_4} \overset{}{\underset{O}{\bigcirc}}$$

采用卤代烃与醇钠或酚钠的反应，是适用广泛的醚的制备方法，既可制备单醚又可制备混合醚。

$$\bigcirc\!\!-CH_2Cl + \underset{CH_3}{NaOCH_2CHCH_3} \longrightarrow \bigcirc\!\!-CH_2OCH_2\underset{CH_3}{CHCH_3}$$
$$84\%$$

由于芳香卤代烃不活泼，在制备芳醚时一般都是用酚钠和脂肪卤代烃制得。茴香醚只能用酚钠与卤甲烷制得。

$$\overset{ONa}{\bigcirc} + CH_3I \longrightarrow \overset{OCH_3}{\bigcirc} + NaI$$

由于醇钠、酚钠都是强碱，与它反应的卤代烃往往会发生一定程度的消除而生成烯烃。

为了尽量减少烯烃副产物，需注意原料的选择。把级数较高的烃基转化成相应的醇钠，如乙基叔丁基醚的制取，应选择路线（1）较合适。路线（2）则得到较多的烯烃。

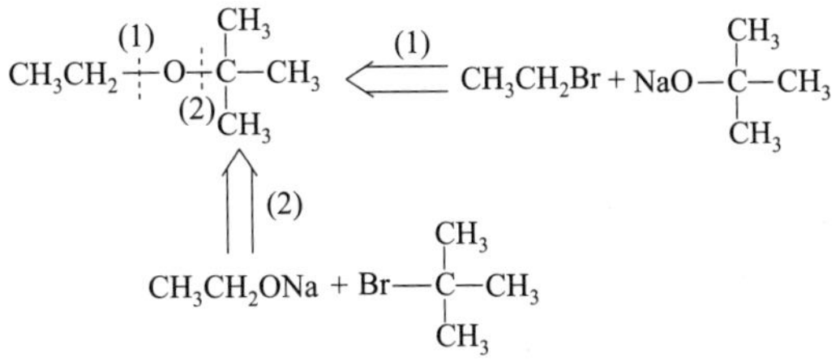

$$
\begin{array}{c}
\mathrm{CH_3CH_2 \!-\!\!\overset{(1)}{\underset{(2)}{\!\!|\!\!}}\!\!-\!\! O\!-\!\overset{CH_3}{\underset{CH_3}{\!\!|\!\!}}\!\!C\!-\!CH_3} \xleftarrow{(1)} \mathrm{CH_3CH_2Br + NaO\!-\!\overset{CH_3}{\underset{CH_3}{\!\!|\!\!}}\!\!C\!-\!CH_3}
\end{array}
$$

$$\Big\uparrow (2)$$

$$\mathrm{CH_3CH_2ONa + Br\!-\!\overset{CH_3}{\underset{CH_3}{\!\!|\!\!}}\!\!C\!-\!CH_3}$$

二、醚的物理性质

醚的沸点比相应分子量的醇低（如正丁醇 117.3℃，乙醚 34.5℃）。其原因是醚分子之间不能产生氢键，只能与水形成氢键（图 7.4）。

常温下除甲醚、甲乙醚、甲基乙烯基醚为气体，其他醚都为无色液体。醚同相同碳原子的醇在水中的溶解度相近。因为醚分子中氧原子仍能与水分子中的氢原子生成氢键。环醚在水中溶解度较大，可能由于氧原子成环后，突出在外，更易与水分子中的氢原子生成氢键。一般的高级醚难溶于水。醚是优良的有机溶剂。低级醚具有高挥发性，容易着火，使用时应注意安全。部分醚的物理常数见表 7.3。

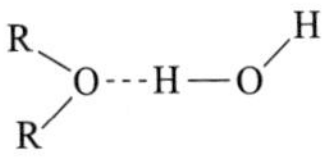

图 7.4　醚与水形成氢键示意

表 7.3　部分醚的物理常数

化合物	熔点 /℃	沸点 /℃	密度 /（10^3kg·m^{-3}）（20℃）
甲醚	−138.5	−23.0	—
乙醚	−116.6	34.5	0.7137
正丙醚	−12.2	90.1	0.7360
异丙醚	−85.9	68.0	0.7241
正丁醚	−95.3	142.0	0.7689
苯甲醚	−37.5	155.0	0.9961
二苯醚	26.8	257.9	1.0748
四氢呋喃	−65.0	67.0	0.8892
1,4- 二氧六环	11.8	101.0	0.0330

三、醚的化学性质

醚的性质比较稳定，对碱、氧化剂、还原剂都很稳定，常作有机溶剂。常温下，可用金属钠除去醚中的少量水。C—O—C 键在一般条件下难以断裂。但醚在特殊情况下，可发生化学变化。

1. 钅羊盐的形成

醚由于氧原子上带有孤对电子，能接受强酸中的 H$^+$ 而生成钅羊盐。

$$\mathrm{H_3CH_2C\!-\!\ddot{O}\!-\!CH_2CH_3 + H_2SO_4(浓) \longrightarrow H_3CH_2C\!-\!\overset{+}{\underset{H}{O}}\!-\!CH_2CH_3 + HSO_4^-}$$

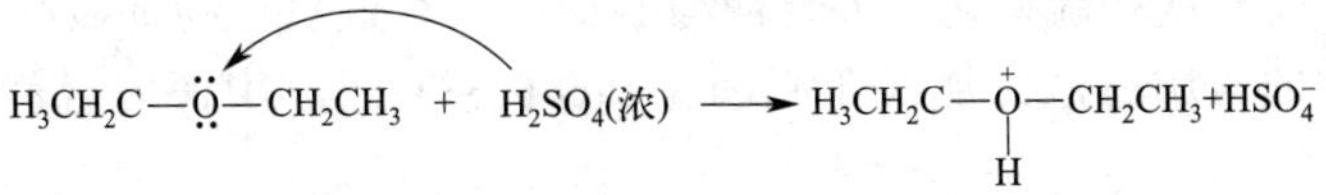

锌盐是一种弱碱强酸盐，仅在冷的浓酸中才稳定，遇水很快分解为原来的醚。利用此性质可以将醚从烷烃或卤代烃中分离出来。

$$ROR + H^+ \longrightarrow R\overset{+}{O}R \xrightarrow{H_2O} ROR + H_3O^+$$
$$\overset{|}{H}$$

此外，醚也能和三氟化硼、三氯化铝等路易斯酸生成配合物。三氟化硼是有机反应中常用的一种催化剂，但它是气体，所以一般把它配成乙醚溶液使用。

$$R^2 - \overset{..}{\underset{..}{O}} - R^1 \ + \ BF_3 \longrightarrow \begin{matrix} R^2 \\ OBF_3 \\ R^1 \end{matrix}$$

2. 醚键的断裂

在较高温度下，强酸与醚生成锌盐后，能使醚键断裂。若使用的酸为卤化氢，则 X^- 为亲核试剂进攻锌盐底物的中心碳原子，而使醚键断裂。

$$R - O - R + HX \xrightarrow{\triangle} RX + ROH$$

使醚键断裂最有效的试剂是浓的氢碘酸（HI）。只要醚键连有甲基，总是在甲基那边优先断裂；混合醚发生此反应时，一般是较小烃基生成卤代烷，较大烃基或芳基生成醇或酚。

$$\begin{matrix} CH_3CHC_2H_5 \\ | \\ OCH_3 \end{matrix} \xrightarrow[\triangle]{HBr} CH_3Br \ + \ \begin{matrix} CH_3CHC_2H_5 \\ | \\ OH \\ 81\% \end{matrix}$$

$$(CH_3)_2CHOCH(CH_3)_2 \xrightarrow[\triangle]{KI,H_3PO_4} 2(CH_3)_2CHI$$
$$90\%$$

甲基烷基醚与 HI 反应时优先得到碘代甲烷，把反应混合物中的碘代甲烷蒸馏出来，通入硝酸银的醇溶液中，测定碘化银的量可推算出醚分子中 CH_3O- 或甲基醚的含量，有机分析中称之为蔡塞尔（Zeisel）法。

$$CH_3CH_2CH_2OCH_3 + HI \xrightarrow{\triangle} CH_3CH_2CH_2OH + CH_3I$$

叔烷基醚的醚键断裂，主要产物是烯烃。

$$(CH_3)_3C - OCH_3 \xrightarrow[\triangle]{浓H_2SO_4} CH_3OH + (CH_3)_2C=CH_2$$

3. $\alpha-$ 氢的自动氧化

醚长期与空气接触下，会慢慢生成不易挥发的过氧化物。

$$C_2H_5OC_2H_5 \ + \ O_2 \longrightarrow \begin{matrix} CH_3CH - OC_2H_5 \\ | \\ O - OH \end{matrix}$$

过氧化物不稳定，加热时易分解而发生爆炸。因此，醚类应尽量避免暴露在空气中，一般应放在棕色玻璃瓶中保存。蒸馏放置过久的乙醚时，一定不要蒸干。

检验方法：硫酸亚铁和硫氰化钾混合液与醚振摇，有过氧化物则显红色。

除去过氧化物的常用方法：加入还原剂 5% 的 $FeSO_4$ 于醚中振摇后蒸馏；贮藏时在醚中加入少许金属钠。

第七节　环醚

一、环氧化合物

环醚是指碳和 1 或 2 个氧原子构成的环状化合物。后面涉及的含氧杂环化合物，彼此的结构不同，其性质亦不同，环醚自成体系。一般环醚被称为环氧某烃。

$H_2C—CH_2$	$H_2C—CH—CH_3$		H_2C
环氧乙烷	环氧丙烷	1,4-二氧六环	3-氯-1,2-环氧丙烷

最简单和最重要的环醚是环氧乙烷，该三元环状化合物为无色气体，沸点为 11℃。环氧乙烷与环丙烷一样，由于具有环张力而不稳定，性质非常活泼，能与含有活泼氢的化合物反应（如 H_2O、ROH、NH_3 等），以及与格氏试剂反应，开环时在 C—O 键间断裂。

$$\xrightarrow{\text{H—OH，酸}} HO—CH_2CH_2—OH$$

$$\xrightarrow[\triangle]{\text{H—OR，酸或碱}} HO—CH_2CH_2—OR \quad \text{（乙二醇单烷基醚）}$$

$$\xrightarrow{\text{H—NH}_2} HO—CH_2CH_2—NH_2 \quad \text{[2-氨基乙醇(或乙醇胺)]}$$

$$\xrightarrow{\text{H—X}} HO—CH_2CH_2—X \quad \text{（X=卤素、—CN、—OCOR等）}$$

$$\xrightarrow[(2)H_3O^+]{(1)RMgX} HO—CH_2CH_2—R$$

由环氧乙烷生成的乙二醇、乙二醇单烷基醚、乙醇胺以及其他各种化合物都是重要的化工产品，例如，乙二醇单烷基醚是良好的溶剂，乙醇胺类化合物可作为乳化剂等。环氧乙烷与格氏试剂的反应可以得到增长两个碳原子的伯醇，这个反应常用在有机合成中。

二、冠醚

冠醚（crown ether），是分子中含有"—OCH_2CH_2—"这一重复单元的大环多元醚类化合物，具有特殊配合性能，由于其形状像西方的王冠，所以称为冠醚。

冠醚的系统命名较复杂，一般用简单方法命名。在"冠"字前后分别标出成环总原子数（X）和环中氧原子数（Y），称为 X-冠-Y。某些冠醚分子中含有并联的环己基或苯基，命名时须在前面加上并联基团的名称。

18-冠-6	苯并-15-冠-5	15-冠-5

冠醚主要用卤代烃和醇或酚反应合成制备。例如，二苯并 -18- 冠 -6 由如下方法制备：

冠醚可以选择性配合金属离子。在冠醚的大环结构中有空穴，并且氧原子上含有未共用电子对，可和金属阳离子形成配合离子，各种冠醚的空穴大小不同，只有和空穴大小相当的金属阳离子才能进入空穴。例如，18-冠-6（空穴直径为 0.26～0.32 nm）和 K^+ 的直径（0.266 nm）相当，所以可与 KX 形成配合物。

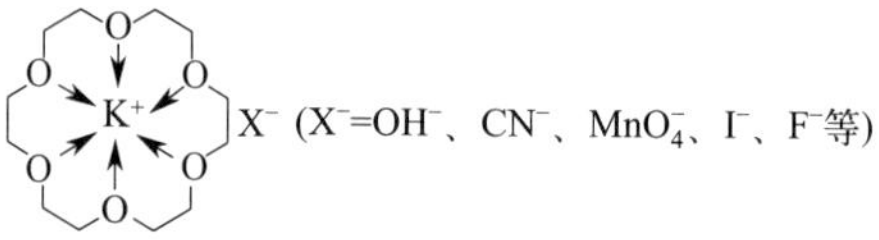

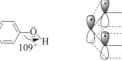

冠醚还是一种相转移催化剂。

 思考题

冠醚最有价值的应用场景需要满足 3 个条件：①至少含有 1 个液相的非均相体系；②体系中需要持续的相间物质传递；③相间传递的物质含有金属离子，尤其是碱金属离子。前 2 个条件描述的是相转移剂的常规应用场景，第 3 个条件则是冠醚的核心价值点。冠醚适合用于洗涤剂，可有效除去材料表面的碱金属离子，用于太阳能电池片、芯片的清洗等。那么基于冠醚应用的性能，其是否适合用作新能源汽车电池电解液添加剂？

第八节　酚的结构、分类与命名

一、酚的结构和分类

酚（phenol）是羟基直接和芳环碳原子相连的化合物，通常用 Ar—OH 表示。苯酚是酚类中最简单最重要的酚。苯酚中的羟基氧原子是以两个 sp^2 杂化轨道分别与苯环的一个碳原子的 sp^2 杂化轨道和一个氢原子的 1s 轨道成键，键角 109°，如图 7.5 所示。

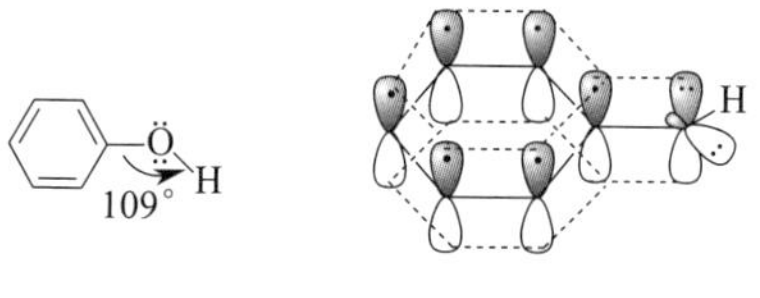

图 7.5　苯酚的结构示意

羟基氧原子上未参与杂化的 p 轨道，垂直于三个杂化轨道所在的平面，且含有一对未共用 p 电子。这个 p 轨道与苯环上六个碳原子的 p 轨道相互平行重叠，形成一个大的 p-π 共轭体系，导致氢氧键弱化，而使苯酚表现出酸性。因此，苯酚又名石炭酸。由于苯酚环的电子云密度增大，而使苯酚的苯环活性比苯大，很容易发生取代甚至加成反应。

苯酚的羟基与醇羟基相似，羟基间能够形成氢键，液态酚可通过氢键发生分子间的缔合，即：

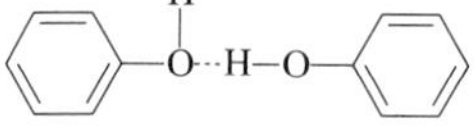

因此，酚的沸点比分子量相近的烃高得多。

根据酚芳环上所连接羟基数目的多少，酚可分为一元酚、二元酚和多元酚。

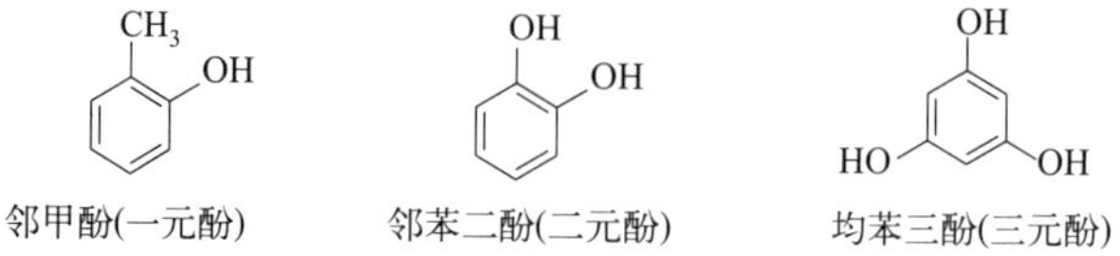

邻甲酚(一元酚)　　　邻苯二酚(二元酚)　　　均苯三酚(三元酚)

二、酚的命名

1. 俗名

根据酚的存在和来源不同来命名。

愈创木酚　　　　香芹酚　　　　丁香酚

2. 系统命名

当芳香环上连有多种取代基团时，则按取代基排列次序的先后选择。通常基团的先后排列次序如下：—COOH，—SO₃H，—COOR，—COCl，—CONH₂，—CN，—CHO—，CO—，—OH（醇），—OH（酚），—SH，—NH₂，—C≡C，—C=C，—OR，—SR。次序优先者作为母体，其余基团为取代基。取代基的排列次序按照次序规则的规定，较优基团后列出。

对甲氧基苯酚　　　　　　1,3-苯二酚　　　　　　间硝基苯酚

2-萘酚　　　　5-甲基-2-异丙基苯酚　　　　1,2,3-苯三酚(连苯三酚)

间羟基苯甲醛　　　4-乙酰氨基-1-萘甲酸　　　3-硝基-4-羟基苯乙酮

三、苯酚的制备

有些酚可以从植物的香精油中提取，而作为工业原材料的苯酚是工业合成的，主要是利用异丙苯法：将异丙苯用空气氧化成过氧化异丙苯，后者在酸催化下分解为苯酚和丙酮。此法适合大规模连续生产，突出优点是同时生产两种化工原料——苯酚和丙酮。这是当前苯酚和丙酮的常规制备方法。

氯苯法可以制备取代的苯酚。特别是以吸电子基取得的氯苯为原料制备苯酚衍生物，邻

硝基氯苯或邻对位二硝基氯苯，卤素原子变得活泼，反应很容易进行。例如，2,4- 二硝基氯苯在碳酸钠溶液中回流便可水解生成 2,4- 二硝基苯酚。2,4,6- 三硝基氯苯的水解反应更易进行，在稀的碳酸钠溶液中只要温热，就可水解生成 2,4,6- 三硝基苯酚。

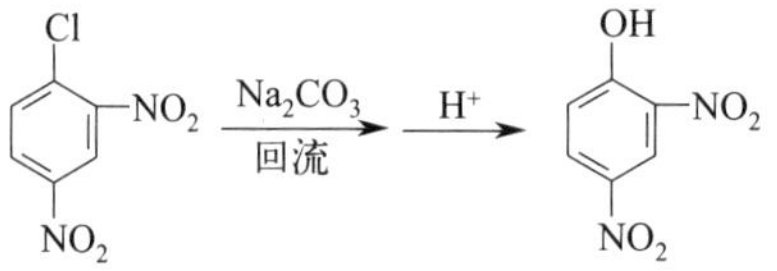

第九节　酚的物理与化学性质

一、酚的物理性质

由于酚分子中包含羟基，酚分子之间或酚与水分子之间可发生氢键缔合，如图 7.6 所示。其物理性质与醇相似，沸点、熔点都较相应的烃高。常温下，除少数烷基酚为高沸点液体外，绝大多数酚为结晶固体，具有特殊气味，苯酚及其同系物在水中有一定的溶解度，羟基越多，其酚在水中的溶解度也越大。能溶于乙醇、乙醚等有机溶剂。

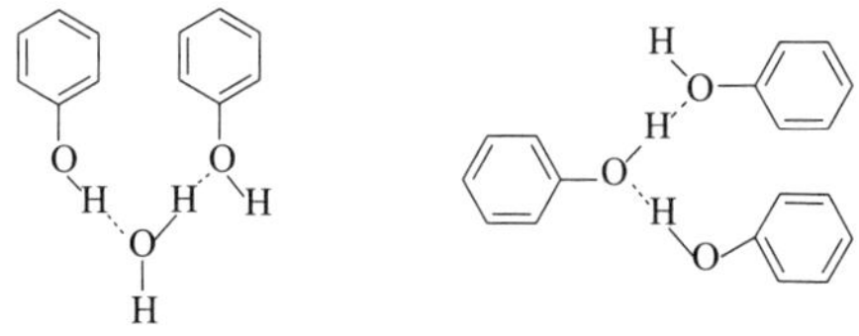

图 7.6　酚与水之间及酚与酚之间的氢键

纯净的酚无色，但由于酚在空气中的氧化而产生有色杂质，所以酚一般常带有不同程度的黄或红色。酚有腐蚀性，毒性很大，杀菌和防腐作用是酚类化合物的重要特性之一，消毒用的"来苏水"即甲酚（甲基苯酚各异构物的混合物）与肥皂溶液的混合液。部分酚的物理常数见表 7.4。

表 7.4　部分酚的物理常数

名称	熔点 /℃	沸点 /℃	溶解度（水）/$(g \cdot 100g^{-1})$	pK_a
苯酚	43.0	181	9.3	9.98
邻甲苯酚	30.0	191	2.5	10.28
间甲苯酚	11.0	201	2.6	10.08
对甲苯酚	35.5	201	2.3	10.14
邻苯二酚	105.0	245	45.1	9.48
间苯二酚	110.0	281	111.0	9.44
对苯二酚	170.0	286	8.0	9.96
邻氯苯酚	8.0	176	2.8	8.48
间氯苯酚	33.0	214	2.6	9.02
对氯苯酚	43.0	220	2.7	9.38
邻硝基苯酚	45.0	217	0.2	7.23
间硝基苯酚	96.0	分解	1.4	8.40
对硝基苯酚	114.0	分解	1.7	7.15

续表

名称	熔点 /℃	沸点 /℃	溶解度（水）/(g·100g^{-1})	pK_a
1,2,3- 苯三酚	133.0	309	62.0	7.00
1,2,4- 苯三酚	140.0	—	易	—
1,3,5- 苯三酚	218.0	升华	1.0	—
α- 萘酚	94.0	279	难	9.31
β- 萘酚	123.0	286	0.1	9.55

二、酚的化学性质

酚含有和醇相同的官能团——羟基，由于酚羟基中的氧原子上未共用电子对与苯环的 π 电子发生 p-π 共轭，与羟基相连的碳上电子云密度增大，酚不易进行亲核取代反应。但是共轭体系的存在，致使电子离域，羟基氧上未共用电子对向苯环转移，苯环上的亲电取代反应比苯容易。同时羟基氢 - 氧之间的结合减弱，使氢容易以 H$^+$ 形式解离而显弱酸性，具体的可能化学变化如下所示：

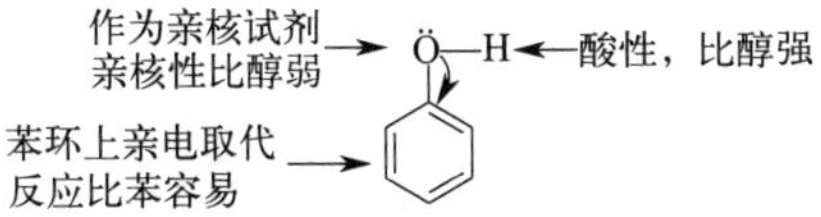

1. 酸性

苯酚有酸性，俗名石炭酸。苯酚和氢氧化钠的水溶液作用，生成可溶于水的酚钠。

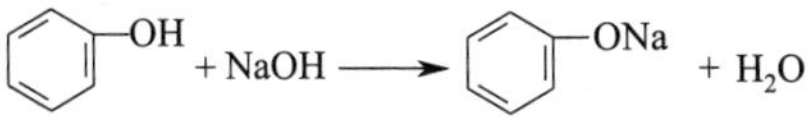

通常酚的酸性比碳酸弱，如苯酚的 pK_a 约为 10，碳酸的 pK_a 约为 6.38。酚类化合物的酸性很弱，甚至不能使湿润石蕊试纸变色，如果在苯酚钠溶液中通入二氧化碳，即有游离苯酚析出，反应式为：

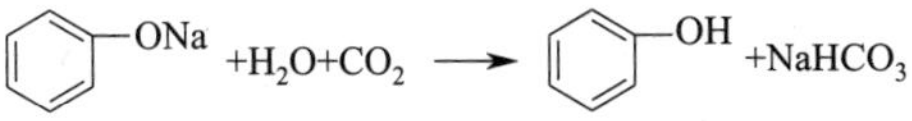

在碱性条件下，酚与卤代烃形成酚醚。实际上，利用酚的酸性，酚与碱形成酚钠，酚氧负离子作为亲核试剂，取代卤代烃的卤原子，形成芳醚。

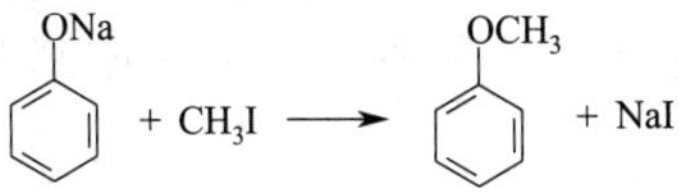

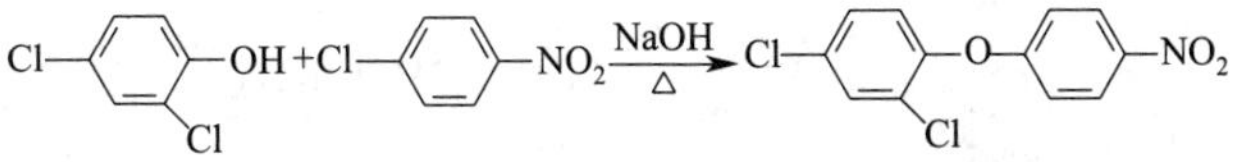

如果苯环上连有吸电子基时，ArO— 的稳定性增强，可使酚的酸性增强；如果连有给电子基时，可使酚酸性减弱。如 2,4,6- 三硝基苯酚的酸性相当于强的无机酸，硝基对酚羟基的影响与二者的相对位置有关，当硝基在羟基的邻或对位时，生成的硝基苯氧负离子更稳

定，酸性比间硝基苯酚强。

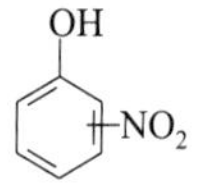

NO$_2$:　　m-　　o-　　p-

pK_a　　8.36　7.21　7.16

芳环上不同的取代基，对苯酚的酸性影响程度不同。吸电子基取代的苯酚酸性增强，给电子基取代的苯酚酸性减弱。

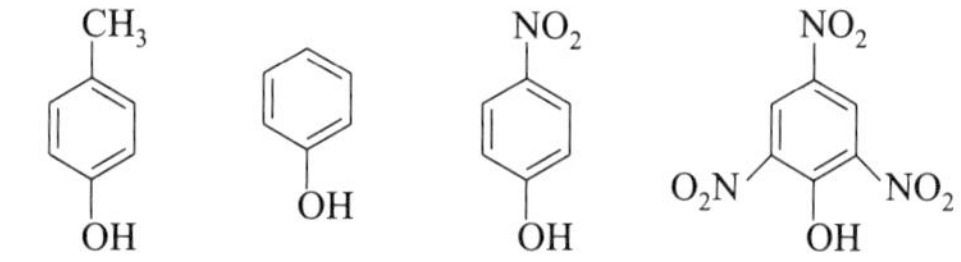

pK_a　　10.17　　　9.96　　　8.15　　　0.78

2. 芳环上的取代反应

（1）卤化反应　酚极易发生卤化反应。苯酚只要用溴水处理，就立即生成不溶于水的2，4,6-三溴苯酚白色沉淀，反应非常灵敏。极稀的苯酚溶液（10 μg·g^{-1}）也能与溴水生成沉淀，此反应常可用作苯酚的鉴别和定量测定。

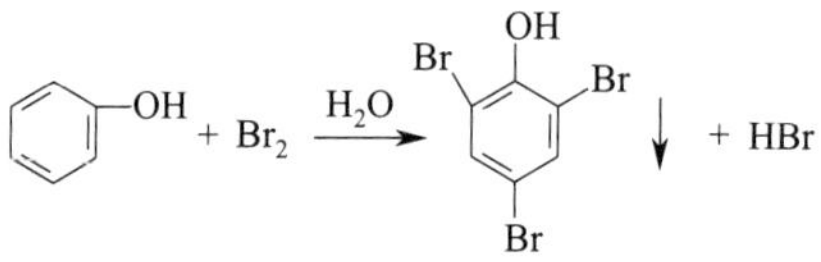

凡是酚羟基的邻、对位上含有氢的酚类化合物与溴水作用，均能生成沉淀。故该反应常用于酚类化合物的鉴别。

（2）硝化反应　作为羟基取代的苯，苯酚在常温下用稀硝酸处理就可得到邻硝基苯酚和对硝基苯酚。

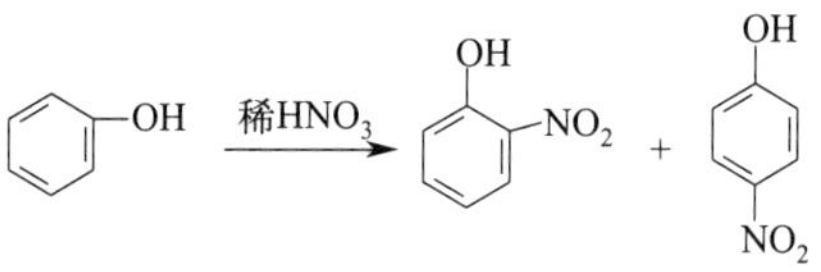

邻硝基苯酚和对硝基苯酚可用水蒸气蒸馏法分开。这是因为邻硝基苯酚通过分子内氢键形成环状化合物，不再与水缔合，也不易生成分子间氢键，故水溶性小、挥发性大，可随水蒸气蒸出。而对硝基苯酚可生成分子间氢键而相互缔合，挥发性小，不随水蒸气蒸出。

苯酚和浓硝酸反应，因氧化作用，生成2,4,6-三硝基苯酚的产率很低。常用下面的方法制取。

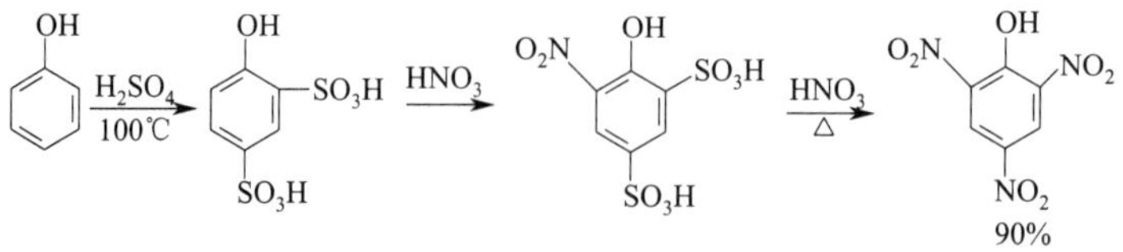

（3）磺化反应　苯酚磺化的产物与温度有关，室温时为动力学控制，主要得到邻位产物，100℃时为热力学控制，主要得到对位产物。

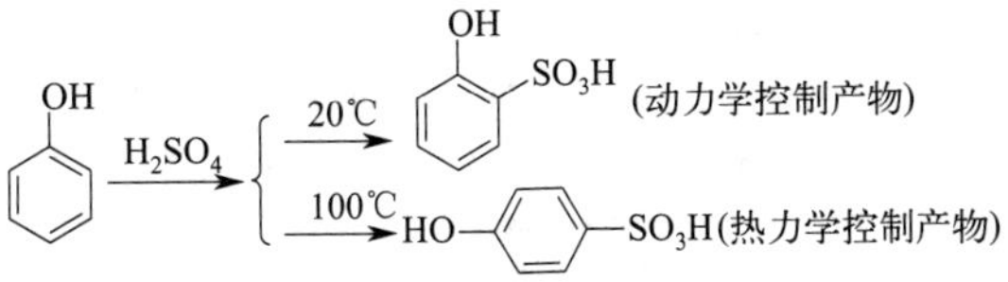

（4）烷基化反应　苯环上可发生烷基化反应，工业上利用烷基化反应合成各种烷基取代的酚。烷基化试剂包括醇、烯、卤代烷烃等。

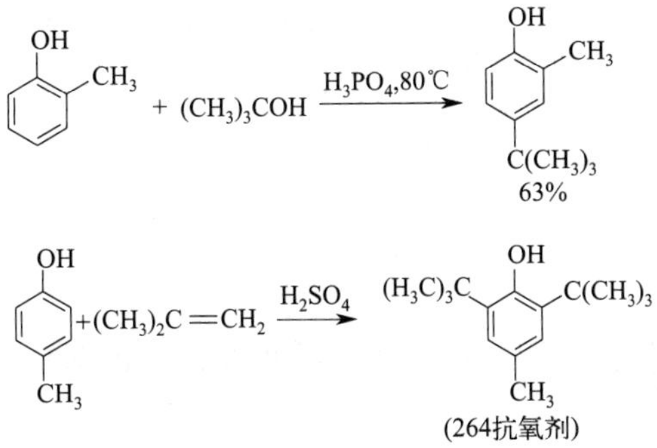

苯酚芳环上的取代反应，与苯类似，但取代反应活性比苯强。由此导致酚类化合物很容易被氧化，所以进行取代反应时，必须控制反应条件，尽量避免酚被氧化。

3. 氧化反应

酚类化合物，不仅可用氧化剂如高锰酸钾等氧化，甚至较长时间与空气接触，也可被空气中的氧气氧化，使颜色加深。苯酚被氧化时，不仅羟基被氧化，羟基对位的碳氢键也被氧化，结果生成对苯醌。

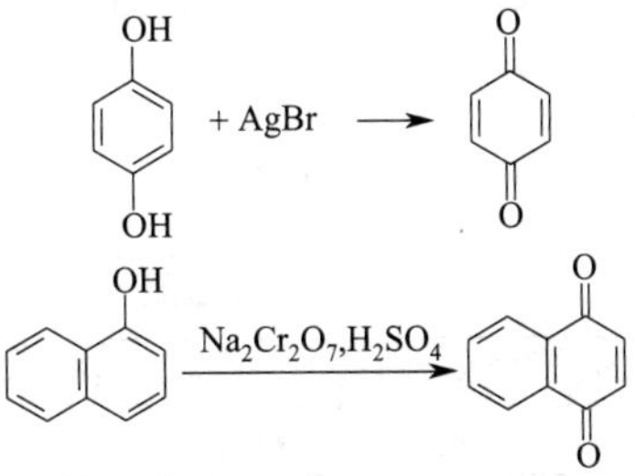

4. 酚的缩合反应

酚的邻、对位上的氢原子比较活泼，在酸或碱的作用下，易与羰基化合物（醛或酮）发生缩合，其中以苯酚和甲醛制备的酚醛树脂（phenol formaldehyde resin）为代表。

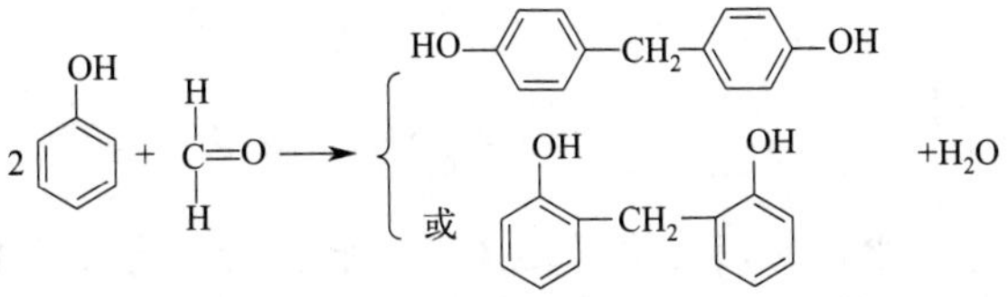

这些中间体相互缩合并与甲醛、苯酚继续反应，可得到线型或体型的树脂状的高分子缩聚物——酚醛树脂。

（线型酚醛树脂）

（体型酚醛树脂）

　　苯酚与丙酮在酸的催化作用下，两分子苯酚可在羟基的对位与丙酮缩合，生成 2,2- 二对羟苯基丙烷，俗称双酚 A。

$$2 \; \text{C}_6\text{H}_5\text{OH} + \text{CH}_3\text{COCH}_3 \xrightarrow[\text{CH}_3\text{SH,50℃}]{\text{干HCl}} \text{HO—C}_6\text{H}_4\text{—C(CH}_3)_2\text{—C}_6\text{H}_4\text{—OH}$$

双酚 A 是制造环氧树脂、聚碳酸酯、聚砜等的重要原料。

5. 与三氯化铁络合反应

酚与三氯化铁的水溶液发生显色反应，不同结构的酚，会产生不同的颜色。例如：

$$6\text{C}_6\text{H}_5\text{OH} + \text{FeCl}_3 \longrightarrow \text{H}_3[\text{Fe}(\text{C}_6\text{H}_5\text{O})_6] + 3\text{HCl}$$

蓝紫色

不同酚与三氯化铁溶液产生的颜色如表 7.5 所示。

表 7.5　不同酚与三氯化铁溶液产生的颜色

酚	苯酚	对甲苯酚	间甲苯酚	对苯二酚	邻苯二酚	间苯二酚	连苯三酚	α- 萘酚	β- 萘酚
显色	蓝紫色	蓝色	蓝紫色	深绿色结晶	深绿色	蓝紫色	淡棕红色	紫红色沉淀	绿色沉淀

　　一般具有羟基与 sp^2 杂化碳原子相连（烯醇式）结构的化合物，大多能与三氯化铁水溶液发生显色反应。故此反应常用来鉴别酚类或烯醇式结构的化合物。

 阅读材料

乙醇与中国酿酒历史

　　酒的主要成分是乙醇。中国酿酒历史源远流长，我国古代劳动人民凭借非凡的智慧与创造力，摸索并掌握了精湛的酿酒技艺，为后世留下了珍贵的文化遗产和独特的味觉记忆。

　　酒，最早出现在 9000 年前。河南贾湖遗址的考古发现，是淮河流域迄今所知年代最早的新石器早期文化遗存。9000 年前贾湖人已经掌握了目前世界上最古老的酿酒方法，其酒中含有稻米、山楂、蜂蜡等成分，在含有酒石酸的陶器中还发现有野生葡萄籽粒。贾湖古酒的

这一考古发现，打破了古波斯保持的酿酒纪录，并提前了一千多年。

古籍中最早记录酒的文献是《尚书》。《尚书·周书》记载了周朝时期的《酒诰》，是目前已知的我国历史上现存最早的关于酒的官方文诰，也是中国最早的禁酒令。

大约在商周时期就发明了人工制"曲"，到秦汉时期的酿酒技术已经有了很大发展和提升。西汉的制酒方法是"用粗米二斛，曲一斛，得酒六斛六斗"，这个配方与今日黄酒的配方比例比较接近。

从生产工艺角度看，中国白酒是唯一采用多种微生物、固态发酵、固态蒸馏的酒种，是世界上工艺最复杂、发酵周期最长的蒸馏酒。中国白酒酿造对粮食原料、水质、空气，以及生产工艺和设备的要求都相当严格，并且遵循二十四节气时令的自然规律进行生产。例如茅台酒的"端午踩曲，重阳下沙"；泸州老窖二月二龙抬头春酿；洋河白露开窖，芒种封窖，清明踩曲，霜降而止；等等。实际上就是在不同的节气，按最适合的自然气候安排最相宜的生产，这和中国"道法自然，天人合一"的思想不谋而合。独特的酿造技艺是我们祖先伟大的创造和智慧结晶，在世界酿酒的历史长河中独放异彩。

我国制酒作为民族传统工艺，在民间广泛流传。一直到近代，白酒都是前店后厂的作坊式经营模式。中国现代白酒产业开端于新中国成立以后，从1949年起到改革开放以后的一段时期，白酒产业为国家经济做出了巨大贡献，满足了人们生产劳动、日常生活、人际交往等各种精神和物质需求。20世纪末和21世纪以来，白酒和我国其他酒类产业发展迅速，迄今已成长为超过万亿的产业，其经济增长和体量都位居食品行业前列。

阅读材料 Ⅱ

单宁与中国葡萄酒

单宁，也称为单宁酸、鞣酸，是指在自然界中存在的一种水溶性多酚化合物。很多植物，包括葡萄、番茄、茶叶、可可、咖啡等都富含单宁，促生植物的苦味，以保护植物。不同的植物，甚至不同植物的不同部位，提取的单宁结构都有所不同。

单宁结构

食品中，单宁含量较高的有茶叶、葡萄酒等。特别是葡萄酒，葡萄酒中的单宁具有非常重要的作用，其不仅构建了葡萄酒"骨架"，还可以和葡萄酒中的其他物质发生反应，形成新的物质，增加葡萄酒的复杂度和陈年潜力，使得葡萄酒具有上好的风味和口感。此外，单宁不仅具有一定的抗氧化作用，还是天然的防腐剂，可以保证葡萄酒在酿造过程中不会因氧化而变酸，还可以使得葡萄酒在贮藏的过程中长期保持最佳状态。单宁的多少可以决定酒的风味、结构与质地、颜色，其含量的大小主要取决于葡萄酒发酵工艺。

葡萄酒酿造是一个生物化学过程。①发酵过程：葡萄特别是葡萄皮破碎、浸渍、压榨、发酵，红葡萄酒发酵温度较高，在 20～32℃，酵母将葡萄汁中的糖分转化为酒精和二氧化碳，葡萄汁逐渐转变为葡萄酒，一般在数周内可以完成。②熟化过程：对于优质红葡萄酒来说，熟化过程非常重要，在酿酒过程中，单宁慢慢地游离而使葡萄酒具有一定的苦涩。葡萄酒酿制过程中的浸渍时间决定了葡萄酒中单宁的含量。为保证葡萄酒中的单宁含量，酿酒师往往会将酒液在橡木桶中储存数月或长达数年，就是让橡木桶中的单宁也通过渗透溶解到葡萄酒中，正是使用橡木桶来制作独特而令人愉悦的单宁。

当然，现代科技的发展和对事物的深入剖析，在酿酒时将单宁粉和橡木屑添加到葡萄酒中也越来越受欢迎，因为它可以增加木质单宁的味道，而无需花费橡木桶的储存费用。一些经过橡木桶发酵或陈年的葡萄酒，会或多或少会沾染些橡木中的单宁，这种单宁和来自葡萄本身的单宁可以相互融合，增加葡萄酒的复杂性。对于一些单宁含量不够的品种来说，酿酒师有时候会通过添加橡木条、橡木片甚至单宁粉来增加单宁含量。不过，这种做法在很多要求严格的产区是禁止使用的。

我国葡萄酒历史悠久，因酿造葡萄酒而闻名的有汉代西域地区。在唐代，西北地区已经可以利用葡萄蒸制手法制作葡萄烧酒，葡萄酒饮用的风气也因此盛行开来。元代，山西地区有大量葡萄酒在集市上销售。但真正意义上的葡萄酒产业是在清朝开始盛行。1892 年，华侨张弼士创建了我国第一个近代新型葡萄酒厂——张裕酿酒公司。在漫长的发展过程中，中国葡萄酒文化渐渐形成。中国葡萄酒的产量曾经高达 138000 万升，完全满足国内消费者的需要之外，还有部分葡萄酒出口，这在改革开放初期是不敢想象的。

AI 科普

文档扫一扫

不能酒后驾车的
科学依据

习题

1. 用系统命名法命名下列化合物。

（1）

（2）$CH_3CHCH_2CH_2CHCH_2CH_3$　OH　　OH

（3）

（4）$CH_3CH_2OCH_2CH_2OH$

（5）〔苯基〕—O—C_2H_5

（6）$CH_2OCH_2CH_3$　$CH_2OCH_2CH_3$

（7）〔萘环 OH NO₂〕

（8）〔冠醚结构〕

（9） 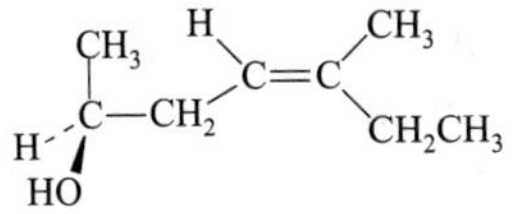　　　（10）

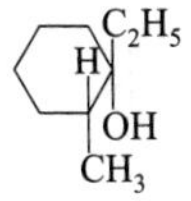

2. 写出下列各化合物的结构式。

（1）对甲氧基苯基醚　　　（2）间甲苯酚　　　（3）S- 环己烯 -3- 醇

（4）1,2- 环己二醇　　　（5）对氨基苯酚

3. 完成下列反应式。

（1） 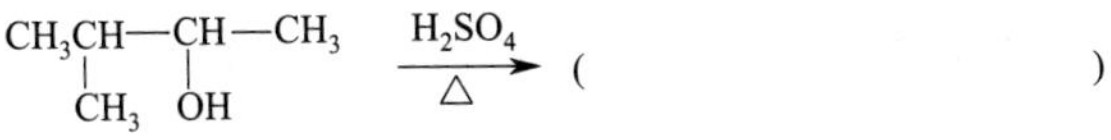 $\xrightarrow[\triangle]{H_2SO_4}$ （　　　　　　）

（2） $\xrightarrow{\text{浓}HCl}$ （　　　　　　）

（3） $\xrightarrow[K_2Cr_2O_7]{H_2SO_4}$ （　　　　　　）

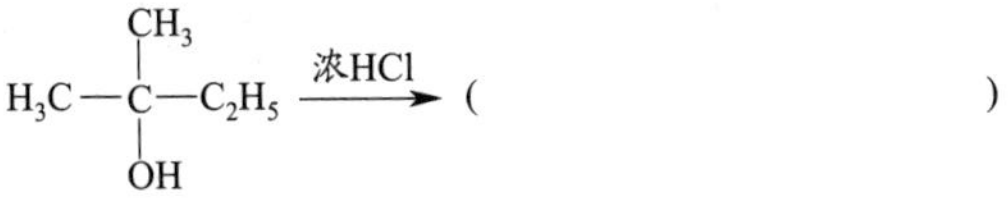

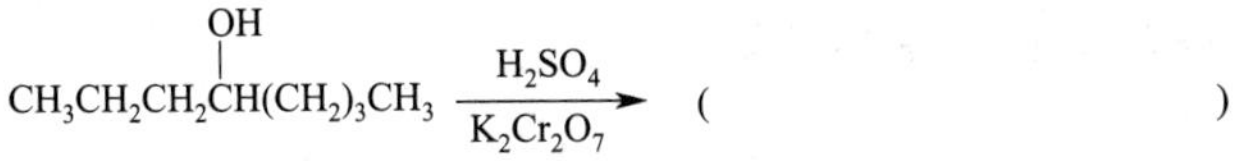

（4）$(CH_3)_2CHCH_2CH_2CH_2OH$ $\xrightarrow[K_2Cr_2O_7]{H_2SO_4}$ （　　　　　　）

（5） 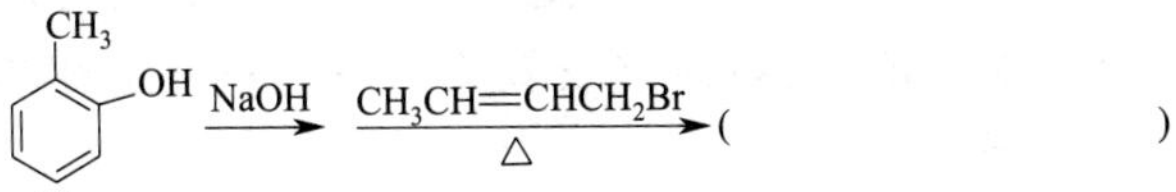 $\xrightarrow{NaOH}$ $CH_3CH=CHCH_2Br$ $\xrightarrow{\triangle}$ （　　　　　　）

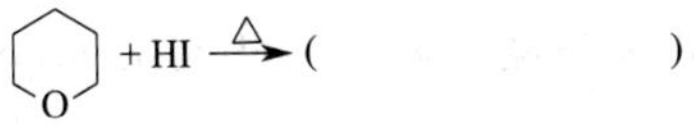

（6） $+HI \xrightarrow{\triangle}$ （　　　　　　）

（7） $+CO_2 + H_2O \longrightarrow$ （　　　　　　）

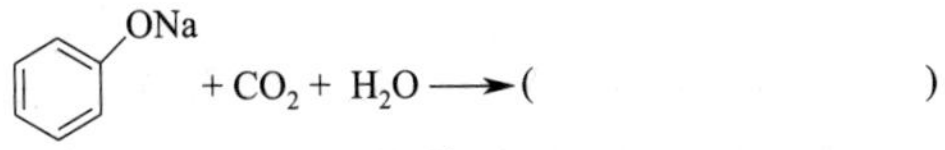

（8）$(CH_3)_3CCH_2OH+HCl \xrightarrow[\triangle]{ZnCl_2}$ （　　　　　　）

（9） 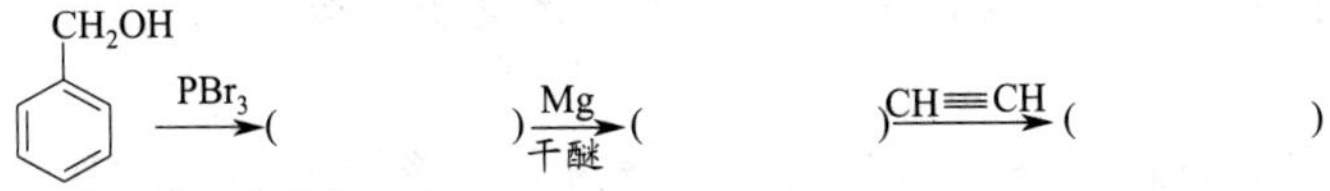 $\xrightarrow{PBr_3}$ （　　　）$\xrightarrow[\text{干醚}]{Mg}$ （　　　）$\xrightarrow{CH\equiv CH}$ （　　　　）

（10） $\xrightarrow{HBr}$ （　　　）$\xrightarrow[\triangle]{OH^-}$ （　　　　）

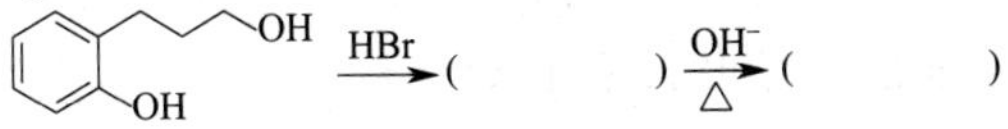

4. 将下列化合物按其酸性由大到小排序。

（1）① 甲醇　　　② 异丙醇　　　③ 苯酚　　　④ 碳酸　　　⑤ 叔丁醇

（2） 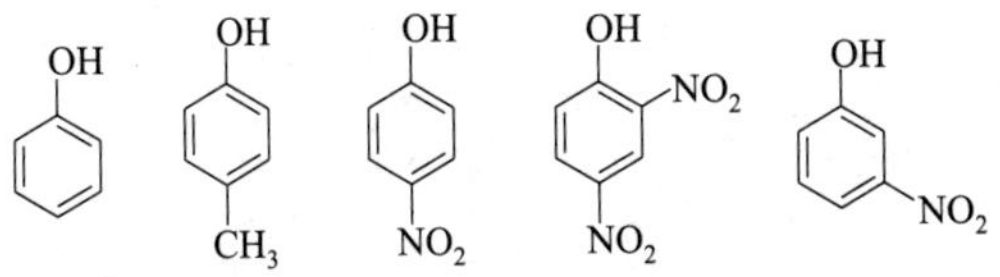
①　　　②　　　③　　　④　　　⑤

（3） 
①　　　②　　　③　　　④

5. 将下列化合物反应活性由易到难进行排序。

（1）与 $ZnCl_2/HCl$ 溶液反应。

① $CH_3CH_2CH_2OH$　② 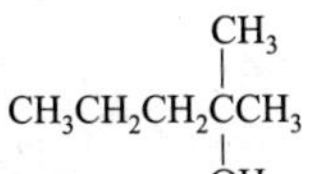 　③

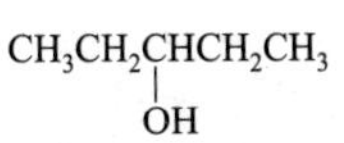

（2）与 HBr 溶液反应。

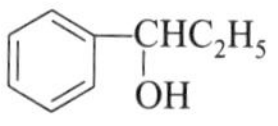

① 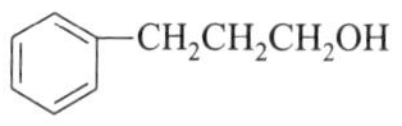　　② 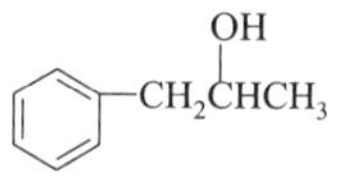　　③ 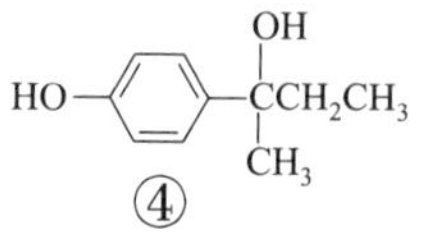　　④

6. 用简单的方法鉴别下列化合物。

（1）正丁醇，仲丁醇，叔丁醇，乙醚

（2）苯甲醇，苯甲醚，对甲基苯酚

（3）

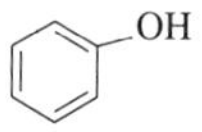

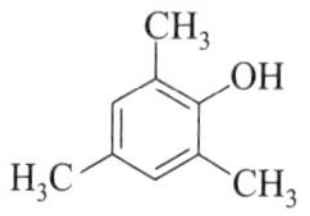

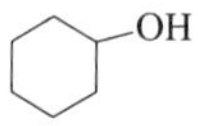

7. 完成下列转变。

（1）以乙烯为原料合成 2- 丁醇

（2）以乙醇和环己醇为原料合成 1- 乙基环己烯

（3）由甲苯合成 2- 苯基乙醇

8. 化合物 A 的分子式为 $C_5H_{10}O$，用 $KMnO_4$ 小心氧化 A 得到分子式为 C_5H_8O 的化合物 B。A 与无水 $ZnCl_2$ 的浓盐酸溶液作用时，生成化合物 C（C_5H_9Cl）；C 在 KOH 的乙醇溶液中加热得到唯一的产物 D（C_5H_8）；D 再用 $KMnO_4$ 的硫酸溶液氧化，得到一个直链二羧酸。试写出 A ~ D 的结构式，并写出各步反应式。

9. 某醇 $C_5H_{12}O$ 氧化后生成酮，脱水后生成一种不饱和烃，此烃氧化生成酮和羧酸两种产物的混合物，写出该醇的构造式。

10. 化合物 A 的分子量为 60，含有 60% 的碳、3.3% 的氢。A 与氧化剂作用相继得到醛和酸，A 与溴化钾和硫酸作用生成 B。B 和 NaOH 乙醇溶液作用生成 C，C 与 HBr 作用生成 D。D 含有 65.0% 的 Br，水解后生成 E，E 是 A 的同分异构体。试写出化合物 A ~ E 的构造式并写出相关的反应式。

11. 具有旋光性物质 A（C_4H_7Cl）能使溴的四氯化碳溶液褪色，易与 NaOH 水溶液反应生成化合物 B（C_4H_8O），B 也具有旋光活性。写出 A 和 B 的结构。

第八章
醛、酮、醌

📖 学习目标

知识目标

1. 掌握醛、酮、醌的定义、结构、分类与命名；
2. 熟悉醛、酮、醌的物理和化学性质；
3. 了解亲核加成反应及其机理。

技能目标

1. 根据醛、酮、醌的结构认识其性质；
2. 根据醛、酮、醌的性质认识其应用性能；
3. 根据醛的结构特征，认识醛转化为酮醌的反应机理。

素质目标

1. 通过黄鸣龙对于酮合成方法的发现与应用，深刻理解科学家的创新精神；
2. 通过甲醛的化学危害特征，培养维护食品安全和增强环保意识的职业素养。

醛（aldehyde）、酮（ketone）和醌（quinone）都是分子中含有羰基（$\mathord{>}C{=}O$）的化合物，称为羰基化合物（carbonyl compound）。羰基至少和一个氢原子结合的化合物叫醛，其中 $-\overset{\overset{\displaystyle O}{\|}}{C}-H$ 称为醛基；羰基和两个烃基结合的化合物叫酮，可表示为 $R-\overset{\overset{\displaystyle O}{\|}}{C}-R'$；分子中包含有 $O{=}\!\!\!\bigcirc\!\!\!{=}O$ 或 $\bigcirc$ 结构的共轭环状化合物称为醌，具有醌式结构的化合物都有颜色。

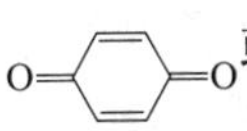

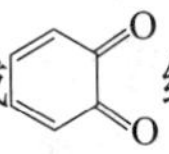

第一节　醛酮的结构、分类和命名

一、醛酮的结构

醛酮的分类取决于其结构。羰基是醛酮的官能团，其中碳原子 sp^2 杂化，形成的三个 σ 键在同一平面，键角 $120°$，未杂化的 p 轨道和氧的 p 轨道相互交盖形成 π 键，如图 8.1（a）所示。因此碳氧双键和碳碳双键相似，由一个 σ 键和一个 π 键组成，羰基具有平面三角形结构，成键原子的不同导致夹角偏离 $120°$。由于氧原子的电负性比碳大，π 电子云偏向氧原子，氧原子带部分负电荷，碳原子带部分正电荷，羰基具有极性，如图 8.1（b）所示。羰基化合物是极性分子，有一定的偶极矩，其大小一般为 $2.3 \sim 2.8\,D$。丙酮分子的结构参数如

图 8.1（c）所示。

(a) 羰基中的π键　　　(b) 羰基的电荷分布　　　(c) 丙酮的键长、键角

图 8.1　羰基的结构示意

二、醛酮的分类

① 根据与羰基相连的烃基不同可分为脂肪族醛酮、脂环族醛酮和芳香族醛酮。

② 根据烃基的饱和性与否可分为饱和醛酮、不饱和醛酮。

③ 酮分子中的两个烃基可以相同也可以不同，烃基相同的称为均酮，不相同的称为混酮。

④ 根据醛酮分子中羰基数量，有一元醛酮、二元醛酮和多元醛酮。

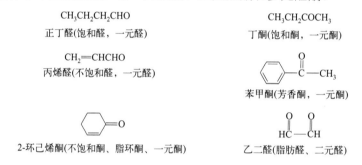

CH₃CH₂CH₂CHO
正丁醛(饱和醛，一元醛)

CH₃CH₂COCH₃
丁酮(饱和酮，一元酮)

CH₂=CHCHO
丙烯醛(不饱和醛，一元醛)

苯甲酮(芳香酮，一元酮)

2-环己烯酮(不饱和酮、脂环酮、一元酮)

乙二醛(脂肪醛、二元醛)

三、醛酮的命名

1. 通俗命名法

通俗命名法，是依据醛酮的天然来源或其他来源或依其性质命名，例如，巴豆醛来自巴豆，巴豆是一种常见的植物，广泛分布于亚洲、非洲和美洲的热带地区，巴豆的种子中含有丰富的巴豆脂，经过分离和提取，可以得到纯度较高的巴豆醛；水杨醛来自水杨酸的还原；月桂醛来自月桂酸的还原；麝香酮来自麝香的香气成分；等等。

CH₃CH=CHC(=O)H　　　　水杨醛　　　CH₃(CH₂)₁₀CHO　　　麝香酮

巴豆醛　　　　水杨醛　　　　月桂醛　　　　麝香酮

2. 普通命名法

简单的醛酮采用此法命名。醛类按分子中碳原子数称某醛。包含支链的醛，支链的位次用希腊字母 α、β、γ 等表明。

CH₃CHO　　　CH₂=CH—CHO　　　CH₃CHClCHO

乙醛　　　　丙烯醛　　　　α-氯丙醛

酮类以羰基所连的两个烃基来命名，按次序规则，简单的烃基在前，复杂的烃基在后，然后加"甲酮"。一般名称中的"基"和酮字前的"甲"可以省去，复杂基团的"基"字不能省去。芳酮是芳基在前，脂肪烃基在后。羰基与苯环相连时，可称为某酰（基）苯。

甲(基)乙(基)(甲)酮　　　甲基乙烯基(甲)酮　　　乙酰(基)苯(习惯称苯乙酮)

3. 系统命名法

复杂的醛酮宜采用此法命名。选择含羰基的最长碳链为主链，从靠近羰基一端给主链编号。醛基应处在链端，编号总为1，此编号省略不写。酮羰基的位置要标出。不饱和醛酮中编号从靠近羰基一端开始。

5-甲基-3-乙基辛醛　　　4-甲基-2-戊酮　　　2-丁烯醛(巴豆醛)

羰基在环上的脂环酮，称为环某酮；普通的碳环，则作取代基，含羰基的直链作母体，按脂肪族醛酮命名。

环己酮　　　环己基乙酮

命名含有芳基的醛酮，总是把芳香基看成取代基。当羰基为取代基时，称为甲酰基或醛基。

邻羟基苯甲醛(水杨醛)　　　4-甲酰基苯甲酸或4-醛基苯甲酸

对于二元醛酮的命名，通常用希腊字母标记羰基的相对位置，α 表示羰基相邻，β 表示羰基相隔一个碳原子，γ 表示羰基相隔两个碳原子，以此类推。

α-戊二酮(2,3-戊二酮)　　　γ-戊酮醛(4-戊酮醛)

第二节 醛酮的制法

一、由不饱和烃制备

在烯烃的化学性质中，烯烃可发生臭氧化水解反应，可作为制醛或酮的方法。

炔烃在酸性条件下，与水化合的反应，这在第三章不饱和烃中介绍过，炔烃的水合产物发生分子内重排，其最终反应产物是醛或酮。

二、由同碳二卤代物水解制备

在酸或碱的催化下，同碳二卤代烷水解生成醛或酮，可用来制备芳醛或芳酮。由于醛对碱敏感，一般不使用碱性催化剂。另外，脂肪族同碳二卤代物较难得到，一般不用这种方法制备脂肪族醛和酮。

三、由醇氧化或脱氢反应制备

伯醇氧化可制得醛，但醛容易继续被氧化成羧酸，需要控制条件（如将醛蒸出）或用选择性氧化剂；仲醇氧化可制备酮。这是醇的化学性质之一。

$$CH_3(CH_2)_6CH_2OH \xrightarrow[CH_2Cl_2,25℃]{CrO_3,吡啶} CH_3(CH_2)_6CHO$$

利用不饱和醇的弱氧化反应，可制备不饱和醛酮。

伯醇或仲醇在活性铜（或银、镍等）催化剂存在时发生脱氢反应，分别生成醛或酮。

四、由芳烃制备

1. 芳烃侧链 α-H 的氧化

醛基的 α-H 容易被氧化，芳烃侧链的醛基 α-H 更容易被氧化，所以氧化剂一般采用温和的二氧化锰和硫酸或 CrO_3-醋酐，可以使反应停留在芳醛的阶段。

2. 酰基化反应

在第四章芳香烃中，介绍了芳烃的酰基化反应，这是合成芳酮的重要方法。

第三节　醛酮的物理性质

　　除甲醛是气体外，十二个碳原子以下的醛酮都是液体，高级的醛酮是固体。低级醛常有刺鼻的气味，中级醛有花果香味；低级酮有清爽味道，中级酮也有香味，常用于香料工业。

　　羰基的极性增大了分子间作用力，所以它们的沸点比分子量相近的烷烃增高了50℃以上。因为醛酮分子间不能形成氢键，其沸点比相同碳数的醇沸点低。

　　羰基中的氧原子能和水分子形成氢键，使低级醛酮溶于水，随着分子中烃基部分增大，在水中溶解度迅速减小至微溶或不溶。醛酮都易溶于有机溶剂（如苯、醚、四氯化碳等）。脂肪族醛酮相对密度小于1，芳香族醛酮相对密度大于1。一些醛酮的物理常数见表8.1。

表 8.1　一些醛酮的物理常数

名称	熔点 /℃	沸点 /℃	相对密度 d_4^{20}	折射率 n_D^{20}
甲醛	-92	-21	0.815（-20℃）	—
乙醛	-121	21	0.7951（10℃）	1.3316
丙烯醛	-87	52	0.8410	1.4017
丁醛	-99	76	0.8170	1.3843
2-丁烯醛	-74	104	0.8495	1.4366
丙酮	-95	56	0.7899	1.3588
丁酮	-86	80	0.8054	1.3788
环己酮	-45	155	0.9478	1.4507
苯甲醛	-56	170	1.046	1.5456
苯乙酮	21	202	1.024	1.5339

第四节　醛酮的化学性质

　　羰基是醛酮化学反应的中心。羰基中氧原子形成的氧负离子比碳原子形成的碳正离子稳定得多，因此与烯烃π键的亲电加成反应不同，羰基中带部分正电荷的碳原子更容易被亲核试剂进攻，发生亲核加成反应。能与羰基进行亲核加成反应的试剂很多，可以是含C、S、O或N原子的一些试剂。

　　此外受羰基影响，α-H较活泼，能发生一系列反应。醛酮处于氧化还原的中间价态，它们既可以被氧化，又可以被还原，氧化还原是醛酮的一类重要反应。

　　醛酮的反应与结构关系可描述如下：

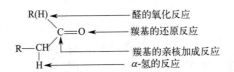

一、亲核加成反应

1. 羰基与碳中心原子的亲核试剂的加成反应

（1）与 HCN 的加成　氢氰酸与醛酮反应，生成 α-羟基腈（α-氰醇）。所有醛、脂肪族甲基酮和八个碳以下的环酮都可以与氢氰酸反应。

$$CH_3\overset{O}{\overset{\|}{C}}CH_3 + HCN \underset{\longleftarrow}{\overset{NaOH}{\longrightarrow}} CH_3-\underset{CH_3}{\overset{OH}{\underset{|}{\overset{|}{C}}}}-CN$$

羰基与氢氰酸加成形成羟基腈或氰醇，是增长碳链的方法之一。氰醇是有机合成的重要中间体，它可以转变为多种化合物。例如，上述的丙酮氰醇在 H_2SO_4 作用下发生脱水、酯化反应制备甲基丙烯酸甲酯，这是有机玻璃、牙科骨粉的前驱体。

$$(CH_3)_2\overset{OH}{\underset{|}{C}}CN \xrightarrow{-H_2O} CH_2=\overset{CH_3}{\underset{|}{C}}-CN \xrightarrow[H^+]{CH_3OH} CH_2=\overset{CH_3}{\underset{|}{C}}-COOCH_3$$
$$90\%$$

在碱的作用下，醛酮与氢氰酸的反应速率很快。将丙酮与氢氰酸反应，没有碱存在时，反应速率很慢。

酸存在时，反应速率会减慢，大量酸存在时放置几个星期也不发生反应。

氢氰酸是弱酸，不易解离成 CN^-。碱的存在增加了 CN^- 浓度，酸的存在则降低了 CN^- 浓度。

醛酮的结构对氢氰酸亲核加成反应的活性有明显影响。当羰基碳上连有给电子的烷基时，羰基碳原子的正电性降低，不利于亲核试剂的进攻，反应速率减慢。

当羰基与吸电子或共轭基团如芳环直接相连时，羰基的正电荷产生离域现象而分散到芳环中，也不利于亲核试剂的进攻。

另外，与羰基相连的烃基的空间效应影响亲核加成反应。酮羰基碳原子连有两个空间体积较大的烃基，亲核试剂不易靠近羰基，加成反应难以进行。

综合电子效应和空间效应，醛酮进行加成反应的难易顺序可排列如下：

$$H-\overset{O}{\overset{\|}{C}}-H > CH_3-\overset{O}{\overset{\|}{C}}-H > R-\overset{O}{\overset{\|}{C}}-H > C_6H_5-\overset{O}{\overset{\|}{C}}-H > CH_3-\overset{O}{\overset{\|}{C}}-CH_3$$

$$\text{环己酮} > CH_3-\overset{O}{\overset{\|}{C}}-R > R-\overset{O}{\overset{\|}{C}}-R' > C_6H_5-\overset{O}{\overset{\|}{C}}-CH_3 > C_6H_5-\overset{O}{\overset{\|}{C}}-C_6H_5$$

对于芳香醛酮，主要考虑环上取代基的电子效应，芳环上吸电子基团的存在使醛酮羰基活性增加，给电子基团的存在则弱化羰基活性。例如：

$$\underset{NO_2}{\overset{CHO}{\bigcirc}} > \overset{CHO}{\bigcirc} > \underset{CH_3}{\overset{CHO}{\bigcirc}}$$

上述醛酮与 HCN 反应的活性规律，也适合于醛酮的其他亲核加成反应。

（2）与格氏试剂的加成　格氏试剂中带部分负电荷的碳原子是很强的亲核试剂，非常容易与醛酮进行加成反应，产物不必分离就可以直接水解生成相应的醇，是制备结构复杂醇最重要的方法之一。例如：

$$(CH_3)_2CHCCH(CH_3)_2 + CH_3CH_2MgX \xrightarrow{\text{无水乙醚}} (CH_3)_2CHCCH(CH_3)_2 \xrightarrow{H_2O} (CH_3)_2CHCCH(CH_3)_2$$

格氏试剂与甲醛作用，可得到比格氏试剂多一个碳原子的伯醇；与其他醛作用，可得到仲醇；与酮作用，可得到叔醇。从醇的合成角度看，同一种醇可以用不同的格氏试剂与不同的羰基化合物反应生成。这部分内容在第六章卤代烃中亦有所介绍。

$$
\begin{array}{l}
CH_3MgBr + CH_3CH_2CCH_2CH_3 \xrightarrow[(2)H^+, H_2O]{(1)\text{无水乙醚}} \\
CH_3CH_2MgBr + CH_3CH_2CCH_2CH_3 \xrightarrow[(2)H^+, H_2O]{(1)\text{无水乙醚}} \\
CH_3CH_2CH_2MgBr + CH_3CCH_2CH_3 \xrightarrow[(2)H^+, H_2O]{(1)\text{无水乙醚}}
\end{array}
\Bigg\} CH_3CH_2CCH_2CH_3
$$

在这里，3-甲基-3-己醇可以通过三条合成路线，由格氏试剂和酮合成而得。

2. 羰基与氧中心原子的亲核试剂的加成反应

（1）与水的加成　水可以和醛酮进行加成反应生成同碳二羟基化合物，称胞二醇或偕二醇。该反应是可逆的。

$$HCHO + H_2O \rightleftharpoons \begin{array}{c} H \\ C \\ H \end{array} \begin{array}{c} OH \\ OH \end{array}$$

只有极少数活泼的羰基化合物才能与水生成稳定的水合物。

甲醛溶液中有 99.9% 都是水合物，具有强烈的腐蚀性；35% ~ 40% 甲醛的水溶液，俗称福尔马林溶液，是一种高效防腐剂，已被列为"疑似致癌物质"，严禁用于海产品等食用材料的保鲜，一般用作生物医学标本的制作。

乙醛水合物仅占 58%，丙醛水合物含量很低，丁醛的水合物可忽略不计。这些醛的水合物都不能分离出来。

三氯乙醛分子中，三个氯原子的吸电子诱导效应使羰基有较大的反应活性，容易与水加成生成水合三氯乙醛，称水合氯醛，是稳定的白色晶体。作为一种医药中间体，可用作安眠药、抗惊厥药、麻醉药。

$$
\begin{array}{c} Cl \\ Cl-C-C=O \\ Cl \ H \end{array} + H_2O \longrightarrow \begin{array}{c} Cl \\ Cl-C-CH \\ Cl \end{array} \begin{array}{c} OH \\ OH \end{array}
$$

茚三酮分子，是连三酮，中间羰基受两边羰基的作用，容易和水分子形成稳定的水合茚三酮。这种水合物，在食品和医药行业可用作测定蛋白质、氨基酸和蛋白胨的试剂，在色谱分析中常用作显色剂等。

茚三酮　　　　　　水合茚三酮

（2）与醇的加成　醛与醇的加成反应和与水的加成相似，先生成半缩醛（hemiacetal），再生成缩醛（acetal）。该反应是可逆的，为了使平衡向生成缩醛的方向移动，必须使用过量的醇或从反应体系中把水分离出来。

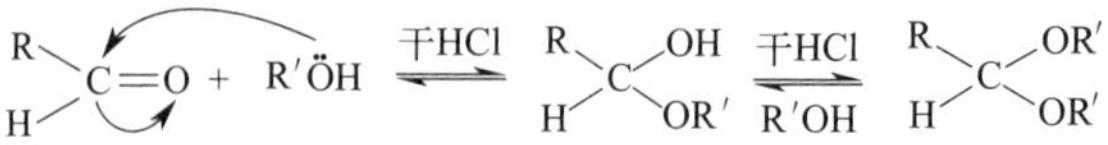

酮也可以在干燥氯化氢气体或无水强酸催化下，与醇反应形成半缩酮（hemiketal）、缩酮（ketal）。

二元醇与酮作用，可以顺利地形成环状缩酮：

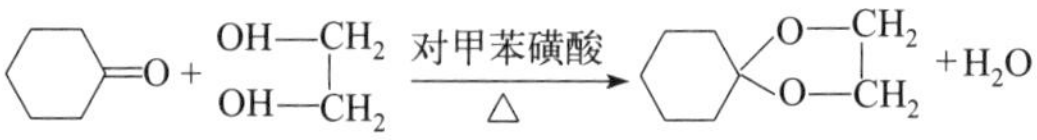

如果在同一分子中既有羰基又有羟基，只要二者位置适当，常常容易自动形成分子内的环状半缩醛结构，并能稳定存在。

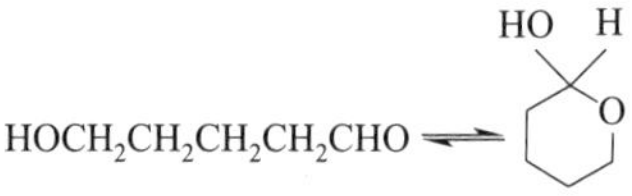

（3）环戊半缩醛　这种环状半缩醛，在糖类化合物中是一种普遍存在的结构现象。例如，淀粉、纤维素等都是由 D- 葡萄糖这种半缩醛结构单元构成的大分子有机化合物。

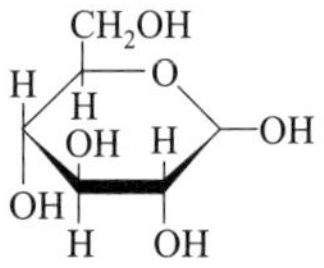

D-葡萄糖

缩醛具有胞二醚的结构，对碱、氧化剂、还原剂都比较稳定，但若用稀酸处理，室温下就水解生成原来的醛和醇（即逆向反应）。因此，在羰基化合物与醇的加成反应中要使用干燥的 HCl 为催化剂。

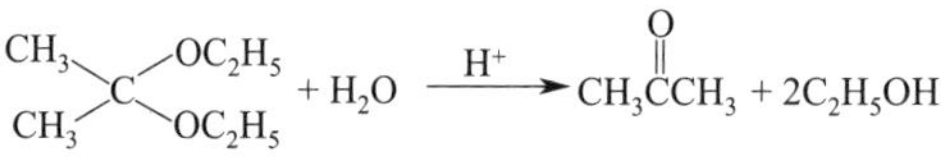

有机合成中常利用生成缩醛（酮）的方法来保护羰基。例如，丙烯醛转化为 2,3- 二羟基丙醛，直接用氧化的方法，醛基都将被破坏。如果先把醛转化为缩醛，然后再进行氧化，待反应完成后用酸水解，就能达到保护醛基的目的。

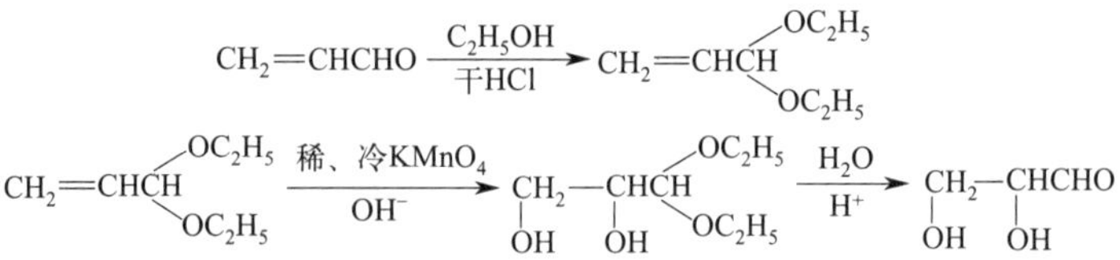

3. 羰基与氮中心原子的亲核加成反应

（1）与氨和胺的加成　氨与醛酮加成反应后随即失去一分子的水生成亚胺。亚胺不稳定，极容易水解成原来的醛酮和氨，合成意义不大。

伯胺（NH₂R）与醛酮加成得到的亚胺，又称席夫碱（Schiff base）。席夫碱易被稀酸水解，重新生成醛酮及一级胺，所以可以用来保护醛基。席夫碱是一个有用的中间体。

仲胺与有 α-H 的醛酮反应生成烯胺，烯胺比较稳定，在有机合成中是个重要的中间体。

（2）与氨的衍生物加成　氨的衍生物（NH₂Y），包括羟胺（NH₂OH）、肼（NH₂NH₂）、苯肼（PhNHNH₂）、氨基脲（NH₂NHCONH₂）等。由于氮上有孤对电子，都能作为亲核试剂和醛酮的羰基发生亲核加成反应，反应是可逆的。醛酮与羟胺（hydroxylamine）、肼（hydrazine）、苯肼（phenyl hydrazine）、氨基脲（aminourea）反应产物分别称为肟（oxime）、腙（hydrazone）、苯腙（phenylhydrazone）、缩氨脲（semicarbazone）。

从结果看，相当于在碳氮之间脱掉一分子水，形成缩合物，所以也称为缩合反应（condensation reaction）。

几乎所有的醛酮都可以与氨的衍生物发生加成消除反应，产物都是很好的结晶体，有固定的熔点，常用来鉴别对应的醛酮。尤其是分子量较大的 2,4-二硝基苯肼与醛酮生成的产物易结晶、熔点高，效果明显，常作为鉴别醛酮羰基的试剂。

醛酮与氨衍生物的反应产物，在稀酸作用下可水解为原来的醛酮，故此反应可用来分离和提纯醛酮。

（3）贝克曼（Backmann）重排　酮与羟胺作用生成的酮肟，比较特殊，在酸性催化剂的作用下，会发生重排，生成取代的酰胺，这种由肟变为酰胺的重排叫贝克曼重排。

反应机理：

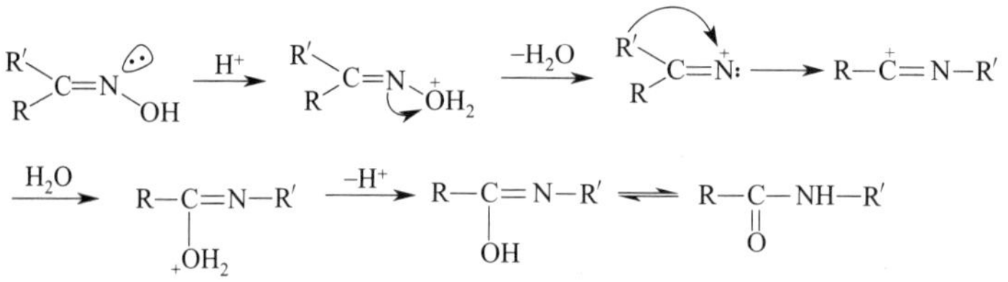

碳氮双键和碳碳双键相似，在有些化合物中可以产生顺反异构体。不对称酮肟的两种顺反异构体发生贝克曼重排反应后，可以得到不同的产物，处于羟基反位的基团重排到氮原子上，手性碳原子的构型保持不变。因此认为重排反应中基团的迁移和羟基离去是同步进行的。

贝克曼重排的一个应用实例：

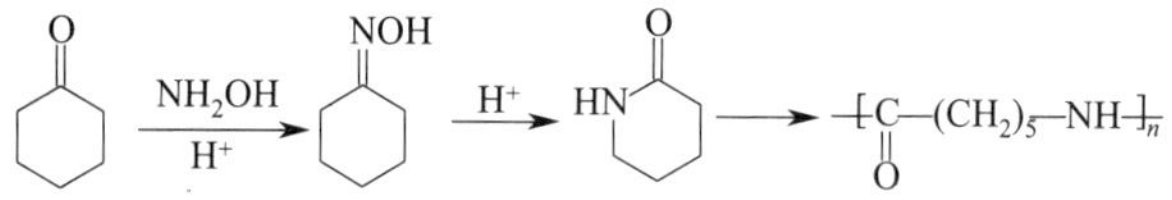

二、羰基 α-H 的反应

醛酮 α-H 受羰基的 π 电子云影响，产生 σ-π 超共轭效应，活性增大。溶液中 α-H 的醛酮以酮式和烯醇式互变平衡而存在。但在很多情况下，醛酮都是以烯醇式参与反应，平衡右移，酮式不断转变为烯醇式，直至酮式作用完为止。

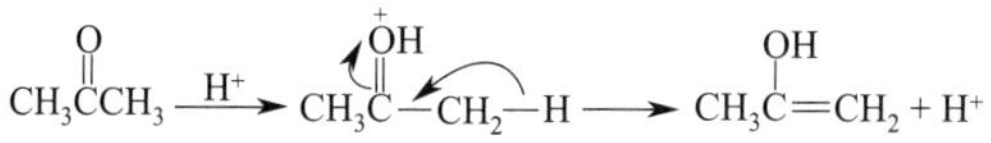

酸性条件下，可以促进羰基化合物的烯醇化；碱性条件，也可以促进酮式结构形成烯醇负离子：

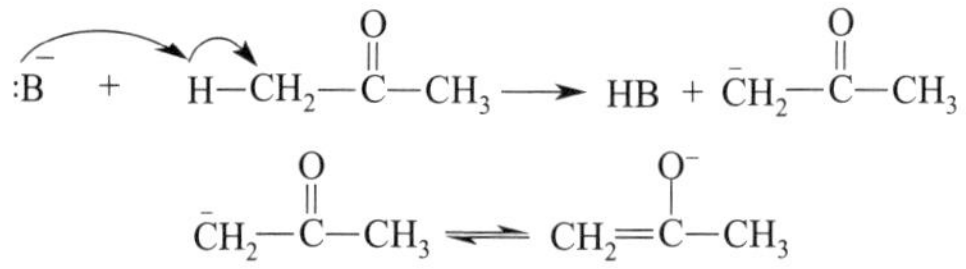

丙酮的烯醇式在正常状态下占比很小，可以忽略不计。但羰基取代的丙酮，如乙酰丙酮，其烯醇式占比明显增大。

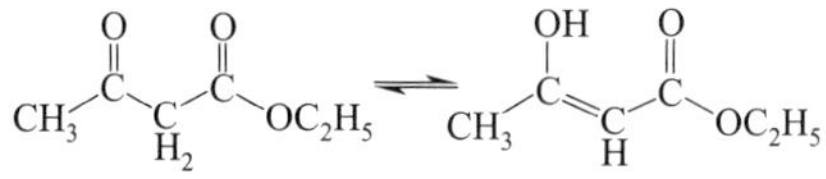

酮式(92.5%) 烯醇式(7.5%)

烯醇负离子中存在 p-π 共轭效应，负电荷得到分散，烯醇负离子比较稳定。α- 碳负离子可以作为一个良好的亲核试剂和另一个分子的羰基发生加成反应。

1. 羟醛缩合反应

在稀碱或酸的催化下，有 α-H 的醛或酮形成的碳负离子作为亲核试剂进攻另一分子醛酮的羰基，缩合生成 β- 羟基醛酮。这个反应称为羟醛缩合（aldol condensation）反应，也叫醇醛缩合反应。形成的 β- 羟基醛酮在加热或用稀酸处理时，很容易脱水生成 α,β- 不饱和醛酮。例如：

$$2CH_3CHO \underset{\text{或稀酸}}{\overset{OH^-}{\rightleftharpoons}} CH_3\overset{OH}{\underset{}{C}}HCH_2CHO \xrightarrow{\triangle} CH_3CH=CHCHO + H_2O$$

醛的缩合反应也可用 $AlCl_3$、HF、HCl、H_3PO_4、磺酸等酸催化剂催化。在酸性溶液中，生成的羟醛易发生脱水，脱水反应是不可逆的，从而使反应进行到底。

羟醛缩合是使碳链加长的一种重要方法，生成的羟醛可以转化成多种产物。

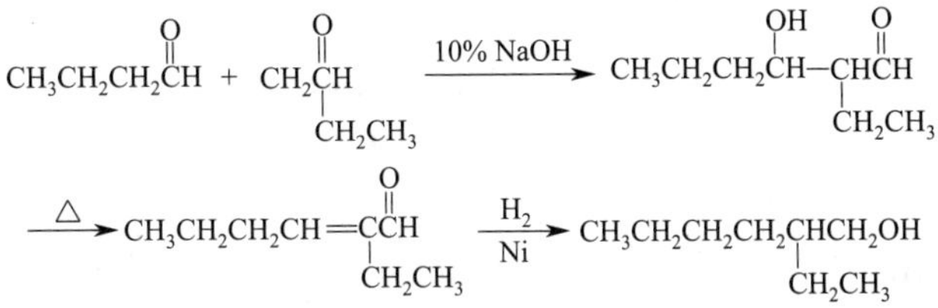

$$CH_3CH_2CH_2\overset{O}{\underset{}{C}}H \ + \ CH_2\overset{O}{\underset{\substack{|\\CH_2CH_3}}{C}}H \xrightarrow{10\% \ NaOH} CH_3CH_2CH_2\overset{OH}{\underset{}{C}}H-\overset{O}{\underset{\substack{|\\CH_2CH_3}}{C}}H$$

$$\xrightarrow{\triangle} CH_3CH_2CH_2CH=\overset{O}{\underset{\substack{|\\CH_2CH_3}}{C}}H \xrightarrow{H_2}{Ni} CH_3CH_2CH_2CH_2\overset{}{\underset{\substack{|\\CH_2CH_3}}{C}}HCH_2OH$$

作为塑料增塑剂邻苯二甲酸二辛酯制备原料的 2-乙基己醇，就是通过此反应制备的。

酮在同样的条件下，也可以发生缩合反应形成 β-羟基酮。

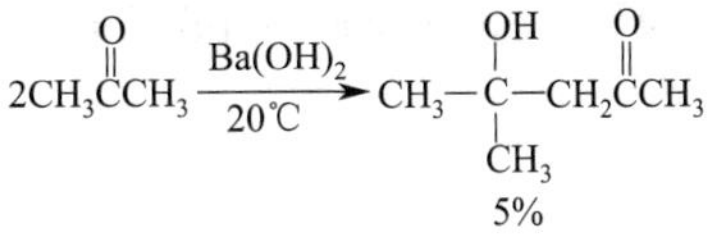

$$2CH_3\overset{O}{\underset{}{C}}CH_3 \xrightarrow[20℃]{Ba(OH)_2} CH_3-\overset{OH}{\underset{\substack{|\\CH_3}}{C}}-CH_2\overset{O}{\underset{}{C}}CH_3$$
$$5\%$$

二羰基化合物可以进行分子内羟醛缩合，用于 5～7 元环化合物的合成。它比分子间缩合反应容易，且产率较高，是目前合成环状化合物的一种方法。例如：

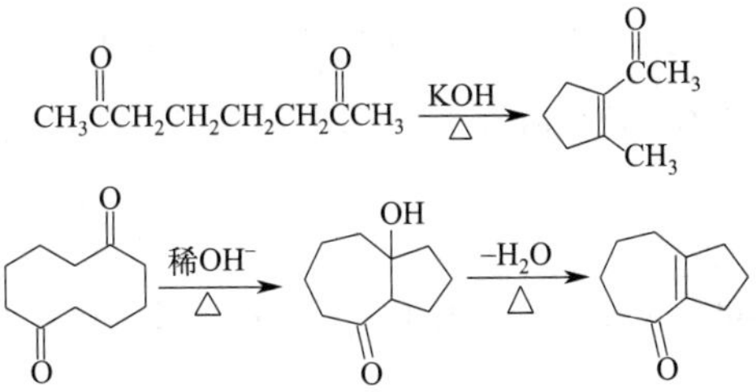

两种不同的醛酮之间发生的羟醛缩合反应称为交叉羟醛缩合反应（crossed reaction of aldol condensation）。如果两个不同的醛或酮都有 α-H，得到四种缩合产物的混合物，没有应用价值。由芳醛与含有 α-H 的醛酮，在碱性条件下进行羟醛缩合、脱水反应，得到 α,β-不饱和醛酮。

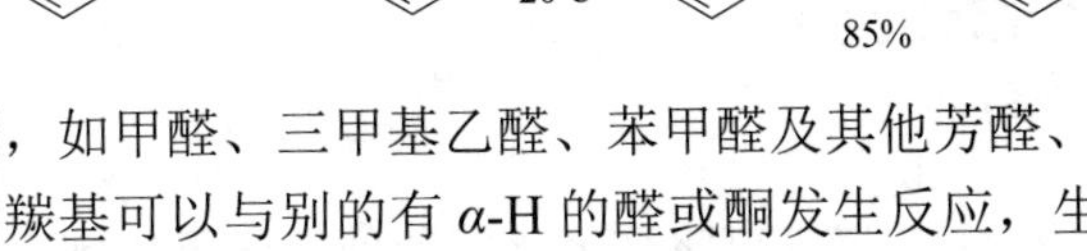

没有 α-H 的醛或酮，如甲醛、三甲基乙醛、苯甲醛及其他芳醛、二苯甲酮等都不发生羟醛缩合反应。但它们的羰基可以与别的有 α-H 的醛或酮发生反应，生成相应的 β-羟基醛酮。例如：

$$HCHO + CH_3\overset{CH_3}{\underset{}{C}}HCHO \xrightarrow[40℃]{Na_2CO_3} CH_3\overset{CH_3}{\underset{\substack{|\\CH_2OH}}{C}}CHO$$
$$70\%$$

2. 卤化反应

酸或碱的催化作用下，醛酮的 α-H 容易发生卤化（halogenation）反应，生成 α- 卤化醛酮。

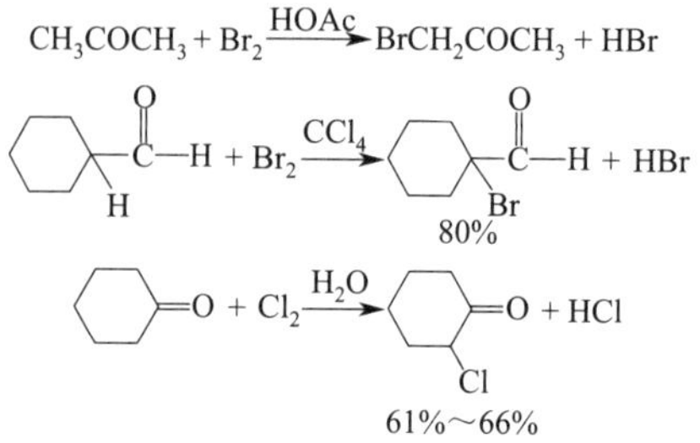

$$CH_3COCH_3 + Br_2 \xrightarrow{HOAc} BrCH_2COCH_3 + HBr$$

酸催化下进行卤化，可以得到一卤化物，并可以控制在一卤化物生成阶段。但有些情况，直接生成三卤甲烷（又称卤仿）和羧酸盐。

醛酮在碱性条件下与卤素作用而产生卤仿的取代反应，称为卤仿反应（haloform reaction）。卤仿，包括氯仿、溴仿和碘仿，其中的碘仿（CHI_3）是不溶于水的黄色固体，有特殊的气味。产生碘仿的卤仿反应称为碘仿反应（iodoform reaction），可用于鉴别含有甲基的醛酮（$\overset{\overset{O}{\parallel}}{CH_3-C-}$）。

卤素的碱溶液因产生次卤酸而具有一定的氧化性，乙醇和其他甲基醇（$\overset{\overset{OH}{|}}{CH_3-CH-}$）结构，容易被氧化为相应的甲基醛酮，继而再发生卤仿反应。工业生产上就是用乙醇代替乙醛或丙酮来制取氯仿或碘仿。

卤仿反应也常用来由甲基酮合成少一个碳原子的羧酸，用于制备一些用其他方法难以得到的羧酸化合物。例如：

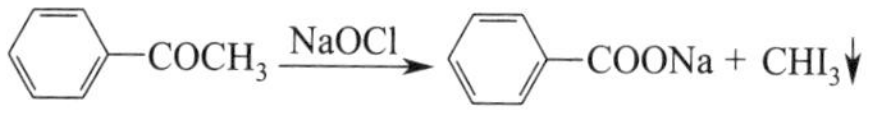

三、醛酮的氧化还原和歧化反应

1. 氧化反应

醛很容易被氧化，空气中的氧都可将醛氧化。若使用弱氧化剂，醛能被氧化而酮不被氧化，这是实验室区别醛、酮的方法。常用的弱氧化剂是硝酸银的氨溶液、硫酸铜和酒石酸钾钠的氢氧化钠溶液。

将醛和硝酸银的氨溶液共热，醛被氧化为羧酸，银离子被还原为金属银附着在试管壁上形成明亮的银镜，所以这个反应又称为银镜反应（silver mirror reaction）。

$$RCHO+2Ag（NH_3）_2^+ +2OH^- \longrightarrow RCOO^-NH_4^+ +2Ag\downarrow +H_2O+3NH_3$$

硫酸铜的酒石酸钾钠氢氧化钠溶液，呈深蓝色。酒石酸钾钠的作用是与铜离子络合而不会产生氢氧化铜沉淀。脂肪醛与硫酸铜这种溶液反应，生成氧化亚铜砖红色沉淀。芳香醛则不参与此反应。

$$RCHO+Cu^{2+} \xrightarrow{OH^-} RCOO^- +Cu_2O\downarrow$$

甲醛可以使 Cu^{2+} 还原成单质的铜，称为铜镜反应。

上述弱氧化剂只氧化醛基，不氧化双键，可以用于不饱和醛合成不饱和酸。例如：

$$RCH=CHCHO \xrightarrow[(2)H^+]{(1)Ag(NH_3)_2OH} RCH=CHCOOH$$

酮只被强氧化剂（如重铬酸钾和浓硫酸）氧化，发生碳链的断裂而生成羧酸混合物，所以一般酮的氧化反应没有合成价值。只有个别例外，如环己酮氧化制己二酸等具有合成意义，这是工业上制造尼龙所需原料己二酸的合成方法。

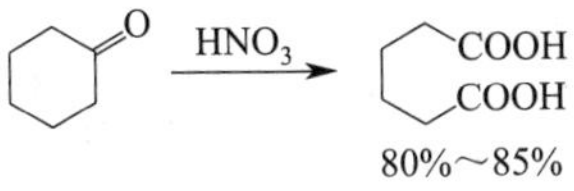

80%～85%

2. 还原反应

醛酮能够被还原生成醇或烃。还原剂不同，羰基化合物的结构不同，所生成的产物也不同。

（1）还原成醇　用催化氢化的方法，醛酮可分别被还原为伯醇、仲醇。常用的催化剂是镍、钯、铂。反应一般在较高温度和压力下进行，产率较高，后处理简单。但是催化剂较贵，并且分子中的其他不饱和基团（如 $\diagdown C=C\diagup$、—C≡C—、—NO_2、—C≡N 等）也同时被还原。例如：

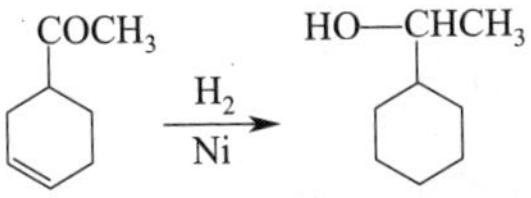

醛酮也很容易被化学还原剂还原。金属氢化物如硼氢化钠（$NaBH_4$）、氢化铝锂（$LiAlH_4$）、异丙醇铝（Al[OCH(CH_3)$_2$]$_3$）等是还原羰基的常用试剂。

硼氢化钠在醇溶液中是一种缓和的还原剂，其选择性高，效果好。它只还原醛酮的羰基，而不影响分子中其他不饱和基团。例如：

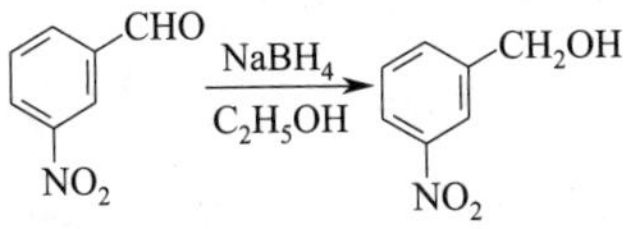

氢化铝锂的还原性比硼氢化钠强，只能在无水乙醚或干乙醚中继续还原醛酮反应。氢化铝锂的选择性高，不还原碳碳双键、碳碳三键等不饱和键，醛酮的羰基被还原成醇羟基。

$$CH_3CH=CHCH_2CHO \xrightarrow[(2)H_3O^+]{(1)LiAlH_4,干乙醚} CH_3CH=CHCH_2CH_2OH$$

醛酮可以被金属钠、铝、镁、铝汞齐等还原剂还原。醛被简单地还原成伯醇；酮的还原产物较复杂，除一元仲醇外，还有二元仲醇。例如丙酮用镁汞齐作还原剂在苯溶液中加热还原，生成四甲基乙二醇，这是一种邻二醇。

$$2CH_3\overset{O}{\underset{}{\overset{\|}{C}}}CH_3 \xrightarrow{\text{Mg-Hg}} \xrightarrow{\text{苯}} \xrightarrow{H_3O^+} CH_3-\underset{OH}{\overset{CH_3}{\underset{|}{\overset{|}{C}}}}-\underset{OH}{\overset{CH_3}{\underset{|}{\overset{|}{C}}}}-CH_3$$

（2）还原成烃　用锌汞齐在浓盐酸条件下，醛酮羰基直接还原为亚甲基。

$$\underset{}{\overset{}{\bigcirc}}-COCH_3 \xrightarrow[\text{浓HCl}]{\text{Zn-Hg}} \underset{80\%}{\overset{}{\bigcirc}}-CH_2CH_3$$

在肼的二甘醇碱性水溶液受热条件下，醛酮羰基被还原成亚甲基。这个反应是我国化学家黄鸣龙在1946年发现的，称为黄鸣龙反应。例如：

$$\underset{}{\overset{O}{\bigcirc}}\overset{O}{\overset{\|}{C}}CH_2CH_3 \xrightarrow[(HOCH_2CH_2)_2O,200℃,3\sim5h]{NH_2NH_2,H_2O,NaOH} \underset{82\%}{\overset{}{\bigcirc}}-CH_2CH_2CH_3$$

$$\bigcirc + CH_3CH_2\overset{O}{\overset{\|}{C}}-Cl \xrightarrow{\text{无水AlCl}_3} \bigcirc\overset{O}{\overset{\|}{C}}CH_2CH_3 \xrightarrow[(HOCH_2CH_2)_2O,200℃,3\sim5h]{NH_2NH_2,H_2O,NaOH} \bigcirc-CH_2CH_2CH_3$$

3. 歧化反应

没有 α-H 的醛，在浓碱作用下，自身同时发生氧化和还原反应，一分子醛被氧化成羧酸，另一分子醛被还原成醇，称为歧化反应。例如：

$$2HCHO \xrightarrow{\text{浓NaOH}} HCOONa+CH_3OH$$

$$C_6H_5CHO \xrightarrow{\text{浓NaOH}} C_6H_5COONa+C_6H_5CH_2OH$$

没有 α-H 的两种不同醛，进行歧化反应的产物复杂，不易分离，没有实际意义。如果有甲醛参与的歧化反应，甲醛更容易被氧化，总是得到甲酸和另一种醛还原的醇。例如：

$$C_6H_5CHO+HCHO \xrightarrow{\text{浓NaOH}} HCOONa+C_6H_5CH_2OH$$

这种产物单一，产率较高的交叉歧化反应，在合成上有重要用途。例如工业生产季戊四醇（pentaerythritol），就是利用歧化反应与羟醛缩合反应，合成有价值的产物。

$$HCHO+CH_3CHO \xrightarrow[\text{羟醛缩合}]{Ca(OH)_2} (HOCH_2)_3CCHO \xrightarrow{\text{弱氧化剂}} (HOCH_2)_3CCH_2OH$$

季戊四醇〔$(HOCH_2)_3CCH_2OH$〕是重要的化工原料，它常用来制备血管扩张剂（季戊四醇四硝酸酯）、工程塑料聚氯醚和油漆用的醇酸树脂等。

⟳ 思考题

甲醛俗称蚁醛，在常温下是无色有刺激性气味的气体。40%的甲醛水溶液俗称福尔马林，常用作消毒剂和保存动物标本的防腐剂。甲醛极易发生聚合反应，气态甲醛在常温下可以自动聚合成三聚甲醛。甲醛与氨作用生成六个甲醛和四个氨的环状聚合物乌洛托品，可用作橡胶硫化的促进剂、纺织品的防缩剂；在医药上用作泌尿系统的消毒剂等。借助甲醛的特性和乌洛托品衍生物，可否设计一种改性的甲醛，既能够保持甲醛的化学活性，又对人体无危害，对环境无污染？

第五节 醌

一、醌的结构和命名

在分子中包含有 o=⬡=o 或 [结构] 结构的共轭环状化合物称为醌（quinone）。具有醌式结构的化合物都有颜色，一般邻位醌为红色，对位醌为黄色。许多醌的衍生物是重要的颜料中间体，自然界醌类化合物分布很广。

醌是芳烃的衍生物。由苯得到的醌称为苯醌（benzoquinone），由萘得到的醌称为萘醌（naphthoquinone），等等。一些醌的结构及其名称如下：

对苯醌
p-benzoquinone

邻苯醌
o-benzoquinone

2,5-二甲基-1,4-苯醌
2,5-dimethyl-1,4-benzoquinone

1,4-萘醌
1,4-naphthoquinone

9,10-蒽醌
9,10-anthraquinone

9,10-菲醌
9,10-phenanthrenequinone

二、醌的制法

1. 酚或芳胺氧化

这是制备醌的简单方法。其中对苯醌较易制得。

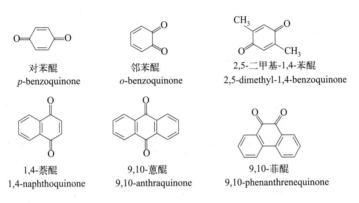

2. 芳烃氧化

蒽、菲等芳烃，直接氧化成蒽醌、菲醌，这是工业上制备相应醌的方法之一。

3. 其他方法合成

目前工业上制备蒽醌及其衍生物的主要方法是由苯和邻苯二甲酸酐经二次酰基化反应

而得。

三、醌的化学性质

醌型结构可以看作是环状不饱和二酮，醌分子具有 α,β- 不饱和羰基化合物的结构，两个羰基和两个或两个以上碳碳双键共轭，但不同于芳香环的闭环共轭系统，所以醌不属于芳香族化合物，它们具有烯烃和羰基化合物的典型反应特性。

1. 加成反应

（1）碳碳双键的加成

（2）羰基的加成　对苯醌可与一分子羟胺或两分子羟胺生成单肟或双肟。这是羰基化合物的典型反应。

（3）羰基和碳碳双键的 1,4- 加成　苯醌具有碳碳双键和羰基组成的共轭系统，因此可发生 1,4- 加成反应。

2. 还原反应

对苯醌和对苯二酚（氢醌）可以通过还原与氧化反应而互相转变。对苯醌的醇溶液和对苯二酚的醇溶液混合，得到棕色溶液，并有暗绿色结晶析出，此晶体是对苯醌和对苯二酚的结合物醌氢醌。若在对苯二酚的水溶液中加入三氯化铁溶液也会析出暗绿色的醌氢醌晶体。

醌氢醌不稳定，在光、热或适当氧化剂作用下，很容易被重新氧化成对苯醌类。很多醌类化合物，正是通过这种可逆的氧化还原过程，在生物体内起着重要的电子传递媒介作用，参与生物体内许多重要的氧化还原过程。

 阅读材料Ⅰ

有机化学家黄鸣龙

黄鸣龙还原法，是以中国科学家命名的有机化学反应的首例，已写入多国有机化学教科书中。

2006 年 9 月 20 日，中国科学院上海有机化学研究所在中国科学技术大学设立的"黄鸣龙奖学金"举行了首届颁奖仪式。奖学金以黄鸣龙冠名，其目的就是让青年学生永远铭记老一辈科学家献身祖国科技事业的无私奉献精神，在未来的科研道路上不断开拓，勇攀高峰。

2015 年 9 月，江苏扬州中学院士广场建成并对外开放，其中就包括黄鸣龙雕像。

黄鸣龙（1898—1979），江苏扬州人，有机化学家，中国科学院学部委员（院士），生前是中国科学院上海有机化学研究所研究员。

黄鸣龙的父亲是个晚清秀才，任盐栈管事；母亲出身书香门第，爱好读书，助人为乐，在亲友中享有贤名；黄鸣龙的哥哥、子女及其后代都是中国科学界的翘楚。

黄鸣龙 1924 年从德国柏林大学毕业，并获得博士学位；1928—1934 年任浙江医药专科学校药科教授、主任；1935—1938 年在德国维尔茨堡大学化学研究所做访问教授；1940—1945 年任中央研究院化学研究所（昆明）研究员；1952—1956 年任军事医学科学院化学系主任、研究员；1955 年当选为中国科学院学部委员（院士）；1956—1979 年任中国科学院上海有机化学研究所研究员。黄鸣龙一生从事有机化学的教育和研究工作。

黄鸣龙发表研究论文 100 余篇，专著及综述近 40 篇，代表论著有《红外线光谱与有机化合物分子结构的关系》《旋光谱在有机化学中的应用》等。

黄鸣龙要求学生们将基础理论知识和实验操作技能并重；要求学生做开创性研究，为国家作出应有的贡献；要求学生在学术上不许弄虚作假，在做人上必须忠诚老实。

黄鸣龙先生，为中国的化学工业发展作出了杰出贡献，我们永远纪念他。

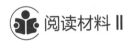 阅读材料Ⅱ

防腐性甲醛及其安全监管

甲醛的防腐性能特别优秀，正是这种优秀性能，可以被用于食品的防腐保鲜。但诸如海产品的甲醛水溶液浸泡保鲜，木制家具的甲醛制品违规使用等等，会导致食品和环境污染，甚至导致消费者致病致癌，影响人们的身体健康。

甲醛科学合理使用，没有安全问题，但违规使用问题，需要政府加强监管并提供政策支持。

政府在家具甲醛超标的监管与政策支持方面，已经采取了一系列有效措施，但仍然存在一些问题和挑战。为了解决这些问题，政府需要进一步加大监管力度。严格执行国家标准《室内空气质量标准》（GB/T 18883—2022）。进一步加大对家具产品研发和创新的支持力度，鼓励企业开展甲醛低排放技术的研究与应用，从源头上减少甲醛的含量。同时，政府可以推动相关部门建立更直观、易于理解的甲醛检测标准，方便消费者对产品的甲醛含量有一个更清晰的了解。

政府、家具行业协会、企业以及消费者需要形成共同合作的机制，努力解决家具甲醛超标问题。只有通过政府、企业与消费者共同参与，齐心协力，家具行业的可持续发展和人们的健康才能得到更好的保障。在政府的监管和政策支持下，家具行业将迎来更加绿色环保、健康可持续发展的未来。

加强对食品生产的监管力度，加强食品定期检测和飞行检测，严格执行国家标准《食品安全国家标准 食品添加剂使用标准》（GB 2760—2024）的规定，食品中甲醛的限量标准如下：果蔬及其制品中不得检出；鱼类及其制品中不得检出；肉及其制品中不得检出；豆制品中不得检出；酒类中不得检出；食用油脂中不得检出。对于违反规定的企业或者商家，要依法进行处罚或者吊销营业执照。消费者在购买食品时，应该选择正规渠道并有相关认证资质，如"绿色食品""有机食品"等。

AI 科普

文档扫一扫

甲醛等对食品及
人体健康的危害

习题

1. 命名下列化合物。

（1）
CH_3CH_2CHCHO （上方 CH_3）

（2）
$CH_3CCH_2CHCH_3$（左侧 O，右侧 CH_3）

（3）苯—$CH=CHCHO$

（4）
$CH_3CH_2CCH_2CHO$（上方 O）

（5）苯—C—CH_2CH_3（上方 O）

（6）
$CH_3—C=N—OH$（下方苯环）

（7）CH_3—环己酮—O

（8）
苯醌结构，CH_3

（9）

（10）$Cl_3C—CH$（上 OH，下 OH）

2. 写出下列化合物结构简式。

（1）苯乙醛 （2）环己酮缩乙二醇 （3）丙酮苯腙 （4）4-戊烯-2-酮

（5）乙酰乙酸乙酯 （6）乙酰丙二酸乙酯 （7）2,4-戊二酮 （8）1,4-菲醌

（9）1,4- 萘醌　　　　　（10）苯甲醛肟

3. 下列化合物中，哪些化合物可与饱和 $NaHSO_3$ 加成？哪些化合物能发生碘仿反应？哪些化合物两种反应均能发生？

（1）$CH_3COCH_2CH_3$　　　　（2）CH_3CH_2OH　　　　（3）$CH_3CH_2CH_2CHO$

（4）$CH_3COCH_2CH_3$　　　　（5）$(CH_3)_3CCHO$　　　　（6）$CH_3CH_2CHCH_3$ (OH 在 CH 上)

（7）〔苯环〕—CHO　　　　（8）〔环己〕=O　　　　（9）〔苯环〕$COCH_3$

4. 按亲核加成反应活性次序排列下列化合物。

（1）A.CF_3CHO　　　　　　B.$CH_3COCH=CH_2$　　　C.CH_3CHO
　　　 D.$CH_3CH=CHCHO$　　E.CH_3COCH_3

（2）A.CH_3CH_2CHO　　　　B.CH_3COCH_3　　　　　C.C_6H_5CHO
　　　 D.$CH_3CHClCHO$　　　E.$C_6H_5COC_6H_5$　　　F.$C_6H_5COCH_3$

5. 用化学方法区别下列各组化合物。

（1）2- 戊酮、3- 戊酮、戊醛　　　　（2）1- 丙醇、丙醛、丙酮

（3）苯甲醛、乙醛、丙酮、3- 戊酮　　（4）3- 戊醇、苯乙酮、1- 苯基乙醇

6. 完成下列反应式。

（1）CH_3—〔苯环〕—$CHO + CH_3CHO$ $\xrightarrow[\triangle]{稀OH^-}$

（2）CH_3—〔苯环〕—CHO $\xrightarrow{浓碱}$ 　　　　　　 +

（3）CH_3CCH_3 (O 在 C 上) $+ HCN \longrightarrow$

（4）〔苯环〕$CH=CHCHO$ $\xrightarrow{LiAlH_4}$

（5）〔十氢萘酮结构〕 $\xrightarrow[干醚]{CH_3MgI}$ 　　　$\xrightarrow[H^+]{H_2O}$

（6）〔环己烷取代结构 CHO, OCH_3, OH〕 $\xrightarrow[HCl]{Zn-Hg}$

（7）〔邻羟基苯甲醛〕—$CHO + NaHSO_3$(饱和) $\longrightarrow$

（8）$CH_3CH_2CHO + NH_2$—$OH \longrightarrow$ 　　　　　　 $\xrightarrow{稀HCl}$

（9）〔苯环〕—$CHO + H_2NNH_2 \longrightarrow$

（10）$CH_3CH_2CHO + H_2O \rightleftharpoons$

7. 化合物 A（$C_5H_{12}O$）有旋光性，它在碱性高锰酸钾溶液作用下生成 B（$C_5H_{10}O$），无旋光性。化合物 B 与正丙基溴化镁反应，水解后得到 C，C 经拆分可得到互为镜像的两个异构体，试推测化合物 A、B、C 的结构。

8. 有一化合物 A 分子式为 $C_8H_{14}O$，A 可使溴水迅速褪色，可以与苯肼反应，A 氧化后生成一分子丙酮及另一化合物 B，B 具有酸性，与 NaOCl 反应生成一分子氯仿和一分子丁二酸，试写出 A、B 可能的结构。

9. 分子式为 C_3H_6O 的化合物 A，可以还原生成 B（C_3H_8O），B 和 $SOCl_2$ 反应得到 C（C_3H_7Cl）；从 C 制备格氏试剂与 A 反应再水解得 D（$C_6H_{14}O$），D 可以氧化成酮 E（$C_6H_{12}O$）。试写出 A～E 的构造式。

10. 化合物 A（$C_6H_{12}O$）能与羟胺作用生成肟，但不发生银镜反应；在铂催化下进行加氢则得到醇 B，此醇经去水、臭氧化、水解等反应后，得到两种液体 C 和 D。C 能进行银镜反应但不能发生碘仿反应，而 D 能发生碘仿反应却不能使费林试剂还原。试推断 A 的构造并写出相关反应式。

第九章
羧酸及其衍生物

📖 学习目标

知识目标

1. 掌握羧酸及其衍生物的定义、分类与命名；
2. 熟悉羧酸及其衍生物的物理和化学性质；
3. 了解羧酸及其衍生物中羰基的反应机理。

技能目标

1. 根据羧酸及其衍生物的结构认识其性质；
2. 根据羧酸及其衍生物的性质认识其应用性能；
3. 根据 β- 二羰基羧酸酯的结构特征，认识烯醇与羰基的互变异构现象，了解特殊结构的酸和酮的合成设计方法。

素质目标

1. 食用醋作为食品添加剂是现代食品的重要组成，深刻认识食用醋酿造的历史和中国优秀食品文化的传承；
2. 从共轭亚油酸的结构与食品营养机制的研究成果，认识科学技术对提高食品品质的重要意义。

羧酸（carboxylic acid），含有羧基的烃。羧酸衍生物包括两类，一类为羧基衍生物，一类为烃基衍生物，前者俗称为羧酸衍生物（carboxylic acid derivative），后者俗称为取代羧酸（replace carboxylic acid）。羧酸衍生物，是羧酸中羟基被取代的衍生物，主要包括酯（ester）、酰胺（amide）、酰卤（acyl halide）、酸酐（acid anhydride）等；取代羧酸是羧基邻近氢原子被取代的羧酸，主要包括卤代酸（halogenated acid）、羟基酸（hydroxy acid）、氨基酸（amino acid）等。羧酸与醛、酮一样，都含有 C═O 双键，但因羰基所连的基团不同，性质各异。

第一节　羧酸的结构、分类和命名

一、羧酸的结构

含有羧基 $\overset{\text{O}}{\underset{}{\text{C}}}$—OH 的化合物叫作羧酸。可以用通式 R—COOH 和 Ar—COOH 表示。羧酸是许多有机化合物氧化的产物，广泛存在于自然界中。

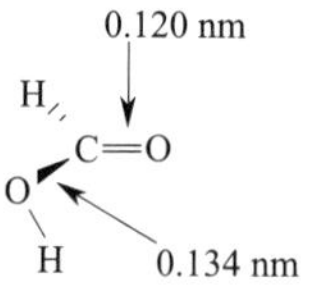

图 9.1　甲酸分子结构

羧基中的碳原子是 sp^2 杂化，它用三个 sp^2 杂化轨道分别与羟基（—OH）的氧原子、羰基（$\rangle$C=O）的氧原子和一个烃基的碳原子（也可以是一个氢原子）以 σ 键相结合，且这三个 σ 键在同一个平面上。碳原子剩余的一个 p 轨道与羰基中氧原子的 p 轨道互相交

甲酸

盖而形成一个 π 键。羰基 C=O 和羟基 C—O 的键长不同。例如，甲酸分子结构见图 9.1 及表 9.1。

从表 9.1 数据可以看出，围绕羧基碳原子的键角，只是近似于 sp^2 杂化。

表 9.1　甲酸的结构参数

项目	键长 /nm	项目	键角
C=O	0.120	H—C=O	124.1°
C—O	0.134	O—C=O	124.9°
C—H	0.110	H—C—O	110.0°
O—H	0.097	H—O—C	106.3°

二、羧酸的分类

除甲酸外，羧酸可以看作是烃分子中的氢原子被羧基取代的化合物。

① 按照与羧基所连的烃基不同，羧酸可分为脂肪酸（包括饱和酸和不饱和酸）、芳香酸、饱和酸和不饱和酸。

② 按照分子中所含羧基的数目可分为一元羧酸、二元羧酸和多元羧酸。

③ 芳香酸有羧基连在芳烃侧链上和羧基连在芳环上两类。

三、羧酸的命名

1. 通俗命名法

自然界存在的脂肪主要成分是高级一元羧酸的甘油酯，因此开链的一元羧酸又称脂肪酸（fatty acid）。由脂肪酸得到的烃，叫脂肪烃，这就是前面讲过的烃，包括烷烃、烯烃等。

常见的羧酸是根据其天然来源而命名。例如蚁酸，即甲酸，最初得自蚂蚁；醋酸，即乙酸，得自食醋。又如：

$$CH_3CH_2CH_2COOH \qquad C_6H_5COOH \qquad C_6H_5CH=CHCOOH \qquad \begin{matrix} COOH \\ | \\ COOH \end{matrix} \qquad \begin{matrix} CH_2COOH \\ | \\ CH_2COOH \end{matrix}$$

酪酸　　　　　　　安息香酸　　　　　　肉桂酸　　　　　草酸　　　　　琥珀酸

2. 普通命名法

对简单酸而言，选择含有羧基的最长碳链为主链，取代基的位置从羧基相邻的碳原子开始，用 α、β、γ、δ 等希腊字母来标明取代基的位次。例如：

$$\underset{\overset{|}{CH_3}}{CH_3CH_2CHCH_2COOH} \qquad \underset{\overset{|}{Br}\quad\overset{|}{CH_3}}{CH_3CHCH_2CHCOOH} \qquad \overset{\qquad}{\bigcirc}-CH_2CH_2COOH$$

β-甲基戊酸　　　　　α-甲基-γ-溴戊酸　　　　　　β-苯基丙酸

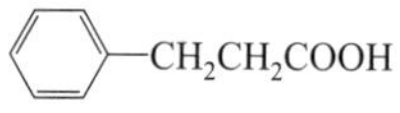

羧酸也可看成乙酸的衍生物来命名。例如：

$$（CH_3）_2CHCOOH \qquad\qquad （CH_3）（C_2H_5）CHCOOH$$

二甲基乙酸　　　　　　　　　　　　甲基乙基乙酸

3. 系统命名法

对于比较复杂的羧酸，选择分子中含羧基的碳原子的最长碳链为主链，根据主链上碳原子的数目称为某酸。从羧基碳原子开始用阿拉伯数字编号标明支链的位次，取代基的位次、数目、名称写于酸名称之前。例如：

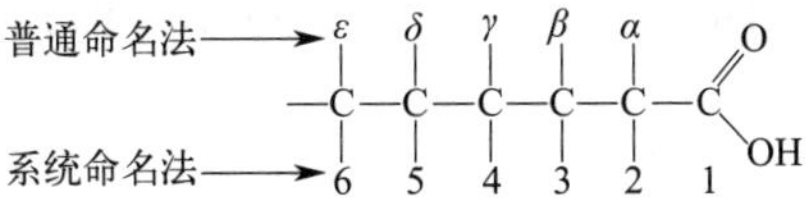

普通命名法 —→ $\overset{\varepsilon}{C}-\overset{\delta}{C}-\overset{\gamma}{C}-\overset{\beta}{C}-\overset{\alpha}{C}-\overset{O}{C}OH$

系统命名法 —→ 6　5　4　3　2　1

$CH_3CH_2CH_2COOH$

丁酸

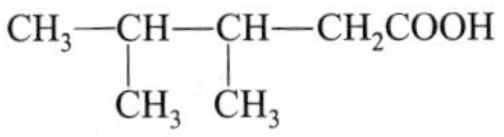

$CH_3-\underset{CH_3}{CH}-\underset{CH_3}{CH}-CH_2COOH$

系统名称：3,4-二甲基戊酸
普通名称：β,γ-二甲基戊酸

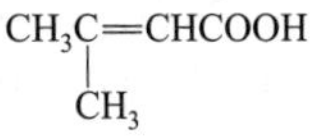

$CH_3\underset{CH_3}{C}=CHCOOH$

3-甲基-2-丁烯酸
普通名称：β-甲基-α-丁烯酸

脂肪族二元羧酸的命名，是取分子中包括两个羧基的最长碳链作为主链。根据主链上碳原子的数目，称为某二酸，再加上取代基的名称和位次。对于不饱和酸，则选取含有不饱和键和羧基的最长碳链称某烯酸或某炔酸，并标明不饱和键的位置。例如：

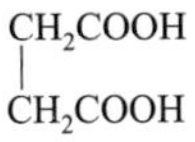

$\underset{CH_2COOH}{CH_2COOH}$

1,4-丁二酸
俗名：琥珀酸

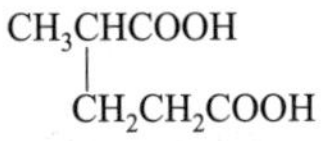

$\underset{CH_2CH_2COOH}{CH_3CHCOOH}$

2-甲基-1,5-戊二酸

$\underset{CHCOOH}{\overset{CHCOOH}{\|}}$

顺-丁烯二酸
俗名：马来酸

$ClCH_2C\equiv CCH_2COOH$

5-氯-3-戊炔酸
或δ-氯-β-戊炔酸

芳香酸命名时，如羧基连在侧链上，以脂肪酸为母体，芳基作为取代基来命名；如羧基连在芳环上，则以芳甲酸为母体，环上的其他基团作为取代基来命名。例如：

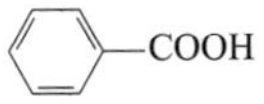

苯甲酸

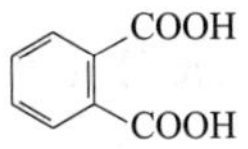

邻苯二甲酸
或1,2-苯甲酸

$C_6H_5CH_2CH_2CH_2COOH$

4-苯基丁酸

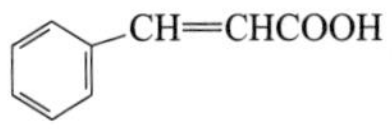

3-苯基丙烯酸
俗名：肉桂酸

羧酸分子中羧基除去羟基后的基团按原来酸的名称称为某酰基（acyl）。羧酸分子去掉羟基上的氢余下的基团称为某酰氧基，去掉羟基质子所剩基团称为羧酸负离子（carboxylate anion）。例如：

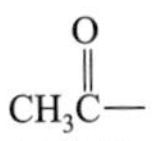

$CH_3\overset{O}{\underset{\|}{C}}-$
乙酰基

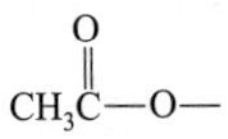

$CH_3\overset{O}{\underset{\|}{C}}-O-$
乙酰氧基

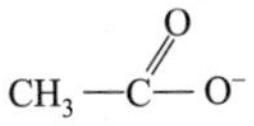

$CH_3-\overset{O}{\underset{\|}{C}}-O^-$
乙酸负离子

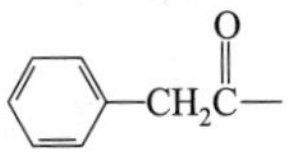

苯乙酰基

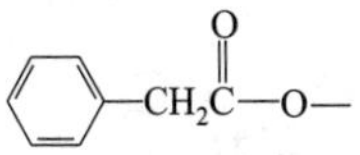

苯乙酰氧基

第二节　羧酸的制法

羧酸早期是由油脂水解、淀粉发酵等方法而得，现在大都是化学合成而得。常见的羧酸制法如下。

一、氧化法

1. 从伯醇或醛制备

在醇、醛、酮章节中，介绍了醇、醛、酮的氧化反应，它们的反应产物之一就是酸。伯醇或醛氧化生成相应的羧酸是最常用的制法。不饱和醇或醛也可氧化生成相应的羧酸，但须选用适当的弱氧化剂，以免影响不饱和键。

$$CH_3CH_2CH_2OH \xrightarrow[H_2SO_4]{Na_2Cr_2O_7} CH_3CH_2COOH$$

$$CH_3CH=CHCHO \xrightarrow{AgNO_3, NH_3} CH_3CH=CHCOOH$$

2. 高级脂肪烃氧化

以高级烷烃的混合物，如石蜡（约 $C_{20} \sim C_{30}$）为原料，在催化剂（脂肪酸的锰盐）存在下，用空气或氧气进行氧化可以制得以 $C_{12} \sim C_{18}$ 羧酸为主的高级脂肪酸，用来代替油脂水解制取的高级脂肪酸，作为制皂原料。

$$RCH_2-CH_2-R' \xrightarrow[120℃, 1.5\sim3\ MPa]{锰盐/O_2} RCOOH+R'COOH$$

（高级烷烃混合物）　　　　　　　　　（高级脂肪酸混合物）

采用低级烷烃（如丁烷）为原料，直接氧化以制取低级羧酸，但往往得到各种羧酸的混合物，没有应用价值。例如：

$$C_4H_{10} \xrightarrow[O_2, 150\sim250℃, 6\ MPa]{醋酸盐(或环烷酸钴)} CH_3COOH+HCOOH+CH_3CH_2COOH$$

3. 烯烃、炔烃氧化

在第三章不饱和烃中，介绍了烯炔烃的氧化反应，其化学变化的产物之一是酸。利用烯炔烃，可以得到减少碳的羧酸，反应中烯键、炔键处断裂而得到两种羧酸产物。

$$RCH=CHR' \xrightarrow{K_2Cr_2O_7/H_2SO_4} RCOOH+R'COOH$$

对称烯烃或环烯烃，则可得到单纯的氧化产物——一元羧酸或二元羧酸。例如：

$$\text{⬡} \xrightarrow[\triangle]{KMnO_4, NaOH} HOOC(CH_2)_4COOH$$
$$70\%$$

工业上利用丙烯的 α-H 催化氧化，制取丙烯酸。

$$CH_2=CH-CH_3+O_2 \xrightarrow[550\sim750℃, 0.7\sim1.4\ MPa]{磷酸铋} CH_2=CH-COOH$$

二、水解法

1. 腈水解

腈水解可得到羧酸，但在中性溶液中水解很慢，通常加酸或碱催化以加速水解反应的进行，产量一般较高。但此法仅限于由伯卤代烃、苄型和烯丙基型卤代烃制备的腈，不适用于仲卤烃和叔卤烃。卤代芳烃一般不与氰化钠反应。

$$R-CN+2H_2O+HCl \xrightarrow{\triangle} R-COOH+NH_4Cl$$

$$\text{⬡}CH_2CN + 2H_2O \xrightarrow[105℃]{H_2SO_4} \text{⬡}CH_2COOH$$

2. 油脂水解

油脂（grease）是高级脂肪酸的甘油酯。油脂水解得到的高级脂肪酸，都是偶数碳原子羧酸。

$$\begin{array}{c}
CH_2-O-\overset{\displaystyle O}{\overset{\|}{C}}-C_{17}H_{33} \\
CH-O-\overset{\displaystyle O}{\overset{\|}{C}}-C_{15}H_{31} \\
CH_2-O-\overset{\displaystyle O}{\overset{\|}{C}}-C_{17}H_{35}
\end{array} + 3NaOH \xrightarrow{\triangle}
\begin{array}{c}
CH_2OH \\
CHOH \\
CH_2OH
\end{array} +
\begin{array}{l}
C_{17}H_{33}COONa \quad (油酸钠) \\
C_{15}H_{31}COONa \quad (软脂酸钠) \\
C_{17}H_{35}COONa \quad (硬脂酸钠)
\end{array}$$

油脂(猪油)

第三节　羧酸的物理性质

　　脂肪族饱和一元羧酸中，甲酸、乙酸、丙酸是具有刺激性臭味的液体，直链的正丁酸至正壬酸是具有腐败气味的油状液体，癸酸以上的正构羧酸是无臭的固体。脂肪族二元羧酸和芳香族羧酸都是结晶固体。

　　饱和一元羧酸的沸点比分子量相近的醇高，例如，甲酸和乙醇分子量都是46，甲酸沸点为100.7℃，乙醇的沸点为78.5℃；乙酸和丙醇分子量都是60，沸点分别为117.2℃和97.2℃。在羧酸蒸气中，羧酸分子之间可以形成两个氢键而缔合成二聚体。

　　有支链的一元羧酸的沸点比含同数碳原子的直链羧酸低。

　　直链饱和一元羧酸的熔点随着碳原子数的增加而呈锯齿状上升，含偶数碳原子羧酸的熔点比邻近两个奇数碳原子的酸的熔点高。每个羧酸的熔点大体上与含两倍碳原子的直链烷烃相接近。

　　羧基能与水形成较强的氢键，低级羧酸（$C_1 \sim C_4$）能与水互溶，从戊酸开始，随着分子量的增加，水溶性迅速降低，C_{10} 以上的羧酸不溶于水。芳香族羧酸在水中的溶解度不大，有许多可以用水重结晶。一元羧酸一般能溶于有机溶剂。

　　甲酸和乙酸相对密度大于1，其他一元饱和羧酸相对密度小于1。常见羧酸的物理常数如表9.2所示。

表 9.2　部分羧酸的俗名及物理常数

名称（俗名）	熔点 /℃	沸点 /℃	溶解度（水）/(g·100g^{-1})	相对密度 d_4^{20}	pK_a(25℃)
甲酸（蚁酸）	8.4	100.7	∞	1.220	3.77
乙酸（醋酸）	16.6	117.2	∞	1.049	4.76
丙酸（初油酸）	−21.0	141.0	∞	0.992	4.88
丁酸（酪酸）	−7.9	165.5	∞	0.959	4.82
戊酸（缬草酸）	−34.5	186.0	4.97	0.939	4.86
己酸（羊油酸）	−3.0	205.0	0.97	0.929	4.85
三甲基乙酸	35.3	163.7	—	0.905	5.03

续表

名称（俗名）	熔点 /℃	沸点 /℃	溶解度（水）/(g·100g^{-1})	相对密度 d_4^{20}	pK_a（25℃）
氟乙酸	33.0	165.0	—	—	2.66
氯乙酸	63（α型）	187.9	—	1.404	2.81
溴乙酸	50.0	208.0	—	1.930	2.87
碘乙酸	82.0～83.0	沸点分解	—	—	3.13
羟基乙酸	80.0	100.0	—	1.490	3.87
十二酸（月桂酸）	44.0	299	不溶	0.868（50℃）	—
十四酸（肉豆蔻酸）	54.0	326.2	不溶	0.844（60℃）	—
十六酸（软脂酸）	63.0	351.5	不溶	0.853（62℃）	—
十八酸（硬脂酸）	70.0	383.0	不溶	0.941	—
苯甲酸（安息香酸）	122.4	249.0	0.34	1.266（15℃）	4.19
苯乙酸	76.5	265.5	—	1.091	4.31
对甲基苯甲酸	182.0	275.0	—	—	4.38
对硝基苯甲酸	239.0～241.0	—	—	1.610	3.42
乙二酸（草酸）	189.5	157.0（升华）	10.00	1.650	pK_{a1} 1.23 pK_{a2} 4.19
丙二酸（胡萝卜酸）	135.6	140.0（分解）	140.00	1.619（16℃）	pK_{a1} 2.83 pK_{a2} 5.69
丁二酸（琥珀酸）	185.0	235.0（失水分解）	6.80（微溶）	1.572（25℃）	pK_{a1} 4.21 pK_{a2} 5.61
邻苯二甲酸	200.0（分解）	—	0.57（微溶）	1.593	pK_{a1} 2.90 pK_{a2} 5.40
间苯二甲酸	348.0	—	0.013（极微溶）	—	pK_{a1} 3.50 pK_{a2} 4.60
对苯二甲酸	425.0	—	0.0016（极微溶）	1.510	pK_{a1} 3.50 pK_{a2} 4.80
顺-丁烯二酸（马来酸）	131.0	160.0（脱水成酐）	78.80	1.590	pK_{a1} 1.83 pK_{a2} 6.07
反-丁烯二酸（富马酸）	287.0	200.0（升华）	0.70	1.635	pK_{a1} 3.03 pK_{a2} 4.44
己二酸（肥酸）	153.0	330.5（分解）	2.00（微溶）	1.360（25℃）	pK_{a1} 4.43 pK_{a2} 5.41
3-苯基丙烯酸（肉桂酸）	135.0～136.0	300.0	溶于热水	1.248（4℃）	4.43
丙烯酸	13.0	141.6	混溶	1.052	4.25

　　饱和二元羧酸都是结晶固体。脂肪族二元羧酸的熔点比分子量相近的一元羧酸高得多。这是由于二元羧酸分子中碳链两端都有羧基，分子间的吸引力增加，熔点也相应升高。

　　在直链饱和二元羧酸的同系列中，含偶数碳原子羧酸的熔点，高于相邻两个含奇数碳原子的羧酸。含偶数碳原子羧酸的熔点在一条曲线上。含奇数碳原子的羧酸的熔点则在另一条曲线上，随着碳原子数目的增加，这两条曲线逐渐接近，草酸的熔点最高（见图9.2）。

脂肪族饱和二元羧酸，除高级同系物外，都易溶于水和乙醇，难溶于其他的有机溶剂。在水里的溶解度也和熔点一样，都随着分子量的增加而呈锯齿状减小（见图9.2）。

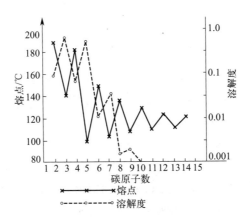

图 9.2　脂肪族饱和二元羧酸的熔点和溶解度

第四节　羧酸的化学性质

羧基是官能团，由羰基和羟基组成。羧酸的化学性质既反映羰基和羟基的某些性质，又反映彼此相互影响的性质。

根据羧酸的结构特点和羧酸分子中化学键断裂方式的不同，羧酸的反应表现在分子中的四个部位，如下所示：

碳氧双键的还原反应

氢氧键断裂呈酸性

α-H原子的取代反应
生成取代羧酸衍生物

亲核试剂取代羟基
生成羧酸衍生物

脱羧

一、羧基性质

1. 羧酸的酸性

羧酸在水溶液中可解离出质子而呈弱酸性，其 pK_a 在 3.5 ～ 5.0 之间，酸性比无机酸弱，但比碳酸（$pK_{a1}=6.38$）和苯酚（$pK_a=10$）强，能使蓝色石蕊试纸变红。芳香族羧酸的酸性比一般的脂肪酸大。羧酸能使碳酸氢钠分解而苯酚不能，利用这个性质可以区别或分离酚和羧酸。一些羧酸的 pK_a 见表 9.2。

羧酸的碱金属盐在水中溶解度比相应羧酸大。含十个碳原子以下的一元饱和羧酸碱金属盐能溶于水，含十个到十八个碳原子的羧酸盐在水中能形成胶状溶液，此类羧酸具有表面活性剂性质。

某些羧酸盐有抑制细菌生长的作用，如苯甲酸钠、乙酸钙和山梨酸钾等，往往用作食品防腐剂。

2. 羧酸的结构与酸性的关系

$$R-\overset{\displaystyle O}{\underset{}{C}}-OH \rightleftharpoons R-\overset{\displaystyle O}{\underset{}{C}}-O^- + H^+$$

从表9.2中数据可以看出，乙酸的酸性比甲酸弱，三甲基乙酸的酸性比乙酸弱，这是由于甲基等烷基的给电子诱导效应沿分子链依次诱导传递，使羧酸根的负电荷更加集中。负电荷越集中，负离子越不稳定，故其酸性越弱。

乙酸的 α-H 原子被氯原子取代后，酸性增强。氯原子越多，羧酸的酸性越强。它们对应的羧酸的酸性大小是：

$$CCl_3COOH > CHCl_2COOH > CH_2ClCOOH > CH_3COOH$$

pK_a　　0.70　　　　1.29　　　　2.81　　　　4.75

取代羧酸的诱导效应随距离的增加而减弱，一般不超过三个碳原子。不同位次取代的氯代丁酸和丁酸的 pK_a 值如下：

$$\underset{\underset{Cl}{|}}{CH_3CH_2CHCOOH} \quad \underset{\underset{Cl}{|}}{CH_3CHCH_2COOH} \quad \underset{\underset{Cl}{|}}{CH_2CH_2CH_2COOH} \quad CH_3CH_2CH_2COOH$$

pK_a　　　2.86　　　　　　4.41　　　　　　4.70　　　　　　4.81

以乙酸为母体，测定其取代乙酸的解离常数，得知各取代基诱导效应强弱的次序如下。
吸电子诱导效应（$-I$）：

$${}^+NR_3 > NO_2 > SO_3R > CN > SO_2Ar > COOH > F > Cl > Br > I > COOR > OR > COR > SH > OH > C_6H_5 > CH{=\!=}CH_2 > H$$

给电子诱导效应（$+I$）：$O^- > COO^- > (CH_3)_3C > (CH_3)_2CH > CH_3CH_2 > CH_3 > H$

有时由于有其他影响因素存在，如共轭效应、空间效应、溶剂效应、分子内的氢键等，在不同的化合物中，取代酸的诱导效应次序或许有些变化。

诱导效应的这一特征与共轭效应（C）不同，共轭效应是电子在共轭体系中离域的结果，不因共轭体系的增长而减弱。

二元羧酸分子中有两个羧基，有两个可解离的氢原子，其解离常数 $K_{a1} > K_{a2}$，即 $pK_{a1} <$ pK_{a2}。因为—COOH是吸电基，有强的 $-I$ 效应，使另一个羧基中的氢原子较易解离。当一个羧基解离成 COO^-，表现为给电子特性，则有 $+I$ 效应，使第二个羧基解离困难。

取代基的吸电子诱导效应越强，羧基的酸性越强。二元羧酸分子中两个羧基相距愈近，酸性增强的程度愈大。这是由于诱导效应起了重要的作用。

苯甲酸的羧基，同时有共轭效应和诱导效应两种效应的影响，但以苯环的吸电子诱导为主，其酸性比一般的脂肪酸稍强。

3. 羧基的还原反应

羧基不易被还原。实验室中常用强还原剂 $LiAlH_4$ 还原羧酸为伯醇。在醛、酮被还原的条件下，羧基不受影响。

LiAlH$_4$ 还原羧酸不仅可获得高产率的伯醇，而且分子中的碳碳不饱和键不受影响，但由于它价格昂贵，仅限于实验室使用。

$$(CH_3)_3CCOOH \xrightarrow[\text{②}H_2O,H^+]{\text{①}LiAlH_4,\text{乙醚}} (CH_3)_3CCH_2OH$$

$$92\%$$

$$CH_2{=}CHCH_2COOH \xrightarrow[\text{②}H_3O^+]{\text{①}LiAlH_4/Et_2O} CH_2{=}CHCH_2CH_2OH$$

4. 脱羧反应

羧酸或其盐脱去羧基（失去二氧化碳）的反应称脱羧反应（decarboxylation reaction）。饱和一元羧酸在加热下较难脱羧。羧酸的碱金属盐与碱石灰共熔，可脱羧生成烃。由于副反应多，实际上只适用于低级羧酸盐。例如：

$$CH_3COONa+NaOH（CaO）\xrightarrow{\triangle} CH_4+Na_2CO_3$$

此反应可用于实验室制备少量较纯的甲烷。

α-C 上连有强吸电子基的羧酸或羧酸盐，当加热至 100 ～ 200℃时可脱羧。芳基作为吸电子基，使芳羧酸的脱羧比脂肪酸容易。

$$Cl_3CCOOH \xrightarrow{\triangle} CHCl_3+CO_2$$

β-C 为羰基的羧酸也容易脱羧。

β-C 为烯键的羧酸也容易脱羧。

$$CH_2{=}CH{-}CH_2{-}COOH \xrightarrow{\triangle} CH_2{=}CH{-}CH_3+CO_2\uparrow$$

二元羧酸受热时，因两个羧基位次的不同，脱羧反应的产物不尽相同。当反应有可能形成环状化合物时，一般容易形成五元或六元环。例如：

$$HOOC{-}COOH \xrightarrow{150℃} HCOOH+CO_2$$

二、α- 氢原子的反应

羧酸的 α-H 受羧基的影响有一定反应活性，但比醛、酮的 α-H 活性低，所以该反应需要在红磷等催化剂存在下才能顺利进行，得到单取代甚至多取代的羧酸。例如：

$$CH_3CH_2CH_2COOH + Br_2 \xrightarrow[\text{或PBr}_3]{P} CH_3CH_2\underset{\underset{Br}{|}}{CH}COOH + HBr$$

$$CH_3COOH \xrightarrow{Cl_2}{P} ClCH_2COOH \xrightarrow{Cl_2}{P} Cl_2CHCOOH \xrightarrow{Cl_2}{P} Cl_3CCOOH$$

三氯乙酸不仅可作为农药的原料、蛋白质的沉淀剂，还可用作生化药品的提取剂，如腺苷三磷酸（ATP）和胎盘多糖等高效生化药品的提取。

控制反应条件和卤素用量，可得到产率较高的一元 α- 卤代酸。

三、羧酸衍生物的形成

羧酸衍生物包括酰卤、酸酐、酯和酰胺。

1. 酰卤的生成

羧酸与无机酸的酰氯作用时，羧基中的羟基被氯原子取代生成羧酸的酰氯。例如：

$$3CH_3COOH + PCl_3 \xrightarrow{\triangle} 3CH_3COCl + H_3PO_3$$
$$70\%$$

$$90\% \sim 98\%$$

亚硫酰氯（thionyl chloride）是实验室制备酰氯最方便的试剂。因为亚硫酰氯与羧酸作用生成酰氯时的副产物是氯化氢和二氧化硫，都是气体，有利于分离，且酰氯的产率较高。

2. 酸酐的生成

除甲酸在脱水时生成 CO_2 和水外，其他一元羧酸在脱水剂（如 P_2O_5）作用下，加热脱水生成酸酐。

由于乙酸酐便宜，且易吸水生成乙酸，容易除去，所以常用乙酸酐为脱水剂制取较高级的酸酐。在分析化学非水滴定中，高氯酸标准溶液的介质就是乙酸 - 乙酸酐混合物，乙酸酐的作用就是除去高氯酸中的水分。

两个羧基相隔 2 ~ 3 个碳原子的二元酸（如丁二酸、邻苯二甲酸等），只需加热便可生成稳定的五元环或六元环酸酐。

混酐可用酰卤和羧酸盐共热来制备，例如：

3. 酯的生成

羧酸与醇在强酸性催化剂作用下生成酯的反应称为酯化（esterification）反应。

$$CH_3COOH+C_2H_5OH \underset{}{\overset{H^+}{\rightleftharpoons}} CH_3COOC_2H_5+H_2O$$

酯化反应是可逆的。为提高乙酸乙酯的产率，一般乙醇过量，或从反应系统中除去水，使平衡右移。乙酸乙酯具有浓郁的香气，白酒越陈越香，就是乙酸乙酯在酒中不断积累的缘故。

4. 酰胺的生成

羧酸与氨或胺反应生成羧酸铵，铵盐受热后脱水生成酰胺或 N- 取代酰胺。例如：

$$R-\overset{O}{\overset{\|}{C}}-OH + NH_3 \longrightarrow R-\overset{O}{\overset{\|}{C}}-ONH_4 \overset{\triangle}{\longrightarrow} R-\overset{O}{\overset{\|}{C}}-NH_2 + H_2O$$

$$C_6H_5COOH + H_2NC_6H_5 \longrightarrow C_6H_5COO^- \overset{+}{N}H_3C_6H_5 \overset{190℃}{\longrightarrow} C_6H_5\overset{O}{\overset{\|}{C}}NHC_6H_5 + H_2O$$

这类反应在工业上用于聚酰胺（polyamide）的制备。例如，聚己二酰己二胺树脂经熔融抽丝制成聚酰胺 -66 纤维（或称尼龙 -66）。

第五节 取代酸

羧基邻近氢原子被其他原子或原子团取代所生成的化合物叫作取代酸（substituted acid）。取代酸包括卤代酸（halogenated acid）、羟基酸（hydroxy acid）、氧代酸、氨基酸（amino acid）等。这里主要介绍卤代酸和羟基酸。

取代酸命名时，根据取代基的位置可以用阿拉伯数字或希腊字母表示，取代基在羧酸碳链上另一端可以用 ω 表示。例如：

$$CH_3-\underset{Br}{CH}-\underset{Br}{CH}-COOH \qquad HOOCCH_2\underset{OH}{CH}COOH \qquad BrCH_2CH_2CH_2CH_2COOH$$

2,3-二溴丁酸 　　　 2-羟基丁二酸 　　　 ω-溴戊酸
α,β-二溴丁酸 　　　 α-羟基丁二酸

在脂肪族取代二元羧酸中，碳链从两端开始以希腊字母同时编号，直到相遇为止。例如：

$$HOOC\overset{\alpha}{C}H\overset{\beta}{C}H_2\overset{\gamma}{C}H\overset{\gamma'}{C}H_2\overset{\beta'}{C}H_2\overset{\alpha'}{C}HCOOH$$
$$\underset{Br}{} \quad \underset{Cl}{} \quad \underset{Br}{}$$
γ-氯-α,α'-二溴辛二酸

一、卤代酸

卤代酸，可由脂肪族羧酸在少量三氯化磷或三溴化磷存在下直接溴化或氯化得到。例如，己酸溴化生成 α- 溴己酸。

$$CH_3(CH_2)_3CH_2COOH + Br_2 \overset{PBr_3}{\longrightarrow} CH_3(CH_2)_3\underset{Br}{CH}COOH + HBr$$
89%

氟乙酸是一种毒性很高的化合物，它的钾盐存在于南非洲的一种灌木中。

1. 卤代酸的酸性

前面讨论了卤原子在羧基的 α 位对酸性的影响最大，卤代羧酸的酸性随卤原子的增加而增强。卤原子与羧基的距离增大，它对酸性的影响也随之减弱。各种卤原子影响酸性的大小次序为 F > Cl > Br > I。

2. 卤代酸的化学反应

卤代酸与碱的反应与卤素所在的相对位置有关。α- 卤代酸与水或稀碱溶液一起煮沸、水解成羟基酸。

$$ClCH_2COOH + H_2O \longrightarrow HOCH_2COOH$$

在同样的条件下卤代酸也可以失去卤化氢，生成 α,β- 不饱和酸：

$$BrCH_2CH_2COOH + NaOH \longrightarrow CH_2{=}CHCOOH + NaBr + H_2O$$

γ- 及 δ- 卤代酸碱性溶液加热煮沸，生成内酯。

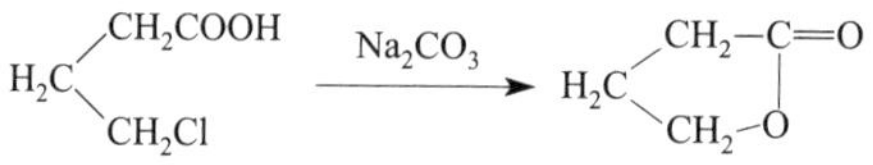

γ-丁内酯

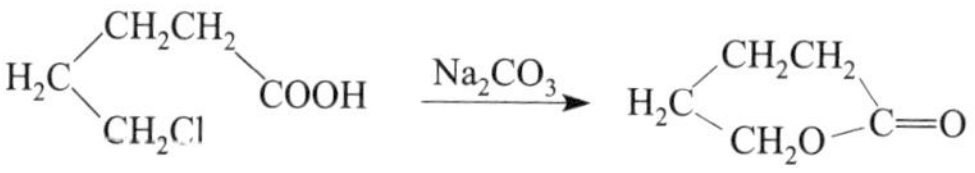

δ-戊内酯

豆腐制品中的嫩豆腐，就是以羧甲基纤维素 δ- 内酯为凝固剂制造的。

二、羟基酸

羟基酸一般为结晶固体或黏稠液体。羟基和羧基都能与水形成氢键，所以羟基酸在水中的溶解度都比相应的醇和羧酸大，低级羟基酸可与水混溶。羟基酸的熔点也比相应的羧酸高。

羟基酸可由卤代酸水解得到相应的醇酸。例如：

$$ClCH_2COOK + H_2O \longrightarrow HOCH_2COOH$$
80%
羟基乙酸

1. 醇酸

醇酸，羟基位于饱和烃的羧酸。许多醇酸作为生化过程的中间产物而存于自然界中，因此往往按照它们的来源命名。例如：

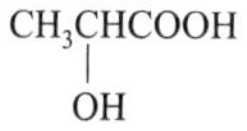

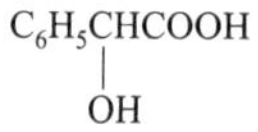

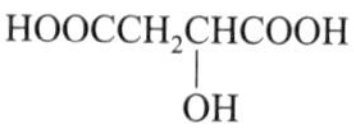

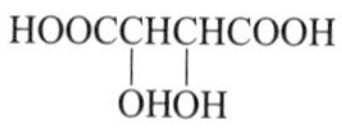

醇酸具有醇和酸的性质。醇酸的酸性比未取代的羧酸强，但羟基对酸性的影响没有卤原子强。并且随着和羧基间距离的增加而迅速减弱。醇酸的其他反应也与羟基及羧基的相对位置有关。

（1）脱水反应　醇酸脱水时随着醇羟基和羧基相对位置的不同而生成不同的产物。

α- 醇酸用脱水剂处理或加热处理，两分子间失去两分子水生成交酯。

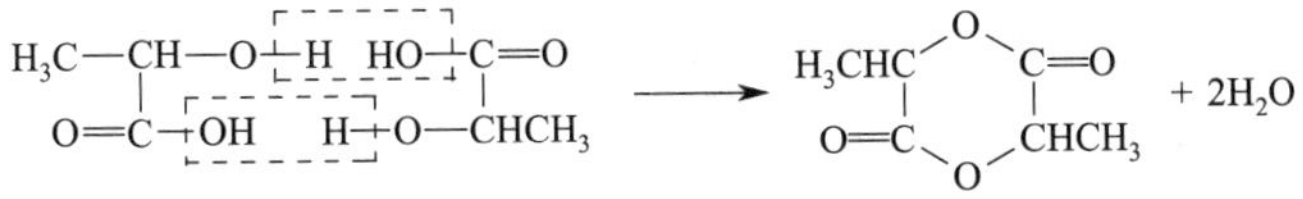

α-醇酸　　　　　　　　　　　　　交酯

这是 α- 醇酸的特性反应。交酯水解又变成原来的醇酸：

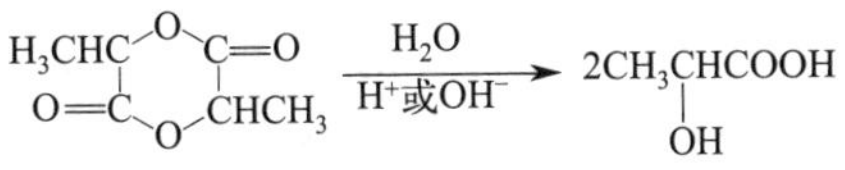

β- 醇酸受热容易脱水生成 α,β- 不饱和酸：

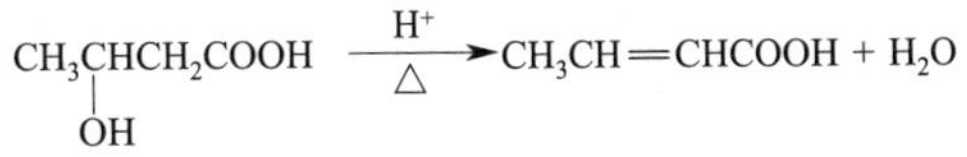

$$CH_3CHCH_2COOH \underset{\triangle}{\overset{H^+}{\longrightarrow}} CH_3CH=CHCOOH + H_2O$$
$$\ \ \ \ \ | $$
$$\ \ \ \ OH$$

γ- 醇酸极易失水变成环状的内酯：

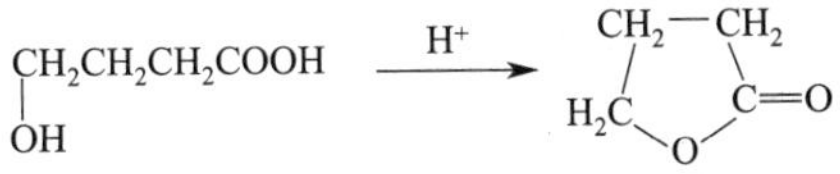

因此，γ- 醇酸只有变成盐后才是稳定的。有一些 γ- 醇酸不能得到，因为游离出来的酸立即失水生成内酯。γ- 内酯为稳定的中性化合物，但与热的碱液相遇会变成 γ- 醇酸盐。

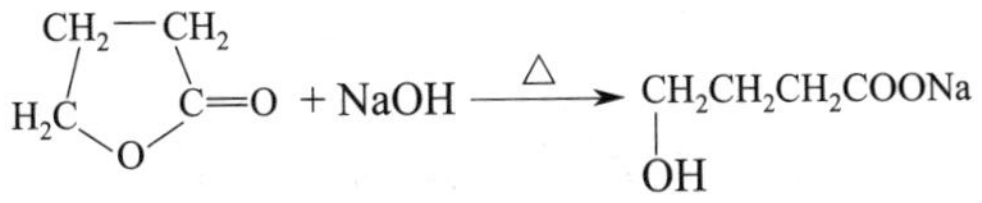

δ- 醇酸也可以生成 δ- 内酯，不过比 γ- 内酯较难生成。高级醇酸受热后在分子间进行酯化，生成长链的酯，叫作聚酯，一种用途广泛的塑料。

$$HOCH_2(CH_2)_nCOOH \longrightarrow H[OCH_2(CH_2)_nCO]_xOH$$

（2）氧化反应　醇酸可以氧化生成酮酸或末端醇酸可氧化成醛酸。α- 酮酸不稳定，容易脱羧变成醛、酮。β- 及 γ- 醇酸可被氧化成稳定的 γ- 酮酸。

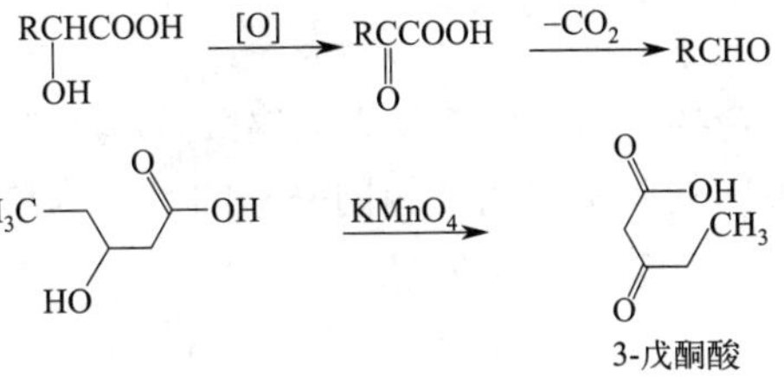

3-戊酮酸

2. 酚酸

酚酸，羟基位于芳烃环上的羧酸。最简单酚酸是水杨酸，广泛存在于自然界中。

（1）酚酸的性质　酚酸为结晶固体，具有酚和羧酸的一般性质。酚酸加入三氯化铁溶液时能显色。酚酸的羟基在羧基邻、对位上时加热容易去羧。例如：

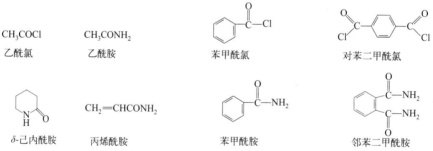

（2）酚酸的制法　许多酚酸是从天然产物中提取出来的，自然界存在的水杨酸，现在也可以通过合成技术得到。苯酚钠在二氧化碳气流中加热至 180 ～ 200℃，得到了水杨酸钠。

第六节　羧酸衍生物

羧酸衍生物一般是指羧基中羟基被其他原子或基团取代后的生成物，主要有酰卤、酸酐、酯、酰胺。它们都含有酰基，因此统称为酰基化合物。它们均可由羧酸制得，因而称为羧酸衍生物。许多药物都具有酯、酰胺的结构。

H_2N—⬡—$COCH_2CH_2N(C_2H_5)_2 \cdot HCl$
盐酸普鲁卡因(局部麻醉药)

苯巴比妥(镇静催眠药)

一、羧酸衍生物的命名

作为酰基化合物，根据分子中所含碳原子数，称之为某酰卤、某酰胺。

CH₃COCl
乙酰氯

CH₃CONH₂
乙酰胺

苯甲酰氯

对苯二甲酰氯

δ-己内酰胺

CH₂=CHCONH₂
丙烯酰胺

苯甲酰胺

邻苯二甲酰胺

乙酰氯是常见的酰卤化合物。丙烯酰胺是食品腐败过程中常见的伤害性中间体。

酸酐，有两个相同或不同的酰基，两个相同酰基的酐称为单酐，不相同的称为混酐。酸酐命名时，与醚相似。

乙酐

邻苯二甲酐

乙丙酐

丁二酐（琥珀酐）

酯是由羧酸和醇缩合失水而得。一元醇与羧酸构成的酯称为某酸某酯；多元醇的酯，则称为某醇某酸酯。分子中含有—CO—O—结构的环状化合物称为内酯。例如：

$$C_6H_5COOC_2H_5$$
苯甲酸乙酯

$$CH_2=C(CH_3)COOCH_3$$
甲基丙烯酸甲酯

HCOOCH$_3$
甲酸甲酯

$$\begin{array}{c} CH_3-\overset{\displaystyle O}{\overset{\|}{C}}-OCH_2 \\ CH_3-\underset{\displaystyle O}{\underset{\|}{C}}-OCH_2 \end{array}$$
乙二醇二乙酸酯

β-萘甲酸乙烯酯

γ-丁内酯

二、羧酸衍生物的物理性质

十四个碳以下的酰氯在室温时均为液体。酰氯为无色液体或低熔点固体。酰氯的沸点较相应的羧酸低。酰氯不溶于水。低级的酰氯遇水猛烈水解，水解产物能溶于水。酰氯的相对密度都大于1。

低级的酸酐为无色液体，有不愉快的刺激性气味。壬酸酐以上的单酐在室温下是固体，没有气味。酸酐的沸点比相应的羧酸高。

十四个碳以下羧酸的甲酯和乙酯在室温时均为液体。酯的沸点比相应的酸和醇都要低，而与含同数碳原子的醛、酮相似。酯在水中的溶解度较小，但能溶于一般的有机溶剂。挥发的酯具有芬芳的气味，许多花果的香气就是由酯所引起的，天然酯化合物可以用作食用香精香料。下列合成酯具有与天然水果相似的香气。

$$CH_3COOCH_2CH(CH_3)_2$$
乙酸异丁酯（香蕉）

$$CH_3CH_2CH_2CH_2COOCH_2CH(CH_3)_2$$
戊酸异丁酯（苹果）

$$CH_3CH_2CH_2COOCH_2CH_3$$
丁酸乙酯（菠萝、玫瑰）

$$CH_3COOCH_2CH_2CH(CH_3)_2$$
乙酸异戊酯（梨）

$$CH_3CH_2CH_2COOCH_2CH_2CH_2CH_3$$
丁酸丁酯（菠萝）

酰胺中氨基上的氢原子可以生成氢键，高度的缔合作用使酰胺的沸点比相应的酸高。除甲酰胺外，其他酰胺在室温下都是结晶固体。氨基上的氢被烃基取代时，由于缔合程度减小而使沸点降低。两个氢原子都被取代时沸点降低更多。液体的酰胺是有机物及无机物的优良溶剂，N,N-二甲基甲酰胺、N,N-二乙基甲酰胺、N,N-二甲基乙酰胺和甲酰胺都能与水混溶，都是良好的溶剂。表9.3给出一些羧酸衍生物的物理常数。

表9.3　一些羧酸衍生物的物理常数

化合物	熔点/℃	沸点/℃	化合物	熔点/℃	沸点/℃
乙酰氯	−112.0	51.0	乙酸乙酯	−83.0	77.0
丙酰氯	−94.0	80.0	乙酸丁酯	−77.0	126.0
正丁酰氯	−89.0	102.0	乙酸异戊酯	−78.0	142.0
苯甲酰氯	−1.0	197.0	苯甲酸乙酯	−32.7	213.0
乙酸酐	−73.0	140.0	丙二酸二乙酯	−50.0	199.0
丙酸酐	−45.0	169.0	乙酰乙酸乙酯	−45.0	180.4
丁二酸酐	−119.6	261.0	甲酰胺	3.0	200.0（分解）
顺-丁烯二酸酐	60.0	202.0	乙酰胺	82.0	221.0
苯甲酸酐	42.0	360.0	丙酰胺	79.0	213.0
邻苯二甲酸酐	131.0	284.0	正丁酰胺	116.0	216.0

续表

化合物	熔点 /℃	沸点 /℃	化合物	熔点 /℃	沸点 /℃
甲酸甲酯	−100.0	30.0	苯甲酰胺	130.0	290.0
甲酸乙酯	−80.0	54.0	N,N-二甲基甲酰胺	−61.0	153.0
乙酸甲酯	−98.0	57.5	邻苯二甲酰亚胺	238.0	升华

三、羧酸衍生物的化学性质

1. 酰基碳上的亲核取代反应

羧酸衍生物的羰基碳受亲核试剂（Nu）的进攻，发生亲核加成反应，生成一个具有四面体结构的中间体（I），然后离去一个负性基团（L），生成含碳氧双键较稳定的取代产物。羰基碳的正电性愈大，空间位阻愈小，愈有利于取代；离去基团碱性愈弱，离去能力愈强，愈有利于取代。

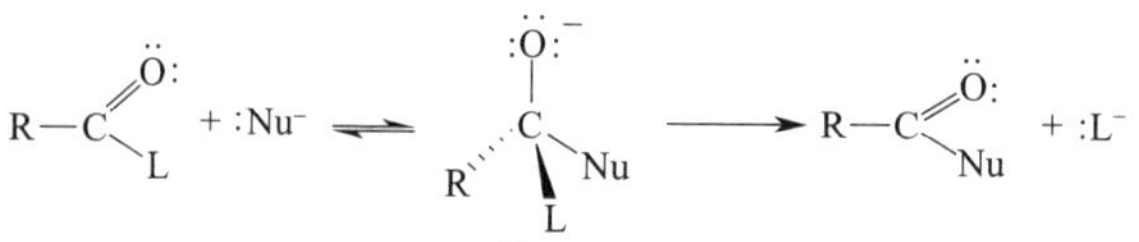

L 代表—X、—OCOR、—OR、—NH_2，L 碱性越弱，L 越易离去，反应越易进行。离去基团的离去能力是：$Cl^- > RCOO^- > RO^- > NH_2^-$。因此，羧酸衍生物的反应活性有以下次序：

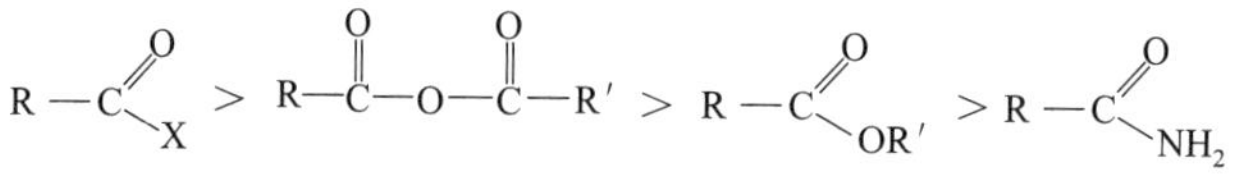

（1）水解　乙酰氯与水反应激烈且放热；乙酸酐与热水较易作用；酯的水解在没有催化剂存在时进行得很慢；而酰胺的水解常常要在酸或碱的催化下，经长时间的回流才能完成。

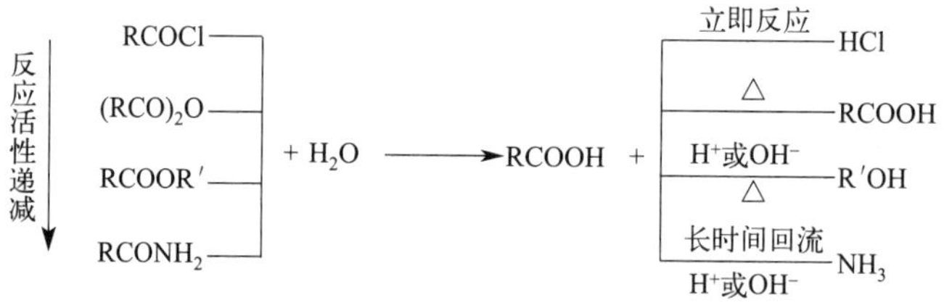

酰氯、酸酐、酯与酰胺都可以与水作用生成相应的酸，水解反应由易到难的次序为：酰氯＞酸酐＞酯＞酰胺。

（2）醇解　酰氯、酸酐及酯与醇作用生成酯：

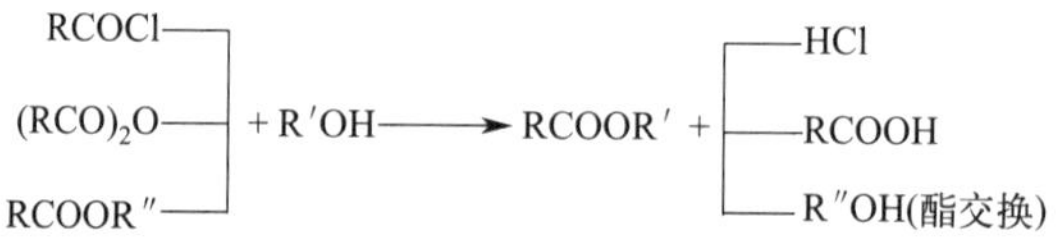

酰氯和酸酐可以直接与醇作用，酯与另一种醇作用生成两种酯的平衡混合物，这叫作酯交换反应。酯交换反应在有酸性或碱性催化剂存在时才能进行。

通过羧酸与醇反应难以制备的酯，可用活性较大的酰氯或酸酐与醇反应来制取。例如：

$$(CH_3CO)_2O + (CH_3)_3COH \xrightarrow{ZnCl_2} CH_3COOC(CH_3)_3 + CH_3COOH$$

（3）氨解 酰氯、酸酐及酯与氨作用都生成酰胺。酯的氨解要比酰氯和酸酐慢得多：

$$RCONH_2 + H_2NR'（过量）\longrightarrow RCONHR' + NH_3$$

（4）酸解 酰氯、酸酐、酯、酰胺与另一羧酸共热都得到平衡混合物：

$$RCOCl + R'COOH \rightleftharpoons RCOOH + R'COCl$$

$$(RCO)_2O + 2R'COOH \rightleftharpoons 2RCOOH + (R'CO)_2O$$

$$RCOOR'' + R'COOH \rightleftharpoons RCOOH + R'COOR''$$

$$RCONH_2 + R'COOH \rightleftharpoons RCOOH + R'CONH_2$$

酸解反应可以用来合成酰氯和酸酐。例如：

酰氯和酸酐的酰化能力强，是常用的酰化剂。

2. 与格氏试剂的反应

酰氯与格氏试剂作用可以得到酮或叔醇。由于酰氯与格氏试剂的反应速率更快，因此，用 1 mol 的格氏试剂，慢慢滴入含有 1 mol 酰氯的溶液中，可以使反应停留在酮的阶段：

例如：

$$(CH_3)_3COCl + (CH_3)_3CMgCl \longrightarrow (CH_3)_3COC(CH_3)_3$$

84%

酸酐与格氏试剂在低温下也可以得到酮，例如：

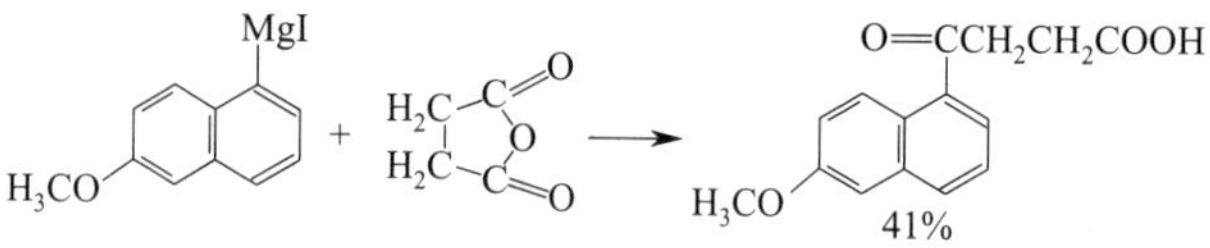

酯与格氏试剂作用生成叔醇：

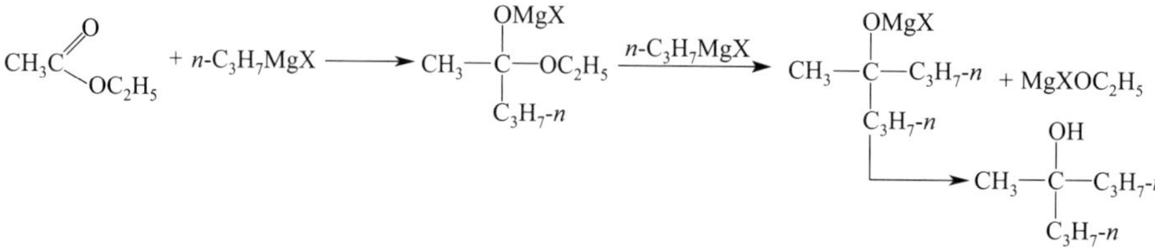

3. 还原反应

羧酸衍生物比羧酸更容易还原。酰基部分被还原为醇。酰氯用氢化铝锂还原生成伯醇：

$$RCOCl \xrightarrow[\text{②}H_2O]{\text{①}LiAlH_4,\text{乙醚}} RCH_2OH$$

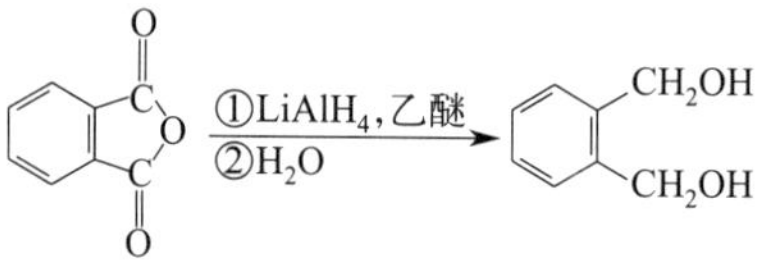

酯的还原得到两种醇。由于酯容易还原，氢化铝锂作还原剂时，可保留碳链中的不饱和键。

$$\underset{\text{月桂酸甲酯}}{CH_3(CH_2)_{10}COOCH_3} \xrightarrow{Na+EtOH} \underset{\substack{65\%\sim75\%\\ \text{月桂醇}}}{CH_3(CH_2)_{10}CH_2OH} + CH_3OH$$

$$CH_3CH{=}CHCH_2COOCH_3 \xrightarrow[\text{②}H_2O]{\text{①}LiAlH_4,\text{乙醚}} CH_3CH{=}CHCH_2CH_2OH + CH_3OH$$

4. 氧化反应

酰氯与过氧化钠、过氧化氢作用，可生成相应的过氧化二酰。例如：

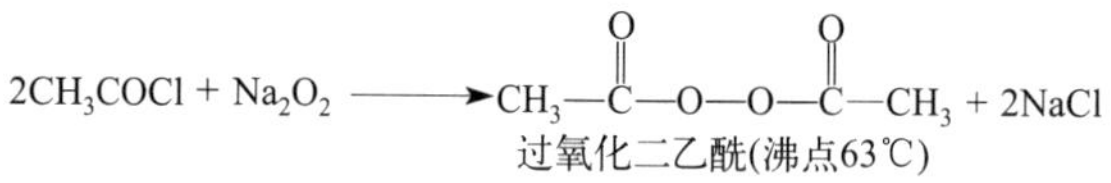

过氧化二乙酰(沸点63℃)

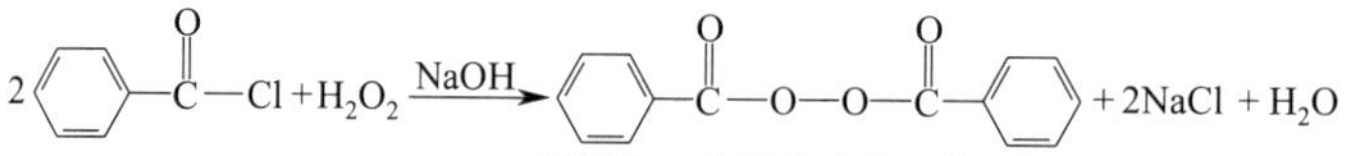

过氧化二苯甲酰(白色固体，熔点104℃)

过氧化二乙酰和过氧化二苯甲酰都是有机过氧化物，受热易爆炸。在控制条件下可分解生成自由基，而常用作自由基聚合反应的引发剂，面粉中常用作增白剂。

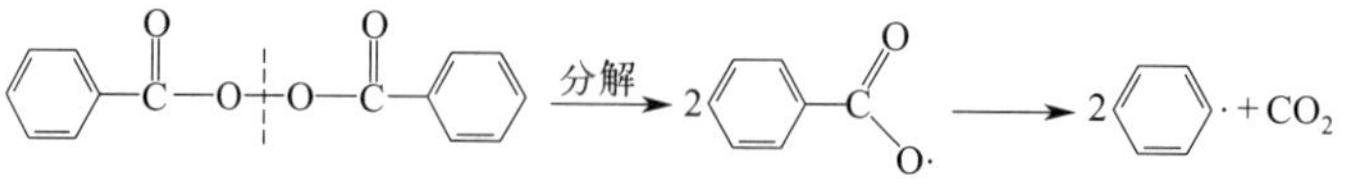

5. 酰胺的降解反应

酰胺与次氯酸钠或次溴酸钠的碱溶液作用时脱去羰基生成伯胺。在反应中碳链减少一个碳原子，这是霍夫曼（A.W.Hoffman）发现的制胺的一个方法，通常称为霍夫曼酰胺降级反应。含八个碳以下的酰胺，采用此法，反应过程复杂，但产率较高，产物较纯。

$$RCONH_2 + NaOX + 2NaOH \longrightarrow RNH_2 + Na_2CO_3 + NaX + H_2O$$

强心药氨力农（amrinone）合成的最后一步即是采用酰胺降解反应，将酰胺转变为胺。

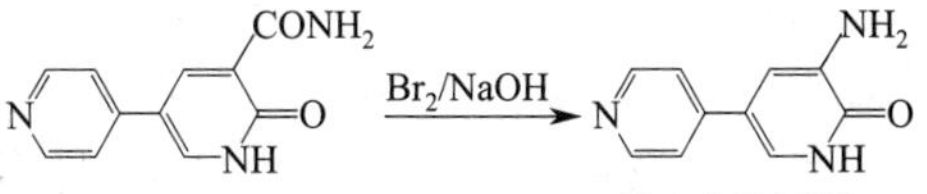

氨力农(64.2%)

第七节　β - 二羰基化合物

分子中含有两个羰基的化合物，统称为二羰基化合物（dicarbonyl compound）。羰基含义较广，可以是醛或酮或酯。凡两个羰基相隔一个亚甲基的化合物，称为 β- 二羰基化合物（β-dicarbonyl compound）。例如：

β- 二羰基化合物也称为活泼亚甲基化合物，亚甲基氢称 α-H，受两个羰基的影响，具有较强的活性，在有机合成上有多方面的应用。

一、烯醇式和酮式的互变异构

通常情况下，单羰基化合物在平衡状态下，其烯醇式异构体的含量很少。β- 二羰基化合物在平衡状态下烯醇式的含量较高，如表 9.4 所示，通常以酮式和烯醇式两种异构体的混合物形式存在。

表 9.4　某些化合物中烯醇式的含量

酮式	烯醇式	烯醇式含量 /%	pK_a
		0.0	25
		0.00015	20
		0.1	13
		7.5	11
		76.0	9
		90.0	—

乙酰乙酸乙酯（ethyl acetoacetate）能与羟胺、苯肼等反应生成肟、苯腙等；也能与亚硫酸氢钠等发生加成反应；说明乙酰乙酸乙酯具有酮式结构：

$$CH_3-\overset{\overset{\displaystyle O}{\|}}{C}-CH_2-\overset{\overset{\displaystyle O}{\|}}{C}-OC_2H_5$$

另外，乙酰乙酸乙酯与金属钠作用放出氢气而得到钠盐；与五氯化磷作用生成 3- 氯 -2- 丁烯酸乙酯；与乙酰氯作用生成酯。这些反应都说明乙酰乙酸乙酯分子中有羟基存在。此外乙酰乙酸乙酯能使溴的四氯化碳溶液迅速褪色，这说明分子中具有碳碳双键。与三氯化铁溶液作用呈紫红色，这个显色反应是具有烯醇式结构化合物的特征反应，因此说明分子中具有烯醇式结构。上述反应又说明乙酰乙酸乙酯应具有烯醇式结构：

$$CH_3-C=CH-\overset{\overset{\displaystyle O}{\|}}{C}-OC_2H_5$$
$$\underset{OH}{|}$$

实际上，乙酰乙酸乙酯的上述两种异构体之间存在下列平衡：

$$CH_3-\overset{\overset{\displaystyle O}{\|}}{C}-CH_2-\overset{\overset{\displaystyle O}{\|}}{C}-OC_2H_5 \rightleftharpoons CH_3-\underset{\underset{\displaystyle OH}{|}}{C}=CH-\overset{\overset{\displaystyle O}{\|}}{C}-OC_2H_5$$

乙酰乙酸乙酯的两种异构体，可在较低的温度下，用石英容器精馏分离。其中酮式的沸点为 41℃（267 Pa），烯醇式的沸点为 33℃（267 Pa）。在室温条件下，液态乙酰乙酸乙酯平衡混合物中约含 7.5% 的烯醇式异构体和 92.5% 的酮式异构体。

β- 二羰基化合物的烯醇式异构体具有较大稳定性的原因是：①通过烯醇羟基氢原子构成分子内氢键，形成一个稳定的六元环状化合物；②烯醇式羟基氧原子上的未共用电子对与碳碳双键和碳氧双键是共轭体系，发生了电子的离域，降低了分子的能量。

β- 二羰基化合物中的亚甲基同时受到两个羰基的影响，使 α-H 有较强的酸性。一些 β- 二羰基化合物的 pK_a 见表 9.4，其酸性比醇和水的酸性强。这是由于它们能发生互变异构，烯醇式具有更稳定的内在结构。如 2,4- 戊二酮在碱的作用下生成的负离子如下式所示：

$$CH_3-\overset{\overset{\displaystyle }{}}{\underset{\underset{\displaystyle O}{\|}}{C}}-CH_2-\overset{}{\underset{\underset{\displaystyle O}{\|}}{C}}-CH_3 \xrightleftharpoons{OH^-} CH_3-\overset{}{\underset{\underset{\displaystyle O}{\|}}{C}}-\bar{C}H-\overset{}{\underset{\underset{\displaystyle O}{\|}}{C}}-CH_3 + H_2O$$

这种负离子并不是单纯的如上式所示的酮式结构，负电荷实际上是在两个羰基间离域，这种离域作用比单羰基的离域作用强得多。

β- 二羰基化合物的负离子一般以烯醇式结构存在，所以称为烯醇负离子。但由于亚甲基碳原子上也带负电荷，且反应往往发生在此碳原子上，所以这种负离子也常称为碳负离子。

二、乙酰乙酸乙酯的合成及其应用

1. 酯缩合反应

两分子乙酸乙酯在乙醇钠的作用下，发生酯缩合（ester condensation）反应，脱去一个分子乙醇，生成乙酰乙酸乙酯，又称为 β- 丁酮酸乙酯。凡是 α- 碳上有氢原子的酯，在乙醇钠或其他碱性催化剂存在下，都能进行酯缩合反应。

$$2CH_3COOC_2H_5 \xrightarrow{C_2H_5ONa} [CH_3\overset{O}{\overset{||}{C}}\bar{C}HCOOC_2H_5]Na^+ \xrightarrow{H^+} CH_3\overset{O}{\overset{||}{C}}CH_2COOC_2H_5$$

其反应机理为：

乙醇钠的负离子与乙酸乙酯的 α-H 作用，夺取酯分子中一个 α-H，生成碳负离子。

$$CH_3CH_2ONa \longrightarrow CH_3CH_2O^- + Na^+$$

$$CH_3COOC_2H_5 \underset{C_2H_5O^-}{\longleftarrow} [\bar{C}H_2-\overset{O}{\overset{||}{C}}-OCC_2H_5 \longleftrightarrow CH_2=\overset{O^-}{\overset{|}{C}}-OC_2H_5] + C_2H_5OH$$

碳负离子再和另外一分子乙酸乙酯的羰基发生亲核加成，生成中间产物。

$$CH_3-\overset{O}{\overset{||}{\underset{OC_2H_5}{C}}} + \bar{C}H_2-\overset{O}{\overset{||}{C}}-OCC_2H_5 \Longrightarrow CH_3-\overset{O^-}{\overset{|}{\underset{C_2H_5O}{C}}}-CH_2COOC_2H_5$$

中间产物再消除一个乙氧基负离子而生成取代产物 β- 丁酮酸乙酯。

$$CH_3-\overset{O^-}{\overset{|}{\underset{C_2H_5O}{C}}}-CH_2COOC_2H_5 \Longrightarrow CH_3-\overset{O}{\overset{||}{C}}-CH_2COOC_2H_5 + C_2H_5O^-$$

2. 乙酰乙酸乙酯在有机合成上的应用

乙酰乙酸乙酯分子中亚甲基上的氢原子比较活泼，与醇钠等强碱作用，生成钠盐，后者可与卤代烷发生取代反应，生成烷基取代的乙酰乙酸乙酯，也可以进一步生成二烷基取代的乙酰乙酸乙酯。

$$CH_3COCH_2COOC_2H_5 \xrightarrow{C_2H_5ONa} [CH_3CO\bar{C}HCOOC_2H_5]Na^+ \xrightarrow{RX} CH_3CO\underset{R}{\overset{|}{C}}HCOOC_2H_5$$

$$CH_3CO\underset{R}{\overset{|}{C}}HCOOC_2H_5 \xrightarrow{(CH_3)_3COK} [CH_3CO\underset{R}{\overset{|}{\bar{C}}}COOC_2H_5]K^+ \xrightarrow{R'X} CH_3CO\underset{R}{\overset{R'}{\overset{|}{C}}}COOC_2H_5$$

卤代烷常用伯卤代烷或仲卤代烷，叔卤代烷在此条件下易脱去卤化氢生成烯烃而不能使用。卤代乙烯及芳基卤化物不发生此反应。

乙酰乙酸乙酯进行烷基化反应后，再进行酮式分解或酸式分解，在有机合成上有广泛的应用，主要用来合成甲基酮或烷基取代的乙酸。

$$CH_3COCH_2COOC_2H_5 \xrightarrow[(2)\ CH_3CH_2CH_2Br]{(1)\ C_2H_5ONa} CH_3CO\underset{CH_2CH_2CH_3}{\overset{|}{C}}HCOOC_2H_5 \xrightarrow[(2)\ CH_3I]{(1)\ (CH_3)_3COK}$$

$$CH_3CO\underset{CH_2CH_2CH_3}{\overset{CH_3}{\overset{|}{C}}}COOC_2H_5$$

(1) 稀 OH^-, (2) H^+, (3) $\triangle$ → $CH_3COCHCH_2CH_2CH_3$ （上标 CH_3）
酮式分解产物

(1) 40% OH^-, (2) H^+ → $CH_3CH_2CH_2CHCOOH$ （上标 CH_3）
酸式分解产物

当乙酰乙酸乙酯的钠盐与二卤代烷作用，然后进行酮式分解，可得二元酮或甲基环烷基酮。例如：

$$2[CH_3CO\bar{C}HCOOC_2H_5]Na^+ \xrightarrow{CH_2Cl_2} \begin{matrix} CH_3COCHCOOC_2H_5 \\ | \\ CH_2 \\ | \\ CH_3COCHCOOC_2H_5 \end{matrix} \xrightarrow[\text{酮式分解}]{(1)\ \text{稀}OH^-,(2)\ H^+,(3)\ \triangle} CH_3COCH_2CH_2CH_2COCH_3$$

$$2[CH_3CO\bar{C}HCOOC_2H_5]Na^+ \xrightarrow{Br(CH_2)_4Br} Br(CH_2)_4CH \begin{matrix} COCH_3 \\ \\ COOC_2H_5 \end{matrix} \xrightarrow{C_2H_5ONa}$$

环戊烷 $\begin{matrix} COCH_3 \\ \\ COC_2H_5 \end{matrix} \xrightarrow[\text{酮式分解}]{(1)\ \text{稀}OH^-,(2)\ H^+,(3)\ \triangle}$ 环戊基 $\overset{O}{\overset{\|}{C}}{-}CH_3$

在合成取代酸时，通常不采用乙酰乙酸乙酯合成法，而采用丙二酸酯法，因为前者在进行酸式分解的同时，常伴有酮式分解的副反应，导致产率降低。

三、丙二酸二乙酯

丙二酸二乙酯（diethyl malonate），无色有香味的液体，沸点 199℃，微溶于水。丙二酸二乙酯由氯乙酸钠经下列反应制备：

$$\begin{matrix} CH_2COONa \\ | \\ Cl \end{matrix} \xrightarrow{NaCN} \begin{matrix} CH_2COONa \\ | \\ CN \end{matrix} \xrightarrow[H_2SO_4]{C_2H_5OH} CH_2 \begin{matrix} COOC_2H_5 \\ \\ COOC_2H_5 \end{matrix}$$

丙二酸二乙酯具有弱的酸性（$pK_a=13$），与强碱诸如乙醇钠作用，可生成相应的钠盐，后者与卤代烷作用，可生成一烷基取代丙二酸二乙酯，进一步反应，可得到二烷基取代丙二酸二乙酯。一烷基或二烷基取代丙二酸二乙酯经水解生成取代的丙二酸，受热脱羧即可得到取代的乙酸。

$$CH_2(COOC_2H_5)_2 \xrightarrow{NaOC_2H_5} Na^+[CH(COOC_2H_5)_2]^- \xrightarrow{CH_3CH_2Br} CH_3CH_2CH(COOC_2H_5)_2 \xrightarrow[(2)\ CH_3I]{(1)\ NaOC_2H_5}$$

$$\begin{matrix} CH_3CH_2C(COOC_2H_5)_2 \\ | \\ CH_3 \end{matrix} \xrightarrow[(2)\ H^+]{(1)\ NaOH,H_2O} \begin{matrix} COOH \\ | \\ CH_3CH_2{-}C{-}COOH \\ | \\ CH_3 \end{matrix} \xrightarrow[-CO_2]{\triangle} \begin{matrix} CH_3CH_2{-}CH{-}COOH \\ | \\ CH_3 \end{matrix}$$

丙二酸二乙酯的钠盐也可与二卤代烷或卤代酸酯作用，然后经水解、酸化、脱羧等反应生成二元羧酸。例如：

$$2Na^+[CH(COOC_2H_5)_2]^- + \begin{matrix} CH_2Br \\ | \\ CH_2Br \end{matrix} \longrightarrow \begin{matrix} CH_2CH(COOC_2H_5)_2 \\ | \\ CH_2CH(COOC_2H_5)_2 \end{matrix} \xrightarrow[(2)\ H^+,(3)\ \triangle]{(1)\ NaOH,H_2O} \begin{matrix} CH_2CH_2COOH \\ | \\ CH_2CH_2COOH \end{matrix}$$

$$Na^+[CH(COOC_2H_5)_2]^- + \begin{matrix} CH_2COOC_2H_5 \\ | \\ Cl \end{matrix} \longrightarrow \begin{matrix} CH_2CH(COOC_2H_5)_2 \\ | \\ CH_2COOC_2H_5 \end{matrix} \xrightarrow[(2)\ H^+,(3)\ \triangle]{(1)\ NaOH,H_2O} \begin{matrix} CH_2COOH \\ | \\ CH_2COOH \end{matrix}$$

丙二酸二乙酯也可用来合成 3～6 元环的环烷酸。例如：

$$CH_2(COOC_2H_5)_2 \xrightarrow[(2)\ Br(CH_2)_4Br]{(1)\ NaOC_2H_5} Br(CH_2)_4CH(COOC_2H_5)_2 \xrightarrow{NaOC_2H_5}$$

$$BrCH_2CH_2CH_2CH_2\bar{C}(COOC_2H_5)_2 \xrightarrow[-Br^-]{\text{分子内}S_N2} \text{环戊烷}\begin{matrix} COOC_2H_5 \\ \\ COOC_2H_5 \end{matrix} \xrightarrow[(2)\ H^+,(3)\ \triangle]{(1)\ NaOH,H_2O} \text{环戊基}{-}COOH$$

烷基化试剂通常采用卤代烃，甲基卤代物和伯卤代烃、烯丙基卤代烃、苄基卤代烃等可获得较高的产率。

第八节 碳酸衍生物

碳酸可看作是羟基甲酸或共用一个羰基的二元羧酸。

碳酸分子中的一个或两个羟基被其他基团取代后的生成物叫碳酸衍生物。酸性的碳酸衍生物（HOCOY，Y＝X、OR、NH_2）都不稳定，重要的碳酸衍生物如光气（ClCOCl）和尿素（H_2NCONH_2）。由于碳酸不稳定，不以游离状态存在，所以碳酸衍生物不由碳酸直接制备。

一、碳酰氯

碳酰氯（carbonyl chloride），俗称光气，最初是由一氧化碳和氯在日光照射下得到的。目前工业上是用活性炭作催化剂，在200℃时使等体积的一氧化碳和氯作用而得。

光气是一种极毒带甜味的无色气体，有腐草臭，熔点 –118℃，沸点 8.2℃，微量吸入也危险，有累积中毒作用，第一次世界大战时曾被用作军用毒气。它具有酰氯的一般特性，可水解生成 CO_2 的 HCl，醇解生成碳酸酯，氨解生成尿素。它是有机合成上的一种重要原料，可用来生产染料、安眠药、泡沫塑料和聚碳酸酯塑料等。

二、胍

胍（carbamidine）可看成是尿素分子中的氧原子被亚氨基（＝NH）取代而生成的化合物。由氨基氰与氯化铵作用可制得胍的盐酸盐。

$$H_2NC≡N + NH_4Cl \longrightarrow (H_2N)_2C=NH \cdot HCl$$

工业上胍是由双氰胺（由氰氨化钙与水作用而得）和过量的氨加热来制备的。

胍为吸湿性很强的无色结晶，熔点 50℃，易溶于水。胍是很强的一元碱，碱性与氢氧化钠相近。它能吸收空气中的二氧化碳而生成碳酸盐。

用氢氧化钡溶液使胍缓和水解则生成尿素。

$$\begin{array}{c} H_2N \\ \diagdown \\ H_2N \end{array} C=NH + H_2O \xrightarrow{Ba(OH)_2} \begin{array}{c} H_2N \\ \diagdown \\ H_2N \end{array} C=O + NH_3$$

胍的许多衍生物在生理上具有重要作用。例如对氨基苯磺酰胍，俗称磺胺胍（sulfaguanidine，SG），亦称磺胺脒，是一种肠道消炎药，用于治疗菌痢、肠炎等，对于多种病毒有抑制作用，可用于预防流感等。药品吗啉胍（morpholinobiguanidine，ABOB）分子中也有胍基。吗啉胍对流感病毒及疱疹病毒等引起的感染性疾病有特殊疗效。

对氨基苯磺酰胍　　　　吗啉胍

三、腈

腈（nitrile）可以看作是氢氰酸（H—C≡N）分子中的氢原子被烃基取代后的生成物。它的通式为 RCN（或 ArCN）。

1. 腈的命名

腈的命名常按照腈分子中所含碳原子数目而称为某腈；或以烷烃为母体，氰基作为取代基，称为氰基某烷。

CH₃CN　　　　　CH₃CH₂CN　　　　　⬡—CH₂CN

乙腈或氰基甲烷　　丙腈或氰基乙烷　　苯基乙腈或苄腈

2. 腈的结构

氰基的碳原子和氮原子都是 sp 杂化。碳原子的两个 sp 杂化轨道，一个同另一碳原子形成 C—C σ 键，另一个同氮原子形成 C—N σ 键。氮原子的另一个 sp 杂化轨道中，则有一对未共用电子。碳原子和氮原子还各有两个 p 轨道，它们两两侧面交盖，形成两个 π 键。在氮碳三键中，氮原子的电负性比碳大，因此氰基有极大的极性。

3. 腈的性质

低级腈是无色液体，高级腈是固体。腈分子中的碳氮键有较大的极性，如乙腈的偶极矩为 4.0 D，它也具有较大的介电常数（38.8），乙腈不仅可以与水混溶，而且可以溶解许多无机盐类。它也可以溶于一般有机溶剂，如乙醚、氯仿、苯等，所以乙腈是很好的有机溶剂。随着分子量的增加，丙腈、丁腈在水中的溶解度迅速降低，丁腈以上的腈类难溶于水。纯的腈没有毒性，但腈中常混有毒性较大的异腈（R—N≡C）。

腈可以发生水解和醇解反应。在酸或碱催化下，在较高温度（约 100～200℃）和较长时间加热下，水解生成羧酸。

腈的醇解反应在酸催化下进行，产物是酯。

$$R—C≡N+R'OH \longrightarrow R—COOR'+NH_3$$

腈加氢或还原而生成伯胺，这是伯胺的制备方法之一。

$$R\!-\!C\equiv N + 2H_2 \longrightarrow RCH_2NH_2$$

四、异氰酸酯

异氰酸酯（isocyanate），难闻的催泪液体。常把具有 R—N=C=O 结构的化合物称为异氰酸酯，相当于氰酸的酯，相应的异氰酸是不存在的。一般认为氰酸和异氰酸是互变异构体，在平衡时以生成异氰酸为主。

$$HO\!-\!C\equiv N \rightleftharpoons O=C=N\!-\!H$$

氰酸　　　　异氰酸

异氰酸酯的命名与羧酸酯的命名相似，称为异氰酸某酯。如：

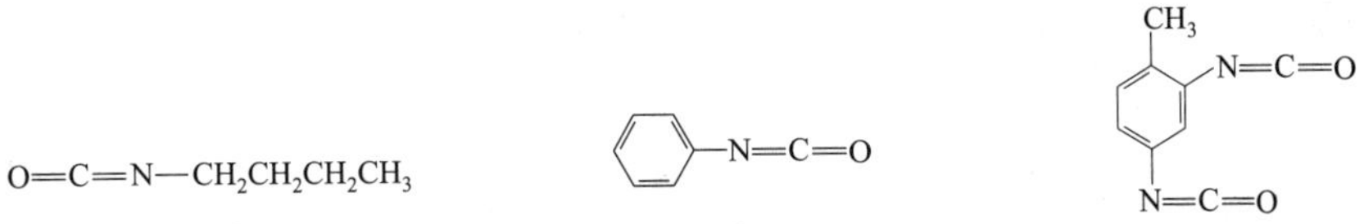

O=C=N—CH₂CH₂CH₃

异氰酸丁酯

◯—N=C=O

异氰酸苯酯

甲苯-2,4-二异氰酸酯
或2,4-二异氰酸甲苯酯

异氰酸酯一般由光气与伯胺作用，先生成氨基甲酰氯，后者受热即分解而得异氰酸酯。例如：

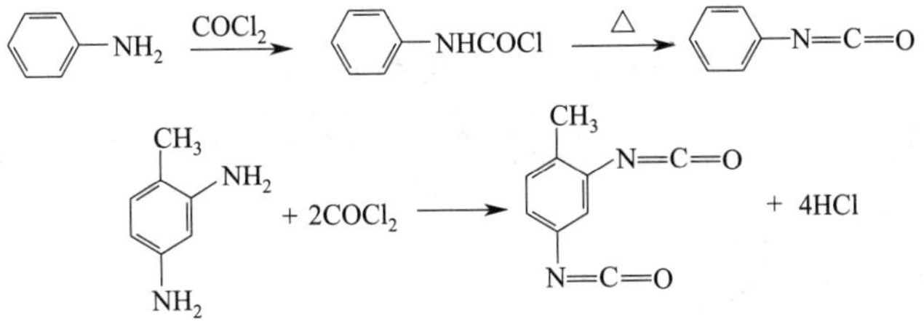

◯—NH₂ →(COCl₂) ◯—NHCOCl →(△) ◯—N=C=O

◯(CH₃)(NH₂)(NH₂) + 2COCl₂ → 产物 + 4HCl

工业上，先由二元酸与二乙醇形成末端为醇结构的聚酯，再与异氰酸酯反应，生成聚氨酯。

$$nHOOC(CH_2)_4COOH + (n+1)HOCH_2CH_2OH \longrightarrow$$

HO—CH₂CH₂O[CO—(CH₂)₄—CO—O—CH₂CH₂O]ₙH + 2nH₂O

这种分子量较低的聚酯再和甲苯-2,4-二异氰酸酯作用，制得聚氨基甲酸酯树脂。这种高聚物是很好的弹性体，可作为橡胶材料使用，具有耐用耐磨的优良性能。

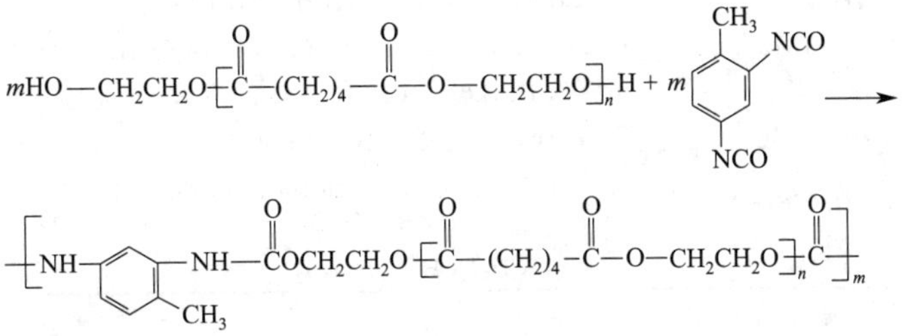

第九节　油脂和蜡

一、油脂的组成和结构

油脂存在于动植物组织中，油脂同碳水化合物和蛋白质一样，都是人体营养中不可缺少的组成部分。油脂包括脂肪和油，习惯上把常温下为固体或半固体的叫作脂肪（fat），液体的叫作油。但是这两个名词在实际使用上并未严格区分。例如在常温下鱼脂为液体，而牛油则为固体。

油脂是甘油与脂肪酸所生成的酯。甘油与一种脂肪酸所生成的酯叫作甘油同酸酯，与两种或三种脂肪酸所生成的酯叫作甘油混酸酯，天然油脂多为甘油混酸酯。

$$CH_2-O-CO(CH_2)_{14}CH_3$$
$$CH-O-CO(CH_2)_{14}CH_3$$
$$CH_2-O-CO(CH_2)_{14}CH_3$$
甘油同酸酯
甘油三软脂酸酯

$$^{\alpha}CH_2-O-CO(CH_2)_{16}CH_3$$
$$^{\beta}CH-O-CO(CH_2)_{14}CH_3$$
$$^{\alpha'}CH_2-O-CO(CH_2)_7CH=CH(CH_2)_7CH_3$$
甘油混酸酯
甘油-α-硬脂酸-β-软脂酸-α'-油酸酯

从油脂得到的脂肪酸主要是含偶数碳原子的直链羧酸。油脂中常见的饱和脂肪酸见表 9.5。

表 9.5　油脂中常见的饱和脂肪酸

俗名	系统命名	结构式	熔点 /℃	分布
月桂酸	十二碳酸	$CH_3(CH_2)_{10}COOH$	44	椰子油、奶油等
豆蔻酸	十四碳酸	$CH_3(CH_2)_{12}COOH$	58	椰子油、奶油等
软脂酸	十六碳酸	$CH_3(CH_2)_{14}COOH$	63	动物、植物油脂
硬脂酸	十八碳酸	$CH_3(CH_2)_{16}COOH$	71	动物、植物油脂
花生酸	二十碳酸	$CH_3(CH_2)_{18}COOH$	77	花生油
山萮酸	二十二碳酸	$CH_3(CH_2)_{20}COOH$	80	山萮油

油脂中常见的不饱和脂肪酸见表 9.6。油酸含有一个不饱和键，正好在碳链的中央；亚油酸和亚麻酸分别含两个和三个双键。

表 9.6　油脂中常见的不饱和脂肪酸

俗名	系统命名	结构式	熔点 /℃	分布
油酸	9-十八碳烯酸	$CH_3(CH_2)_7CH=CH(CH_2)_7COOH$	16.3	动物、植物油
亚油酸	9,12-十八碳二烯酸	$CH_3(CH_2)_4CH=CHCH_2CH=CH(CH_2)_7COOH$	−5	植物油
亚麻酸	9,12,15-十八碳三烯酸	$CH_3CH_2CH=CHCH_2CH=CHCH_2CH=CH(CH_2)_7COOH$	−11	亚麻仁油
桐油酸	9,11,13-十八碳三烯酸	$CH_3(CH_2)_3(CH=CH)_3(CH_2)_7COOH$	49	桐油
花生四烯酸	5,8,11,14-二十碳四烯酸	$CH_3(CH_2)_4CH=CHCH_2CH=CHCH_2CH=CHCH_2CH=CH(CH_2)_3COOH$	−49.5	牛油、猪油等
芥酸	13-二十二碳烯酸	$CH_3(CH_2)_7CH=CH(CH_2)_{11}COOH$	33.5	菜油

二、油脂的性质

油脂属于酯，除具有酯的性质外，有些还具有双键的性质。

1. 皂化

油脂在酸的存在下与水共沸，则水解生成高级脂肪酸和甘油，这是高级脂肪酸来源之一。

油脂与氢氧化钠共热也可发生水解生成高级脂肪酸钠盐（即肥皂）和甘油。因此酯的碱性水解叫作皂化（saponification）。例如：

$$
\begin{array}{l}
CH_2\text{—}O\text{—}CO(CH_2)_{16}CH_3 \\
CH\text{—}O\text{—}CO(CH_2)_{14}CH_3 \\
CH_2\text{—}O\text{—}CO(CH_2)_7CH=CH(CH_2)_7CH_3
\end{array}
+ 3NaOH \xrightarrow{\triangle}
\begin{array}{l}
CH_2\text{—}O\text{—}H \\
CH\text{—}O\text{—}H \\
CH_2\text{—}O\text{—}H
\end{array}
+
\begin{array}{l}
CH_3(CH_2)_{16}COONa \\
CH_3(CH_2)_{14}COONa \\
CH_3(CH_2)_7CH=CH(CH_2)_7COONa
\end{array}
\begin{array}{l}
\text{硬脂酸钠} \\
\text{软脂酸钠} \\
\text{油酸钠}
\end{array}
$$

油脂(猪油)　　　　　甘油

由于各种油脂含有不同的甘油酯，所以各种油脂的平均分子量是不同的，平均分子量越大，单位质量油脂中含甘油酯的物质的量越小，皂化时所需碱量也小。工业上将 1 g 油脂完全皂化时所需 KOH 的质量（mg）称皂化值（saponification value）。由皂化值可估计油脂的平均分子量，皂化值愈大，油脂的平均分子量愈小。

2. 加成反应

油（含有不饱和脂肪酸）的催化加氢（一般在 200℃、0.1 ～ 0.3 MPa、Ni 催化下进行）叫作"油的氢化"或"油的硬化"，因为所得产品是由液体转为固体的具有一定硬度的脂，所以叫"硬化油"。油脂的不饱和度常用"碘值"来表示。100 g 油脂与碘加成所需碘的质量（g）称"碘值"（iodine value）。碘值越大，油脂的不饱和程度愈大。

油脂与碘的加成，采用氯化碘或溴化碘的醋酸溶液进行，再换算成碘的加成质量。

3. 氧化和聚合反应

油脂在空气及细菌作用下，易氧化或水解而释放出具有强烈难闻气味的羧酸以及醛类化合物，即油脂酸败变质。含有共轭双键的油类，易发生聚合反应，生成复杂的聚合物。例如桐油在空气中可干化成膜，可能是一系列氧化聚合的结果。

4. 酸值

油脂中的游离脂肪酸含量，可用 KOH 中和来测定。中和 1 g 油脂所需的 KOH 的质量称为酸值（acid value）。酸值反映了油脂中游离脂肪酸的含量。

油脂的用途广泛，是工业上的重要原料。

三、蜡

蜡（wax），是直链高级羧酸所成的酯，其主要成分一般是含有偶数碳原子的高级脂肪酸和高级一元醇所组成的酯。此外，还含有游离的高级羧酸、醇及烃类。例如，蜂蜡（蜜蜡）的主要成分是十六酸三十醇酯（棕榈酸蜂花酯）$C_{15}H_{31}COOC_{30}H_{61}$；鲸蜡的主要成分是十六酸十六醇酯（鲸蜡醇棕榈酸酯）$C_{15}H_{31}COOC_{16}H_{33}$；白蜡（虫蜡）又名中国蜡，为我国四川特产，主要成分是二十六酸二十六醇酯（蜡酸蜡酯）$C_{25}H_{51}COOC_{26}H_{53}$。天然蜡，可用于制造蜡烛、香脂、软膏等。

天然蜡水解可得相应的高级醇和高级酸。高级醇是制造化妆品的润滑剂、乳化剂、保湿剂的首选原材料。

思考题

蜡, 乙醇解, 则得到高级脂肪酸, 这种高级脂肪酸有很多用途, 诸如化妆品、食品添加剂等。石油蜡, 是石油炼制过程中产生的, 是碳氢化合物的混合物, 一般熔点在 50 ~ 90℃。经过催化氧化, 也可以得到高级脂肪酸, 但该高级脂肪酸一般仅用于工业洗涤剂、工业制品的制造。试解析: 人工合成的高级脂肪酸与天然产物醇解的高级脂肪酸在结构、性能和用途等方面有何异同?

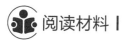 阅读材料 I

食醋——古代劳动人民勤劳和智慧的结晶

乙酸, 俗名醋酸。科学上的醋是指含乙酸10%以下的水溶液。当然还含其他食品添加剂。

醋, 是我国古代劳动人民勤劳和智慧的结晶。相传, 醋是酒神杜康的儿子帝予发明的, 民间有"老子作酒儿作醋"之说。说是帝予跟杜康学造酒, 技术没学好, 酿酒泛酸, 二十一日后酿成了醋。"醋"字由"酉"和"昔"组成, "酉"是酿酒作醋的坛子, "昔"拆开为"二十一日", 说的是酿醋所要的时间。这一故事反映了酿酒与制醋之间的关系, 醋正是受酿酒的启发而发明出来的。

先秦时期, 人们称醋为"醯（xī）", 秦汉时期, 醯和酱均为人们经常食用的调味品, 二者之间具有千丝万缕的联系, 故"醯酱"经常连称, 如《礼记·曲礼上》云: "脍炙处外, 醯酱处内。"

汉代时, 人们又称醋为"酢（cù）", 酢又可指酒, 故后世有"酬酢"一词。魏晋南北朝时期, 人们又称醋为"苦酒"。唐代以前的"酢""苦酒", 均反映了古人制醋与酿酒之间的密切联系。直到今天, 日本人仍称醋为"酢"。

南北朝时期, 中国酿醋的技术已经相当成熟了。后世常有用酸酒或酒糟作醋, 北魏贾思勰《齐民要术》卷八《作酢法第七十一》中, 共记载了23种醋的酿造方法。包括三种"动酒"（酸酒）转作醋的方法、三种酒糟做醋的方法和三种在炊熟的豆类或粮食中直接加酒作醋的方法, 这些都是利用醋酸菌将酒精氧化成醋酸的生物性变化。

唐代之前, 醋就是一些美味佳肴的重要调味品。人们在食用鱼脍时, 醋往往是必备品。宋代时, 醋成为人们日常生活中必不可少的调味品之一。宋初陶谷《清异录》卷下《馔羞门》"八珍主人"条载: "酱, 八珍主人也。醋, 食总管也。"

明清以来, 醋的品种日益增多, 风味各异。有社醋、腊醋、伏醋、四时醋、长生醋、神仙醋、枣子醋、炒麦醋、大麦醋、小麦麸醋、糖醋、酒醋。酿醋时人们不仅重视所用原料和发酵的曲, 对酿醋的时间选择也十分重视, 如春秋社日时酿社醋, 腊月八日时酿腊醋, 夏天伏日时酿伏醋。

如今, 全国比较有名的醋有江苏镇江香醋, 山西老陈醋, 天津独流老醋, 青海湟源陈醋, 四川保宁醋、麸醋, 浙江玫瑰香醋, 福建永春红曲醋。

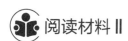 阅读材料 II

共轭亚油酸与健康食品

共轭亚油酸（conjugated linoleic acid, CLA）是亚油酸一系列位置异构体和几何异构体的混合物，是存在于食物中的天然成分。它主要有 8,10-、9,11-、10,12-、11,13- 四种位置异构体，而每种位置异构体又有四种几何异构体。除了自由脂肪酸（FCLA）形式之外，CLA 还有多种有价值的衍生物，如甲基酯（CLA-Me）、油脂（如甘油酯 CLA-TG、红花油脂 CLA-SO、蛋黄脂 CLA-EYL 和卵磷脂 CLA-PL）等。目前对 CLA 的生理功能已有许多研究报道。

共轭亚油酸的结构如下：

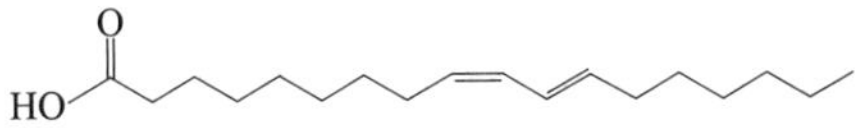

早期西方科学家在烤牛肉中发现有一种抗癌物质，随后确认这种抗癌物质就是共轭亚油酸，由此引起了人们对 CLA 广泛的研究兴趣。进一步研究表明，CLA 还具有抗动脉硬化、抗血栓、降血脂、减肥、提高免疫力等一系列生理活性。CLA 备受药理学家、营养学家和油脂化学家们的关注。

随着 CLA 对人体健康影响的生理机制被逐渐阐释，CLA 作为一种新发现的营养素，无论是作为药品、保健食品、功能食品、食品防腐剂，还是在肉类工业、饲料工业中，它的研究都有重要意义。CLA 的钠盐、钾盐可抑制霉菌的生长，且性质相对稳定，无毒副作用，在食品、化妆品等行业可代替苯甲酸钠作为防腐剂。

人们一般都把牛羊肉像猪肉一样作为优质蛋白质的主要来源，但决定肉品质的最主要因素并不是蛋白质而是脂肪。草饲牛羊肉不仅仅能为人提供优质蛋白质，还能像深海鱼一样为人体提供多不饱和 ω-3 脂肪酸（DHA 和 EPA），同时还能提供只有食草动物富含的共轭亚油酸。虽然各种营养成分中脂肪热量最高，脂肪也一直被当作肥胖的元凶，但共轭亚油酸却是脂肪酸中的异类，不会增肥反能减肥。草饲牛羊肉的脂肪并不会增肥，反而对健康有益。

我国食用油的品种丰富，包括紫苏籽油、菜籽油、亚麻籽油、葵花籽油、油茶籽油、橄榄油、玉米油、花生油、牛油果油、大豆油、稻米油等，各类超市、农贸市场食用油琳琅满目，充分反映了社会主义的富民健民强国的优越性。在诸多的食用油中，其中葵花籽油、玉米油、大豆油的亚油酸占比较高，均在 50% 以上。不同消费观念的消费者，可以自由选择自己喜爱的保健食用油。

习题

1.命名下列化合物。

（1）HOOC—⬡—COCl

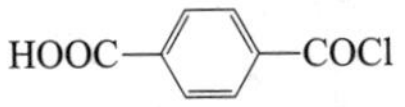

（2）⬡—COOH

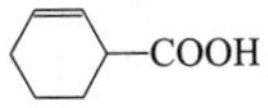

（3）CH₃COCHCOOC₂H₅
　　　　｜
　　　 C₂H₅

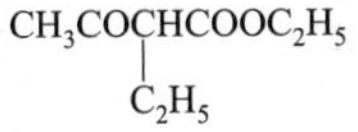

（4）（CH₃）₂CHCOOH

（5） 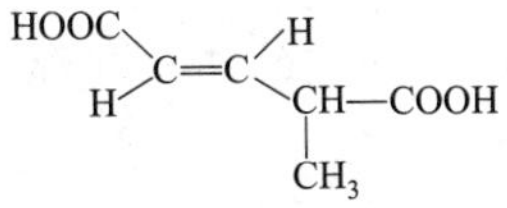
HOOC　　　H
　　╲　╱
　　 C=C
　　╱　　╲
　H　　　CH—COOH
　　　　　｜
　　　　 CH₃

（6）O₂N—⬡—COOH
　　　　　　　｜
　　　　　　 CHO

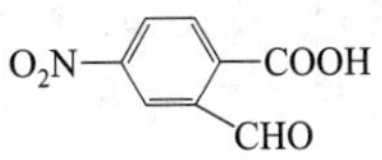

（7）C₂H₅CH（COOH）₂

（8）H₃C—⬡—C(=O)—Cl

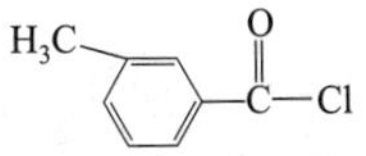

（9） 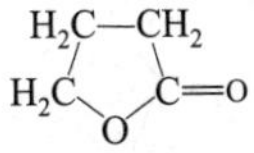
H₂C—CH₂
｜　　｜
H₂C　 C=O
　╲　╱
　 O

（10）CH₃CH₂COOCH₂—⬡—CH₃

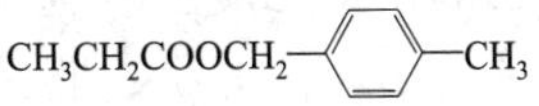

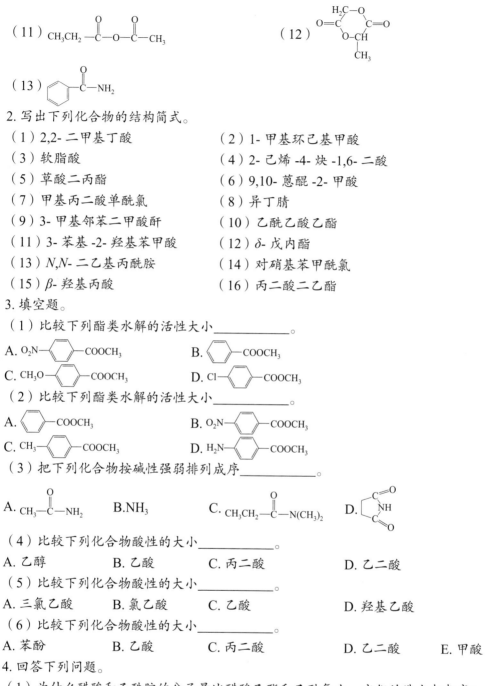

（11）$CH_3CH_2-\overset{\overset{\displaystyle O}{\|}}{C}-O-\overset{\overset{\displaystyle O}{\|}}{C}-CH_3$

（12）

（13）

2. 写出下列化合物的结构简式。

（1）2,2- 二甲基丁酸
（2）1- 甲基环己基甲酸
（3）软脂酸
（4）2- 己烯 -4- 炔 -1,6- 二酸
（5）草酸二丙酯
（6）9,10- 蒽醌 -2- 甲酸
（7）甲基丙二酸单酰氯
（8）异丁腈
（9）3- 甲基邻苯二甲酸酐
（10）乙酰乙酸乙酯
（11）3- 苯基 -2- 羟基苯甲酸
（12）δ- 戊内酯
（13）N,N- 二乙基丙酰胺
（14）对硝基苯甲酰氯
（15）β- 羟基丙酸
（16）丙二酸二乙酯

3. 填空题。

（1）比较下列酯类水解的活性大小_____。

A. O_2N——COOCH$_3$
B. ——COOCH$_3$
C. CH_3O——COOCH$_3$
D. Cl——COOCH$_3$

（2）比较下列酯类水解的活性大小_____。

A. ——COOCH$_3$
B. O_2N——COOCH$_3$
C. CH_3——COOCH$_3$
D. H_2N——COOCH$_3$

（3）把下列化合物按碱性强弱排列成序_____。

A. $CH_3-\overset{\overset{\displaystyle O}{\|}}{C}-NH_2$
B. NH_3
C. $CH_3CH_2-\overset{\overset{\displaystyle O}{\|}}{C}-N(CH_3)_2$
D.

（4）比较下列化合物酸性的大小_____。

A. 乙醇
B. 乙酸
C. 丙二酸
D. 乙二酸

（5）比较下列化合物酸性的大小_____。

A. 三氯乙酸
B. 氯乙酸
C. 乙酸
D. 羟基乙酸

（6）比较下列化合物酸性的大小_____。

A. 苯酚
B. 乙酸
C. 丙二酸
D. 乙二酸
E. 甲酸

4. 回答下列问题。

（1）为什么醋酸和乙酰胺的分子量比醋酸乙酯和乙酰氯小，它们的沸点却都高？

（2）利用酯化反应机理解释为什么当醇、酸或两者都带有支链取代基时，酯化反应的反应速率很小？

5. 用化学方法区别下列各组化合物。

（1）A. 乙醇；B. 乙酸；C. 丙二酸；D. 乙二酸

（2）A. 三氯乙酸；B. 氯乙酸；C. 乙酸；D. 羟基乙酸

（3）A. 甲酸；B. 乙酸；C. 乙醛；D. 乙醇

（4）A. 苄醇；B. 苯甲醛；C. 苯甲酸；D. 对甲酚

（5）CH_3CH_2OH，CH_3CHO，CH_3COOH

（6）$CH_3COCH(CH_3)COOC_2H_5$ 和 $CH_3COC(CH_3)_2COOC_2H_5$

6. 完成下列反应式。

（1）$\begin{array}{l} CH_2COOC_2H_5 \\ | \\ CH_2COOH \end{array} \xrightarrow[\text{②}H_2O]{\text{①}LiAlH_4,\text{乙醚}}$

（2）$CH_3CH_2CH_2CONH_2 \xrightarrow{NaOBr}$

（3）$H_2NOCCH_2CH_2COOH \xrightarrow{P_2O_5}$

（4） $\xrightarrow{RMgX}$ $\xrightarrow[\triangle]{H_3O^+}$

（5）$\begin{array}{l} CH_2CHO \\ | \\ CH_2COOH \end{array} \xrightarrow[H_2O]{KMnO_4}$ $\xrightarrow{300℃}$

（6） $\xrightarrow{\triangle}$

（7）$HOOC-\bigcirc-COOH \xrightarrow[H^+,\triangle]{2CH_3OH}$

（8）$(CH_3)_2CHCHCOOH \xrightarrow{\text{稀}H_2SO_4}$ 　　　　+
　　　　　　　$\overset{OH}{|}$

（9）$HOCH_2CH_2CH_2COOH \xrightarrow{\triangle}$ 　　　　$\xrightarrow{Na,C_2H_5OH}$

（10） $\xrightarrow[\text{②}H_2O]{\text{①}LiAlH_4}$

（11） $\xrightarrow{(\quad)}$ $\xrightarrow[\text{②}H_3O^+]{\text{①}2C_6H_5MgBr}$

$\xrightarrow[\text{②}H_3O^+,\triangle]{\text{①}NaOH,H_2O}$ 　　　　$\xrightarrow{NaBH_4}$ 　　　　$\xrightarrow[\triangle]{H^+}$

7. 由指定原料合成下列化合物（无机试剂任选）。

（1）由乙烯合成丙二酸二乙酯

（2）由1-丁烯合成 $\begin{array}{l} CH_3CH_2CH-CHCOOH \\ \quad\quad\quad | \quad\quad | \\ \quad\quad\quad CH_3 \quad NH_2 \end{array}$

（3）由乙烯合成丙烯酸

（4）由乙醛合成 $CH_3CH=CHCONH_2$

（5）以萘为原料合成邻氨基苯甲酸

（6）由 合成

8. 写出丁二酸酐与下列化合物的反应产物。

（1）NH_3；　　　　　（2）H_2O；　　　　　（3）$CH_3CH_2CH_2OH$；　　　　　（4）$C_6H_6+AlCl_3$

9. 推断题。

（1）化合物 A 的分子式是 $C_9H_{10}O_2$，能溶于 NaOH 溶液，可与羟胺、氨基脲等反应，又能与 $FeCl_3$ 溶液发生显色反应，但不与托伦试剂反应。A 经 $LiAlH_4$ 还原则生成化合物 B，B 的分子式为 $C_9H_{12}O_2$。A 和 B 均能发生卤仿反应。将 A 用锌汞齐在浓 HCl 中还原，可以生成化合物 C，C 的分子式为 $C_9H_{12}O$，将 C 与 NaOH 溶液作用，然后与碘甲烷煮沸，得到化合物 D，D 的分子式为 $C_{10}H_{14}O$。D 用 $KMnO_4$ 溶液氧化，最后得到对甲氧基苯甲酸。试写出 A、B、C、D 的结构式及有关的反应式。

（2）化合物 A（$C_7H_{12}O_4$）为羧酸，依次与下列试剂反应：① $SOCl_2$；② C_2H_5OH；③催化加氢；④与浓硫酸加热；⑤用 $KMnO_4$ 氧化后得到一种二元羧酸 B。将 B 单独加热，则生成丁酸。试写出 A、B 的结构式及各步反应式。

（3）化合物 B 和 C 的分子式均为 $C_4H_6O_4$，它们均可溶于氢氧化钠溶液，与碳酸钠作用放出 CO_2，B 加热失水成酸酐 $C_4H_4O_3$；C 加热放出 CO_2 生成三个碳的酸。试写出 B 和 C 的构造式。

（4）某二元酸 $C_8H_{14}O_4$（D），受热时转变成中性化合物 $C_7H_{12}O$（E），E 用浓 HNO_3 氧化生成二元酸 $C_7H_{12}O_4$（F）。F 受热脱水成酸酐 $C_7H_{10}O_3$（G）；D 用 $LiAlH_4$ 还原得 $C_8H_{18}O_2$（H）。H 能脱水生成 3,4-二甲基-1,5-己二烯。试推导 D～H 的构造式。

（5）某酯类化合物 A（$C_5H_{10}O_2$），用乙醇钠的乙醇溶液处理，得到另一个酯 B（$C_8H_{14}O_3$）。B 能使溴水褪色，将 B 用乙醇钠的乙醇溶液处理后再与碘乙烷反应，又得到另一个酯 C（$C_{10}H_{18}O_3$）。C 和溴水在室温下不发生反应，把 C 用稀碱水解后再酸化，加热，即得到一个酮 D（$C_7H_{14}O$）。D 不发生碘仿反应，用锌汞齐还原则生成 3-甲基己烷。试推测 A、B、C、D 的结构并写出各步反应式。

第十章
含氮化合物

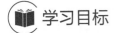 学习目标

知识目标

1. 熟悉含氮化合物的分类、结构与命名;

2. 掌握主要含氮化合物的物理和化学性质;

3. 了解重要的重氮化合物和偶氮化合物的结构与应用。

技能目标

1. 根据含氮化合物的结构认识其性质;

2. 根据含氮化合物的性质认识其应用性能;

3. 根据典型的重氮化合物和偶氮化合物的结构特征,认识其潜在的重要用途。

素质目标

1. 从重要的含氮化合物尿素的合成与应用的发展历程,认识我国特别是改革开放以来化学工业取得的成就;

2. 从偶氮化合物颜料和色料的合成与应用,深刻理解我国交通、建筑和人们日常生活等丰富多彩的视觉感受;

3. 从氨基苯磺酰胺抗菌药物的合成与应用,深刻感受我国医疗卫生体系巨大的发展,对保障人们身体健康、享受高品质生活的伟大意义。

含氮化合物(nitrogen compound)是指含有氮元素的有机化合物。前面各章零星涉及的含氮有机化合物,诸如硝酸酯($-ONO_2$)、酰胺、肼、脒和肟等,均属于含氮化合物。本章将介绍硝基($-NO_2$)、亚硝基($-NO$)、胺($-NH_2$、$-NHR$、$-NR_2$)、重氮化合物($-N\equiv N-Y$)和偶氮化合物($-N=N-$)等含氮化合物。含氮化合物的种类比含氧化合物还要多,诸如生命的基础物质——氨基酸和蛋白质、含氮的杂环化合物等都属于含氮化合物的范畴,由于它们在各自的章节化合物中占有更重要的地位,另讨论。

第一节 硝基化合物的分类、结构和命名

硝基化合物(nitro-compound)是指分子中含有硝基($-NO_2$)的化合物,可以看作是烃分子中的氢原子被硝基取代后的化合物,它与亚硝酸酯($-ONO$)是同分异构体。

硝基化合物,可根据烃基不同分为脂肪族硝基化合物($R-NO_2$)和芳香族硝基化合物

（Ar—NO₂）；也可根据硝基的数目分为一硝基化合物和多硝基化合物；还可根据所连接的碳原子不同，分为伯、仲、叔硝基化合物。

$$CH_3-CH_2-NO_2 \qquad CH_3-\overset{\overset{\displaystyle CH_3}{|}}{\underset{\underset{\displaystyle CH_3}{|}}{C}}-NO_2$$

硝基乙烷   硝基叔丁烷   硝基苯   二硝基氯苯

根据杂化轨道理论，硝基中的氮原子是 sp² 杂化的，它以三个 sp² 杂化轨道与两个氧原子和一个碳原子形成三个共平面的 σ 键。未参与杂化的一对 p 电子所在的 p 轨道与每个氧原子的一个 p 轨道平行并相互交盖，形成一个共轭 π 键体系，π 电子的离域导致氮氧键键长平均化以及两个氧原子负电荷的平均分配。物理测试表明，硝基中两个氮氧键的键长相等，都是 0.121 nm。

硝基化合物的命名与卤代烃相似，通常把烃基部分作为母体，硝基作为取代基。例如：

$$CH_3NO_2 \qquad CH_3\overset{\overset{\displaystyle }{|}}{\underset{\underset{\displaystyle NO_2}{|}}{CH}}CH_3$$

硝基甲烷   2-硝基丙烷   间硝基苯甲酸

1,3,5-三硝基苯(TNB)   2,4,6-三硝基甲苯(TNT)   2,4,6-三硝基苯酚(苦味酸)

第二节   硝基化合物的性质

在前述的烯烃、炔烃、芳香烃和卤代烃的化学性质中，介绍了这些化合物与硝酸或硝酸银的反应。其反应产物就是硝基化合物，例如芳烃与硝酸和硫酸的混合物反应，得到硝基苯；氯代异丁烷与硝酸银的反应，得到硝酸异丁酯等，但都没有进一步介绍硝基化合物的性质。

一、物理性质

脂肪族硝基化合物为无色且具有香气的油状液体，相对密度都大于 1，在水中的溶解度很小，易溶于醇和醚等有机溶剂和浓硫酸。芳香族硝基化合物为无色或淡黄色高沸点液体或低熔点固体，有苦杏仁气味。芳香族硝基化合物不溶于水，常有毒性。多硝基化合物为固体，有爆炸性，2,4,6- 三硝基甲苯（TNT）是烈性炸药。硝基是强极性基团，所以硝基化合物的偶极矩较大，有较高的沸点。常见硝基化合物的物理常数见表 10.1。

表 10.1   常见硝基化合物的物理常数

名称	熔点 /℃	沸点 /℃	相对密度 d_4^{20}
硝基甲烷	−29.0	101.2	1.137
硝基乙烷	−89.5	114.0	1.050

续表

名称	熔点 /℃	沸点 /℃	相对密度 d_4^{20}
硝基苯	5.8	210.8	1.203
邻硝基甲苯	−9.5	222.0	1.168
间硝基甲苯	16.1	231.9	1.160
对硝基甲苯	54.5	238.3	1.104
邻二硝基苯	118.0	319.0（103.6 kPa）	1.312
间二硝基苯	90.0	302.8	1.575
对二硝基苯	175.0	229.0（103.6 kPa）	1.625
2,4- 二硝基甲苯	71.0	300.0	1.321（71℃）
2,4,6- 三硝基甲苯	80.9	240（分解）	1.640
1- 硝基萘（α- 硝基萘）	59.0	304.0	1.332

二、化学性质

1. 酸性

硝基是强吸电子基团，由于吸电子的诱导和共轭效应，脂肪族硝基化合物 α-H 有明显的酸性。硝基甲烷、硝基乙烷、硝基丙烷的 pK_a 值分别为 10.2、8.5、7.8。一般认为存在着如下硝基式和假酸式的互变异构现象。

$$R-\overset{H}{\underset{}{C}}H-N\overset{O}{\underset{O}{=}} \rightleftharpoons R-CH=N\overset{OH}{\underset{O}{}} \xrightarrow{NaOH} \left[R-CH=N\overset{O}{\underset{O}{}}\right] Na^+$$

假酸式含量较低，平衡主要偏向硝基式一方。加碱可使平衡向右移动，将全部转变为酸式的盐而溶解。所以含有 α-H 的硝基化合物可溶于氢氧化钠溶液，无 α-H 的硝基化合物则不溶于其中。利用这个性质，可鉴定硝基化合物是否含有 α-H。

2. 还原反应

硝基化合物易被还原，尤其是芳香族硝基化合物。选用适当的还原剂，在不同的条件下可以生成各种不同的还原产物，而且这些产物间又能在一定的条件下相互转变。

$$RNO_2 \xrightarrow{[H]} RNO \xrightarrow{[H]} RNHOH \xrightarrow{[H]} RNH_2$$

硝基化合物   亚硝基化合物 N- 烃基羟胺   胺

硝基化合物常在酸性介质中用锡、铁和锌等金属还原，生成相应的胺。

$$HOCH_2-\overset{CH_3}{\underset{CH_3}{\overset{|}{\underset{|}{C}}}}-NO_2 \xrightarrow[\text{(2) NaOH}]{\text{(1) Fe,H}_2\text{SO}_4,\text{H}_2\text{O}} HOCH_2-\overset{CH_3}{\underset{CH_3}{\overset{|}{\underset{|}{C}}}}-NH_2$$

用 Fe 和 HCl 还原，选择性强、产率高。但因环境污染问题，工业生产工艺现已被淘汰。

在碱性溶液中，硝基苯还原速度缓慢，可分别得到氧化偶氮苯、偶氮苯或氢化偶氮苯等不同产物。

以镍、铂和钯作催化剂，催化氢化是使硝基化合物转变为伯胺的一种既干净又方便的方法，产率高、产品质量好。

用硫化铵、硫氢化铵、多硫化铵和硫化钠等硫化物为还原剂，可以使二硝基化合物分子中只有一个硝基被还原，这是选择性还原多硝基化合物的好方法。

3. 硝基对苯环邻、对位基团的影响

苯环上硝基强的吸电子诱导效应和吸电子共轭效应，使苯环上的电子云密度大为降低，亲电取代反应变得困难。但硝基可使邻位或对位上的基团（如氯原子）显示出特殊的活性，易被亲核试剂取代。以氯苯为例，氯苯与浓的氢氧化钠溶液在常压下基本不反应，要在加压下加热到300℃以上才能转变成酚钠。而邻硝基氯苯和对硝基氯苯与氢氧化钠溶液一起加热，则可以水解成硝基苯酚。

基于同样原因，硝基也使苯环上的羟基或羧基，特别是处于邻位或对位的羟基或羧基上的氢原子质子化倾向增强，即酸性增强。例如：

pK_a　　10.00　　　7.21　　　7.16　　　8.30

pK_a　　4.17　　　2.21　　　3.40　　　3.49

第三节　胺

胺（amine），可以看作氨中的氢被烃基取代的产物。胺类化合物广泛存在于自然界中，并和生命活动关系密切，许多生物碱、抗生素、激素及所有的蛋白质和核酸都是胺的复杂衍生物。

一、胺的结构、分类和命名

胺是指氨分子的氢被烃基取代的化合物。

胺分子中，N 原子以不等性 sp^3 杂化成键，四个杂化轨道中，有一个为电子对所占据，其他三个轨道则与氢或碳原子生成 σ 键，其构型为角锥形。

脂肪胺　　　　　　　　　　　　芳香胺

甲胺分子中 C—N 键与—NH_2 三个原子所在平面之间的夹角为 125°，而苯环平面与—NH_2 所在平面之间的夹角为 142.5°。由此表明，在苯胺分子中，氮原子更接近于平面构型，氮原子的杂化状态在 sp^3 及 sp^2 之间。由于苯胺中氮孤对电子所在的轨道具有更多的 p 轨道成分，可以与苯环中 π 轨道重叠，使 C—N 键具有部分双键的性质。因此，苯胺中 C—N 键的键长（0.140 nm）比甲胺中的 C—N 键（0.147 nm）短。

胺，可以根据胺分子中氮上连接的烃基不同，分为脂肪胺（R—NH_2）与芳香胺（Ar—NH_2）；根据胺分子中与氮相连的烃基的数目，可分为伯胺（第一胺或 1° 胺）、仲胺（第二胺或 2° 胺）或叔胺（第三胺或 3° 胺）；根据胺分子中所含氨基的数目，可分为一元、二元或多元胺。铵盐中的四个氢被烃基取代而生成的化合物称为季铵盐（quaternary ammonium salt）或季铵碱（quaternary ammonium base）。

NH_3	RNH_2	R_2NH	R_3N	$R_4N^+X^-$	$R_4N^+OH^-$
氨	伯胺(1°)	仲胺(2°)	叔胺(3°)	季铵盐	季铵碱

苯胺　　　　　　苄胺　　　　　　　　　　$H_2NCH_2CH_2NH_2$
　　　　　　　　　　　　　　　　　　　　　　乙二胺

结构简单的胺可以根据烃基的名称命名，即在烃基的名称后加上"胺"字。若氮原子上所连烃基相同，用二或三表明烃基的数目；若氮原子上所连烃基不同，则按基团的次序规则由小到大写出其名称。

CH_3NH_2　　　　　　CH_3NHCH_3　　　　$(CH_3)_2NCH_2CH_3$　　　$H_2NCH_2CH_2NH_2$
　甲胺　　　　　　　　　二甲胺　　　　　　二甲基乙基胺　　　　　1,2- 乙二胺

$H_2NCH_2CH_2CH_2CH_2CH_2CH_2NH_2$　　　　　　　　$H_2NCH_2CH_2CH_2CH_2NH_2$
　　　　1,6- 己二胺　　　　　　　　　　　　　　　1,4- 丁二胺（腐胺）

芳香胺类在命名时，一般把芳香胺定为母体，其他烃基为取代基。

二甲胺

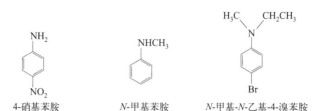

4-硝基苯胺　　　　　　　N-甲基苯胺　　　　　　N-甲基-N-乙基-4-溴苯胺

复杂的胺，则以烃基为母体，氨基作为取代基来命名。例如：

$$CH_3CHCH_2CHCH_3$$
$$\quad CH_3 \quad NH_2$$
4-甲基-2-氨基戊烷

$$CH_3CH_2-CH-CH-N(CH_3)_2$$
$$\qquad CH_3 \quad CH_3$$
3-甲基-2-(N,N-二甲氨基)戊烷

季铵盐或季铵碱可以看作铵的衍生物来命名。例如：

$$(CH_3)_4N^+Cl^-$$

氯化四甲铵

$$[C_6H_5CH_2N^+(CH_3)_2C_{12}H_{25}]Br^-$$

溴化二甲基十二烷基苄基铵

$$[HOCH_2CH_2N^+(CH_3)_3]OH^-$$
氢氧化三甲基-2-羟乙基铵（胆碱）

$$[(CH_3)_3N^+CH_2CH_3]OH^-$$
氢氧化三甲基乙基铵

二、胺的制备

1. 氨或胺的烃基化

带有吸电子基的卤代芳烃，与胺或氨作用时，很容易实现芳烃的氨基化。氯苯或溴苯在液氨中能与强碱 KNH_2 或 $NaNH_2$ 作用，卤素被氨基取代生成苯胺。

$$
\underset{}{\text{（溴苯）}} + KNH_2 \xrightarrow[\,-33^\circ C\,]{NH_3} \underset{}{\text{（苯胺）}}
$$

硝基氯苯则容易生成芳胺。

$$
\underset{}{\text{（硝基氯苯）}} + NH_3 \longrightarrow \underset{}{\text{（硝基苯胺）}}
$$

2. 硝基的还原

前面刚介绍过硝基化合物的性质之一，硝基被还原而得到胺。当制备含有不饱和取代基、羰基的芳香胺时，可选择氯化亚锡和盐酸还原剂。例如：

$$
\underset{}{\text{（间硝基苯甲醛）}} \xrightarrow{SnCl_2+HCl} \underset{}{\text{（间氨基苯甲醛）}}
$$

3. 酰胺的还原

在羧酸衍生物的酰胺内容中，介绍了其化学还原反应，可催化氢化或用化学还原剂

LiAlH$_4$ 还原为相应的胺。

4. 酰胺的降级反应

伯酰胺 RCONH$_2$ 在卤素（溴或氯）的碱性溶液作用下，失去一分子二氧化碳，转变为少一个碳原子的伯胺，这是制备伯胺独特而又可靠的方法。

三、胺的物理性质

常温下，低级和中级脂肪胺为无色气体或液体，高级脂肪胺为固体。低级脂肪胺具有氨的刺激性气味或鱼腥味，高级脂肪胺没有气味。芳香胺为高沸点的液体或低熔点的固体，芳香胺有特殊气味，并有较大的毒性。

由于胺是极性化合物，除叔胺外，其他胺分子间可通过氢键缔合，因此胺的熔点和沸点比分子量相近的非极性化合物高。但由于氮的电负性比氧小，所以胺形成的氢键弱于醇或羧酸形成的氢键，因而胺的熔点和沸点比分子量相近的醇和羧酸低。

氢键的形成对胺的熔点、沸点和水溶性等影响较大。同分异构体的伯、仲、叔胺，其沸点依次降低。这是因为伯、仲胺分子之间可形成氢键，叔胺则不能。例如丙胺、甲乙胺和三甲胺的沸点分别为48.7℃、36.5℃ 和2.5℃。伯胺、仲胺、叔胺都能与水形成氢键，低级脂肪胺可溶于水。随着烃基在分子中的比例增大，溶解度迅速下降，所以中级胺、高级胺及芳香胺均微溶或难溶于水。胺大都可溶于有机溶剂。此外，邻硝基苯胺的熔点和沸点（71.5℃，284℃）都比它的间位异构体（114℃，306℃）和对位异构体（148℃，332℃）低，这是因为邻位异构体能生成分子内的氢键，而间位和对位异构体则生成分子间的氢键。分子间的氢键在晶体熔化时部分断裂，而在气相中差不多完全断裂，间位和对位异构体在相变过程中需要的能量高于邻位异构体。一些胺的物理常数见表10.2。

表 10.2 某些胺的物理常数

名称	结构简式	熔点 /℃	沸点 /℃	溶解性（25℃）	pK_a（共轭酸）
甲胺	CH$_3$NH$_2$	−94	−6	易溶	10.64
乙胺	CH$_3$CH$_2$NH$_2$	−81	17	易溶	10.75
正丙胺	CH$_3$CH$_2$CH$_2$NH$_2$	−83	49	易溶	10.67
异丙胺	（CH$_3$）$_2$CHNH$_2$	−101	33	易溶	10.73
正丁胺	CH$_3$CH$_2$CH$_2$CH$_2$NH$_2$	−51	78	易溶	10.61
异丁胺	（CH$_3$）$_2$CHCH$_2$NH$_2$	−86	68	易溶	10.49
仲丁胺	CH$_3$CH$_2$CH（CH$_3$）NH$_2$	−104	63	易溶	10.56
叔丁胺	（CH$_3$）$_3$CNH$_2$	−68	45	易溶	10.45
环己胺	C$_6$H$_{11}$NH$_2$	−18	134	微溶	10.64

续表

名称	结构简式	熔点 /℃	沸点 /℃	溶解性（25℃）	pK_a（共轭酸）
苯甲胺	$C_6H_5CH_2NH_2$	10	185	微溶	9.30
苯胺	$C_6H_5NH_2$	−6	184	微溶	4.58
对甲苯胺	p-CH$_3$C$_6$H$_4$NH$_2$	44	200	微溶	5.08
对甲氧基苯胺	p-CH$_3$OC$_6$H$_4$NH$_2$	57	244	极微溶	5.30
对氯苯胺	p-ClC$_6$H$_4$NH$_2$	73	232	不溶	4.00
对硝基苯胺	p-O$_2$NC$_6$H$_4$NH$_2$	148	332	不溶	1.00
二甲胺	$(CH_3)_2NH$	−92	7	易溶	10.72
二乙胺	$(CH_3CH_2)_2NH$	−48	56	易溶	10.98
二丙胺	$(CH_3CH_2CH_2)_2NH$	−40	110	易溶	10.98
N- 甲基苯胺	$C_6H_5NHCH_3$	−57	196	微溶	4.70
二苯胺	$(C_6H_5)_2NH$	53	302	不溶	0.80
三甲胺	$(CH_3)_3N$	−117	2.9	易溶	9.70
三乙胺	$(CH_3CH_2)_3N$	−115	90	微溶	10.76
三丙胺	$(CH_3CH_2CH_2)_3N$	−93	156	微溶	10.64
N,N- 二甲基苯胺	$C_6H_5N(CH_3)_2$	3	194	微溶	5.06

四、胺的化学性质

胺的化学性质与氮原子上的未共用电子对有关。当未共用电子对与质子或 Lewis 酸结合时，显碱性；它作为亲核试剂进攻缺电子中心时，能与卤代烃发生烃基化反应；当它和氧化剂作用时，氮原子提供未共用电子对，表现出还原性；芳胺中氮原子上的孤对电子与苯环中的 π 电子共轭，使芳环高度活化，环上的亲电取代反应更容易进行。

1. 胺的酸碱性

胺同氨相似，显碱性，其碱性比水强，胺的水溶液呈碱性。胺与酸反应生成烃基取代的铵盐，铵盐用碱处理又释出胺。

$$R-NH_2 + HCl \longrightarrow R-\overset{+}{N}H_3\overset{-}{C}l$$

$$R-\overset{+}{N}H_3\overset{-}{C}l + OH^- \longrightarrow R-NH_2 + Cl^- + H_2O$$

利用这一性质可对胺进行分离和提纯，将不溶于水的胺溶于稀酸形成盐，分离后，再用强碱将胺由铵盐中释放出来。

脂肪族胺中，仲胺碱性最强，伯胺次之，叔胺最弱，但碱性都比氨强。其碱性按大小顺序排列如下：

$$(CH_3)_2NH > CH_3NH_2 > (CH_3)_3N > NH_3$$

芳香胺分子中氮原子上的孤对电子与苯环中的 π 电子共轭，使部分电子云分布到苯环上，孤对电子接受质子的能力显著降低。因此，苯胺的碱性比氨弱得多，二苯胺的碱性更弱，三苯胺在一般条件下不显碱性。此外，随着氮原子上所连接的苯环数目增加，阻碍氮原子接受质子的空间效应也同时增大，这两种作用的共同结果导致芳香胺的碱性有如下顺序：

$$NH_3 > 苯胺 > 二苯胺 > 三苯胺$$

苯胺能与稀盐酸、硫酸等成盐，但不能和乙酸成盐；二苯胺只能与浓的盐酸、硫酸成盐，但形成的盐遇水立即水解；三苯胺则接近中性，不能和浓盐酸和硫酸等成盐。

苯环上吸引电子的取代基使芳胺的碱性减弱。例如：

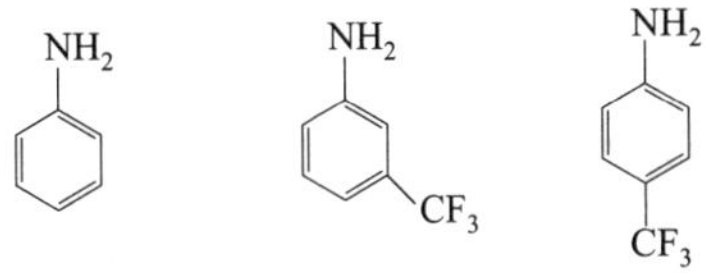

pK_a 4.58 3.20 2.75

对硝基苯胺分子中，硝基、苯环和氨基形成共轭体系；在邻硝基苯胺分子中，硝基除了通过苯环与氨基共轭外，由于与氨基靠近，硝基强烈的诱导效应使其碱性进一步降低。而在间硝基苯胺分子中，硝基只通过诱导效应使胺的碱性降低。

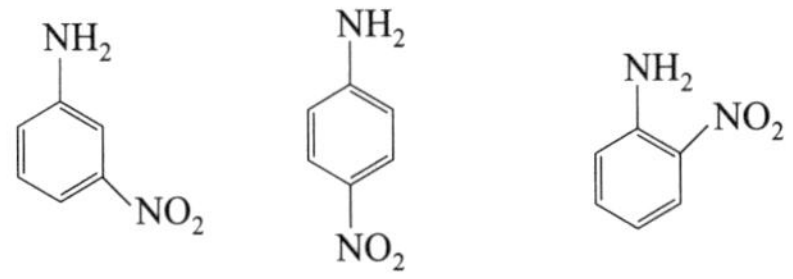

pK_a 2.47 1.00 −0.26

苯环有给电子基，其碱性与取代基的位置有关，甲氧基苯胺的碱性大小如下：

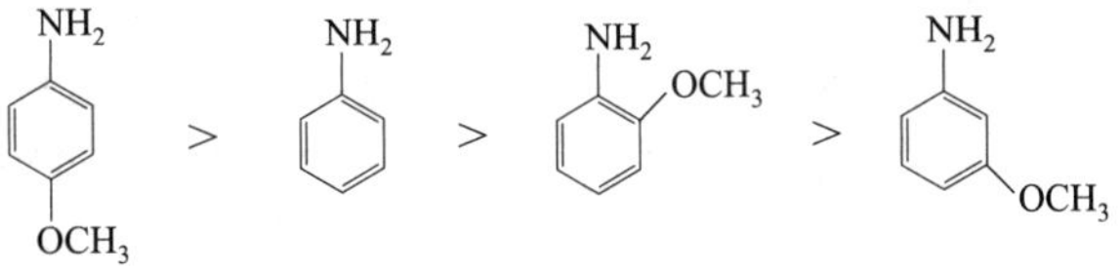

2. 烷基化反应

胺作为亲核试剂，可以与卤代烃发生反应，结果氮上的氢被烷基所取代，这个反应称为胺的烷基化反应。在第六章卤代烃中，已经介绍过卤代烃与氨（胺）作用生成胺。胺的烷基化，可以分步得到仲胺、叔胺，直至生成季铵盐。

$$RNH_2 + R'X \longrightarrow RNHR' + HX$$

$$RNHR' + R'X \longrightarrow RNR'_2 + HX$$

$$R'_2NR + R'X \longrightarrow [R'_3N^+R]X^-$$

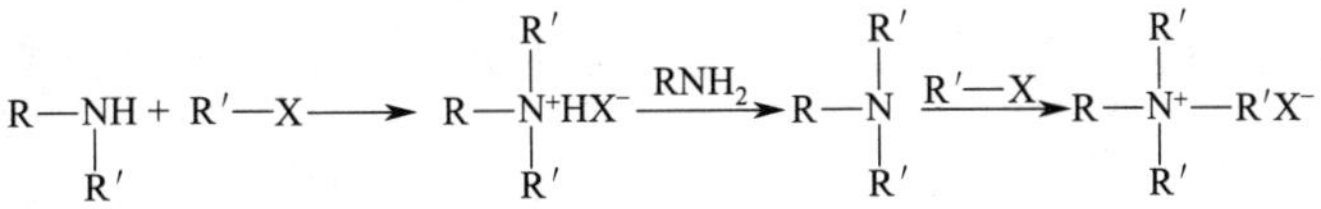

3. 酰基化反应

伯胺和仲胺作为亲核试剂，可以与酰卤、酸酐和酯发生氨解，生成 *N*- 烃基酰胺或 *N,N*- 二烃基酰胺。叔胺的氮原子上没有氢原子，不能进行酰基化反应。

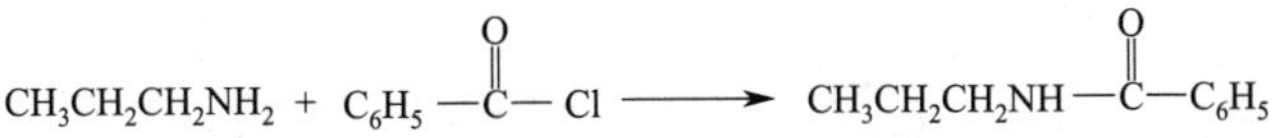

$$C_6H_5NH_2 + (CH_3CO)_2O \longrightarrow C_6H_5NHCOCH_3 + CH_3COOH$$

胺的酰基化反应，可用在有机合成中保护氨基，实现氨基化合物的其他反应。如在苯胺中引入硝基，则必须对氨基保护，否则氨基易被氧化。

4. 磺酰化反应

在碱性条件下，伯、仲胺能与磺酰化试剂（如苯磺酰氯或对甲苯磺酰氯）反应生成磺酰胺，称为磺酰化反应。叔胺氮原子上无氢原子，不能发生磺酰化反应。

利用胺的磺酰化反应，可以鉴别或分离伯、仲、叔胺。

5. 与亚硝酸反应

不同的胺与亚硝酸（HNO_2）反应，产物各不相同。由于亚硝酸不稳定，反应时实际使用的是亚硝酸钠与盐酸或硫酸的混合物。

脂肪族伯胺与亚硝酸反应生成重氮盐（diazonium salt），烷基重氮盐很不稳定，分解放出氮气，在合成上没有价值。由于放出的氮气是定量的，在分析化学中，可用于氨基的定量分析。

脂肪族仲胺与 HNO_2 反应，生成黄色油状或固体的 N- 亚硝基胺。如果 N- 亚硝基胺与稀酸共热，可分解为原来的胺，如此，可用来鉴别或分离提纯仲胺。

芳香族伯胺与亚硝酸在低温下反应，生成芳基重氮盐，芳基重氮盐比烷基重氮盐稳定。在水溶液中，5℃以下可以保存一段时间，用于多种芳香族化合物的合成。芳基重氮盐，升高温度则分解成酚和氮气。

芳香族仲胺与亚硝酸反应，也生成黄色油状或固体的 N- 亚硝基胺。芳香族叔胺与亚硝酸反应，在芳环上发生亲电取代反应导入亚硝基。

芳胺与亚硝酸的反应也可用来区别芳香族伯、仲、叔胺。

6. 氧化反应

胺容易氧化，用不同的氧化剂可以得到不同的氧化产物。叔胺的氧化最有意义，用过氧化氢或过氧酸氧化生成 *N*-氧化叔胺。长链脂肪族叔胺氧化物是高效表面活性剂。

芳胺很容易氧化，新的纯苯胺是无色的，但暴露在空气中很快就变成黄色然后变成红棕色。在一定的条件下，苯胺的氧化产物主要是对苯醌。

芳胺的盐较难氧化，所以有时将芳胺以盐的形式储存。

7. 芳胺苯环上的反应

苯环上的氨基（或—NHR、—NR$_2$）是活化苯环邻、对位的基团，使芳胺易发生亲电取代反应。作为苯环上的取代反应，在第四章芳香烃中已经介绍。但氨基对苯环的活化，导致苯环会发生许多特别的反应。

（1）卤化反应　苯胺与卤素的反应很迅速，难以使反应停留在一卤化阶段。例如苯胺与溴水作用，在室温下立即生成 2,4,6-三溴苯胺。因其碱性很弱，不能与反应中生成的氢溴酸成盐，所以难溶于水而以白色沉淀析出，此反应能定量完成，可用于苯胺的定性或定量分析。

如欲制备一溴苯胺，可先将氨基酰化转变为酰氨基，降低氨基的活性，然后再溴化，最后水解除去酰基，得到以对位为主的一溴苯胺。如果对位被占，则得到邻位的一溴苯胺。

（2）硝化反应　芳胺进行硝化反应时，氨基易被硝酸氧化，应先保护氨基后再发生硝化反应。根据产物的要求，可采用乙酰化或成盐等不同的氨基保护方法。

如果要求得到间硝基苯胺，可先将苯胺溶于浓硫酸中，使之形成苯胺硫酸盐以保护氨基。因铵正离子是间位定位基，进行硝化时，产物必然是间位产物，最后再用碱液处理，使间硝基苯胺游离出来。

若制备邻硝基苯胺，则需将酰化后的芳胺先磺化，然后再依次硝化、水解，如：

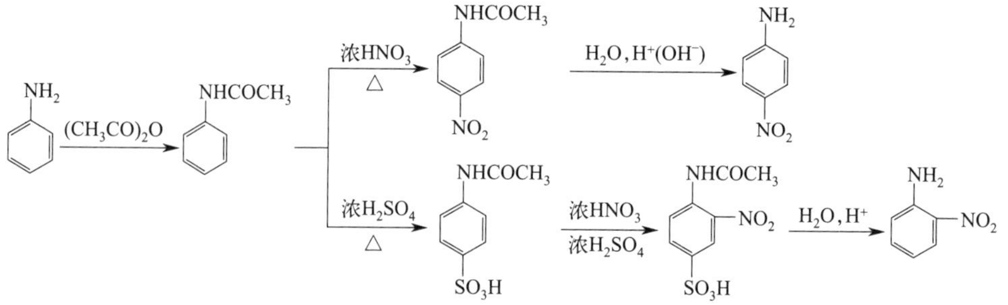

（3）磺化反应　苯胺的磺化是将苯胺溶于浓硫酸中，首先生成苯胺硫酸盐，在高温（200℃）下脱水并重排，生成对氨基苯磺酸。

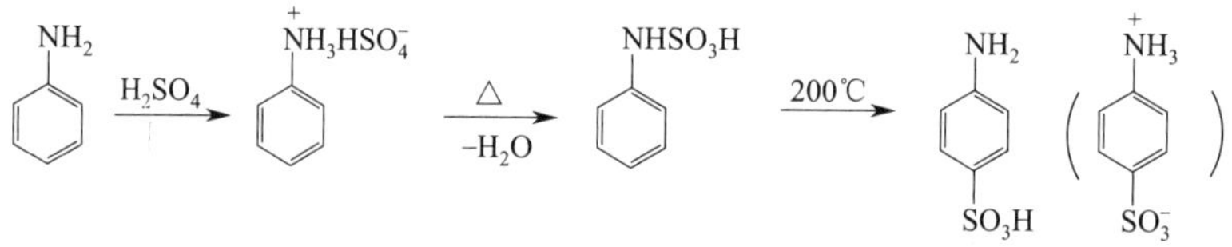

这是工业上生产对氨基苯磺酸的方法。对氨基苯磺酸为白色晶体，熔点为288℃，能以内盐形式存在，是重要的染料和农药（敌锈酸）的中间体。

8. 季铵盐与季铵碱

（1）季铵盐　叔胺与烃基化试剂（如卤代烃等）发生取代反应生成季铵盐。

$$R_3N + RX \rightleftharpoons R_4N^+X^-$$

季铵盐是白色结晶固体，属于离子型化合物，具有盐的性质，熔点高，在加热时可分解为叔胺和卤代烃。

季铵盐是一类重要的化合物，主要用途是作为表面活性剂。季铵盐分子中含有亲水基团（正离子）和亲脂基团（烃基），由于其亲水基团是正离子，因此属于阳离子型表面活性剂，而肥皂、烷基磺酸钠等属于阴离子型表面活性剂。季铵盐阳离子型表面活性剂水溶性较好，既耐酸又耐碱，且具有杀菌、柔软、乳化等功能。根据其作用可分为洗涤剂、润湿剂、乳化剂、悬浮剂、起泡剂和分散剂等。

季铵盐的另一个重要用途是作为相转移催化剂（PTC），许多有机反应在季铵盐如氯化四正丁基铵、氯化三乙基苄基铵等存在下反应温度降低，反应时间缩短，产率明显提高，无论在实验室或工业上都有很高的实用价值。如下例中环己烯与氢氧化钠溶液和氯仿互不相溶，加入溴化四正丁基铵后，反应即可顺利进行。

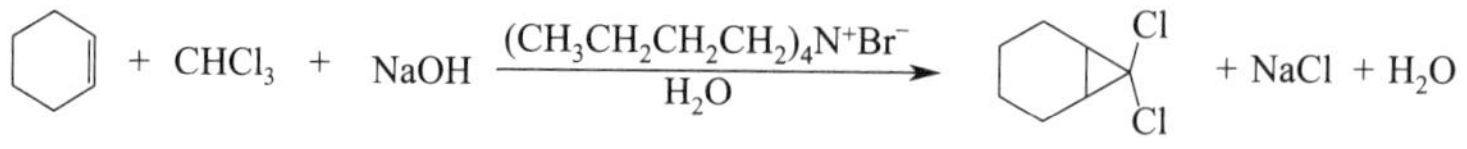

（2）季铵碱　季铵盐与强碱作用得到含季铵碱的平衡混合物。

$$R_4N^+X^- + KOH \rightleftharpoons R_4N^+OH^- + KX$$

季铵盐与强碱的醇溶液反应，由于碱金属的卤化物不溶于醇，可使反应进行到底，制得季铵碱。如果用湿的氢氧化银代替氢氧化钾，反应亦可顺利完成。

$$(CH_3)_4N^+I^- + AgOH \longrightarrow (CH_3)_4N^+OH^- + AgI$$

季铵碱是强碱，其碱强度与氢氧化钠或氢氧化钾相当，具有碱的一般性质，例如能吸收空气中的二氧化碳、易潮解、易溶于水等。

季铵碱加热时很容易分解，其分解产物为叔胺。当季铵碱分子中没有 β-H，如氢氧化四甲基铵受热分解时，生成三甲胺和甲醇。

$$(CH_3)_4N^+OH^- \xrightarrow{\triangle} (CH_3)_3N + CH_3OH$$

当季铵碱的烃基上含有 β-H 时，加热则分解生成叔胺和烯烃。例如：

$$(CH_3CH_2)_4N^+OH^- \xrightarrow{\triangle} (CH_3CH_2)_3N + CH_2\!\!=\!\!CH_2 + H_2O$$

🔄 思考题

钙钛矿是一类陶瓷氧化物，最早发现于钙钛矿石中的钛酸钙（$CaTiO_3$）化合物，因此而得名。钙钛矿的应用领域非常广泛，包括但不限于太阳能电池、建筑一体化、可穿戴设备、交通运输、户外活动、远程地区供电、X射线成像等。特别是制造太阳能转换器件，成为我国太阳能利用的重要材料。太阳能发电量占我国新能源七成之多，太阳能的大幅度增长归功于钙钛矿的技术进步。作为能源转换器件的钙钛矿，如果把胺作为钙钛矿的构件之一，是否具有新能源的潜在价值呢？

第四节　重氮化合物和偶氮化合物

重氮化合物（diazo compound）和偶氮化合物（azo compound）均含有—N$_2$—官能团。该原子团两端均与烃基相连的化合物称为偶氮化合物，可用通式 R—N=N—R 来表示，例如：

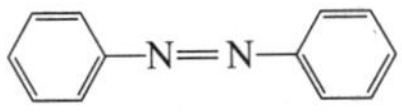

偶氮苯 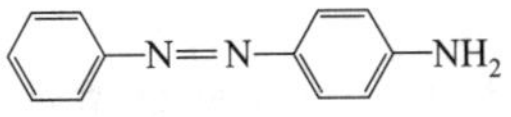　　　　　　　　　　　　　对氨基偶氮苯

$$CH_3-N=N-CH_3$$

偶氮甲烷　　　　　　　　　　　　偶氮二异丁腈

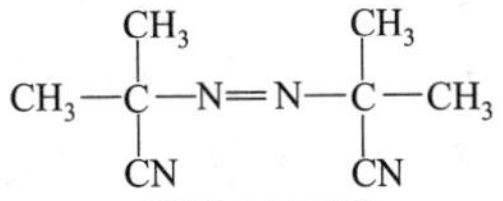

若该官能团的一端与烃基相连，另一端与非碳原子或原子团相连，则称为重氮化合物，例如：

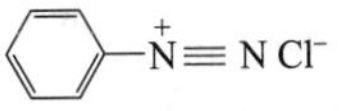

氯化重氮苯（或重氮苯盐酸盐）

脂肪族重氮化合物和偶氮化合物为数不多，远不及芳香族重氮和偶氮化合物重要。

一、重氮化合物

1. 重氮盐的结构

在前面胺的化学性质中，介绍了芳胺与亚硝酸作用，生成重氮盐（diazonium salt）的重氮化反应。苯胺在盐酸溶液中与亚硝酸钠在低温下反应生成氯化重氮苯（又叫重氮苯盐酸盐）。

$$\text{〈苯环〉}-NH_2 + NaNO_2 + 2HCl \longrightarrow \text{〈苯环〉}-N_2Cl + NaCl + 2H_2O$$

若以硫酸代替盐酸，则得到重氮苯硫酸盐 〈苯环〉$-\overset{+}{N}_2HS\bar{O}_4$ 。

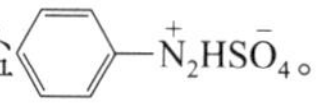

重氮盐的结构可表示为 $[Ar-\overset{+}{N}\equiv N]X^-$ 或简写为 $ArN_2^+X^-$。重氮正离子的两个氮原子和苯环上直接相连的碳原子是线形结构，而且两个氮原子的 π 轨道和苯环的 π 轨道形成离域的共轭体系，其结构如图 10.1 所示。

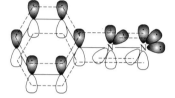

重氮盐的性质与铵相似，溶于水而不溶于有机溶剂，其水溶液能导电。重氮盐在水溶液中解离成 ArN_2^+ 正离子和 X^- 负离子。干燥状态的重氮盐极不稳定，当受热或震动时易发生爆炸。在低温水溶液中重氮盐较为稳定，温度升高时，则容易分解，因此，重氮化反应通常都在低温下（$0 \sim 5℃$）

图 10.1　苯重氮正离子的结构

进行。重氮化反应生成的重氮盐不需要分离，直接以混合溶液的形式用于下一步的反应。

脂肪族伯胺同样能够与亚硝酸钠进行重氮化反应，生成重氮盐。但是脂肪族重氮盐极不稳定，即使在很低的温度下也会很快分解，放出氮气，生成高度活泼的碳正离子。

$$R-NH_2 + NaNO_2 + 2HX \xrightarrow{H_2O} [R-\overset{+}{N}\equiv NX^-] + NaX + 2H_2O$$
$$\text{极不稳定的重氮盐}$$
$$\downarrow$$
$$R^+ + X^- + N_2\uparrow$$

所以芳香族重氮盐是本节的重点。

2. 重氮盐的性质

重氮盐的化学性质非常活泼，能够发生多种反应，其反应主要有两大类：一类是放氮反应，放氮后形成芳环碳正离子或自由基，进一步反应得各种取代产物，是制备芳香族化合物的一个重要方法；另一类是留氮反应，重氮基作为亲电试剂进行反应或被还原。

（1）放氮反应　重氮盐中的重氮基可被氢、羟基、卤素和氰基等基或基团取代，同时放出氮气。通过该反应可以把氨基经重氮化而转变为其他基团。

① 重氮基被氢原子取代。重氮盐与还原剂次磷酸（H_3PO_2）、乙醇作用或与氢氧化钠-甲醛溶液作用，重氮基即被氢原子取代而生成芳烃。为避免或减少副产物的产生，可在乙醇反应体系中加入锌粉或其他还原剂。

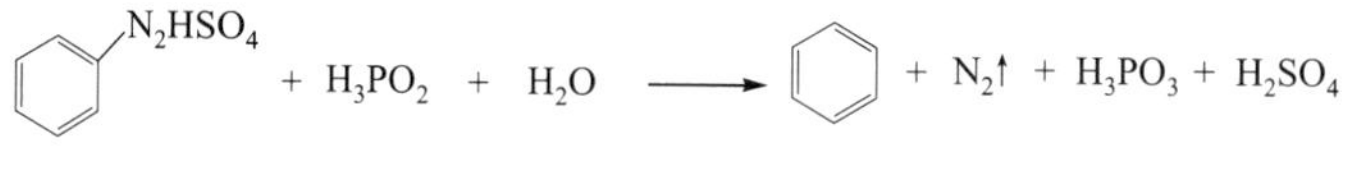

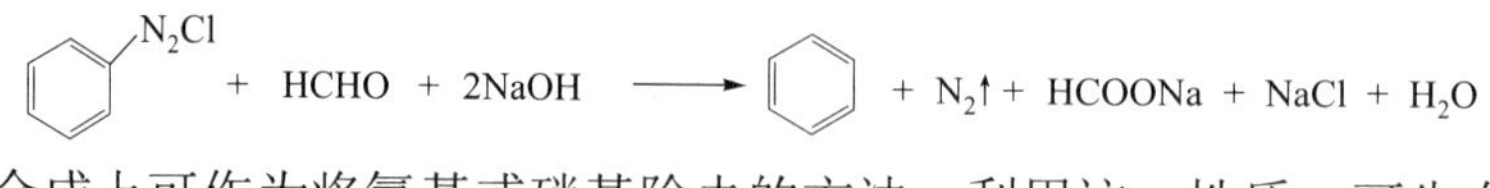

$$\text{〈苯环〉}\overset{N_2HSO_4}{} + H_3PO_2 + H_2O \longrightarrow \text{〈苯环〉} + N_2\uparrow + H_3PO_3 + H_2SO_4$$

$$\text{〈苯环〉}\overset{N_2Cl}{} + HCHO + 2NaOH \longrightarrow \text{〈苯环〉} + N_2\uparrow + HCOONa + NaCl + H_2O$$

该反应在合成上可作为将氨基或硝基除去的方法。利用这一性质，可先在苯环上引入氨基，借助氨基的定位效应，引入其他基团进入苯环的邻位或对位，最后将氨基去除，从而可得到用其他方法不能或不易直接取代得到的某些化合物。例如：由苯合成的 1,3,5- 三溴苯。由于溴是邻、对位定位基，通过苯环的直接溴代反应，无法得到预期产物。采用先将氨基引入，溴代后再去除的方法，则可获得预期产物。

② 重氮基被羟基取代。重氮盐的酸性水溶液一般不稳定，即使在低温下也可转变成酚，并慢慢放出氮气，温度升高则分解更为迅速。

用芳香族重氮盐酸盐，则生成氯苯。该法可用来制备一些其他方法较难制备的酚类。例如，间溴苯酚就不宜用间溴苯磺酸钠碱熔法制取，用间溴苯胺经重氮化、水解可方便制得。

③ 重氮基被卤原子取代。利用重氮基被卤素取代的反应可制备某些不易得到的卤代物。重氮盐的水溶液和碘化钾一起加热，重氮基即被碘原子所取代，这是在苯环引入碘原子的好方法。

氯化钾和溴化钾就难以进行上述反应，必须使用催化剂才可进行反应。用氯化亚铜或溴化亚铜作催化剂，使重氮盐与相应的氢卤酸共热，分别生成芳基氯或芳基溴。

④ 重氮基被氰基取代。重氮盐与氰化亚铜的氰化钾水溶液作用，或在铜粉存在下与氰化钾水溶液作用，则重氮基可被氰基取代，生成芳腈。

氰基可以水解成羧基，因此该反应也是通过重氮盐在苯环上引入一个羧基的较好方法。例如：

$$\text{(o-NO}_2\text{-C}_6\text{H}_4\text{-CN)} \xrightarrow{\text{H}_3\text{O}^+} \text{(o-NO}_2\text{-C}_6\text{H}_4\text{-COOH)}$$

（2）留氮反应

① 还原反应。重氮盐可被氯化亚锡和盐酸、亚硫酸钠、亚硫酸氢钠等还原剂还原，也可进行电解还原，保留氮而生成芳基肼。例如：

$$\text{C}_6\text{H}_5\text{-N}_2\text{Cl} \xrightarrow[\text{(2)NaOH}]{\text{(1)SnCl}_2+\text{HCl}} \text{C}_6\text{H}_5\text{-NHNH}_2$$

② 偶联反应。重氮盐正离子为弱的亲电试剂，可与酚或芳胺等活泼的芳基化合物进行芳环上的亲电取代反应，生成偶氮化合物，该反应称为偶联反应（coupling reaction）或偶合反应，是制备偶氮染料的基本反应。

$$\text{C}_6\text{H}_5\text{-N}_2\text{Cl} + \text{C}_6\text{H}_5\text{-N(CH}_3)_2 \xrightarrow{\text{CH}_3\text{COONa, H}_2\text{O}} \text{C}_6\text{H}_5\text{-N=N-C}_6\text{H}_4\text{-N(CH}_3)_2$$

4-(N,N-二甲基)氨基偶氮苯(黄色)

$$\text{C}_6\text{H}_5\text{-N}_2\text{Cl} + \text{C}_6\text{H}_5\text{-OH} \xrightarrow{\text{NaOH}} \text{C}_6\text{H}_5\text{-N=N-C}_6\text{H}_4\text{-OH}$$

对羟基偶氮苯(橙红色)

偶联反应符合定位规律，一般发生在羟基或氨（胺）的对位，当对位被占时才发生在邻位。

$$\text{C}_6\text{H}_5\text{-N}_2\text{Cl} + \text{HO-C}_6\text{H}_4\text{-CH}_3 \longrightarrow$$

重氮盐与伯芳胺、仲芳胺偶联时，反应首先发生在氨基或亚胺基上（氮上有活泼氢原子），生成取代的苯重氮氨基苯。后者与盐酸或苯胺盐酸盐一起加热到 $30 \sim 40\,^{\circ}\text{C}$，则经分子重排生成对氨基偶氮苯。若对位被占，则重排生成邻氨基偶氮苯。

$$\text{C}_6\text{H}_5\text{-N}_2\text{Cl} + \text{H}_2\text{N-C}_6\text{H}_5} \longrightarrow \text{C}_6\text{H}_5\text{-N=N-NH-C}_6\text{H}_5 + \text{HCl}$$

$$\text{C}_6\text{H}_5\text{-N=N-NH-C}_6\text{H}_5 \xrightarrow[30\sim40\,^{\circ}\text{C}]{\text{C}_6\text{H}_5\text{NH}_3\text{Cl}} \text{C}_6\text{H}_5\text{-N=N-C}_6\text{H}_4\text{-NH}_2$$

重氮盐与萘酚或萘胺偶联时，反应发生在烃基或氨基的同环。对于 α- 萘酚或 α- 萘胺，偶联反应在 4- 位上进行。若 4- 位有取代基，则在 2- 位上进行；对于 β- 萘酚或 β- 萘胺，偶联反应在 1- 位上进行，若 1- 位被占据，则不发生反应。

$$\text{C}_6\text{H}_5\text{-N}_2^+\text{Cl}^- + \text{(1-萘酚)} \xrightarrow[0\sim5\,^{\circ}\text{C}]{\text{NaOH}}$$

$$\text{O}_2\text{N-C}_6\text{H}_4\text{-N}_2^+\text{Cl}^- + \text{(2-萘酚)} \xrightarrow[0\sim5\,^{\circ}\text{C}]{\text{NaOH}} \text{O}_2\text{N-C}_6\text{H}_4\text{-N=N-}$$

对位红

反应介质的酸碱性对于不同的偶合反应非常重要，重氮盐与酚的偶联反应一般是在弱碱性（pH=8～10）溶液中进行。因为在碱性溶液中酚成为苯氧负离子，更易于发生亲电取代反应，有利于偶合反应的进行。

重氮盐与芳胺的偶联反应是在弱酸性或中性（pH=5～7）条件下进行的。

二、偶氮化合物和偶氮染料

染料是一种可以较牢固地附在纤维上，具有耐光和耐洗性的有色物质。根据化学结构一般分为偶氮染料、靛系染料、蒽醌染料、芳甲烷染料、醌亚胺染料、喹啉染料、酞菁染料和黄酮染料等。偶氮染料是合成染料中品种最多的一种，颜色齐全，广泛用于棉、毛、丝、麻织品以及塑料、印刷、皮革、橡胶等产品的着色，例如：

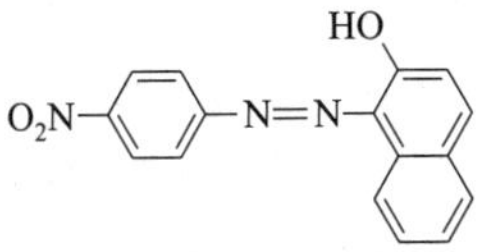

对位红(染料) 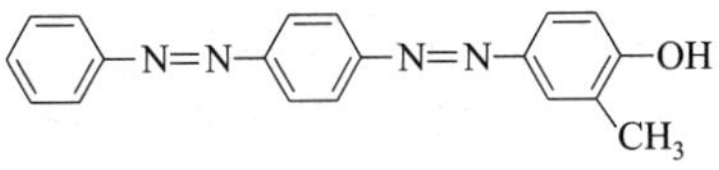　　　分散黄(染料)

分析化学所用的指示剂就是一类偶氮化合物。在不同 pH 的溶液中，其结构不同而引起其颜色的变化。常用的偶氮指示剂有甲基橙和刚果红。甲基橙是酸碱滴定的常用指示剂，在中性或碱性溶液中呈黄色，在酸性溶液中显红色。刚果红在弱酸性、中性或碱性介质中均以磺酸钠形式存在，呈红色，在强酸性时显蓝色。

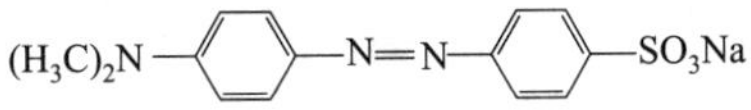

甲基橙

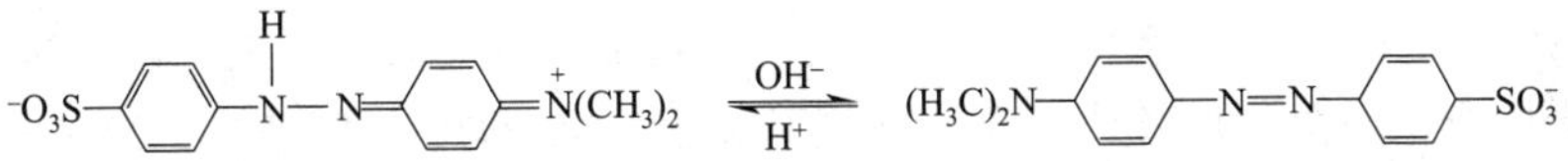

pH<3.1 红色　　pH>4.4 黄色

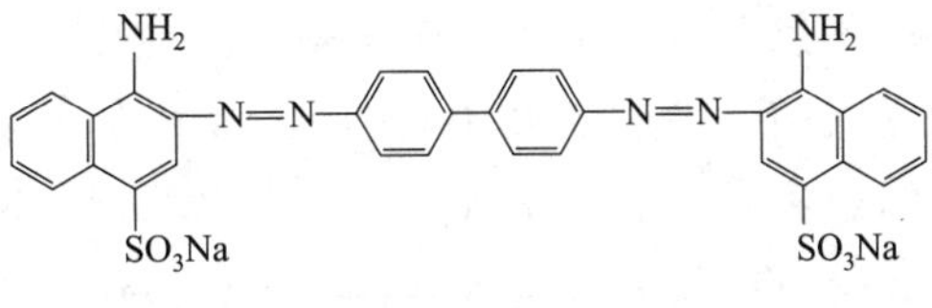

刚果红

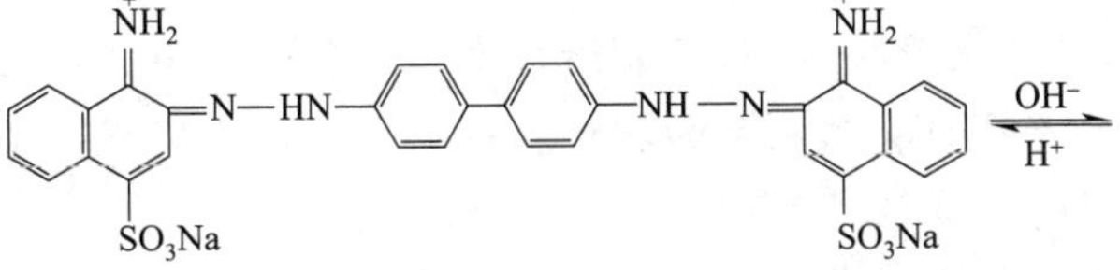

pH<3.0 蓝紫色

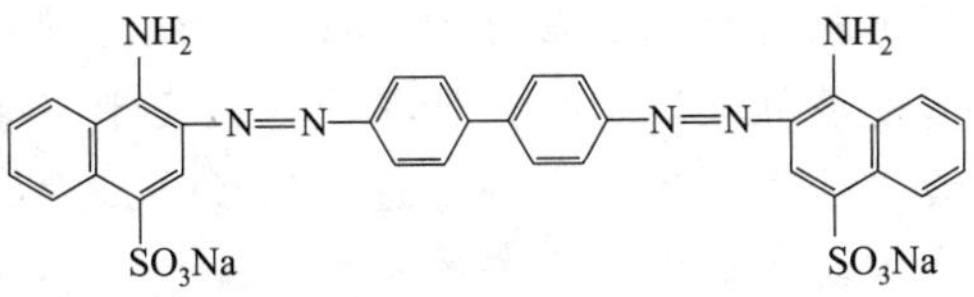

pH>5.0 红色

思考题

　　重氮盐包括盐酸盐、硫酸盐和氟酸盐，在有机化学中具有多种重要应用，主要有偶合反应、取代反应。在药物、光敏材料、聚合材料、农业化学品，甚至工业与军工炸药中都有应用。感兴趣的同学可以深入思考一下具体的深度应用，如果作为军工炸药的重氮盐，应该是什么结构、组成和状态，如何进一步制造成烈性炸药？

 阅读材料丨

尿素——我国化肥工业发展的精品

　　1828 年，德国化学家维勒在无意间用加热的方法使无机物氰酸铵转化为尿素，尿素是当时认识到的具有生命力的人和动物的代谢产物。于是，维勒发表了《论尿素的人工制成》论文，这标志着有机化学的开端。1922 年，世界上第一座尿素工厂在德国建成投产。

　　尿素，又称脲、碳酰胺，化学式是 CH_4N_2O 或 $CO(NH_2)_2$，是由碳、氮、氧和氢组成的有机化合物，是一种白色晶体。最简单的含氮有机化合物，是哺乳动物和某些鱼类体内蛋白质代谢分解的主要含氮终产物。成人每日排出的尿液中约有 30 g 尿素。

　　作为一种中性肥料，尿素适用于各种土壤和植物。它易保存，使用方便，对土壤的破坏作用小，是使用量较大的一种化学氮肥，也是含氮量最高的氮肥。目前工业上依然用空气制得的氨气和二氧化碳在一定条件下合成尿素。

$$CO_2 + 2NH_3 \xrightarrow{\text{高压}} H_2N-\overset{\displaystyle O}{\overset{\|}{C}}-NH_2$$

　　氮，取自空气，二氧化碳来源亦广泛。氢，则取自天然气的氢，或煤炭一次能源直接制得的氢，或煤焦化产生的焦炉煤气中的氢。我国尿素生产约 74% 来自煤炭，22% 来自天然气。

　　我国尿素工业化生产始于 1958 年南京化肥厂，1962 年设计建造二套 40 kt/a 生产装置，分别建于上海吴泾和浙江巨化，20 世纪 70 年代初从国外引进了产能 3 万多吨的先进工艺。1978 年尿素产量仅仅 378.8 万吨。但我国遵循自力更生和引进吸收消化国外先进技术的两条腿走路的方针，2023 年我国尿素全年产量达到 6104 万吨，提升了十多倍。目前我国尿素的生产能力和先进技术及装备的综合实力已居世界前列，尿素以及催化剂的生产工艺技术已居世界领先水平。尿素的生产发展，不仅完全满足农业、工业和运输业的需求，而且还出口国外市场，主要流向印度、巴基斯坦、澳大利亚、墨西哥等国。

　　与此同时，我国尿素的生产技术、设备制造技术和装备的建造技术已经走向世界，在非洲、南亚等地区承包尿素生产项目，从项目的招标、设计、建造，实现一条龙交钥匙过程，并得到了项目所在国家政府的高度认可和称赞。

　　中国经历了改革开放四十多年的历程，中国的尿素工业也取得了令人瞩目的伟大成就，中国尿素工业实现了产品从依赖进口到自给有余，技术从被封锁到拥有自主知识产权，规模从以数百吨的小氮肥为主，发展到涌现出一大批年产尿素几十万吨甚至上百万吨的大型企业集团。四十多年，中国尿素工业走过了一个翻天覆地的过程，它的成长壮大，不但是改革开放的一个缩影，而且作为中国的重要农业生产资料产品和重要的基础化肥原料，为中国工农业发展发挥了重要的作用。

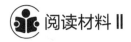 阅读材料 Ⅱ

磺胺药物与我国的新药

磺胺，对氨基苯磺酰胺的简称，分子式为 $C_6H_8N_2O_2S$，是一种具有药用价值的有机化合物。常用于医药工业，是合成磺胺类药物的主要原料。

磺胺药物，是一类具有对氨基苯磺酰氨基结构的药物，是人工合成的第一类可有效防治全身性细菌感染的化学药物。20 世纪之前，人类对细菌性疾病一直束手无策。1932 年，德国药物学家格哈德·多马克（Gerhard Johannes Paul Domagk，1895—1964）对所合成的 1000 多种偶氮化合物进行千百次筛选试验之后，终于攻破这一难关。他发现名为百浪多息（Prontosil）的橘红色化合物 2',4' - 二氨基偶氮苯 -4- 磺酰胺的盐酸盐，对感染链球菌的小白鼠疗效极佳。当时多马克的女儿因手指被刺破，感染上了链球菌，生命垂危之际多马克以自己的小女儿作人体试验对象，给女儿注射了百浪多息，挽救了她的生命。此后这种新药还因挽救过世界名人而名声大振。1935 年法国特雷埃夫妇及其同事破解了百浪多息在活体中的作用之谜，百浪多息在体内能分解出对氨基苯磺酰胺。对氨基苯磺酰胺和细菌生长繁殖所必需的物质——对氨基苯甲酸在化学结构上十分相似，这样就被细菌不辨真假地吸收，而又起不到养料作用，细菌就不得不死去。药物的作用机制弄清后，百浪多息逐渐被更廉价的磺胺类药物所取代，并使用至今。

百浪多息　　　　　　对氨基苯磺酰胺

对氨基苯磺酰胺及有关的磺胺类化合物的应用标志着人类在化学疗法方面的一大突破。磺胺类药具有强烈的抑菌作用，在控制感染性疾病中疗效很好。它对许多有致命危险的急性疾病提供了有效的治疗手段，它使不少慢性疾病也得以早愈，许多传染性疾病特别是某些肺炎类疾病得以有效控制和治疗。此外，磺胺药是第二次世界大战前唯一有效的抗菌药物，因而拯救了千百万人的生命。

此后，化学家合成、筛选了大量的磺胺类化合物。在新中国成立前，我国研发出了畅销海内外的"消治龙"牌磺胺噻唑（ST）药物；新中国成立后，我国自主研发并广泛应用的磺胺甲氧嘧啶等，价廉物美。世界各国相继研发出磺胺新药，诸如磺胺甲基嘧啶（SM1）、磺胺甲噁唑（SMZ）等。磺胺药物抗菌谱较广，临床上应用于治疗流行性脑脊髓膜炎、上呼吸道感染、泌尿道感染、肠道感染、鼠疫、局部软组织或创面感染、眼部感染、疟疾等。

 AI 科普

文档扫一扫

利用 deepseek 设计一条甲基橙合成路线

习题

1. 用系统命名法命名下列化合物。

（1） 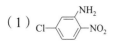 Cl———NH₂ NO₂

（2） N(CH₃)(C₂H₅) 环戊基

（3） [(CH₃)₂N⁺—C₁₂H₂₅]Br⁻ │ CH₂C₆H₅

（4） [(CH₃)₃NC₂H₅]OH

（5） C₆H₅N(CH₃)₂

（6） H₃C———N₂⁺Cl⁻

（7） CH₃CH₂N(CH₃)₂

（8） ———NH—NH———

2. 下列各组化合物按碱性强弱排列成序。

（1）A. 苄胺   B. 苯胺   C. 环己胺   D. 苯甲酰胺

（2）A. 苯胺   B. 乙酰苯胺   C. N- 甲基苯胺   D. 邻苯二甲酰亚胺

（3）A. 乙胺   B. 2- 氨基乙醇   C. 3- 氨基 -1- 丙醇

（4）A. 甲胺   B. 苯胺   C. 对硝基苯胺   D. 2,4- 二硝基苯胺

3. 完成下列反应方程式。

（1） CH₃———NH₂ + 2CH₃OH —△→

（2） OCH₃———NH₂ + CH₃COOH —△→

（3） NO₂———NO₂ —Na₂S→

（4） ———NH₂ + H₂SO₄ —180℃ △→

（5） O₂N—(Cl)(NO₂)—NO₂ —CH₃ONa→

（6） ———NH₂ OH + 2(CH₃CO)₂O —→

（7） ———NO₂ —Fe,H₂O H⁺→

4. 用简单的化学方法鉴别下列化合物。

（1）A. ———NH₂   B. ———NH₂   C. ———N(CH₃)₂   D. ———NHCH₃

（2）A. 苯胺   B. N- 甲基苯胺   C. N,N- 二甲基苯胺

5. 分离下列化合物的混合物。

A. 对甲苯胺   B. 对甲苯酚   C. 萘

6. 化合物 A 的化学组成为 $C_7H_{15}N$，不能使溴水褪色；与 HNO_2 作用放出气体，得到化合物 B，化学组成为 $C_7H_{14}O$，B 能使 $KMnO_4$ 溶液褪色；B 与浓硫酸在加热下作用得到化合

物 C，C 的化学组成为 C_7H_{12}；C 与酸性 $KMnO_4$ 溶液作用得到 6- 羧基庚酸。试写出 A、B、C 的结构式。

7. 某化合物 A 分子式为 $C_8H_{18}N_2$，A 与 HNO_2 作用后经分析 1 mol A 可收集 2 mol N_2。A 与过量的 CH_3I 反应后再与 AgOH 作用的产物经加热分解得到环辛二烯，经测定它不是共轭二烯烃。试写出化合物 A 的构造式。

第十一章
杂环化合物

 学习目标

知识目标

1. 熟悉杂环化合物的结构、分类与命名；

2. 掌握主要杂环化合物的物理和化学性质；

3. 了解常见的杂环衍生物的结构和应用。

技能目标

1. 根据杂环化合物的结构认识其性质；

2. 根据杂环化合物的性质认识其应用性能；

3. 根据杂环化合物的结构，认识其在美拉德反应中的应用。

素质目标

1. 从尿酸检测对人体健康保障的意义，认识我国体检产业的巨大发展成就，为实现"健康中国"的目标贡献力量；

2. 从对杂环化合物结构与性质的认识，理解毒品对人体健康的严重危害，远离毒品、认真学习，树立正确的人生观和价值观。

　　杂环化合物（heterocyclic compound），成环原子除了C原子之外，还有O、S、N等原子，并具有芳香性，又称芳杂环化合物。

　　前面学习过的酸酐、环醚、内酯和内酰胺等环状化合物，既有C原子，也有O杂原子，但它们容易开环，性质上与开链化合物相似，没有芳香性，所以它们不属于杂环化合物。

　　杂环化合物种类繁多，约占已知有机化合物的三分之一。杂环化合物在自然界分布很广、功能很多。具有生物活性的天然杂环化合物对生物体的生长、发育、遗传和衰亡过程都起着关键性的作用。例如：中草药的有效成分生物碱（alkaloid），大多是杂环化合物；动植物体内起重要生理作用的血红素、叶绿素、核酸等的碱基都含有氮杂环；部分维生素、抗生素、植物色素、人工合成的药物及合成染料等，也含有杂环结构。杂环化合物通常是酶和辅酶中催化生化反应的活性部位。

　　杂环化合物的应用范围极其广泛，涉及医药、农药、染料、生物膜材料、超导材料、分子器件、储能材料等。

第一节　杂环化合物的分类和命名

　　杂环化合物，最基本的分类是按氧、硫、氮原子构成的各自一类化合物；按稳定性环结构，如同稳定的碳环化合物，包括五元杂环和六元杂环两大类；按杂原子数目，分为一个杂原子的杂环和两个及多个杂原子的杂环；按杂环母体中所含环的数目，也可分为单杂环和稠杂环，稠杂环有芳环并杂环、杂环并杂环两种。各分类信息，见表11.1。

表 11.1　杂环化合物的分类和名称

分类		含一个杂原子			含两个或多个杂原子			
五元杂环	单杂环	呋喃	噻吩	吡咯	噁唑	噻唑	咪唑	吡唑
	稠杂环	苯并呋喃	吲哚		苯并咪唑			
六元杂环	单杂环	吡啶	吡喃		哒嗪	嘧啶	吡嗪	
	稠杂环	喹啉	异喹啉		嘌呤	蝶啶		

　　杂环化合物的命名主要是音译命名法；系统命名法比较复杂，本节不再介绍。
　　音译法是根据英文名称的译音，选用带"口"字旁的同音汉字来命名，如下列化合物。

呋喃　　　　吡咯　　　　吡啶　　　　咪唑　　　　　　嘌呤
furan　　　pyrrole　　pyridine　　imidazole　　　purine

　　杂环上有取代基时，以杂环为母体，从杂原子开始编号，以取代基位次最小为原则；含有两个或两个以上相同杂原子的单杂环编号时，应从一个杂原子到另一个杂原子，并以取代基的位次之和最小为原则；对含两个氮原子的杂环而言，带有氢原子的氮的编号为1；如果环上有多个不同杂原子时，按氧、硫、氮的顺序编号。

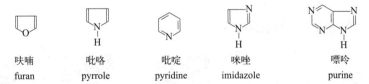

2,5-二甲基呋喃　　　　4-甲基咪唑　　　　4,5-二甲基噻唑

当只有一个杂原子时，也可用希腊字母编号，靠近杂原子的第一个位置是 α- 位，其次为 β- 位、γ- 位等。例如：

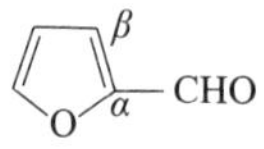

α-呋喃甲醛　　　　　γ-甲基吡啶

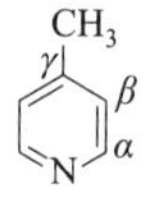

当环上连有不同取代基时，编号根据顺序规则及最低系列原则。结构复杂的杂环化合物可将杂环当作取代基来命名。例如：

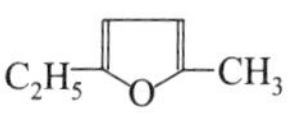

2-甲基-5-乙基呋喃 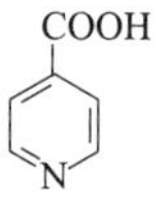　　　4-吡啶甲酸 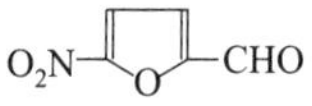　　　5-硝基-2-呋喃甲醛

稠杂环的编号，与稠环芳烃相同，但少数稠杂环有固定的编号顺序。例如：

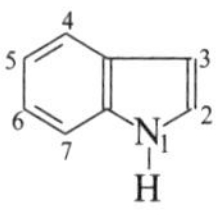

吲哚 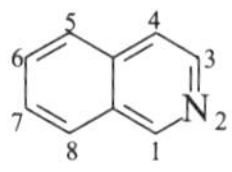　　　　　　异喹啉 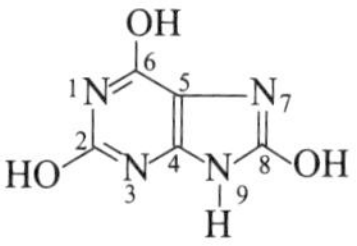　　　　　2,6,8-三羟基嘌呤

还有一种命名法，是根据相应的碳环为母体而命名，把杂环化合物看作相应碳环中的碳原子被杂原子取代后的产物，命名时称为"某杂某"。例如，五元杂环相应的碳环为⬠，定名为"茂"，则⬠称为氧杂茂。茂，在第四章芳香烃的非苯芳烃中已有介绍。

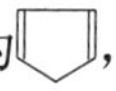

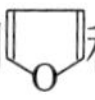

第二节　五元杂环化合物

五元杂环化合物中最重要的有呋喃（furan）、噻吩（thiophene）、吡咯（pyrrole）、咪唑（imidazole）和吲哚（indole）。

一、含有一个杂原子的五元杂环体系

含一个杂原子的典型五元杂环化合物有呋喃、噻吩和吡咯。

1. 呋喃、噻吩、吡咯的结构

在呋喃、噻吩和吡咯这三个杂环化合物中，碳原子和杂原子均以 sp^2 杂化轨道互相连接成 σ 键，并且在一个平面上，每个碳原子及杂原子上均有一个 p 轨道互相平行，在碳原子的 p 轨道中有一个 p 电子，在杂原子的 p 轨道中有一对 p 电子，形成一个环形封闭的共轭体系 π_5^6。这与第四章芳香烃中介绍的休克尔 $4n+2$ 规则相符，因此这些杂环具有芳香性。

呋喃、噻吩、吡咯的电子结构见图 11.1。

图 11.1　呋喃、噻吩、吡咯的电子结构

　　杂原子氧、硫、氮的电负性比碳原子大，使环上电子云分布不像苯环那样均匀，所以呋喃、噻吩、吡咯分子中各原子间的键长并不完全相等（图 11.2），芳香性比苯差。其芳香性强弱顺序是：苯 > 噻吩 > 吡咯 > 呋喃。从离域能的数据也可得到以上结果，噻吩：121.3 kJ·mol^{-1}；吡咯：87.8 kJ·mol^{-1}；呋喃：66.9 kJ·mol^{-1}。

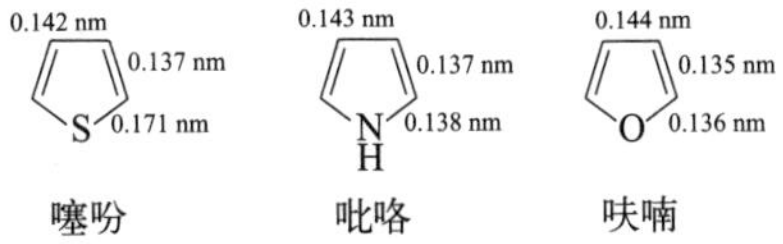

图 11.2　噻吩、吡咯、呋喃键长

2. 呋喃、噻吩、吡咯的性质

　　呋喃存在于松木焦油中，是无色液体，沸点 31.4℃，有类似氯仿气味，难溶于水，易溶于有机溶剂。它遇盐酸浸湿的松木片则显绿色，称为松木片反应。

　　噻吩存在于煤焦油的粗苯中，含量约为粗苯的 0.5%。噻吩是无色而有特殊气味的液体，难溶于水，易溶于有机溶剂。沸点 84.2℃，与苯的沸点相近，不易用蒸馏法分离出来。噻吩在硫酸存在下和靛红一同加热显蓝色，可以此来检验苯中残存的噻吩。

　　吡咯存在于煤焦油和骨焦油中，为无色液体，沸点 130 ～ 131℃，有弱的苯胺气味，微溶于水，易溶于有机溶剂。吡咯环不如苯环稳定，在空气中逐渐被氧化成褐色。其蒸气遇盐酸浸湿的松木片显红色，可以此检验吡咯。

　　（1）亲电取代反应　　五元杂环为 π_5^6 体系，环上的 π 电子云密度比苯环大，且分布不均匀，它们的亲电取代反应的活性比苯大。p-π 共轭导致邻位电子云密度最大，α- 位比 β- 位活泼，亲电取代主要在 α- 位进行，亲电取代反应的活性为：吡咯＞呋喃＞噻吩＞苯。

　　吡咯、呋喃、噻吩的亲电取代反应活性高，而且呋喃和吡咯对于无机强酸非常敏感，所以亲电取代反应需要比较温和的条件，否则会发生开环、聚合等副反应，产物复杂。

　　卤化反应：一般采用低温、溶剂稀释等温和条件直接卤化。

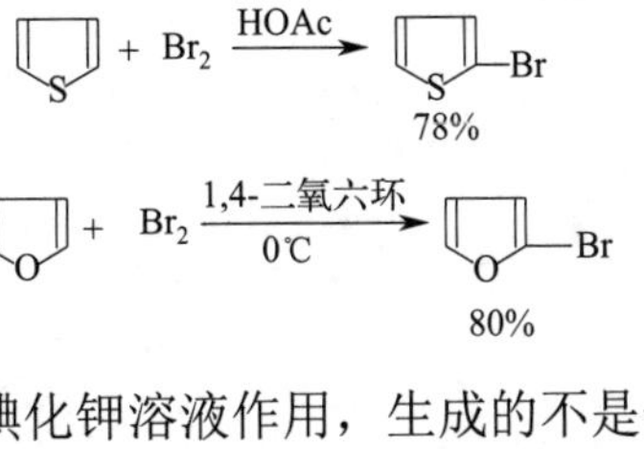

$$\text{S} + Br_2 \xrightarrow{\text{HOAc}} \text{S-Br} \quad 78\%$$

$$\text{O} + Br_2 \xrightarrow[0℃]{\text{1,4-二氧六环}} \text{O-Br} \quad 80\%$$

　　吡咯极易卤代，例如与碘 - 碘化钾溶液作用，生成的不是一元取代产物，而是四碘吡咯。

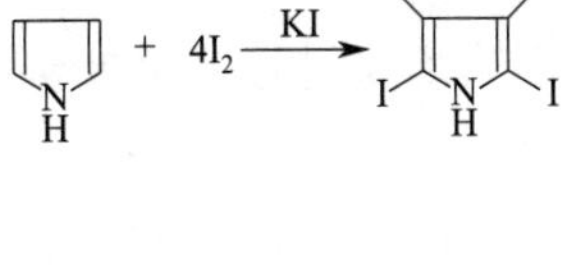

$$\text{(吡咯)} + 4I_2 \xrightarrow{KI} \text{(四碘吡咯)}$$

硝化反应：五元杂环易被氧化，硝酸是强氧化剂，因此一般用比较温和的非质子硝化剂——乙酰基硝酸酯（CH_3COONO_2）在低温下进行，硝基主要进入 α- 位。

$$\text{呋喃} + CH_3COONO_2 \xrightarrow{-5\sim30℃} \alpha\text{-硝基呋喃} + CH_3COOH$$

α-硝基呋喃

$$\text{噻吩} + CH_3COONO_2 \xrightarrow[-10℃]{(CH_3CO)_2O} \alpha\text{-硝基噻吩} + CH_3COOH$$

α-硝基噻吩

$$\text{吡咯} + CH_3COONO_2 \xrightarrow[-10℃]{(CH_3CO)_2O} \alpha\text{-硝基吡咯} + CH_3COOH$$

α-硝基吡咯

磺化反应：用温和的吡啶与三氧化硫的加合物作为磺化剂。

$$\text{呋喃} + SO_3 \xrightarrow{\text{吡啶}} \text{2-呋喃磺酸}$$

2-呋喃磺酸

$$\text{吡咯} + SO_3 \xrightarrow{\text{吡啶}} \text{2-吡咯磺酸}$$

2-吡咯磺酸

噻吩对酸比较稳定，室温下可与浓硫酸发生磺化反应，也可以用温和的磺化试剂反应。

$$\text{噻吩} + H_2SO_4 \xrightarrow{25℃} \text{2-噻吩磺酸} (SO_3H) + H_2O$$

69%~76%
2-噻吩磺酸

酰基化反应：采用较温和的催化剂如 $SnCl_4$、BF_3 等，对活性较大的吡咯可不用催化剂，直接用酸酐酰化。

$$\text{呋喃} + (CH_3CO)_2O \xrightarrow{BF_3} \alpha\text{-乙酰基呋喃}(COCH_3) + CH_3COOH$$

α-乙酰基呋喃

$$\text{噻吩} + (CH_3CO)_2O \xrightarrow{SnCl_4} \alpha\text{-乙酰基噻吩}(COCH_3) + CH_3COOH$$

α-乙酰基噻吩

$$\text{吡咯} + (CH_3CO)_2O \xrightarrow{200℃} \alpha\text{-乙酰基吡咯}(COCH_3) + CH_3COOH$$

α-乙酰基吡咯

（2）加成反应

催化加氢反应：呋喃、噻吩、吡咯均可进行催化加氢反应，产物是失去芳香性的饱和杂环化合物。呋喃、吡咯可用一般催化剂还原。噻吩中的硫能使催化剂中毒，不能用催化加氢的方法还原，需使用特殊催化剂。

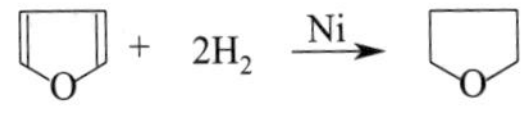

四氢呋喃(有机合成上的重要溶剂)

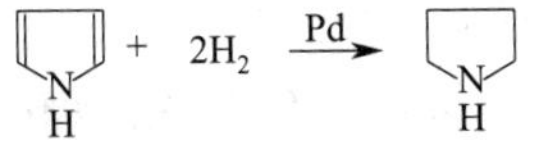

四氢吡咯(吡咯烷)

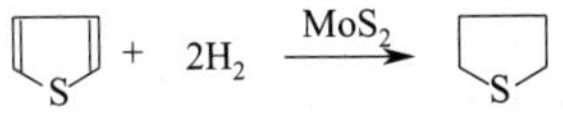

四氢噻吩

双烯加成反应：呋喃的芳香性最弱，显示出共轭双烯的性质，与顺 - 丁烯二酸酐能发生加成反应，产率较高。吡咯、噻吩要在特定条件下才能发生双烯合成反应。

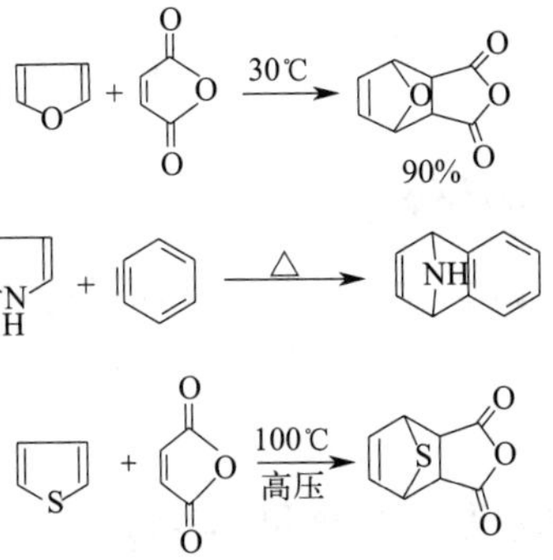

（3）氧化反应　呋喃和吡咯对氧化剂很敏感，在空气中就能被氧化，噻吩相对要稳定些。与苯比较，环的稳定性顺序为：苯＞噻吩＞吡咯＞呋喃。

（4）吡咯的弱酸性和弱碱性　吡咯虽然是仲胺，由于氮原子上的未共用电子对参与杂环的共轭体系，造成碱性极弱（$pK_b=13.6$）。而与氮原子相连的氢原子变得较活泼，具有弱酸性（其酸性介于乙醇和苯酚之间），能与碱金属、氢氧化钾或氢氧化钠作用生成盐，以此合成吡咯衍生物。

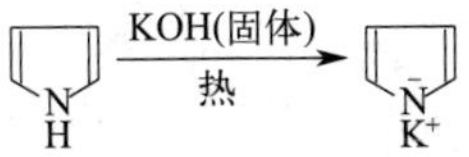

3. 糠醛

糠醛（furfural），又名 α- 呋喃甲醛，是呋喃的重要衍生物，最初由米糠与稀酸共热制得。工业上除米糠外，其他农副产品如甘蔗杂渣、花生壳、高粱秆、棉籽壳等都可用来制取糠醛。糠醛是良好的溶剂，常用作精炼石油的溶剂，以溶解含硫物质及环烷烃等；可用于精制松香，脱除色素，溶解硝酸纤维素等。糠醛是有机合成的重要原料，广泛用于油漆及树脂工业。

在稀酸作用下，多聚戊糖水解成戊糖，戊糖再进一步脱水、环化，得到糠醛。

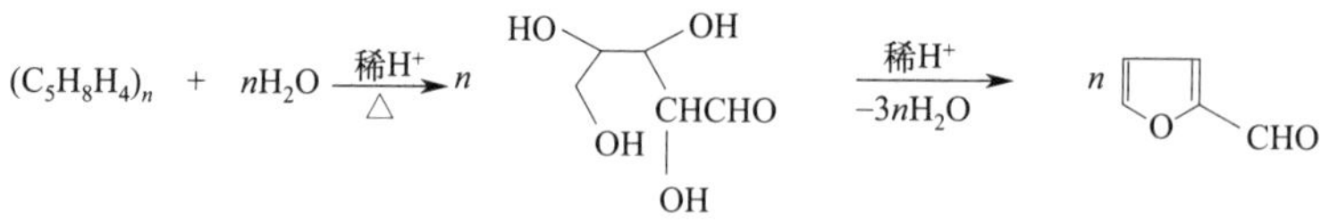

多聚戊糖   戊糖   糠醛

纯糠醛为无色液体，沸点 162℃，熔点 –36.5℃，相对密度 1.160。溶于水，与醇、醚可混溶。在酸性或铁离子催化下，易被空气氧化颜色变深。糠醛具有芳香醛的一般性质，可发生银镜反应。其在醋酸存在下与苯胺作用显红色，以此检验糠醛。

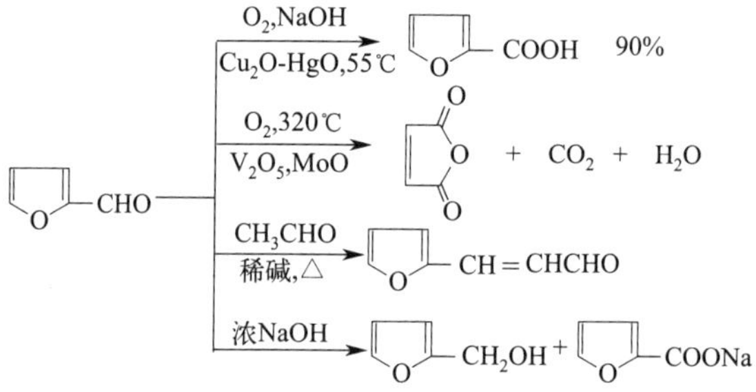

二、含有两个杂原子的五元杂环体系

含两个杂原子的五元杂环，其中至少有一个杂原子是氮原子的体系叫作唑。比较重要的有噻唑、咪唑和吡唑。

1. 唑的结构特点和芳香性

唑可根据两个杂原子的位置分为 1,2- 唑和 1,3- 唑两类。例如：

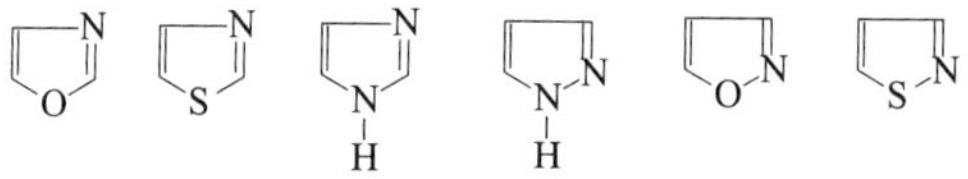

噁唑   噻唑   咪唑   吡唑   异噁唑   异噻唑

以咪唑为例来看唑的结构。有一个环形闭合的 π_5^6 共轭体系，有芳香性，而且稳定性好。

2. 咪唑和吡唑的互变异构现象

吡唑和咪唑环存在互变异构的平衡体系，如果连有取代基就存在互变异构体，如 4- 甲基咪唑和 5- 甲基咪唑，这对互变异构体不能分离，称为 4（5）- 甲基咪唑。

4（5）- 甲基咪唑：

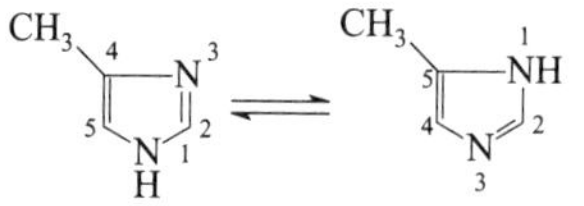

4-甲基咪唑   5-甲基咪唑

3（5）- 甲基吡唑：

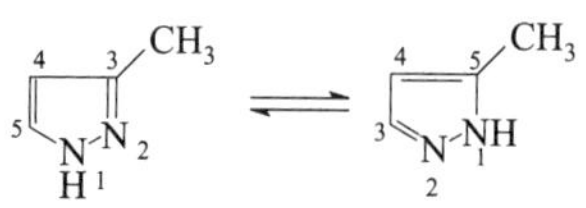

3-甲基吡唑   5-甲基吡唑

3. 唑的性质

吡唑和咪唑因分子间可以形成氢键，沸点较高。同样因为可以和水形成氢键，唑类化合物在水中溶解度较大。

唑的亲电取代反应性比呋喃、噻吩、吡咯差，活性顺序为：

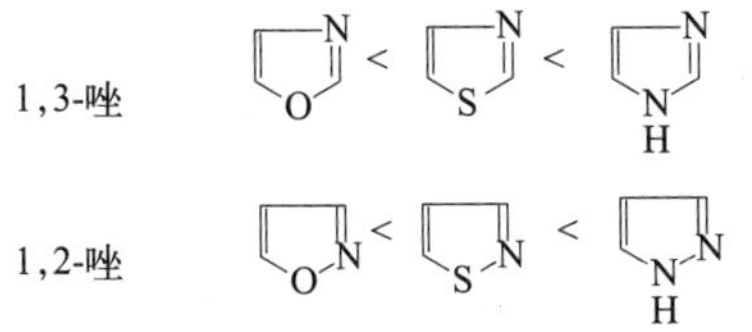

1,3-唑

1,2-唑

噻唑不易发生亲电取代反应，需要在较强烈的条件或连有给电子基团才能进行。

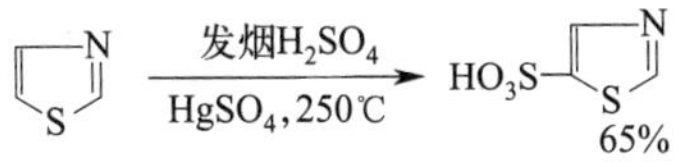

唑的氮原子上可以烷基化，经常得到一烷基化和二烷基化的混合物。

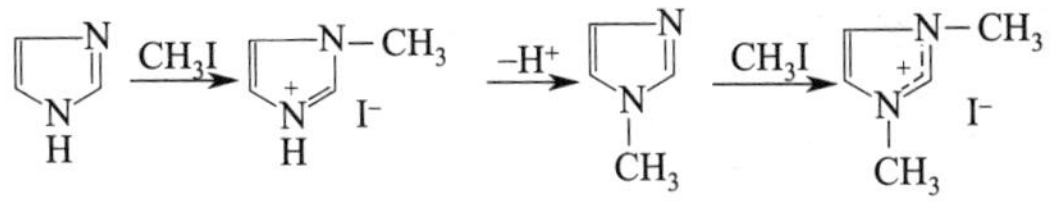

酰基化可以控制在一元酰基化阶段，咪唑得到的 N- 酰基咪唑易水解生成咪唑，可以用作吡咯的酰基化试剂。

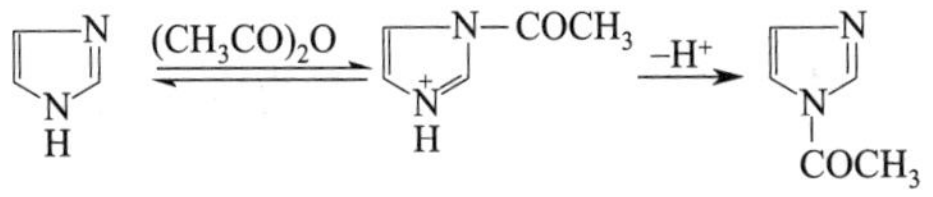

三、五元稠杂环体系

稠杂环化合物是指苯环与杂环稠合，或杂环与杂环稠合的化合物。五元杂环与苯的稠合物有苯并呋喃、苯并噻吩和吲哚，其中以吲哚环系最重要。

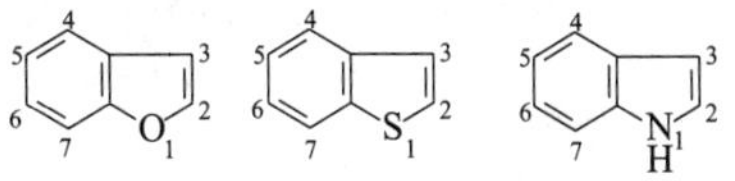

苯并呋喃　　苯并噻吩　　吲哚

吲哚是白色结晶，熔点 52.5℃。极稀溶液有香味，可用作香料，浓的吲哚溶液有粪臭味。素馨花、柑橘花中含有吲哚。吲哚的性质与吡咯相似，也可发生亲电取代反应，取代基进入 β- 位。

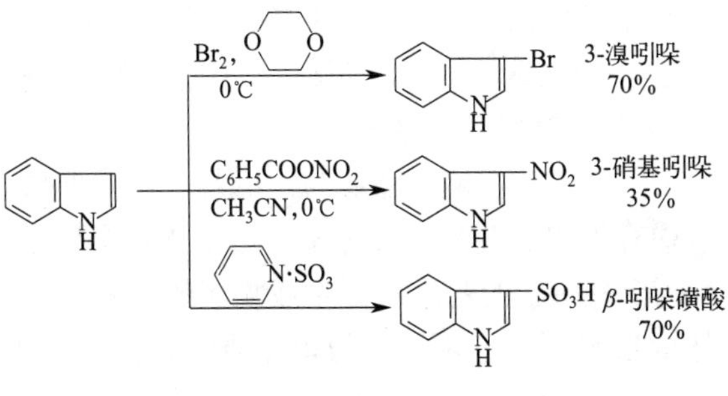

3-溴吲哚 70%

3-硝基吲哚 35%

β-吲哚磺酸 70%

β- 吲哚基丙氨酸，又名色氨酸，是人体的必需氨基酸之一。色氨酸，天然氨基酸之一，是植物体内生长素，生物合成重要的前驱体。

吲哚环的衍生物广泛存在于动植物体内，如 5- 羟基色氨酸是动物激素（zoohormone）；褪黑素（melatonin）是脑白金的成分；β- 吲哚乙酸是植物生长素（auxin），少量能调节植物生长，大量会杀伤植物。

色氨酸

β-甲基吲哚(粪臭素)

β-吲哚乙酸

5-羟基色氨酸

褪黑素

四、五元杂环化合物衍生物

（1）卟啉化合物 卟啉化合物是吡咯重要衍生物。这类化合物有一个基本结构，即卟吩环或称䃅（音 léi）环，是由四个吡咯环和四个亚甲基（—CH₂—）交替相连而成的环状共轭体系，如图 11.3 所示。

卟吩环的衍生物称为卟啉化合物。卟啉化合物多是有色的、在生物界具有重大生理功能的色素，如植物体内的叶绿素和动物体内的血红素，都是卟啉化合物。它们的结构见图 11.4。

卟啉环中的氮原子可以用共价键或配位键与不同的金属离子结合。例如，在叶绿素中与镁结合，在血红素中与铁结合。

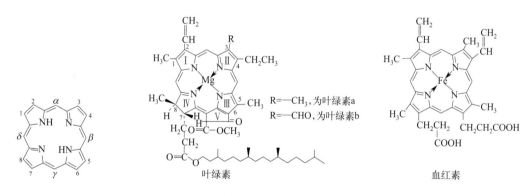

R=—CH₃,为叶绿素a
R=—CHO,为叶绿素b

图 11.3 卟吩环结构式 　　图 11.4 叶绿素和血红素的结构式

叶绿素与蛋白质结合存在于植物的叶和绿色的茎中。绿色植物进行光合作用时，它能把吸收的太阳能转变为化学能。叶绿素有 a 和 b 两种，二者的差别仅在于环 II 上的 R 基不同，R 是甲基时，为叶绿素 a；R 是醛基时，为叶绿素 b。

叶绿素 a 是蓝黑色粉末，其乙醇溶液呈蓝绿色；叶绿素 b 是暗绿色粉末，其乙醇溶液呈黄绿色。它们的乙醇溶液均有很强的荧光。叶绿素不溶于水，易溶于乙醇、丙酮、氯仿等有机溶剂。叶绿素分子中有两个酯键，容易水解而生成相应的酸和醇。

血红素是高等动物体内最重要的色素，常与蛋白质结合成血红蛋白而存在于红细胞中，在高等动物体内起着输送氧气的作用。当动物吸入氧气后，氧与铁络合，随红细胞输送到动物体内的各个部位。在需要氧气的组织中解络而释放出氧气。如果动物摄入与铁络合能力更强的物质如 CO、CN 等，它们就优先氧气与铁络合，血红素也就丧失输送氧气的能力，动物就难以进行正常生理活动而死亡。

（2）吲哚衍生物生物碱　吲哚衍生物生物碱在自然界分布很广，具有重要的生理与药理活性，如人及哺乳动物脑中参与思维活动的重要物质血清素，广泛存在于哺乳动物组织中，特别在大脑皮质及神经突触内含量很高。它是一种抑制性神经递质，也是兴奋性神经递质。

利血平，一种吲哚型生物碱，存在于萝芙木属多种植物中，为无色棱状晶体。能降低血压和减慢心率，作用缓慢、温和而持久，对中枢神经系统有安定作用，是一种很好的镇静药。其结构式见图 11.5。

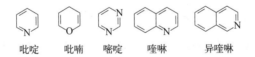

图 11.5　吲哚衍生物利血平（降压药）的结构式

第三节　六元杂环化合物

六元杂环化合物中最重要的有吡啶（pyridine）、吡喃（pyran）、嘧啶（pyrimidine）、喹啉（quinoline）和异喹啉（isoquinoline）等。

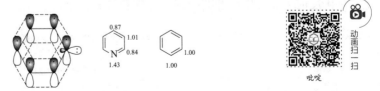

吡啶　　吡喃　　嘧啶　　喹啉　　　异喹啉

一、含有一个杂原子的六元杂环体系

含有一个杂原子的六元杂环体系中，重要的是吡啶。

1. 吡啶的结构

吡啶分子中存在一个闭合 π_6^6 键，具有芳香性，可发生取代反应。吡啶可接受 H^+ 成盐而表现出碱性。氮的电负性与氧不同，吡啶环上的电子云分布，不像苯环那么均匀。

2. 吡啶的来源和物理性质

吡啶存在于煤焦油和页岩油中，吡啶衍生物广泛存在于自然界，例如，植物所含的生物碱不少都具有吡啶环结构，维生素 PP、维生素 B$_6$、辅酶Ⅰ及辅酶Ⅱ也含有吡啶环。吡啶是重要的有机合成原料、良好的有机溶剂和有机合成催化剂。

吡啶为有特殊臭味的无色液体，沸点 115.5℃，熔点 42℃，相对密度 0.982，可与水、乙醇、乙醚等任意混合，也可以溶解大部分有机化合物和无机化合物。

3. 吡啶的化学性质

（1）碱性与成盐　吡啶是叔胺，具有碱性，其碱性小于氨大于苯胺（pK_b=8.80）。吡啶易与酸及活泼的卤代物成盐，与三氧化硫生成的配合物是常用的弱磺化剂。

（2）取代反应　吡啶和硝基苯相似，其亲电取代反应很不活泼，硝化、磺化等反应需要较高的反应条件，不发生烷基化和酰基化反应。亲电取代主要发生在 β- 位上。

吡啶也可发生亲核取代反应。常见的是烷基化、芳基化和氨化反应，主要得邻、对位产物。

吡啶环上邻、对位上有易离去基团时可以被氨（或胺）、烷氧化物、水等亲核试剂取代。

（3）氧化还原反应　吡啶环对氧化剂稳定，一般不被高锰酸钾、重铬酸钾等强氧化剂氧化，氧化反应主要发生在吡啶侧链、异环和氮原子上。

吡啶比苯易还原，钠与乙醇、催化加氢均可使吡啶还原为六氢吡啶（也称为胡椒啶或哌啶）。

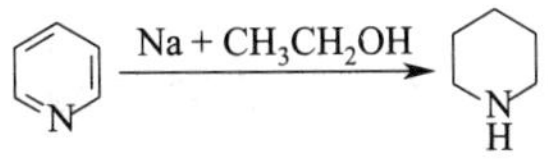

二、含有两个杂原子的六元杂环体系

该体系主要指含有两个氮原子的六元杂环体系，即二嗪。两个氮原子在环中不同位置，可以有三个异构体，其中以嘧啶最重要。

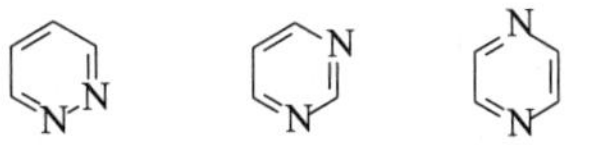

哒嗪　嘧啶　吡嗪
pyridazine　pyrimidine　pyrazine

二嗪类环上的两个氮原子各有一个未共用电子对位于 sp^2 杂化轨道上。哒嗪与嘧啶因结构的不对称性，分子有一定的极性，可与水混溶。吡嗪因分子极性小而水溶性略小。二嗪类化合物都是一元碱，而且碱性都比吡啶弱。

嘧啶的环比吡啶环更稳定，硝化、磺化难以进行，可发生卤化反应。

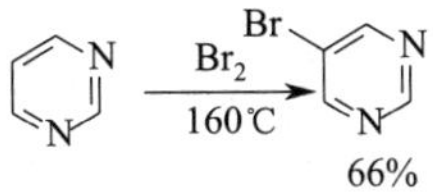

嘧啶环上有活化基团时，亲电取代反应容易进行。

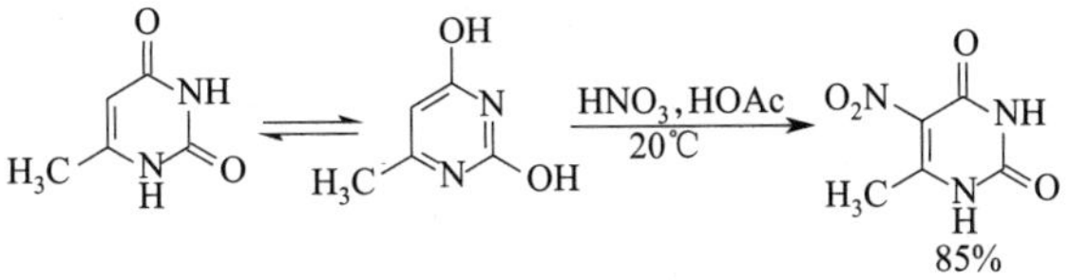

嘧啶可以发生亲核取代反应，最易在 2 位发生，其次是 4、6 位。环上的卤素更容易被取代。

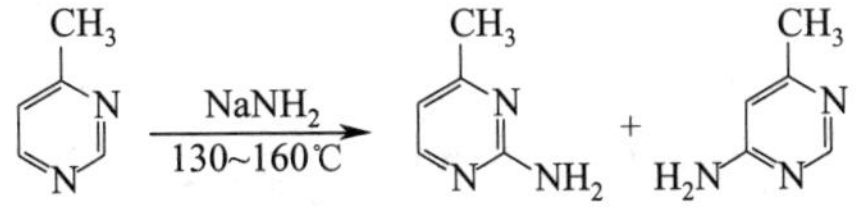

嘧啶本身不存在于自然界，其衍生物在自然界分布很广，如核酸中具有嘧啶结构，尿嘧啶、胞嘧啶、胸腺嘧啶是遗传物质核酸的重要组成部分，维生素 B_1 也含有嘧啶环。合成药物的磺胺嘧啶也含这种结构。

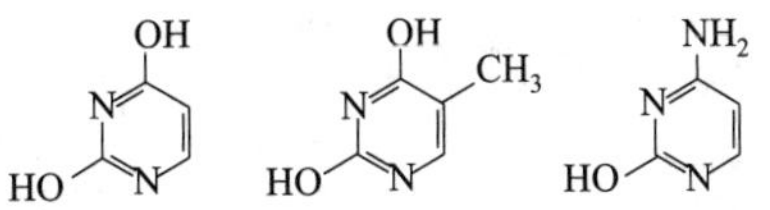

尿嘧啶(U)　胸腺嘧啶(T)　胞嘧啶(C)

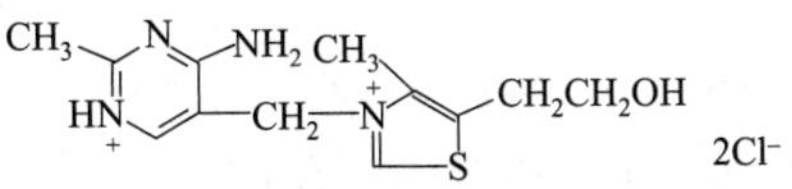

维生素B_1

三、六元稠杂环体系

含有一个杂原子的六元稠杂环体系包括喹啉与异喹啉、嘌呤，是一类重要的药物中间体。

1. 喹啉和异喹啉

喹啉存在于煤焦油中，为无色油状液体，沸点 238℃，是一种高沸点溶剂，有恶臭味，难溶于水，能与大多数有机溶剂混溶。异喹啉是低熔点固体，沸点 243℃，气味类似苯甲醛。

喹啉是由苯和吡啶稠合而成，在酸性介质中，亲电取代主要发生在苯环，喹啉得到 5 位和 8 位取代产物，异喹啉以 5 位取代产物为主。

喹啉的亲核取代反应主要发生在吡啶环的 2 或 4 位，异喹啉发生在 1 位。

喹啉和异喹啉与绝大多数氧化剂不发生反应，与高锰酸钾能发生反应。喹啉用高锰酸钾氧化时，苯环发生破裂，这说明在喹啉分子中吡啶环比苯环难氧化。用钠和乙醇还原喹啉时，其吡啶环被还原。

喹啉的合成方法有多种，一般用苯胺与甘油、浓硫酸及一种氧化剂如硝基苯共热而生成。

喹啉的衍生物在自然界存在很多，如奎宁存在于金鸡纳树皮中，有抗疟疾疗效；罂粟碱、吗啡等可从鸦片中提取出来。

奎宁(金鸡纳碱)　　　　　　　罂粟碱

2. 嘌呤

嘌呤是嘧啶和咪唑并合形成的稠环体系。存在两个互变异构体，平衡时 9H- 嘌呤占比高一些。

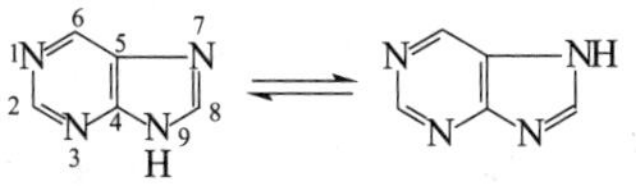

$$9H\text{-嘌呤} \rightleftharpoons 7H\text{-嘌呤}$$

嘌呤为无色晶体，熔点为 216 ～ 217℃，易溶于水，其水溶液呈中性，但能与酸或碱成盐。嘌呤本身在自然界是不存在的，其衍生物却广泛存在于动植物体内。嘌呤衍生物之一的尿酸，存在于鸟类及爬虫类的排泄物中，含量很多，人尿中也含少量。尿酸的检测主要是通过抽血化验，是大生化检查中的肾功能项目。尿酸水平的偏高或偏低可能指示一些健康问题，如单纯高尿酸血症、痛风、肾炎、肝坏死和肝豆状核变性等疾病。

黄嘌呤存在于茶叶及动植物组织和人尿中。咖啡碱、茶碱和可可碱三者都是黄嘌呤的甲基衍生物，存在于茶叶、咖啡和可可中，它们有兴奋中枢作用，其中以咖啡碱的作用最强。

腺嘌呤和鸟嘌呤是核蛋白中的两种重要碱基，是嘌呤的重要衍生物。

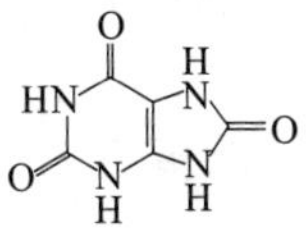

尿酸 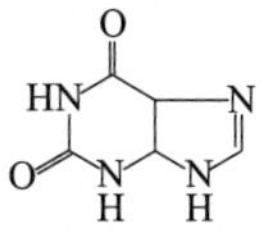　　　　黄嘌呤

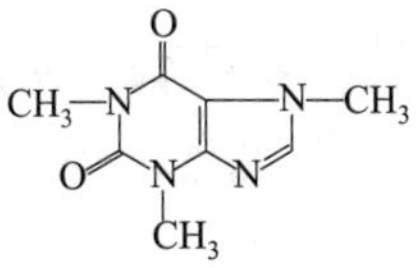

咖啡碱 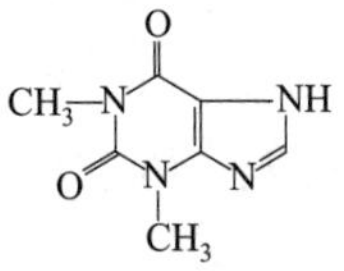　　　茶碱 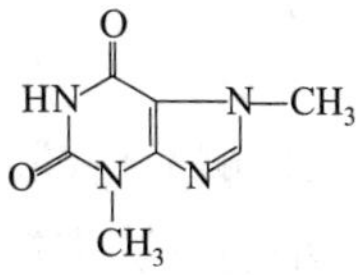　　　可可碱

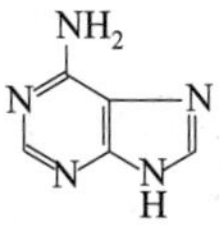

腺嘌呤(A) 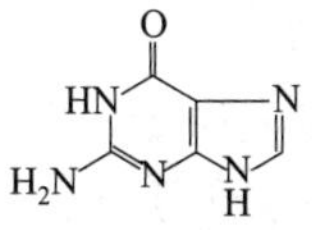　　鸟嘌呤(G)

第四节　生物碱

一、生物碱概述

生物碱（alkaloid）是一类存在于生物体内，具有强烈生理功能的含氮碱性有机物。除个别生物碱外，它们都是含氮杂环化合物的衍生物。

第一个被发现的生物碱是吗啡（morphine），存在于鸦片中，鸦片含 25 种以上生物碱，还有可待因、蒂巴因、诺司卡品和罂粟碱等异喹啉类化合物。1805 年化学家泽尔蒂纳首次从鸦片中分离出来吗啡。他用分离得到的白色粉末在狗身上进行试验，结果狗吃下去后很快昏昏睡去，用强刺激法也无法使其兴奋苏醒；他本人吞下这些粉末后也长眠不醒。据此他用希腊神话中的睡眠之神吗啡斯（Morpheus）的名字将这些物质命名为"吗啡"。吗啡具有强大的止痛作用，对各种疼痛都有镇痛效果，并有抑制呼吸作用。如果用量过大可致呼吸麻痹，是吗啡中毒致死的直接原因。

生物碱主要存在于植物中，所以也常称为植物碱。至今分离出的生物碱已有数千种。一种植物中可以含有多种生物碱，同一科的植物所含生物碱的结构往往相似。在植物体内，生物碱一般与有机酸（草酸、乙酸、乳酸、苹果酸等）或无机酸（磷酸、硫酸等）结合成盐，而存在于不同器官中，也有少数以酯、糖苷、酰胺或游离碱的形式存在。

很多生物碱对人体或家畜是有效的药物，如麻黄素、小檗碱、阿托品等。当归、甘草、贝母、麻黄、黄连等许多中草药的有效成分都是生物碱。

二、生物碱的一般性质和提取方法

多数生物碱是无色有苦味的晶体。分子中含有手性碳原子，具有旋光性。能溶于氯仿、乙醇、乙醚等有机溶剂，不溶或难溶于水，但其盐类一般易溶于水。

生物碱可被许多试剂沉淀或与之发生颜色反应。能使生物碱沉淀的试剂有单宁、苦味酸、磷钼酸、磷钨酸、I_2+KI、HgI_2+KI 等，能与生物碱发生颜色反应的试剂有硫酸、硝酸、甲醛、氨水、高锰酸钾、重铬酸钾等。这些试剂统称为生物碱试剂，它们常用于检验生物碱的存在。

从植物中提取生物碱，通常是把含有生物碱的植物切碎，用稀酸（盐酸或硫酸）处理，使生物碱成为无机盐而溶于水中，再在此溶液中加入氢氧化钠使生物碱游离出来，最后用有机溶剂提取，蒸出溶剂，便得到较纯的生物碱。

在某些情况下，也可用碱直接处理切碎的植物，游离出生物碱，然后再用有机溶剂萃取。有些生物碱（如烟碱）可随水蒸气挥发，因此可用水蒸气蒸馏法提取；个别生物碱（如咖啡碱），则可用升华的方法来提取。

三、重要生物碱

常见重要生物碱名称、结构、存在、性质和用途见表 11.2。

大部分生物碱分子中均含有杂环结构，并具有碱性，另有部分生物碱分子中不含杂环，如表 11.2 最后两种物质麻黄素和秋水仙碱，还有一些生物碱的结构尚未确定。

表 11.2　部分生物碱及其作用

名称	结构	存在	性质与用途
烟碱 （尼古丁）		烟草	无色液体，沸点 247℃，左旋。味苦，可溶于水，有毒，可作农业杀虫剂
颠茄碱 （阿托品）		茄科：颠茄蔓，陀罗	白色结晶，难溶于水，易溶于乙醇。具有镇痛和解痉挛作用。常用作麻醉前给药，眼科中常用来扩大瞳孔，能抢救有机磷中毒
黄连素 （小檗碱）		黄连，黄柏	黄色结晶，味极苦，熔点 145℃，易溶于水，系抗菌药物

续表

名称	结构	存在	性质与用途
吗啡碱	CH₃—N—CH₂ ... CH₂ H HO O OH	鸦片	片状结晶，熔点 253～254℃，难溶于水和一般有机溶剂，易溶于氯仿，味苦，左旋体。有镇痛、催眠、止咳、止泻等作用
虫草素（又称冬虫夏草素、虫草菌素，别名3′-脱氧腺苷）	NH₂ N N HOH₂C O N OH	蛹虫草	首个从真菌中分离出来的苷类抗生素。熔点 225～229℃；具有肺肾的保护性、抗三高、抗肿瘤、神经保护性、抗炎、抗氧化和免疫调节等生物活性
茶碱（1,3-二甲基黄嘌呤）	O CH₃ N NH O N N CH₃	茶，可可	溶于热水、碱液、稀酸液，微溶于乙醚。使平滑肌张力降低，呼吸道扩张；可促进内源性肾上腺素、去甲肾上腺素的释放；2017年被国际认定为致癌物
麻黄素	H H C₆H₅—C—C—CH₃ OH NHCH₃	麻黄	左旋体，无色晶体，熔点 38℃，易溶于水和乙醇，有平喘、止咳、发汗的药理功能
秋水仙碱	(结构式)	百合科：球茎、云南山慈菇	浅黄色针状晶体，熔点 155～157℃，易溶于氯仿，不溶于乙醚。毒性很大。临床可以用来治疗皮肤癌、乳腺癌、痛风等

思考题

石斛碱，是含有吡咯环的内酯。1932 年首次从金钗石斛中提取得到。石斛碱在石斛中的含量大约为 0.1%～0.6%。其熔点为 135～136℃，分子式为 $C_{16}H_{25}NO_2$。石斛碱是石斛中主要药用成分，具有较高的药用价值，主要表现在抗肿瘤，以及对心血管的作用、胃肠道抑制及止痛退热等方面。石斛碱能够抑制由脂多糖引起的记忆损伤问题。

石斛碱

石斛是我国特有的被视为人间仙草的珍贵中草药，因过度采挖，导致石斛被《中国植物红皮书》列为濒危植物。石斛碱的生物合成是保护石斛中草药、潜在替代石斛种植的最佳方法。生物碱的合成已成为生物化学工作者孜孜不倦的追求，高效的生物化学合成对于满足未来对药物需求至关重要。随着 AI 的高速发展，可否利用计算芯片设计、合成石斛碱？

阅读材料

从尿酸检测到体检大产业

尿酸，是吲哚的衍生物，是人体内嘌呤代谢的终产物，通过尿液排泄。每天排泄尿酸的多少直接反映肾脏的健康状况。正常情况，若检测结果男性 $\geq$ 420 μmol·L^{-1}，女性 $\geq$ 360 μmol·L^{-1}，表明存在高尿酸血症，可能预示痛风、肾炎等疾病；尿酸值过低，男性 $\leq$ 150 μmol·L^{-1}，女性 $\leq$ 89 μmol·L^{-1}，可能提醒有肝坏死或肝豆状核变性等疾病的可能。需要及时进行进一步的检查，并寻找背后的疾病原因。许多出现高尿酸血症的状况可能持续数年而无特殊症状出现。

通过尿酸检测，进而进行常规的生化三项指标检测，通过检测谷丙转氨酶等了解肝脏状况；测定总胆固醇、甘油三酯等判断血脂代谢情况。

通过生化三项指标检测，进而发展到有规律的身体全面或部分检测，这就是体检。其实，我国的体检，虽然是近几十年发展起来的，但古代早已有之。

古代的体检主要是通过观察、询问和检查外貌和症状来判断个人的健康状况。古代医学家通过观察皮肤、舌苔、眼睛等来判断疾病。医家张仲景创立的《伤寒杂病论》就详细描述了古代体检的方法和技巧。

新中国成立后，体检工作逐渐成为各行各业的指令性内容，入职、升学、入伍等，体检是硬性要求。实施单位则是政府指定的非营利性医疗机构。自 2000 年开始，随着居民健康意识持续提升，体检发展趋向预防保健型体检方向转变，具有自发性特征，并且民营机构和社会资本开始入局体检领域。在全面健康意识形成的趋势下，消费者对疾病早期筛查和防治需求也随之被激发，我国体检服务行业市场规模持续上升。据不完全统计，2021 年中国体检服务总体规模达到约 2810 亿元，2022 年市场规模为 3085 亿元。

体检作为一种全面系统的健康检测方式，在近代得到了长足发展。从古代的简单观察到现代的仪器检测，不断通过科学的方法和先进的技术提高了人们对人体健康的了解程度。随着社会的进步和人们对健康的重视，体检行业将进一步发展，为个体提供更好的健康管理服务。

 阅读材料 II

吗啡与禁毒戒毒政策

吗啡，无色结晶或白色结晶性粉末，无臭，遇光易变质。吗啡难溶于水，易溶于氯仿及热乙醇中。市售产品一般含一分子结晶水，熔点为 254 ~ 256℃。是全世界使用量最大的强效镇痛剂。

吗啡，在鸦片中的含量为 4% ~ 21%，平均 10%。

从鸦片中直接提取的粗制吗啡，在毒品交易中常被称作"黄皮""黄砒"等，其中吗啡含量约为 60% ~ 70%，呈浅咖啡色，有鸦片气味，呈细粒状。

吗啡片，合法生产的麻醉药品，有盐酸吗啡、硫酸吗啡之分，颜色有米色或黄色，呈片状。

吗啡的结构是由 5 个环稠合而成，含有部分氢化菲环、哌啶环，环上有 5 个手性碳原子，构型分别为 5R、6S、9R、13S 和 14R，天然存在的吗啡为左旋体。吗啡的立体构象呈三维的"T"形，环 A、B 和 E 构成"T"形的垂直部分，环 C、D 为其水平部分。吗啡的镇痛作用与其立体结构关系密切，化学合成的吗啡右旋体，无镇痛及其他生理活性。

我国对吸食毒品采取零容忍政策。《中华人民共和国禁毒法》已由中华人民共和国第十届全国人民代表大会常务委员会第三十一次会议于 2007 年 12 月 29 日通过，自 2008 年 6 月 1 日起施行。法律所称毒品，是指鸦片、海洛因、甲基苯丙胺（冰毒）、吗啡、大麻、可卡因，以及国家规定管制的其他能够使人形成瘾癖的麻醉药品和精神药品。对于不慎染上毒瘾的，国家亦有规范性文件予以指导戒毒工作。国务院《戒毒条例》（2018 年 9 月，中华人民共和国国务院令第 703 号）颁布实施，是规范戒毒工作的指导性文件。戒毒是指吸毒人员戒除吸食、注射毒品的恶习及毒瘾，回归正常人的生活与工作轨道。

珍爱生命，远离毒品，不沾毒品，不交毒友。

 习题

1. 命名下列化合物。

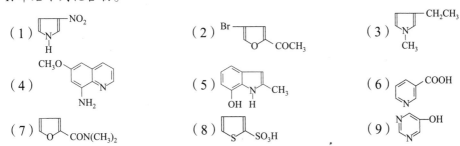

2. 写出下列化合物结构简式。

（1）5- 氯 -2- 呋喃甲酸　　（2）2- 甲基 -5- 乙烯基吡啶　　（3）烟碱

（4）N,N- 二甲基四氢吡咯　　（5）α,β- 二甲基噻吩　　（6）3- 甲基吲哚

（7）3- 甲基四氢呋喃　　（8）糠醛　　（9）8- 羟基喹啉

（10）4- 溴 -2- 噻吩甲酸甲酯

3. 完成下列反应，写出主要产物。

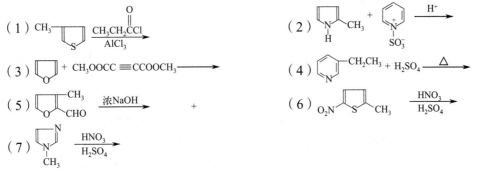

4. 用化学方法区别下列各组化合物。

A. 苯、噻吩和苯酚　　　　　　　B. 吡咯和四氢吡咯

C. 苯甲醛与糠醛　　　　　　　　D. 吡啶与 2- 甲基吡啶

5. 用适当的化学方法，将化合物中的少量杂质除去。

A. 苯中混有少量噻吩　　B. 甲苯中混有少量吡啶　　C. 吡啶中混有少量六氢吡啶

6. 将下列化合物按亲电取代反应相对活性由强到弱排列成序。

A. 呋喃　　B. 吡咯　　C. 噻吩　　D. 吡啶　　E. 苯

7. 由指定原料合成下列各化合物。

（1）由吡啶合成 2- 羟基吡啶。

（2）由呋喃合成 5- 硝基糠酸。

8. 杂环化合物 $C_5H_4O_2$ 经氧化生成羧酸 $C_5H_4O_3$。把此羧酸的钠盐与碱石灰作用，转变为 C_4H_4O，后者与金属钠不起作用，也不具有醛酮性质。原来的 $C_5H_4O_2$ 的结构是什么？

第十二章
糖类化合物

 学习目标

知识目标

1. 熟悉糖类化合物的结构、分类与命名；

2. 掌握主要糖类化合物的结构和性质；

3. 了解淀粉、纤维素等多糖的结构和组成。

技能目标

1. 了解还原糖的结构，认识其化学性质；

2. 了解多糖的结构，认识其对生命健康的意义；

3. 认识双糖中的还原性和非还原性的结构特征。

素质目标

1. 从蔗糖产业的巨大发展成就，深刻认识当今社会广大人民的高品质物质文化生活；

2. 从多糖纤维素和淀粉化学改性的应用，深刻认识当今食品工业中丰富、安全和高品质的食品添加剂。

糖类（saccharide），自然界广泛存在的一类有机化合物，是植物进行光合作用的产物。植物通过光合作用，在叶绿素催化下将空气中的二氧化碳和水转化成葡萄糖，并放出氧气。葡萄糖、蔗糖、淀粉和纤维素等都是光合作用的产物。对于一切生物而言，糖类对生命的维持起着重要的作用。

$$6CO_2 + 6H_2O \xrightarrow[\text{叶绿素}]{\text{日光}} C_6H_{12}O_6 + 6O_2$$

糖，由 C、H、O 三种元素组成。由于早年发现葡萄糖的分子式为 $C_6H_{12}O_6$，可表示为 $C_6(H_2O)_6$，蔗糖的分子式为 $C_{12}H_{22}O_{11}$，可表示为 $C_{12}(H_2O)_{11}$，推论认为糖都具有 $C_n(H_2O)_m$ 的结构通式，符合水分子氢和氧的比例，因此被称为碳水化合物（carbohydrate）。但后来的结构研究揭示，有些糖的分子式并不满足 $C_n(H_2O)_m$ 通式，如鼠李糖（$C_5H_{12}O_5$）和脱氧核糖（$C_5H_{10}O_4$）；一些物质虽然分子式符合上述通式 [如甲醛（CH_2O）、乙酸（$C_2H_4O_2$）和乳酸（$C_3H_6O_3$）]，却又不具备糖的性质，因此"碳水化合物"的名称是不够确切的。但人们仍习惯以"碳水化合物"指代糖。

糖是一类多羟基醛、酮及其缩合物，或水解后能产生多羟基醛、酮的一类有机化合物。根据糖类化合物的水解情况，可将糖分为四类，即单糖、双糖、低聚糖和多糖。

单糖是不能再水解成更小分子的糖，如葡萄糖、核糖和果糖。

双糖是水解后能产生两分子单糖的化合物，如麦芽糖、蔗糖和乳糖。

寡糖或低聚糖，是水解后产生 3 ～ 10 个单糖的化合物，如棉子糖、低聚果糖、低聚木糖和低聚半乳糖等。

多糖一般由 200 ～ 1000 或更多个单糖组成，完全水解后产生十个以上单糖的化合物，如纤维素、淀粉和糖原等。

第一节　单糖

单糖是具有甜味的结晶型物质，可溶于水而难溶于有机溶剂，水 - 醇混合溶液常用于糖的重结晶。

一些单糖的羟基可被氨基或氢原子取代，分别称为氨基糖或去氧糖。它们也是生物体内重要的糖类，如 2- 氨基葡萄糖和 2- 脱氧核糖等。

一、单糖的结构

单糖根据结构，可分为醛糖（aldose）和酮糖（ketose）。自然界中存在最广泛的葡萄糖是己醛糖，而在蜂蜜中富含的果糖是己酮糖。根据分子中所含碳原子的数目，又可分为三碳（丙）糖、四碳（丁）糖、五碳（戊）糖和六碳（己）糖等。自然界中最简单的醛糖是甘油醛，最简单的酮糖是 1,3- 二羟基丙酮；自然界中存在的碳数最多的单糖为 9 个碳的壬酮糖。生物体内以戊糖和己糖最为常见。

D-(-)-阿拉伯糖　　D-(-)-葡萄糖　　D-(+)-山梨糖　　D-(+)-果糖

1. 直链单糖构型

（1）单糖的结构式　通常单糖碳链无分支并含有多个手性碳。因此，在醛糖中的丙糖应有一对对映体，丁糖有两对对映体，戊糖有四对对映体，己糖有八对对映体。而酮糖由于比相应的醛糖少一个手性碳，因此异构体要少些，如己酮糖只有四对对映体。

实验证明，葡萄糖的分子式 $C_6H_{12}O_6$，为 2,3,4,5,6- 五羟基己醛的基本结构。果糖为 1,3,4,5,6- 五羟基己酮的基本结构。其结构式如下：

葡萄糖　　　　　　　　　　　　　　　　果糖

（2）单糖的费歇尔表达式　葡萄糖和果糖等的结构，是由费歇尔（Fischer）及哈沃斯（Haworth）等化学家确定的。构型表达式一般利用费歇尔投影式。

己醛糖中的葡萄糖是指在费歇尔投影式中（按规定，羰基在投影式的上端，碳原子的编号从靠近羰基一端开始）C2、C4、C5 位的羟基在同侧，而 C3 位羟基在异侧的糖，有如下两个互成对映关系的异构体：

CHO   CHO
H——OH   HO——H
HO——H   H——OH
H——OH   HO——H
H——OH   HO——H
CH₂OH   CH₂OH

葡萄糖

单糖构型的费歇尔式，也可以省略表达。用一短线表示羟基，用一长横线表示羟甲基，用△表示醛基。D- 葡萄糖常见的几种表示方法为：

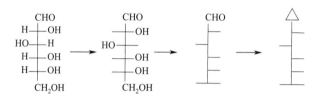

（3）单糖的哈沃斯表达式　D- 葡萄糖的费歇尔表达式，不能恰当地反映分子中各原子或基团的空间关系。哈沃斯空间排布表达式则弥补了费歇尔式的不足。下面以 D- 葡萄糖为例，说明糖的哈沃斯式书写步骤。

① 将费歇尔式碳链向右旋转放成水平，使原基团处于左上右下的位置。

② 将碳链水平位置弯成六边形状。

这种立体式六边形结构表达式就是哈沃斯式。它在表达单糖的半缩醛式，立体感强，很容易识别单糖的构型。

（4）单手性单糖构型的确定　单糖构型可用 R/S 标记法，但目前习惯用 D/L 标记法，即以甘油醛为标准的构型表达法。此内容在第五章立体化学中有介绍。

由甘油醛标准构型来确定各糖类化合物的构型，可以通过化学转变的方法，与甘油醛进行联系，从而确定糖类化合物相对构型。例如：

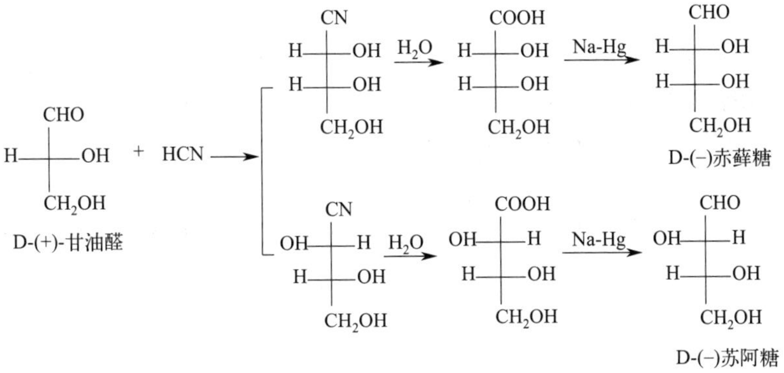

（反应式：D-(+)-甘油醛 与 HCN 加成）

上排：
CN / H—OH / H—OH / CH₂OH　$\xrightarrow{H_2O}$　COOH / H—OH / H—OH / CH₂OH　$\xrightarrow{Na-Hg}$　CHO / H—OH / H—OH / CH₂OH　D-(−)-赤藓糖

下排：
CN / HO—H / H—OH / CH₂OH　$\xrightarrow{H_2O}$　COOH / HO—H / H—OH / CH₂OH　$\xrightarrow{Na-Hg}$　CHO / HO—H / H—OH / CH₂OH　D-(−)-苏阿糖

反应物：CHO / H—OH / CH₂OH　D-(+)-甘油醛　+ HCN →

从 D- 赤藓糖和 D- 苏阿糖出发，用与 HCN 加成、水解、还原等方法，可各衍生出两个戊糖，共四个 D- 戊醛糖；从四个 D- 戊醛糖出发可各得两个己醛糖，共八个 D- 己醛糖。

含有多个手性碳原子的异构体中，相应的手性碳原子只有一个构型不同（如 D- 葡萄糖与 D- 甘露糖，C2 构型不同），其余构型都相同。这种异构体称为差向异构体。D- 葡萄糖与 D- 甘露糖是 C2 构型不同，称为 C2 差向异构体。

1951 年通过 X 射线分析法，测得了右旋酒石酸的构型，这种实际测定得的构型称为绝对构型。因此推出人为规定的甘油醛的构型与实际的构型完全吻合。这样，与标准物质甘油醛联系而得到的旋光物质的相对构型也就都是绝对构型。

（5）多手性单糖构型确定　单糖的手性碳原子较多，其相对构型的确定，取决于离羰基最远的手性碳原子。如果该手性碳原子的构型与甘油醛相比是 D 型，则该单糖的构型就为 D 型，反之则为 L 型。

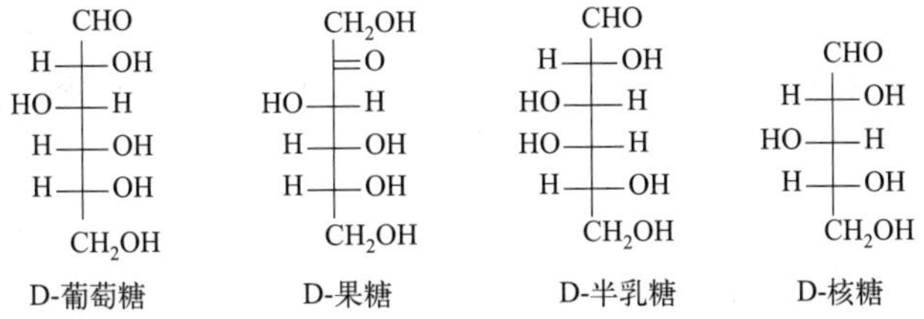

D-葡萄糖：CHO / H—OH / HO—H / H—OH / H—OH / CH₂OH

D-果糖：CH₂OH / =O / HO—H / H—OH / H—OH / CH₂OH

D-半乳糖：CHO / H—OH / HO—H / HO—H / H—OH / CH₂OH

D-核糖：CHO / H—OH / H—OH / H—OH / CH₂OH

2. 环状单糖构型

（1）葡萄糖的特殊现象　葡萄糖具有典型的链状结构，但经研究发现，葡萄糖的一些性质却与这种链状结构不相符。例如：

① 葡萄糖的醛基不能形成缩醛。葡萄糖能与甲醇在无水的酸性条件下反应，但只能形成半缩醛，且很稳定，但不能与两分子甲醇缩合形成缩醛。

② 葡萄糖不与 $NaHSO_3$ 发生反应，而醛与 $NaHSO_3$ 属于特征性反应。

③ D- 葡萄糖在不同条件下结晶，可得到两种异构体：从冷乙醇中可得到熔点为 146℃、比旋光度为 +112°的晶体；从热吡啶中可得到熔点为 150℃、比旋光度为 +18.7°的晶体。

④ 葡萄糖的变旋现象：新配制的葡萄糖水溶液，其比旋光度为 +112°；将溶液放置一段时间后，葡萄糖水溶液的比旋光度会下降，并且随着放置时间的增长而不断下降，直至 +52.7°为止。这种比旋光度会发生变化的现象，称为变旋光现象，而葡萄糖水溶液的变旋现象用链式结构无法解释。

D- 葡萄糖晶体在进行红外光谱鉴定时，不出现羰基的伸缩振动峰；在核磁共振谱中也不显示醛基氢。

（2）葡萄糖的吡喃型结构　经过深入研究，并受到醛可以与醇作用生成半缩醛这一反应的启发，人们提出：葡萄糖具有分子内的醛基与醇羟基形成半缩醛的环状结构。

葡萄糖 C5 上羟基的氧原子从羰基所在平面上方与羰基碳连接成环，则 C5 上生成半缩醛羟基将处于所成环的平面下方，即产生 α-D- 葡萄糖；反之，若 C5 上羟基的氧原子从羰基所在平面下方与羰基碳连接成环，则 C1 上生成半缩醛羟基将处于所成环的平面上方，即产生 β-D- 葡萄糖。

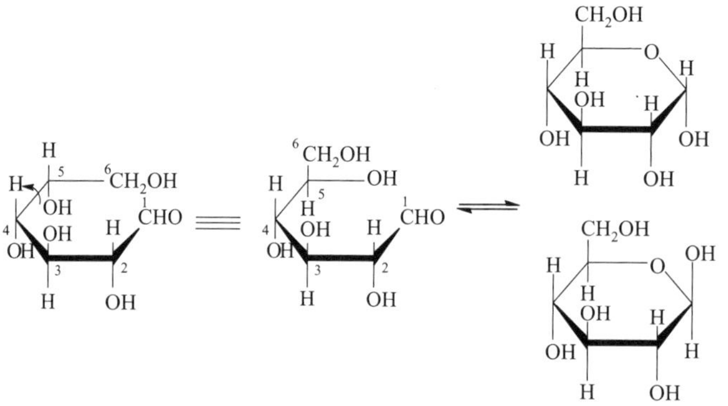

这两种环状除 C1 构型不同外，其余手性碳原子的构型都相同。因此，α- 型与 β- 型是差向异构体。

糖的六元环与杂环化合物的吡喃环相似，由五个碳原子和一个氧原子组成。因此，常把具有六元环状结构的糖称为吡喃糖，α- 和 β-D- 葡萄糖的环状结构可表达为：α-D- 吡喃葡萄糖和 β-D- 吡喃葡萄糖。

（3）葡萄糖的变旋现象　葡萄糖的链式结构与吡喃结构相互转变并达到平衡，这种动态平衡可表示如下：

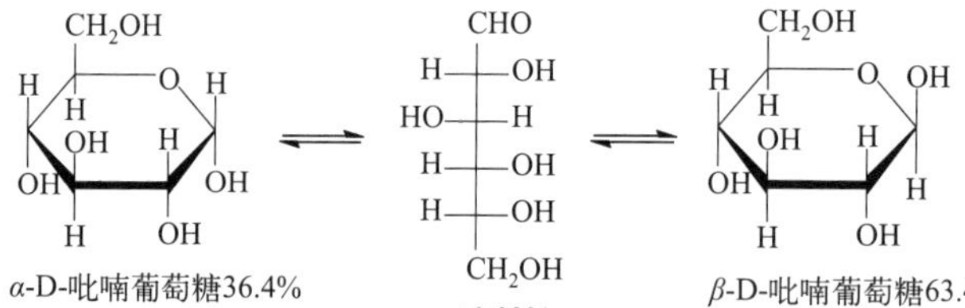

葡萄糖的变旋现象就与这种平衡有关。α-D- 葡萄糖溶液比旋光度为 +112°，因存在这种动态平衡，有一部分 α-D- 葡萄糖通过开链结构转化成了 β-D- 葡萄糖。且随着 α-D- 葡萄糖和 β-D- 葡萄糖的继续相互转化，混合物中 α- 型的含量继续减少，比旋光度继续下降，直到互变达到动态平衡，比旋光度才不再改变。此时，混合物的比旋光度是 +52.7°。将 β-D- 葡萄糖晶体配成水溶液，出于同样的原因，也有变旋光现象，由最初比旋光度 +18.7° 逐渐升高到 +52.7°。

在葡萄糖的两种环式和链式的平衡混合物中，链式的量虽然少，但是当遇到某些羰基试剂时，链式的醛基还是可以发生反应的。所以葡萄糖的水溶液能显示羰基的特性。

（4）果糖的呋喃型结构　酮糖也有变旋现象，果糖 α- 型、β- 型是六元环。但它形成糖苷时常变成五元环衍生物，称为呋喃糖。因此果糖在溶液中可能有五种构型：链酮式、六元环 α- 型和 β- 型、五元环 α- 型和 β- 型。

α-D-(-)-呋喃果糖   D-(-)-果糖 α-D-(-)-吡喃果糖

β-D-(-)-呋喃果糖 β-D-(-)-吡喃果糖

3. 单糖的构象

吡喃型糖的六元环主要是呈椅式构象存在于自然界。从 D-（+）- 吡喃葡萄糖的构象可以看到，在 β-D-（+）- 吡喃葡萄糖中，体积大的取代基—OH 在 e 键上，在 α-D-（+）- 吡喃葡萄糖中有一个—OH 在 a 键上。故 β- 型是比较稳定的构象，因而在平衡体系中的含量也较多。

α-型(37%) β-型(63%)

二、单糖的反应与性质

1. 成苷反应

糖分子中的活泼半缩醛羟基与其他含羟基的化合物（如醇和酚）以及含氮杂环化合物作用，失水而生成缩醛的反应称为成苷反应。其缩合产物称为配糖物，简称为苷（glycoside），全名为某糖某苷。

α-D-吡喃葡萄糖甲苷 β-D-吡喃葡萄糖甲苷

苷似醚，但不是醚，它比一般的醚键易形成，也易水解；糖苷没有变旋光现象，没有还原糖的反应。

2. 成脎反应

一分子糖和三分子苯肼反应，在糖的 1,2- 位形成二苯腙，称为成脎反应。

$$\begin{array}{c}
\text{CHO} \\
\text{H}\!-\!\!-\!\text{OH} \\
\text{HO}\!-\!\!-\!\text{H} \\
\text{H}\!-\!\!-\!\text{OH} \\
\text{H}\!-\!\!-\!\text{OH} \\
\text{CH}_2\text{OH}
\end{array}
\xrightarrow{\;3\text{C}_6\text{H}_5\text{NH}\!-\!\text{NH}_2\;}
\begin{array}{c}
\text{CH}\!=\!\text{N}\!-\!\text{NH}\!-\!\text{C}_6\text{H}_5 \\
\text{C}\!=\!\text{N}\!-\!\text{NH}\!-\!\text{C}_6\text{H}_5 \\
\text{HO}\!-\!\!-\!\text{H} \\
\text{H}\!-\!\!-\!\text{OH} \\
\text{H}\!-\!\!-\!\text{OH} \\
\text{CH}_2\text{OH}
\end{array}
\;+\;\text{C}_6\text{H}_5\text{NH}_2\;+\;\text{NH}_3\;+\;\text{H}_2\text{O}$$

D-(+)-葡萄糖　　　　　　　　　　　　　　　D-葡萄糖脎

$$\begin{array}{c}
\text{CHO} \\
\text{C}\!=\!\text{O} \\
\text{HO}\!-\!\!-\!\text{H} \\
\text{H}\!-\!\!-\!\text{OH} \\
\text{H}\!-\!\!-\!\text{OH} \\
\text{CH}_2\text{OH}
\end{array}
\xrightarrow{\;3\text{C}_6\text{H}_5\text{NH}\!-\!\text{NH}_2\;}
\begin{array}{c}
\text{CH}\!=\!\text{N}\!-\!\text{NH}\!-\!\text{C}_6\text{H}_5 \\
\text{C}\!=\!\text{N}\!-\!\text{NH}\!-\!\text{C}_6\text{H}_5 \\
\text{HO}\!-\!\!-\!\text{H} \\
\text{H}\!-\!\!-\!\text{OH} \\
\text{H}\!-\!\!-\!\text{OH} \\
\text{CH}_2\text{OH}
\end{array}
\;+\;\text{C}_6\text{H}_5\text{NH}_2\;+\;\text{NH}_3\;+\;\text{H}_2\text{O}$$

D-(-)-果糖　　　　　　　　　　　　D-果糖脎(葡萄糖脎)

生成糖脎的反应发生在 C1 和 C2 上，不涉及其他的碳原子。其他碳原子构型相同而 C2 构型不同的差向异构体，在 C2 上必然生成同一个脎。例如，D- 葡萄糖、D- 甘露糖、D- 果糖的 C3、C4 和 C5 的构型都相同，因此它们生成同一个糖脎。

$$\begin{array}{c}
\text{HC}\!=\!\text{O} \\
\text{H}\!-\!\!-\!\text{OH} \\
\text{HO}\!-\!\!-\!\text{H} \\
\text{H}\!-\!\!-\!\text{OH} \\
\text{H}\!-\!\!-\!\text{OH} \\
\text{CH}_2\text{OH}
\end{array}
\qquad
\begin{array}{c}
\text{CHO} \\
\text{HO}\!-\!\!-\!\text{H} \\
\text{HO}\!-\!\!-\!\text{H} \\
\text{H}\!-\!\!-\!\text{OH} \\
\text{H}\!-\!\!-\!\text{OH} \\
\text{CH}_2\text{OH}
\end{array}
\qquad
\begin{array}{c}
\text{CH}_2\text{OH} \\
\text{C}\!=\!\text{O} \\
\text{OH}\!-\!\!-\!\text{H} \\
\text{H}\!-\!\!-\!\text{OH} \\
\text{H}\!-\!\!-\!\text{OH} \\
\text{CH}_2\text{OH}
\end{array}$$

D-(+)-葡萄糖　　　　　　　D-(+)-甘露糖　　　　　　　D-(-)-果糖

糖脎是不溶于水的黄色结晶，不同的糖脎晶型不同，在反应中生成的速度也不同。因此可以根据糖脎的晶型及生成时间来鉴定糖。由于糖的差向异构体可生成同一个脎，只要知道其中的一种构型，另一种也就知道了。

3. 单糖的物理性质

单糖一般为无色结晶，分子中含有多个羟基，因此易溶于水，而不溶于己烷和苯等非极性溶剂。单糖水溶液绝大多数具有甜味。单糖分子间存在氢键，所以熔点和沸点很高。

4. 单糖的化学性质

（1）与弱氧化剂的反应　　醛糖与酮糖都能被银氨溶液、硫酸铜酒石酸钾钠溶液等弱氧化剂氧化，前者产生银镜，后者产生铜镜，糖分子的醛基被氧化为羧基。

$$[\text{Ag}(\text{NH}_3)_2]^+ + \text{R}'\!-\!\underset{\underset{\text{OH}}{|}}{\text{CH}}\!-\!\underset{\underset{\text{O}}{\|}}{\text{C}}\!-\!\text{R} \longrightarrow \text{Ag}\!\downarrow + \text{糖酸(混合物)}$$

$$\text{Cu}^{2+} + \text{R}'\!-\!\underset{\underset{\text{OH}}{|}}{\text{CH}}\!-\!\underset{\underset{\text{O}}{\|}}{\text{C}}\!-\!\text{R} \longrightarrow \text{Cu}_2\text{O} + \text{糖酸(混合物)}$$

R=H或CH$_2$OH
R′=分子其余部分

凡是能被上述弱氧化剂氧化的糖，都称为还原糖。

果糖是还原糖，是差向异构化作用的结果。上述弱氧化剂溶液都呈碱性，在稀碱液中醛糖和酮糖能发生互变异构——差向异构作用，即发生了酮式 - 烯醇式的互变，它们存在下列平衡：

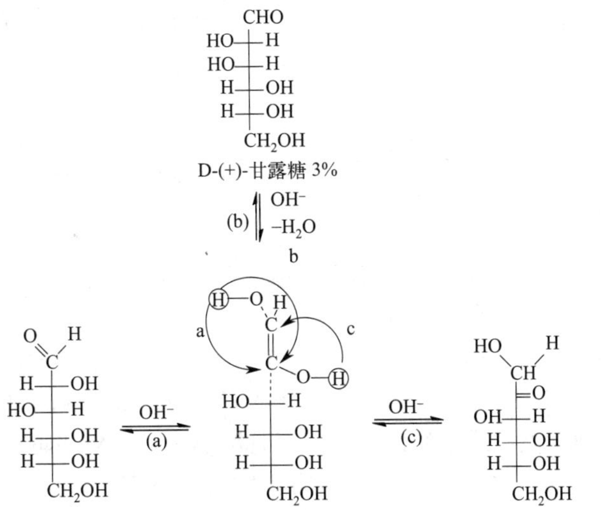

CHO
HO—H
HO—H
H—OH
H—OH
CH₂OH

D-(+)-甘露糖 3%

(b) | OH⁻
    | −H₂O
    b

O H
H—OH
HO—H
H—OH
H—OH
CH₂OH

D-(+)-葡萄糖 64%

OH⁻
(a)

烯醇式中间体

OH⁻
(c)

HO H
CH
‖
O
HO—H
H—OH
H—OH
CH₂OH

D-(−)-果糖 31%

果糖在稀碱溶液因发生酮式-烯醇式互变，酮基可不断地变成醛基。

（2）溴的氧化反应　溴水能氧化醛糖，但不能氧化酮糖，因为酸性条件下，不会引起糖分子的异构化作用。可用此反应来区别醛糖和酮糖。

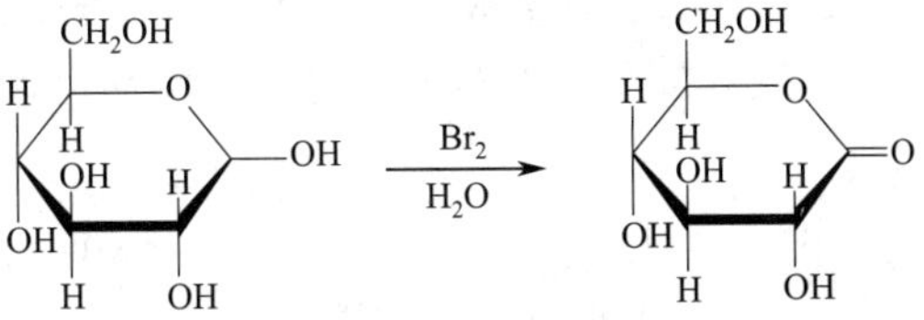

D-葡萄糖　$\xrightarrow[H_2O]{Br_2}$　D-葡萄糖酸-δ-内酯

（3）硝酸反应　稀 HNO_3 氧化作用比溴水强，能使醛糖氧化成糖二酸。

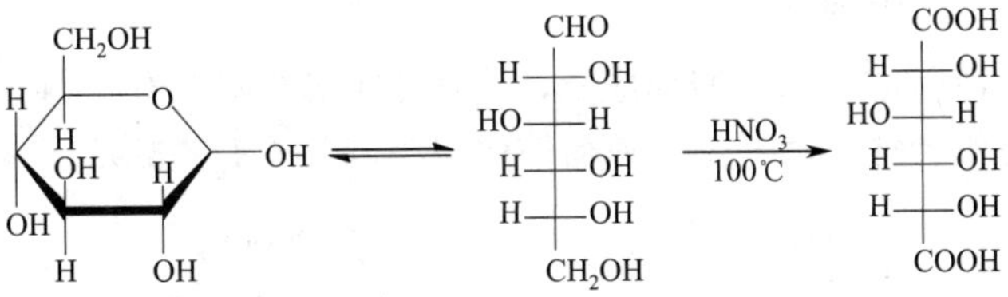

D-葡萄糖　$\xrightarrow[100℃]{HNO_3}$　D-葡萄糖二酸

（4）高碘酸的反应　糖类具有邻二醇结构特征，这在第七章的醇的化学性质中介绍过。糖类被高碘酸氧化，碳碳键发生断裂。反应是定量的，每破裂一个碳碳键消耗 1 mol 高碘酸。因此，此反应是研究糖类结构的重要手段之一。这一试剂有高度区域选择性，只断裂 α,β-二醇间的 C—C 键。

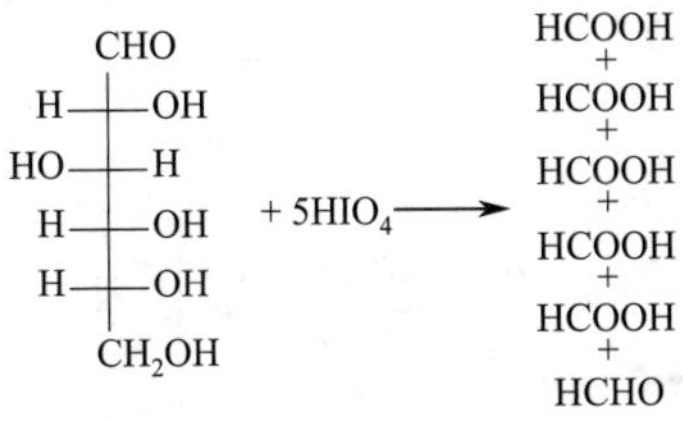

CHO
H—OH
HO—H
H—OH
H—OH
CH₂OH

$+5HIO_4 \longrightarrow$

HCOOH
+
HCOOH
+
HCOOH
+
HCOOH
+
HCOOH
+
HCHO

（5）显色反应　在浓盐酸或浓硫酸条件下，单糖可脱水生成糠醛或糠醛衍生物（相关内容见第十一章杂环化合物），如：

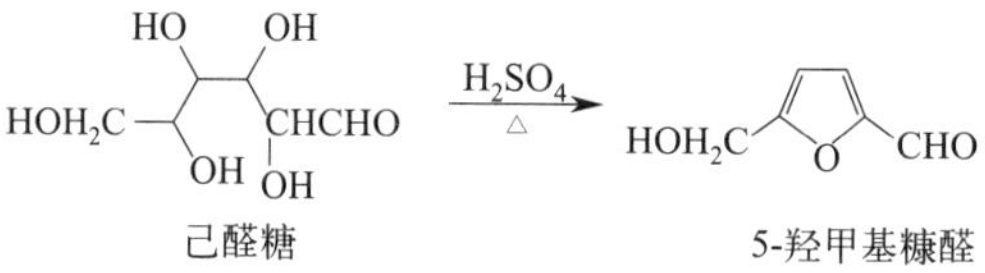

己醛糖　　　　　　　　　　　　　　　　5-羟甲基糠醛

糠醛及其衍生物可与酚类和蒽酮等缩合生成有色物质。由于反应灵敏、显色清楚，故常用于糖类的鉴别。现将重要的显色反应介绍如下：

在糖的水溶液中加入 α-萘酚的乙醇溶液，然后沿试管壁小心地注入浓硫酸，不要摇动试管，则在两层液面之间能形成一个紫色环。所有的糖（包括单糖、低聚糖及多糖）都有这种显色反应，这是鉴别糖类物质常用的方法，又称为莫利许（Molish）反应。

糖的盐酸酸性水溶液，与间苯二酚生成有色物质。酮糖在 2 min 内显红色为阳性反应，醛糖及多糖所需时间更长。此法可用来鉴别酮糖。又称为西列瓦诺夫（Seliwanoff）反应。

糖类都能与蒽酮的浓硫酸作用，生成蓝绿色物质。这个反应可用于糖类物质的定性及定量分析。

（6）成脎反应　单糖的羰基可与某些含氮试剂发生加成反应，如与等物质的量的苯肼在温和条件下可生成苯腙，在过量情况下可生成脎，这可作为糖的定性反应；若两种糖形成同一种脎，则可推知二者的 C3 ～ C6 部分具有相同的结构，因而可作为结构鉴定的依据。

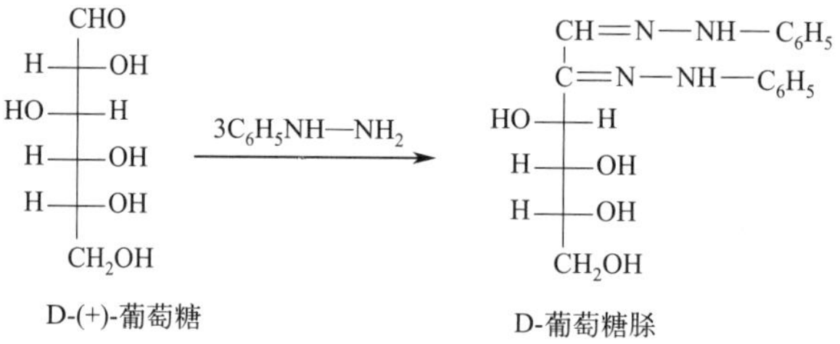

D-(+)-葡萄糖　　　　　　　　　　　　D-葡萄糖脎

（7）酯化反应　羟基化合物与酸形成酯，这在第七章的醇的化学性质中已经介绍。在实验室中一般用乙酸酐作为酰化试剂，与葡萄糖作用，可生成五乙酰基葡萄糖。

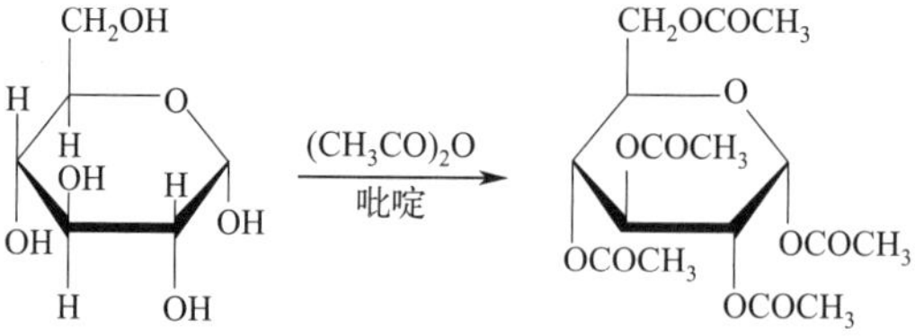

单糖还可以与无机酸如硝酸、硫酸和磷酸等作用生成相应的酯。

（8）成醚反应　葡萄糖分子需用活性较强的硫酸二甲酯碱性溶液或 CH_3I+Ag_2O 进行甲基化，才能生成五甲基的糖醚，如：

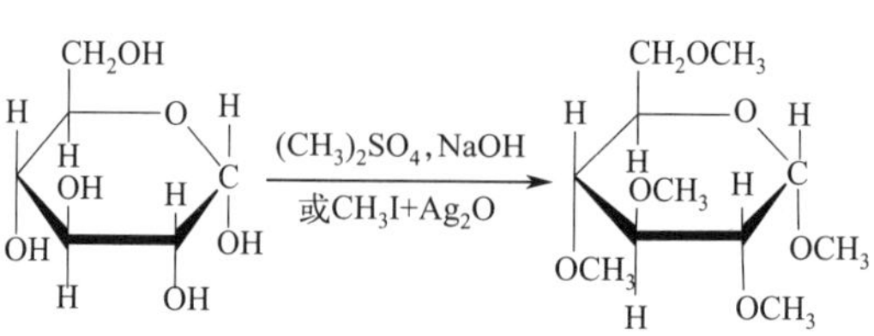

单糖中的羟甲基，在一定条件下，很容易成醚，这是糖类化合物改性应用的基础之一。

第二节 双糖

双糖（disaccharide），又称二糖，是两个单糖缩合而形成的糖类化合物。两个单糖可以相同，也可以不同。连接双糖的键称为苷键，即单糖分子中的半缩醛羟基与另一分子单糖中的羟基作用，脱水而形成的产物称为糖苷，又称为双糖。

α-1,4-苷键

双糖，分为还原性双糖和非还原性双糖。分子中存在半缩醛羟基的为还原性双糖，如麦芽糖和乳糖；不含半缩醛羟基的称为非还原性二糖，如蔗糖。

一、还原性双糖

还原性双糖中，由于一个单糖成苷，另一单糖还保留半缩醛羟基，因此，它们具有还原性。

1. 麦芽糖

麦芽糖为白色晶体或结晶状粉末，熔点为 103 ~ 105℃，溶于水，微溶于乙醇，不溶于乙醚。水解后生成两分子葡萄糖，是饴糖的主要成分，甜度为蔗糖的 40%，有营养价值，可做糖果。在微生物实验中用作细菌的培养基。由淀粉在淀粉酶的作用下水解可以得到，无天然产物。

麦芽糖分子中，有半缩醛羟基，存在变旋现象，可与苯肼成脎反应，可被银氨溶液等弱氧化剂氧化。

2. 纤维二糖

纤维二糖与麦芽糖互为异构体，体现在苷键的构型不同，麦芽糖为 α-1,4- 苷键，而纤维二糖为 β-1,4- 苷键。都由两分子 D- 吡喃葡萄糖组成。化学性质与麦芽糖相似，但各自的生物特性差别很大。例如，苦杏仁酶可以水解纤维二糖而不能水解麦芽糖，麦芽糖酶只能水解麦芽糖而不能水解纤维二糖，这就是所谓的酶的专一性。正因为如此，麦芽糖可以在人体内分解消化，纤维二糖则不能消化。

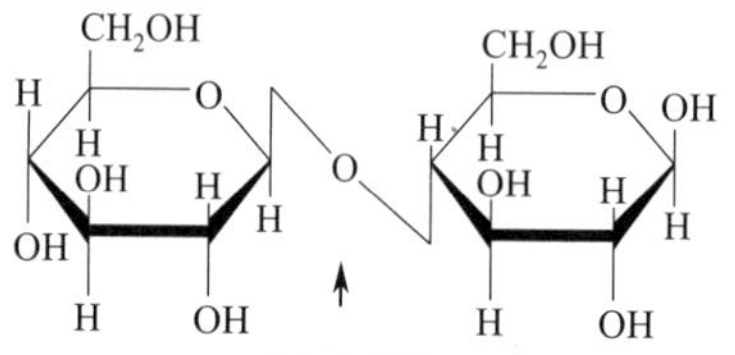

β-1,4-苷键

3. 乳糖

乳糖是无色晶体，熔点为 201.5℃，能溶于水，变旋达到平衡时比旋光度 55.4°。乳糖存在于哺乳动物的乳汁中，人乳中半乳糖含量为 5%～8%，牛乳中半乳糖含量为 4%～6%。乳糖的甜味只有蔗糖的 70%。乳糖是由半乳糖和葡萄糖以 β-1,4- 糖苷键相连的双糖，成苷部分为半乳糖，其结构如下：

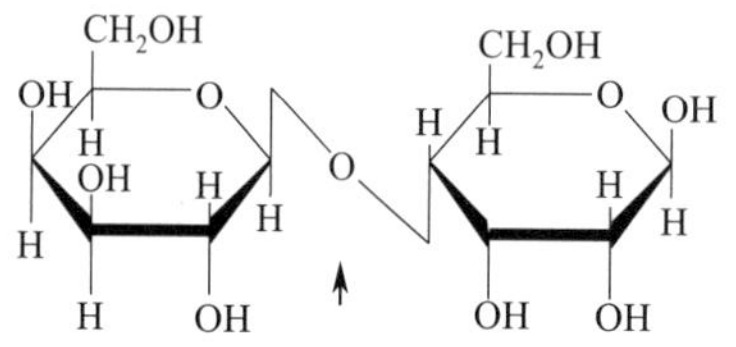

β-1,4-苷键

乳糖是还原糖，有变旋现象。具有与纤维二糖一样的苷键，当用苦杏仁酶水解时，可得等量的 D- 葡萄糖和 D- 半乳糖。

二、非还原性双糖

1. 蔗糖

蔗糖是非还原糖，分子中没有半缩醛羟基，在水溶液中不能转变成开链结构，因此蔗糖没有变旋现象，不能生成脎，不能发生银镜反应。

蔗糖广泛存在于植物中，利用光合作用各部分都含有蔗糖。例如，甘蔗含蔗糖 14% 以上，北方甜菜含蔗糖 16%～20%，但蔗糖一般不存在于动物体内。

蔗糖为无色晶体，易溶于水，甜度仅次于果糖，比旋光度为 66.5°。在稀酸或蔗糖酶的作用下水解得到葡萄糖和果糖的等量混合液，称为转化糖，具有还原糖的一切性质。蜜蜂体内含有蔗糖酶，可以水解蔗糖，所以蜂蜜中大部分是转化糖。由于果糖的存在，故转化糖比单独的葡萄糖和蔗糖都更甜。

蔗糖是由 α-D- 吡喃葡萄糖和 β-D- 呋喃果糖的半缩醛羟基脱水而成，无半缩醛羟基的蔗糖为非还原糖，结构如下：

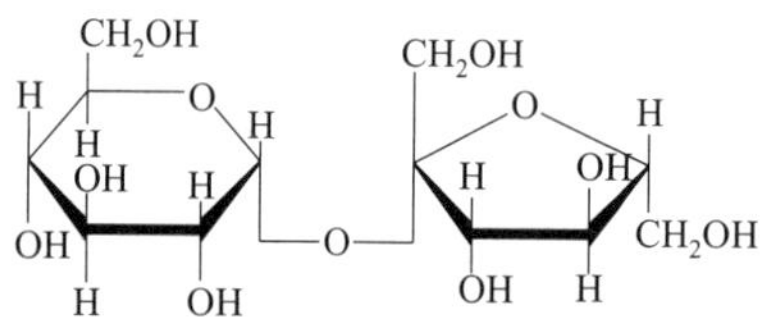

α-D-葡萄糖单元　　β-D-果糖单元

2. 海藻糖

海藻糖是自然界分布较广的非还原性双糖，存在于海藻、真菌、酵母以及某些昆虫血液中。它是由两分子 α-D- 葡萄糖彼此在 C1 上的两个半缩醛羟基之间脱水，通过 α-1- 苷键连接而成的。

海藻糖

第三节 多糖

多糖（polysaccharide），一种天然高分子化合物，广泛存在于自然界中。多糖经完全水解后能得到单糖。多糖由数百至数千个单糖的半缩醛羟基和醇羟基缩合脱水而成，其理化性质与单糖和二糖均不相同。多糖一般不溶于水，个别多糖能与水形成胶体溶液。多糖没有甜味，没有变旋现象，无还原性，也无成脎反应。

在自然界分布最广、最重要的多糖是淀粉（starch）、纤维素（cellulose）和甲壳素（chitin）。

一、多糖的分类

1. 按其组成分类

可分为两类，一类称为均多糖，它是由同种单糖构成的，如淀粉、纤维素和糖原等；另一类称为杂多糖，它是由两种或两种以上单糖构成的，如果胶质和黏多糖等。

2. 按其生理功能分类

可分为两类，一类是作为养分储藏的多糖，如植物的淀粉、动物的糖原等；另一类是构成植物骨架的结构多糖，如纤维素和果胶质等。

二、淀粉

淀粉大量存在于植物的种子和块茎中：稻米中含 62% ～ 82%，小麦含 57% ～ 75%，玉米中含 65% ～ 72%，甘薯中含 25% ～ 35%，马铃薯中含 12% ～ 20%。

淀粉呈白色、无臭、无味的无定形粉末，因来源不同，其颗粒形状和大小各异，但它们都是由直链淀粉（amylose）和支链淀粉（amylopectin）两部分所组成。

一般淀粉中约含 20% 的直链淀粉和 80% 的支链淀粉。淀粉用淀粉酶水解得麦芽糖，在酸的作用下，能彻底水解为葡萄糖。

1. 直链淀粉

直链淀粉是由 α-D-（+）- 葡萄糖以 α-1, 4- 糖苷键结合而成的链状高聚物，平均分子量为 3 万～ 165 万，含有大约 120 万～ 1200 万个葡萄糖单元。淀粉水解，先生成分子量小的糊精，继续水解成分子量更小的麦芽糖，最后得到葡萄糖。

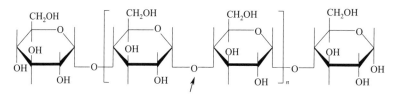

聚-α-1,4-苷键葡萄糖

直链淀粉的特征：不溶于冷水，溶于热水；不能发生还原糖的一些反应，遇碘显深蓝色，可用于鉴定碘的存在。在分析化学中，这是碘量法指示终点的方法。直链淀粉并不是伸展的一条直链，而是螺旋状结构。直链淀粉的结构示意见图12.1。

螺旋状空穴正好与碘的直径相匹配，碘分子进入空穴中，形成包合物而显色。淀粉－碘包合物（深蓝色）经加热可解除包合，则蓝色褪去。

2. 支链淀粉

支链淀粉在结构上除了由葡萄糖分子以 α-1,4- 糖苷键连接成主链外，还有以 α-1,6- 糖苷键相连而形成的支链（每个支链大约 20 个葡萄糖单位），其结构示意见图12.2。

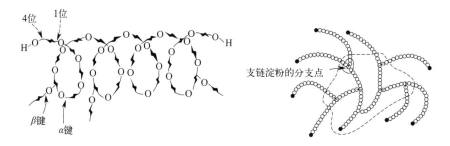

图12.1 直链淀粉结构示意　　　　图12.2 支链淀粉结构示意

支链淀粉不溶于水。目前，淀粉除了作为食物外，还成为重要的工业用品。如将其改性，引入适当基团如羟丙基、羧甲基等，可用于食品添加剂及药物辅料；将其与烯类单体聚合，可制备高性能吸水剂、污水处理剂等。

三、纤维素

纤维素是自然界分布最广的多糖，是构成植物细胞膜的主要成分，是构成植物骨骼的物质基础。棉花含纤维素 89% ～ 99%，亚麻含 75% ～ 90%，而木材中含 40% ～ 50%。

将纤维素用纤维素酶（β- 糖苷酶）水解或在酸性溶液中完全水解，生成 D-（+）- 葡萄糖。由此推断，纤维素是由许多葡萄糖结构单位以 β-1,4- 糖苷键互相连接而成的。

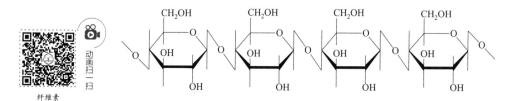

纤维素

纤维素是没有分支的链状分子，其性质稳定，机械强度大，不溶于水，不溶于弱酸和弱碱，不易水解，无还原性。X射线结构分析证明，许多个纤维素分子绕在一起，形成一个纤维素胶束。在纤维素胶束中，相邻纤维素分子的羟基相互作用形成氢键，从而使这些纤维素分子链紧密地结合在一起，几个胶束再定向排列而形成绳索状结构，如图12.3所示。这使得纤维素具有良好的机械强度和化学稳定性。

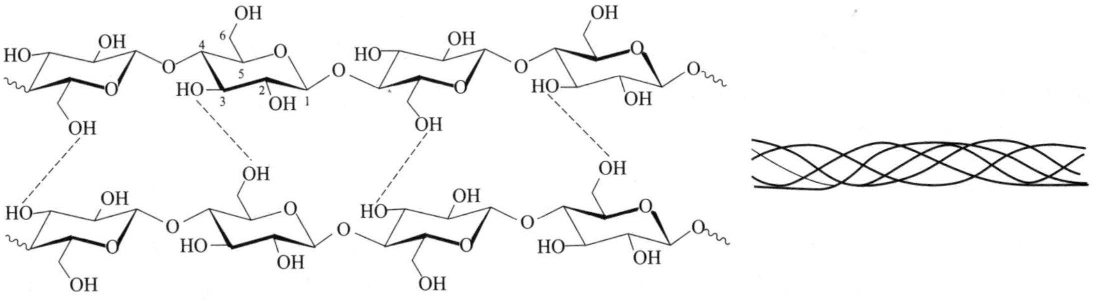

图 12.3　纤维素分子间形成氢键（a）和纤维素胶束（b）示意

纤维素水解极为困难，一般用浓酸才能水解。纤维素不能被淀粉酶水解，但能被纤维素酶水解。人体内不存在纤维素酶，所以不能消化纤维素。在食草动物如马、牛和羊的消化道中存在着某些能分泌纤维素酶的特殊微生物，能将纤维素水解成葡萄糖。因此，纤维素可以作为食草动物的饲料。土壤中也存在着能分泌纤维素酶的微生物，能将一些枯枝败叶分解为腐殖质，从而增强土壤肥力。

纤维素用途很广，除用于制造各种纺织品和纸张外，还可制成人造丝、人造棉、玻璃纸、无烟火药、火棉胶、赛璐珞制品和电影胶片等。纤维素的衍生物，像二乙氨基乙基纤维素（DEAE 纤维素）可用于分离蛋白质和核酸等，羧甲基纤维素在纺织、医药、造纸和化妆品工业上都有广泛的用途。纤维素分子中含有多个羟基，能发生酯化及醚化等反应，生成具有各种用途的纤维素酯及纤维素醚衍生物。

1. 纤维素酯

纤维素和酸作用生成酯，主要是硝酸纤维素酯及醋酸纤维素酯，它们可溶解在各种溶剂中，因而可用于许多方面。

硝酸纤维素酯：纤维素在硫酸存在下用硝酸处理，可获得酯化程度不同的硝酸纤维素酯。酯化程度不同，产物的性质各不相同，如纤维素分子每个葡萄糖单元所含的三个羟基全部被酯化，可得三硝酸纤维素，俗称火棉、胶棉。火棉具有爆炸性，是制造无烟火药的原料。

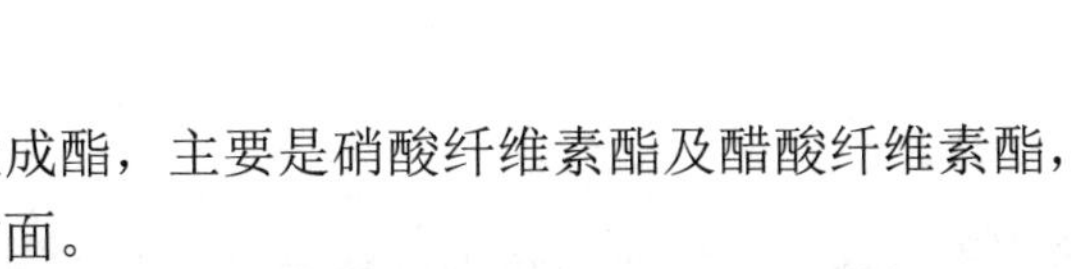

胶棉、樟脑和醇一起加热就得赛璐珞，它是一种坚韧的塑料，有热塑性，可制成玩具和乒乓球等各种用品。

醋酸纤维素酯：纤维素与醋酸酐在少量浓硫酸存在下，可制得醋酸纤维素酯：

纤维素　　　　　　　　　　　　　　　醋酸纤维素酯

醋酸纤维素酯不溶于丙酮，若将它部分水解成二醋酸酯，则可溶于丙酮。这种溶液经过细孔或狭缝压入热空气中使丙酮挥发，分别得到人造丝和胶片。与硝酸纤维素相比，它具有不易燃烧、不易变色的优点，但制造成本较高。

2. 纤维素醚

纤维素用浓氢氧化钠处理后与卤代烷如 C_2H_5Cl 及 $ClCH_2COOH$ 反应，可得到纤维素醚。用氯乙烷和纤维素进行醚化得到的乙基纤维素醚，能生成坚韧的薄膜，在低温仍保持其曲绕性，用于制塑料、涂料、胶黏剂和橡胶代用品等。纤维素在碱性条件下与 $ClCH_2COONa$ 反应产物为羧甲基纤维素钠。

纤维素　　　　　　　　　　　　　　羧甲基纤维素钠

羧甲基纤维素的钠盐是一种水溶性高分子化合物，它可用作增稠剂、纺织工业中的上胶剂、食品工业中的乳化剂及药物辅料等。羧甲基纤维素钠也是天然的离子交换剂，可用于蛋白质、核酸等复杂的天然高分子化合物的分离。

纤维素还可以与一些烯类单体进行接枝共聚反应，生成具有特殊性质的天然高分子改性物。纤维素和淀粉的应用还远不止这些。目前，科技工作者的研究热点之一是将其用于代替石油为原料来制造塑料。

四、甲壳素

甲壳素，又称甲壳质、壳多糖等，主要分布于自然界甲壳纲动物的甲壳、昆虫的甲壳和一些低等植物（如真菌、藻类）的细胞壁中，是一种天然高分子。甲壳素经浓碱溶液处理后脱去乙酰基的产物，称为壳聚糖（chitosan），它是唯一的碱性天然多糖。甲壳素与壳聚糖可分别看作是纤维素的 C2 位—OH 被 CH_3CONH—和—NH_2 取代后的产物。

甲壳素呈灰白色或白色片状，是半透明的无定形固体，分子量因原料的不同而有数十万到数百万不等。它不溶于水、稀碱、稀酸及一般有机溶剂，可溶于浓的盐酸、硫酸、磷酸和无水甲酸。壳聚糖是白色或灰白色片状、粉末状固体，无毒、无味、略带珍珠光泽。因原料不同和制备方法不同，分子量也从数十万至数百万不等。它不溶于水和碱溶液，可溶于大多数稀酸如盐酸、醋酸和环烷酸等中。甲壳素和壳聚糖具有许多天然的优良性质，如吸湿透气性、反应活性、生物相容性、生物可降解性、无抗原性、无致炎性、无有害降解产物、吸附性、黏合性、抗菌性和安全性等，从而被广泛应用于纺织工业、生物医学和日用环保等方面。

甲壳素

壳聚糖

由于甲壳素和壳聚糖的分子中含有羟基、氨基、吡喃环和氧桥等官能团，因此在一定的条件下，能发生生物降解、水解、烷基化、磺化、硝化、卤化、酰基化、氧化还原、缩合和配合等化学反应，从而生成各种具有不同性能的甲壳素和壳聚糖衍生物，扩大了它们的应用范围。

思考题

糖浆，食品甜味添加剂，最初来自蔗糖。随着科学技术的进步，目前糖浆通过以小麦淀粉、玉米淀粉经生物水解糖化而得。主要由葡萄糖、麦芽糖、低聚糖、糊精等组成。糖浆是对甘蔗、甜菜等生产蔗糖的一种补量增质。淀粉、纤维素都是大分子糖类化合物，并且纤维素用纤维素酶（β- 糖苷酶）水解或在酸性溶液中完全水解，生成 D-（＋）- 葡萄糖，那么可否开发出纤维素糖浆呢？

阅读材料▎

蔗糖与国人的生活质量

我国是最早栽培甘蔗与制糖的国家之一，《诗经》《楚辞》等古文献记载西周时期就已制糖，公元前三世纪的《楚辞·招魂》明确提到甘蔗制糖。《楚辞》有"柘浆"字样，"柘"就是"蔗"，中国蔗糖的制造开始于三国、魏晋南北朝时期。大文豪季羡林先生在退休后的十多年间撰写出一生中最长的一部长达八十万字的辉煌学术著作——《糖史》，就甘蔗的起源和制糖技术的传播进行过详尽考证，他指出中国古代有野生甘蔗，到周朝已经开始种植甘蔗。蔗糖因此成为中华饮食文化中的重要元素。而在西方，蔗糖更是成为贵族和富人的象征，被广泛用于各种庆祝活动和宗教仪式。

蔗糖的作用与功效：①提供能量，对于维持日常活动和体育锻炼有重要作用；②改善口感，蔗糖的甜味能够提升食物的口感，使人们在烹饪过程中获得满足感；③抗氧化，延缓衰老过程；

④维护健康，适当摄入蔗糖有助于维持心脏和免疫系统的健康；⑤抗疲劳，由于蔗糖中含有丰富的维生素和矿物质，能够为身体提供抗疲劳所需的营养元素。

改革开放之前，食用蔗糖还属于国家的供给制，显然蔗糖无法满足普通老百姓基本的食糖需求。改革开放之后，国家高度重视蔗糖产量，优育优化甘蔗品种，扩大甘蔗的种植面积，提升甘蔗榨取蔗糖的生产工艺技术。当前，广大人民的食糖供给充裕，完全满足人们的日常生活需要，并明显提升和改善了人们的饮食品种与饮食质量。

目前，我国食糖主要产区集中在广西，属于甘蔗食糖，约占三分之二，另外还有北方的甜菜食糖。通过蔗糖业的多种经营发展，满足我国人民生活需要外，还能基本满足工业生产需要。习近平总书记在2023年考察广西时特别关注糖业发展，希望通过规模化经营、机械化作业、科学化管理，广西的"甜蜜事业"前景越来越广阔。

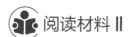 阅读材料 II

安全可靠的食品添加剂——羧甲基纤维素钠

纤维素是自然界分布最广的多糖，其开发利用是人类充分利用大自然产物的重要活动之一。纤维素的羧甲基化衍生物，最主要的是离子型纤维素。羧甲基纤维素钠通常是由天然的纤维素和苛性碱及一氯乙酸反应后而制得的一种阴离子型高分子化合物，分子量由几千到上百万。羧甲基纤维素钠为白色至淡黄色纤维状或颗粒状粉末，无臭、无味、吸湿性强、易溶于水，在中性或碱性时，溶液呈高黏度。对化学品、光和热稳定。但对热是以80℃为限，80℃以上长时间加热，黏性降低。在水中不溶，易于分散在水中形成透明的胶体溶液。其结构示意如下：

羧甲基纤维素钠具有良好的功能特性，使其在食品工业得到了广泛的应用，它也在一定程度上推动了食品工业的快速健康发展。

由于其具有一定增稠性，可以用于稳定酸乳饮料并可增加酸奶体系的黏稠性；由于其具有一定的亲水性和复水性，可以用于改进面包和馒头等面食的食用品质，延长面食制品的货架期，提升口感；由于其具有一定的凝胶稳定性，有利于食品更好地形成凝胶，因此能够用于制造果冻和果酱等；其也可以作为可食性的涂膜材料，与其他增稠剂复配使用，涂抹在一些食品表面，可最大程度地使食品保鲜，且由于是可食性材料，对人体健康不会造成不良影响。羧甲基纤维素钠在酸奶、雪糕和冰激凌等中都有应用，添加量约为0.1%～0.4%。与其他稳定剂相比，羧甲基纤维素钠增强冰激凌抗融性的能力突出，这可能是因为CMC分子上的负电荷可以和带正电荷的酪蛋白胶束建立静电相互作用，形成凝胶网络结构。

因此，食用级的羧甲基纤维素钠作为一种理想的食品添加剂，在食品工业的食品生产中应用非常普遍。

我国的棉花等天然纤维素产量高质量优,用于生产制造食品添加剂,既价廉物美,又安全可靠。一种食品添加剂,为广大民众的食品多元化高质量化提供了得天独厚的物质条件,这就是伟大的社会主义中国文明昌盛的一个缩影,中国特色社会主义制度优越性体现在人民群众生活的方方面面。全方位的工业制造体系,满足了人民生活点点滴滴的需要。

 习题

1. 写出下列糖的构型。

（1）D-（+）-赤藓糖

（2）D-（−）-核糖

（3）D-（+）-苏阿糖

（4）D-（−）-果糖

2. 写出下列糖的哈沃斯式。

（1）β-D-呋喃核糖

（2）β-D-呋喃果糖

（3）α-D-吡喃半乳糖

（4）α-D-吡喃甘露糖

3. 用简单化学方法鉴别下列各组化合物。

（1）葡萄糖和蔗糖

（2）葡萄糖和果糖

（3）麦芽糖和淀粉

（4）纤维素和淀粉

4. 画出 D-吡喃半乳糖 α-和 β-型的构象,说明哪种构象比较稳定。

5. 完成下列反应。

（1）β-麦芽糖 $\xrightarrow{\text{Br}_2\text{-H}_2\text{O}}$

（2）α-纤维二糖 $\xrightarrow{\text{Ag(NH}_3)_2^+}$

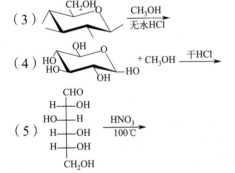

第十三章
氨基酸与蛋白质

📖 学习目标

知识目标

1. 了解氨基酸、蛋白质的结构和分类；

2. 了解氨基酸、蛋白质的化学性质；

3. 了解蛋白质的一级、二级、三级和四级结构。

技能目标

1. 根据氨基酸的结构认识其性质；

2. 根据蛋白质潜在的构型与构象，认识其四级结构；

3. 根据氨基酸和蛋白质的性质，认识其应用性能。

素质目标

1. 从 20 种氨基酸在人体内的营养平衡，认识我国人工合成氨基酸对人的健康和高品质生活的巨大贡献；

2. 从我国特别是改革开放以来奶业的巨大发展成就，深刻理解以人为本的中国特色社会主义的优越性。

蛋白质（protein），作为生命物质的基础，是构成人体和动植物组织的基本材料。自然界中蛋白质的种类估计在 $10^{10} \sim 10^{12}$ 数量级，是生物功能的主要载体，例如，肌肉的收缩、消化道的蠕动、起保护作用的皮肤和毛发等都是由于蛋白质的特有结构性质而产生出来的。因此，蛋白质是参与生物体内各种生物变化的主要组分。

从化学的角度看，蛋白质是氨基酸（amino acid）的高聚物，是氨基酸通过肽键（酰胺键）形成的聚酰胺（polyamide），氨基酸是构成蛋白质的"基石"。不论哪一类蛋白质，水解都生成 α- 氨基酸的混合物。因此，要学习蛋白质的结构和性质，首先要了解氨基酸的结构和性质。

第一节　氨基酸

一、氨基酸的概念与分类

氨基酸是指分子中既含有氨基又含有羧基的化合物。根据氨基和羧基的相对位置不同，

可分为 α-、β-、γ- 或 δ- 氨基酸，以 α- 氨基酸为主。

$$R — \underset{\underset{\alpha\text{- 氨基酸}}{}}{\overset{\overset{NH_2}{|}}{CH}} — COOH$$

由蛋白质水解得到的氨基酸几乎都是 α- 氨基酸或其衍生物（脯氨酸），除甘氨酸以外，它们都有旋光性，且都属于 L 型。D 型 α- 氨基酸在自然界较少。组成蛋白质的 α- 氨基酸有二十种，结构见表 13.1。

表 13.1　蛋白质中的氨基酸

名称	缩写符号	结构式	等电点（pI）	pKa pKa (COOH)	pKa pKa (NH₃⁺)
甘氨酸（glycine）	Gly	CH₂—COOH / NH₂	5.97	2.34	9.60
丙氨酸（alanine）	Ala	CH₃—CHCOOH / NH₂	6.02	2.34	9.69
*缬氨酸（valine）	Val	(CH₃)₂CH—CHCOOH / NH₂	5.97	2.32	9.62
*亮氨酸（leucine）	Leu	CH₃CHCH₂CH—COOH / CH₃ NH₂	5.98	2.36	9.60
*异亮氨酸（isoleucine）	Ile	CH₃CH₂CH—CH—COOH / CH₃ NH₂	6.02	2.36	9.68
丝氨酸（serine）	Ser	CH₂—CH—COOH / OH NH₂	5.68	2.21	9.15
*苏氨酸（threonine）	Thr	CH₃—CH—CH—COOH / OH NH₂	5.60	2.09	9.10
胱氨酸（cystine）	Cys-Cys	S—CH₂CH—COOH / S—CH₂CH—COOH / NH₂ / NH₂	5.06	—	—
半胱氨酸（cysteine）	Cys	HS—CH₂CHCOOH / NH₂	5.02	1.96	10.28
*蛋氨酸（methionine）	Met	CH₃S(CH₂)₂CHCOOH / NH₂	5.74	2.28	9.21
*苯丙氨酸（phenylalanine）	Phe	⟨苯环⟩—CH₂CH—COOH / NH₂	5.18	1.83	9.13
酪氨酸（tyrosine）	Tyr	HO—⟨苯环⟩—CH₂CH—COOH / NH₂	5.67	2.20	9.11
脯氨酸（proline）	Pro	⟨环⟩—COOH / N H	6.30	1.99	10.96

名称	缩写符号	结构式	等电点（pI）	pK_a	
				pK_{a_1}（COOH）	pK_{a_2}（NH$_3^+$）
羟基脯氨酸（hydroxyproline）	Hyp	HO—⟨结构式⟩—COOH	6.33	—	—
* 色氨酸（tryptophan）	Trp	⟨结构式⟩ CH$_2$CHCOOH / NH$_2$	5.88	2.38	9.39
天冬氨酸（aspartic acid）	Asp	HOOCCH$_2$CHCOOH / NH$_2$	2.98	2.09	9.60
谷氨酸（glutamic acid）	Glu	HOOCCH$_2$CH$_2$CHCOOH / NH$_2$	3.22	2.19	9.67
精氨酸（arginine）	Arg	NH / NH$_2$—C—NH(CH$_2$)$_3$CHCOOH / NH$_2$	10.76	2.17	9.04
* 赖氨酸（lysine）	Lys	H$_2$N(CH$_2$)$_4$CHCOOH / NH$_2$	9.74	2.18	8.95
组氨酸（histidine）	His	⟨结构式⟩ CH$_2$CHCOOH / NH$_2$	7.59	1.82	9.17

注：标"*"的氨基酸不能在人体内合成，必须从食物中摄取。

由表 13.1 可知，各种 α- 氨基酸的差别主要是 R 基团的不同。

$$H_2N-\underset{R}{\overset{COOH}{\vert}}{\underset{\vert}{C}}-H$$

R 基团包括羟基、氨基、巯基、羧基、芳环基和杂环基。根据分子中氨基和羧基的数目可将氨基酸分为中性氨基酸（氨基和羧基数目相同）、酸性氨基酸（羧基数目多于氨基）以及碱性氨基酸（氨基数目多于羧基）。

表 13.1 中标有"*"的氨基酸不能在人体内合成，必须从食物中摄取。实验表明，人体或动物体内如果缺少了这些氨基酸会引起新陈代谢失常，出现病症，因此称它们为"必需氨基酸"。

天然的氨基酸多用习惯名称，即按其来源或性质命名。如天冬氨酸最初是在天门冬的幼苗中发现的；甘氨酸因具有甜味而得名。天然氨基酸目前知道的已超过一百种，但在生物体内作为合成蛋白质原料的只有二十种，它们都有国际通用的缩写符号，见表 13.1。

二、氨基酸的制法

氨基酸的制备主要有蛋白质的水解、有机合成和发酵法三条途径。氨基酸的化学合成早在 1850 年就已实现，发酵法生产是在二十世纪五十年代实现用糖类（淀粉）发酵生产谷氨酸。我国科学家陈琦在 1963 年 3 月培育得到了优良菌株，定名为谷氨酸棒杆菌，1965 年 10 月在杭州味精厂用发酵法工业化生产味精取得成功。以下主要介绍化学合成法。

α- 氨基酸合成主要有以下几种方法：

（1）由醛或酮制备

$$RCHO \xrightarrow[\text{HCN}]{(NH_4)_2CO_3} R-\underset{\underset{NH_2}{|}}{C}HCN \xrightarrow[\text{或}H^+/H_2O]{HO^-/H_2O} R\underset{\underset{NH_2}{|}}{C}HCOOH$$

（2）由卤代烃制备

① α- 卤代酸的氨解法：

$$R-\underset{\underset{X}{|}}{C}H-COOH+NH_3 \longrightarrow R-\underset{\underset{NH_2}{|}}{C}H-COOH+HX$$

此法可生成副产物仲胺和叔胺，不易纯化。

② 丙二酸酯法：

$$\xrightarrow{EtONa} \xrightarrow{C_6H_5CH_2Cl} \cdots \xrightarrow{H_3O^+} NH_2\underset{\underset{CH_2C_6H_5}{|}}{C}HCOOH$$

D, L-苯丙氨酸

合成的 α- 氨基酸是外消旋体，拆分后才能得到 D- 或 L- 氨基酸。

三、氨基酸的性质

1. 物理性质

α- 氨基酸一般都是无色晶体，熔点比相应的羧酸或胺都高（在 200℃ 以上），而且加热至熔点时常易分解，易溶于水，难溶于非极性溶剂。除甘氨酸外，其他的氨基酸都有旋光性。常见 α- 氨基酸的主要物理常数见表 13.2。

表 13.2 常见 α- 氨基酸的主要物理常数

名称	熔点 /℃	溶解度（水）/（g·100g^{-1}）	比旋光度 $[\alpha]_D^{20}$（H$_2$O）
甘氨酸	232～236（分解）	23.00	—
丙氨酸	297（分解）	16.65	+1.8
缬氨酸	315（封管）	8.85	+6.42
亮氨酸	293～295（分解）	2.43	-0.8
异亮氨酸	283～284（分解）	2.23	-12.4
丝氨酸	228（分解）	33.00	-6.83
苏氨酸	255～257（分解）	20.00	-28.3
天冬氨酸	270～271	0.5（16℃）	+5.0
谷氨酸	224～225（分解）	0.86	+12.0
精氨酸	238（分解）	15.00	+12.5

续表

名称	熔点 /℃	溶解度（水）/(g·100g^{-1})	比旋光度 $[\alpha]_D^{20}$(H$_2$O)
赖氨酸	224～225（分解）	易溶	+14.6
组氨酸	287～288（分解）	4.16	−39.7
胱氨酸	258～261（分解）	不溶	−223.4(1% 在 1 mol·L^{-1} HCl 中)
半胱氨酸	240（分解）	溶	−16.5
蛋氨酸	293（分解）	溶	−8.2
苯丙氨酸	275～283（分解）	3.10	−35.1
酪氨酸	342～344（分解）	0.05	−10.6(4% 在 1 mol·L^{-1} HCl 中)
色氨酸	289	0.25	−31.5
脯氨酸	220～222（分解）	162.30	−85.0
羟基脯氨酸	274	易溶	−75.2

2. α- 氨基酸的酸碱性

氨基酸分子中既含有碱性的氨基，又有酸性的羧基。

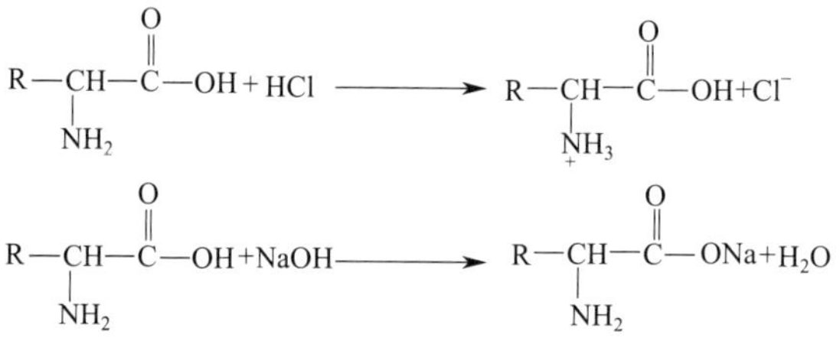

氨基酸一般在 200℃ 以下不熔化，具有很高的熔点。氨基酸可溶于水而不溶于苯和醚等有机溶剂。这些性质是由于氨基和羧基存在于同一分子中，分子内发生质子迁移而形成内盐（ylide），又称偶极离子（dipole ion）。

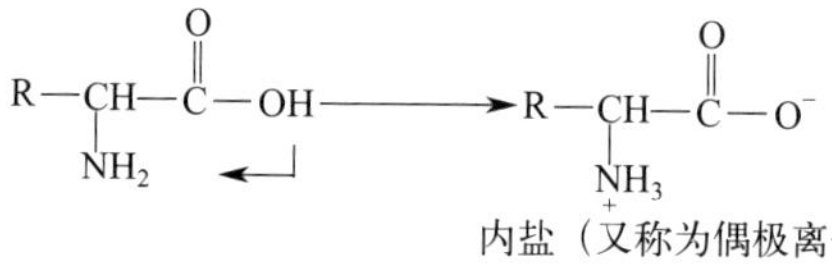

内盐（又称为偶极离子）

偶极离子作为两性物质，既能从强酸中接受一个质子，又可向强碱中提供一个质子：

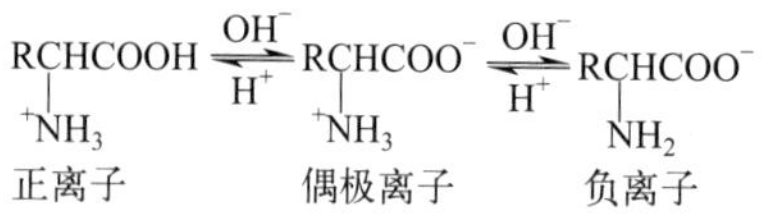

正离子　　　偶极离子　　　负离子

从上式可以看出，氨基酸偶极离子的酸性不是羧基表现出来的给质子能力，而是 NH^{3+} 的给质子能力；同样，它的碱性也不是 NH$_2$ 结合质子的能力，而是 COO$^-$ 接受质子的能力。

3. 氨基酸的等电性

氨基酸在水溶液中所处的状态，除与本身结构有关外，还与溶液的 pH 有关。将氨基酸的水溶液置于电场中时，随着加入酸或碱，会产生相应的阴离子或阳离子：

$$R-\overset{\displaystyle \underset{|}{NH_2}}{CH}-\overset{\displaystyle O}{\underset{\|}{C}}-OH$$

$$R-\overset{|}{\underset{NH_2}{CH}}-\overset{O}{\underset{\|}{C}}-O^{-} \underset{\overset{OH^-}{\longleftarrow}}{\overset{H^+}{\longrightarrow}} R-\overset{|}{\underset{\overset{+}{N}H_3}{CH}}-\overset{O}{\underset{\|}{C}}-O^{-} \underset{\overset{OH^-}{\longleftarrow}}{\overset{H^+}{\longrightarrow}} R-\overset{|}{\underset{\overset{+}{N}H_3}{CH}}-\overset{O}{\underset{\|}{C}}-OH$$

溶液pH＞等电点　　　　　等电点　　　　　溶液pH＜等电点

在适当碱性的溶液中，阴离子 Ⅱ（ $R-\overset{|}{\underset{NH_2}{CH}}-\overset{O}{\underset{\|}{C}}-O^{-}$ ）的量超过阳离子 Ⅲ（ $R-\overset{|}{\underset{\overset{+}{N}H_3}{CH}}-\overset{O}{\underset{\|}{C}}-OH$ ）的

量，α-氨基酸会向电场的阳极迁移；在适当酸性的溶液中，阳离子 Ⅲ 是过量的，此时，氨基酸就向电场的阴极迁移；当阴离子 Ⅱ 和阳离子 Ⅲ 的量完全相等时，即净电荷为零时，则没有净迁移。当一个特定的氨基酸在电场的影响下不发生迁移时，这个氨基酸所在溶液的氢离子浓度称为氨基酸的等电点，用 pI 表示，即净电荷为零的氨基酸所在溶液的 pH 为 pI。

α-氨基酸的 pI 主要取决于羧酸和氨基的电离常数，如以 pK_1 代表—COOH 的电离常数，pK_2 代表 NH_3^+ 基团的电离常数，则 pI 和它们的关系可用下式表示：

$$pI = \frac{pK_1 + pK_2}{2}$$

中性氨基酸 pI= 5.5 ～ 6.3，酸性氨基酸 pI= 2.8 ～ 3.2，碱性氨基酸 pI= 7.6 ～ 10.6。一般来说，氨基酸含氨基多者，pI 值较高，含羧基多者 pH 值较低。在等电点时，氨基酸的溶解度最小，因而可用调节等电点的方法从氨基酸混合物中分离出某些氨基酸。

4. 氨基酸的化学反应

氨基酸含有氨基和羧基，因而具有氨基和羧基的化学反应。

（1）氨基酰化

苄氧甲酰氯

苄氧甲酰氯作为酰化剂，与氨基酰化后，对以后应用的试剂较稳定。因为这个试剂容易引入，还能用多种方法把它脱下来，所以在合成蛋白质的过程中，通常作为氨基的保护基团。

（2）氨基的烃基化　氨基酸与 RX 作用发生烃基化反应而成 N-烃基衍生氨基酸，用氟代二硝基苯作为测定 N 端的试剂，如：

DNP：二硝基氟苯

（3）与亚硝酸反应　除亚氨基酸（脯氨酸）外，α-氨基酸都能与亚硝酸反应。氨基酸

与亚硝酸作用放出氮气，得到羟基酸，放出的氮气一半来自氨基酸的氨基，一半来自亚硝酸，反应是定量完成的。测量放出氮气的体积便可计算出氨基酸中氨基的含量，这是氨基测定法。

$$R-\underset{\substack{|\\NH_2}}{CH}-COOH+HNO_2 \longrightarrow R-\underset{\substack{|\\OH}}{CH}-COOH+N_2\uparrow+H_2O$$

（4）与茚三酮反应　α- 氨基酸在碱性溶液中与茚三酮作用，能生成蓝色或紫红色的有色物质，这是鉴别 α- 氨基酸的方法，大多数的 α- 氨基酸（除脯氨酸外）都有此反应，反应式如下：

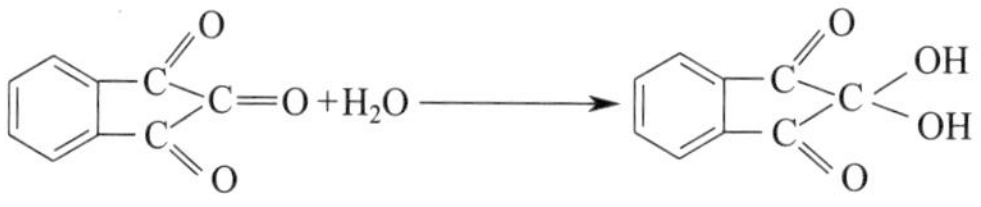

茚三酮　　　　水合茚三酮

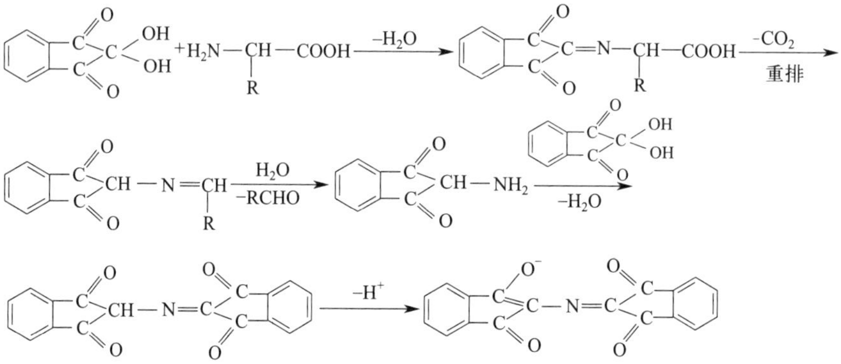

在生化实验中，常用纸色谱、柱色谱或薄层色谱法分离氨基酸。氨基酸分开后，总是利用水合茚三酮的显色来定性或定量测定各种氨基酸。

（5）氧化脱氨反应　氨基酸分子中的氨基可以被过氧化氢或高锰酸钾等氧化剂氧化，生成亚氨基酸。亚氨基酸可以进一步水解而生成酮酸，反应式为：

$$R-\underset{\substack{|\\NH_2}}{CH}-COOH \xrightarrow[\text{或}KMnO_4,\text{酶}]{H_2O_2} R-\underset{\substack{\|\\NH}}{C}-COOH \xrightarrow{H_2O_2} R-\underset{\substack{\|\\O}}{C}-COOH$$

在生物体内酶的作用下，氨基酸也可以发生氧化脱氨作用，这是生物体内蛋白质分解代谢的重要过程。

（6）分子间缩合形成肽的反应　α- 氨基酸中的羧基与另一分子 α- 氨基酸的氨基失水形成的酰胺键称为肽键，α- 氨基酸通过肽键连接起来的化合物称为肽（peptide，此名词来自希腊语“消化”，因为肽首先是由部分消化的蛋白质得到的）。由两个 α- 氨基酸形成的肽称为二肽；由多个 α- 氨基酸构成的肽称为多肽（poly peptide），天然多肽是由不同的 α- 氨基酸组成的。

$$R-\underset{\substack{|\\NH_2}}{CH}-COOH+H_2N-\underset{\substack{|\\R'}}{CH}-COOH \xrightarrow{-H_2O} R-\underset{\substack{|\\NH_2}}{CH}-\overset{\substack{O\\\|}}{C}-NH-\underset{\substack{|\\R'}}{CH}-COOH$$

肽键

四、多肽

（1）多肽的命名　根据缩合的氨基酸数目，一般由 10 个以内的氨基酸相连而成的，为寡肽（oligopeptide）；由 10 ～ 50 个氨基酸相连而成的，为多肽（polypeptide）；由 50 个以上氨基酸构成的，为蛋白质（protein）。

氨基酸顺序：在多肽链中，氨基酸单元按一定的顺序排列。

多肽的端基：多肽有两端，有 NH_2 的一端称为氨基末端或 N- 端；有 COOH 的一端称为羧基末端或 C- 端。

$$\boxed{H_2N}\text{—CH—C—NH—CH—C—NH—CH}\boxed{\text{—COOH}}$$

$$\underset{\text{N-端}}{}\quad R\quad O\quad\quad R'\quad O\quad\quad R''\quad\underset{\text{C-端}}{}$$

肽的命名是从 N- 端开始，按氨基酸顺序直至 C- 端。除 C- 端氨基酸单元保留氨基酸原名外，其余每个氨基酸单元都用"酰"代替"酸"，即："某氨酰某氨酰……某氨酸"（简写为某 - 某 - 某）。如：

$$H_2N\text{—CH—}\boxed{\text{C—NH}}\text{—CH—C—NH—CH—C—OH}$$

丙氨酰-甘氨酰-苯丙氨酸
（简称丙-甘-苯丙三肽）

（2）肽键的结构特点　多肽分子中，组成肽键的原子处于同一平面，氮原子上的孤对电子与酰基形成 p-π 共轭体系，使 C—N 键［键长 0.13 nm，介于 C—N 单键（0.149 nm）和 C≡N 双键（0.127 nm）之间］具有一定程度的双键性质，如图 13.1 所示。这种键不能自由旋转，有一定刚性，并导致与其相连的两个基团有顺反异构存在，实际上，与羰基及氨基相连的两个基团处于反式位置。

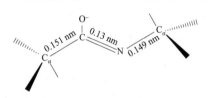

图 13.1　肽键平面与键长

（3）多肽的构造测定　多肽的构造与其生物功能密切相关，各种氨基酸在肽链中的排列顺序可以决定这个肽的生物功能。因此，确定多肽的构造，不仅需要测定多肽中氨基酸的种类和数目，还要测定这些氨基酸在肽链中的排列顺序。测定方法很多，下面简单介绍测定寡肽构造 C- 端测定方法。

C- 端测定的有效方法是利用羧肽酶水解法，羧肽酶有选择地只催化水解多肽链中与游离 α- 羧基相邻的肽链。因此，在羧肽酶催化下，多肽链中只有 C- 端的氨基酸能断裂下来：

$$\text{—NH—CHCONH—CH—COOH} \xrightarrow[\text{羧肽酶}]{H_2O} \text{—NH—CH—COOH}+H_2N\text{—CH—COOH}$$

$$R'\quad\quad R\quad\quad\quad\quad\quad R'\quad\quad\quad\quad R$$

C-端少一个氨基酸的多肽

水解得到的 C- 端少一个氨基酸的多肽可以继续水解，这样可以使 C- 端的氨基酸逐步断裂下来。该法一般可以测定五到六个肽键的氨基酸顺序。

思考题

传统污水处理方法主要包括物理、化学和生物处理法等。传统污水处理方法虽然在一定程度上能够处理污水，但也存在一些弊端，例如：处理效率有限、运行成本高、操作复杂、二次污染风险和处理效果不稳定等。能否利用肽类化合物物理化学吸附、还原等原理，有效去除水生环境中的重金属污染物，减少其对生态系统和人类健康的威胁？

第二节　蛋白质

蛋白质是由碳、氢、氧和氮元素构成的一条或多条多肽链以特殊方式结合而成的生物大分子，是生物体内一切组织的基础物质，在生命现象和生命过程中起着决定性的作用。碳、氢、氧和氮元素构成比例不同，其功能与作用不同，如图13.2所示。

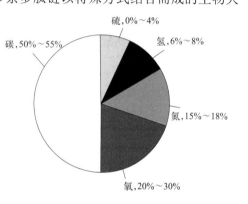

图 13.2　蛋白质的构成元素

一、蛋白质的分类

① 根据蛋白质的形状分为纤维蛋白质及球状蛋白质。纤维蛋白质如丝蛋白和角蛋白等；球状蛋白质如蛋清蛋白、酪蛋白、血红蛋白和 γ- 球蛋白（感冒抗体）等。

② 根据组成分为单纯蛋白质和结合蛋白质。单纯蛋白质水解最终产物是 α- 氨基酸；结合蛋白质，水解最终产物是 α- 氨基酸和非蛋白质（辅基）。其中，辅基为糖时称为糖蛋白，辅基为核酸时称为核蛋白，辅基为血红素时称为血红素蛋白。

③ 根据蛋白质活性可分为活性蛋白和非活性蛋白。活性蛋白按生理作用不同又可分为酶、激素、抗体、收缩蛋白和运输蛋白等；非活性蛋白是担任生物的保护或支持作用的，但本身不具有生物活性，如贮存蛋白（清蛋白、酪蛋白等）和结构蛋白（角蛋白、胶原蛋白）等。

④ 根据蛋白质在机体的新陈代谢中的功能分类。

酶：起催化作用。

激素：起调节作用。

抗体：起免疫作用。

输送蛋白：起输送作用。

收缩蛋白：起运动作用。

营养和贮存蛋白：提供营养，起贮存作用。

结构蛋白：起支撑作用。

防御蛋白：起防御作用。

二、蛋白质的结构

每一种蛋白质都有其特定的结构，从而在生物体内发挥其特定的生理功能。蛋白质的结构可分为一级结构、二级结构、三级结构和四级结构。

1. 蛋白质的一级结构

多肽链中氨基酸的连接顺序称为蛋白质的一级结构（primary structure），它不仅决定着蛋白质的高级结构，而且对其生理功能起着决定性作用。对某一蛋白质，若结构顺序发生改变，则可引起疾病或死亡。例如，血红蛋白是由两条 α-肽链（各为 141 肽）和两条 β-肽链（各为 146 肽）四条肽链（共 574 肽）组成的。β-肽链中的 N-6 为谷氨酸，若换为缬氨酸，则造成红细胞附聚，即由球状变成镰刀状，也就是人们熟知的镰刀型细胞贫血症。

我国科学家首先合成了具有生理活性的结晶牛胰岛素，它就是由有着严格氨基酸排列顺序的 A、B 两条多肽链通过二硫键连接而成。

2. 蛋白质的二级结构

多肽链借助分子内氢键形成有规则的空间构象，称为蛋白质分子的二级结构（secondary structure）。它只涉及肽链主链的构象及所在链内或链间形成的氢键，不涉及侧链的构象及其他肽段的关系。蛋白质多肽链的二级结构主要有两种形式：α 螺旋（右手 α 螺旋）和 β 折叠。

α 螺旋（见图 13.3）是多肽主链围绕同一中心轴以螺旋方式伸展，平均 3.6 个氨基酸单元构成一个螺旋圈（18 个氨基酸单元盘绕 5 圈），递升 0.54 nm，每个单元沿轴上升 0.15 nm。每个氨基酸单元的 N—H 与前面相隔三个氨基酸单元的 C＝O 形成氢键，这些氢键的方向大致与螺旋轴平行。氢键是维持 α 螺旋稳定结构的作用力。

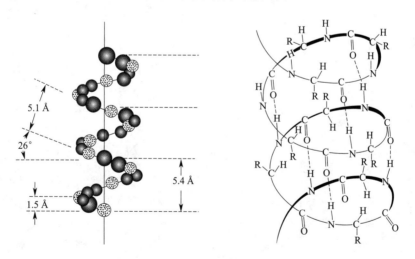

图 13.3　蛋白质的 α 螺旋体的立体结构

β 折叠（见图 13.4）是两条或多条几乎完全伸展的肽链按同向或反向聚集，相邻多肽主链上的—NH 和 C＝O 之间形成氢键而成的一种多肽构象。β 折叠有两种类型，一种为平行式，即所有肽链的 N- 端都在同一边；另一种为反平行式，即相邻两条肽链的方向相反。β 折叠结构的氢键可以在两条肽链之间形成，也可以在同一肽链的不同部分之间形成，氢键与链的长轴接近垂直。

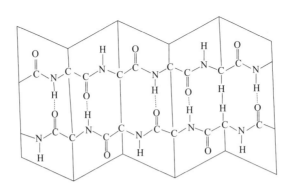

图 13.4 蛋白质的反平行 β 折叠结构

3. 蛋白质的三级结构

蛋白质的三级结构（tertiary structure），是在二级结构基础上，不同区段肽链的侧链基团相互作用在空间上进一步盘绕、折叠和卷曲而形成的。包括主链和侧链构象在内的特征三维结构，蛋白质的三级结构是多肽链的进一步扭曲折叠。在扭折时，倾向于把亲水的极性基团露于表面，而疏水的非极性基团包在中间。

维系蛋白质三级结构的作用力主要是氢键、疏水键、离子键、范德华力和二硫键等各种副键（或称次级键），如图 13.5 所示。尤其是疏水键，在蛋白质三级结构中起着重要作用。

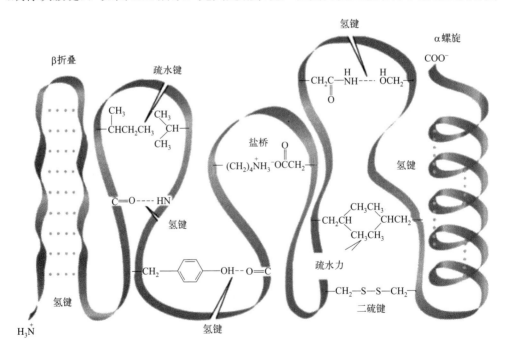

图 13.5 蛋白质的三级结构

4. 蛋白质的四级结构

由一条或几条多肽链构成蛋白质的最小单位，称为蛋白质亚单元（subunit）；由几个亚单元借助各种副键的作用而构成的一定空间结构，称为蛋白质的四级结构（quaternary structure），见图 13.6。

蛋白质的各级结构之间关系见图 13.7。

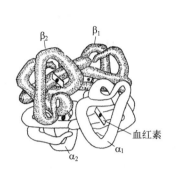

图 13.6 血红蛋白

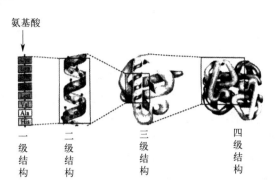

图 13.7 蛋白质的各级结构之间关系

三、蛋白质的性质

蛋白质和多肽一样，是由许多氨基酸单元组成的。因此，蛋白质应具有多肽和氨基酸的一些共同性质。如蛋白质也是光学活性分子；蛋白质含有一些酸性和碱性的氨基酸，因而带有负电荷和正电荷；蛋白质像氨基酸一样，也是两性的，可作为生物的缓冲溶液。

1. 两性及等电点

因多肽链中存在游离的氨基和羧基等酸、碱基团，所以蛋白质具有两性。

与氨基酸类似，蛋白质溶液在某一 pH 值时，其分子所带的正、负电荷相等，即成为净电荷为零的偶极离子，此时溶液的 pH 值称为该蛋白质的等电点（pI）。蛋白质在等电点时，溶解度最小，导电性、黏度和渗透压等最低。利用这些性质可以分离和纯化蛋白质。各种蛋白质具有其特定的等电点，如，胃蛋白酶的等电点是 1.1，酪蛋白是 3.7，核糖核酸酶是 9.5，溶菌酶是 11.0。

2. 胶体性质

蛋白质是大分子化合物，分子颗粒的直径在胶粒范围内（1 ～ 100 nm），蛋白质分散在水中，其水溶液具有胶体溶液的一般特性，例如，具有丁铎尔现象（Tyndall phenomenon）、布朗运动（Brownian motion）、电泳现象和不能透过半透膜等。蛋白质颗粒表面都带电荷，在酸性溶液中带正电荷，在碱性溶液中带负电荷；蛋白质颗粒带有同性电荷，与周围电性相反的离子可构成稳定的双电层。

蛋白质有很强的亲水性，这是由于蛋白质分子具有大量的亲水性基团如—NH_2、—COOH、—OH 及肽链等吸聚水分子，使蛋白质颗粒被水分子层包围。因此在这些胶体颗粒的表面上形成了一层很厚的水膜，而且带有相同的电荷使胶体颗粒保持稳定。

蛋白质胶体，和其他胶体一样，是热力学不稳定体系。在外界因素的影响之下，蛋白质容易析出沉淀，故能在水溶液中保持其稳定性。在一定条件下，蛋白质溶液可以变为凝胶。

（1）可逆沉淀（盐析） 蛋白质胶体的稳定性是相对的，根本原因是热力学不稳定体系。

蛋白质胶体盐析，就是蛋白质胶体不稳定的现象。盐析是指在蛋白质溶液中，加入无机盐类使蛋白质溶解度降低而析出的过程。这是可逆过程，蛋白质可复原。

蛋白质盐析常用的中性盐主要有硫酸铵、硫酸镁、硫酸钠、氯化钠、磷酸钠等。主要原因是无机盐仅使蛋白质分子的内部结构发生微小改变，仍然保持原有的生理活性。只要消除了沉淀的因素，已沉淀的蛋白质又会重新溶解。

（2）不可逆沉淀　沉淀因素促使蛋白质空间构象发生很大的变化或被破坏，使蛋白质失去了生物活性。蛋白质与重金属盐作用，或在蛋白质溶液中加入有机溶剂（如丙酮、乙醇等）则发生不可逆沉淀。如 75% 的酒精可破坏细菌的水化膜，使细菌发生沉淀和变性，从而起到消毒的作用。强酸或强碱以及加热、紫外线或 X 射线照射等物理因素，都可导致蛋白质的某些副键被破坏，引起构象发生很大改变，使疏水基外露，引起蛋白质沉淀，从而失去生物活性。像豆腐和奶酪就是用蛋白质制成的不可逆沉淀的凝胶体。

3. 蛋白质的变性作用

在一定条件下，蛋白质共价键不变，但构象发生变化而丧失生物活性的过程称为蛋白质的变性作用。引起蛋白质变性的因素很多，物理因素有加热、高压、剧烈振荡、超声波、紫外线和 X 射线照射等；化学因素有强酸、强碱、重金属离子、生物碱试剂和有机溶剂等。蛋白质变性一般产生不可逆沉淀，但蛋白质的沉淀不一定变性；反之，变性也不一定沉淀，但不可逆沉淀一定会使蛋白质变性。

科学研究中，菌种、生物制剂的失效，种子失去发芽能力等均与蛋白质的变性有关。

在现实生活中，人们已经懂得利用蛋白质的变性作用。例如，通常采用加热、紫外线照射、酒精和杀菌剂等杀菌消毒使细菌体内的蛋白质变性；临床上急救重金属中毒时，可以给病人吃大量乳品或鸡蛋清，使蛋白质在消化道中与重金属结合成为变性的不溶解物质，从而阻止有毒的重金属离子吸入体内。有时则需要避免变性，例如，预防接种的疫苗需储存在冰箱中，以免温度过高，使蛋白质变性而失去生物活性。

4. 蛋白质的颜色反应

蛋白质与一些物质发生反应而显示出特有的颜色，这缘于蛋白质分子中的肽键、苯环结构、酚结构以及分子中的某些氨基酸等。例如，蛋白质与新配制的碱性硫酸铜溶液反应，呈紫色，称为双缩脲反应；蛋白质中含有苯环的氨基酸，遇浓硝酸发生硝化反应而生成黄色硝基化合物，称为蛋白黄色反应；蛋白质中酪氨酸的酚基遇到硝酸汞的硝酸溶液，生成红色物质的反应称为米勒反应；蛋白质与稀的茚三酮溶液共热，即呈现蓝色，称为茚三酮反应。蛋白质的颜色反应，可以用来鉴别不同组成的蛋白质。

蛋白质能与某些试剂起作用发生颜色反应，常利用这些颜色反应来鉴别蛋白质，见表13.3 所示。

表 13.3　部分蛋白质的重要颜色反应

反应名称	试剂	颜色	反应基团	有反应的蛋白质
双缩脲反应	稀碱、稀硫酸铜溶液	粉红～蓝紫	两个以上肽键	各种蛋白质
茚三酮反应	水合茚三酮	蓝	游离氨基	有游离氨基的蛋白质
蛋白黄色反应	浓硝酸、加热、稀 NaOH	黄～橙黄	苯基	含苯基的蛋白质
米勒反应	硝酸汞的硝酸溶液	砖红	酚基	含酚羟基的蛋白质
乙醛酸反应	乙醛酸试剂、浓硫酸	紫	吲哚基	含吲哚基的蛋白质

思考题

美拉德反应是食品香精等仿生香精生产的经典反应类型，特别是肉类香精及烟草香精的生产应用。所形成的香精具天然肉类香精的逼真效果，具有调配技术无法比拟的作用。美拉德反应技术在香精领域中的应用打破了传统的香精调配和生产工艺的范畴，是一全新的香精香料生产应用技术。如何利用氨基酸和羰基化合物生产牛肉仿生香精？尝试预测美拉德反应的机理、产物应用场景。

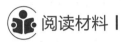 阅读材料 I

氨基酸与科学家敬业精神

氨基酸是生物体制造抗体蛋白、血红蛋白、酶蛋白、激素蛋白和神经递质等的重要原材料，为生物体提供能量来源，可以说，氨基酸是一切生命之源。研究表明，氨基酸的形成时间比我们想象的要早得多，可能在宇宙大爆炸后不久就已经形成。这些研究对于理解生命起源具有重要意义。

中国在氨基酸研究和生产方面取得了显著的进展。陈琦等科学家在氨基酸发酵和生产技术方面做出了重要贡献，使得中国成为世界上最大的氨基酸生产国之一。

陈琦（1927 — 2016），山东莘县刘美集人。山东大学毕业后留校工作，后调入中国科学院微生物研究所工作。在二十世纪六十年代极为艰苦的经济环境下，凭借自己的实验技能与经验，在不到一年的时间优选了谷氨酸味精生产工艺的优质微生物菌，不到三年的时间里开发完成味精生产工艺，并迅速在国内各生产单位推广应用，形成了一个新兴的谷氨酸产业。当他获得了第一株优良菌株后，引导了国内外采用诱变育种改良菌种的研究方向。此后，陈琦没有停歇，继续采用各种育种手段，又在赖氨酸发酵中取得了新成果，继而育成了多种氨基酸的生产菌种。

陈琦在一生的科研工作中，近三十年专注于氨基酸发酵研究，不断取得新成果，并都能在生产上取得显著效益。他是创建我国氨基酸产业的功臣，也是我国发酵工业中的一位杰出科学家。

 阅读材料 II

蛋白质与牛奶产业的发展

蛋白质是构成生命的基础，是构成细胞最基本的物质，也是人体的主要组成部分以及食物的重要成分之一。

食入的蛋白质在体内经过消化水解成氨基酸被吸收后，合成人体所需蛋白质，同时新的蛋白质又在不断代谢与分解，时刻处于动态平衡中。因此，食物蛋白质的质和量、各种氨基酸的比例，关系到人体蛋白质合成的量，尤其是青少年的生长发育和老年人的健康长寿，都与膳食中蛋白质的量有着密切的关系。

富含动物蛋白的食物包括：各种肉类、蛋类、水产和奶类。这些食物所含的蛋白质属于优质蛋白，因为它们比较容易被消化，而且含有人体需要的"必需氨基酸"。

植物蛋白含量比较丰富的食物有豆类和豆制品，这类蛋白质也属于优质蛋白。而蔬菜、水果和粮食中的蛋白质含量较低。

中华民族饮奶历史源远流长，有关奶的文化和技术等记载超过 2500 年历史。考古充分佐证，中华民族是古代奶业文明的缔造者之一，是古代奶业技术的发明者之一。

1949 年我国奶类产量只有 21.7 万吨，1952 年乳制品产量只有 624 吨，1949 年奶类人均消费量折合生鲜乳只有 0.45 kg。历时 70 多年的发展，特别是改革开放政策的实施，2022 年全国奶类产量达到 4 026.5 万吨，相比 1949 年增长了近 200 倍。全国乳制品产量达到 3117.7 万吨，相比 1952 年增长了 5 倍。2022 年全国奶类人均消费数量折合生鲜乳 42 kg，相比 1949 年增长了近 100 倍。

奶业是健康中国、强壮民族不可或缺的产业。推动奶业高质量发展，在百年变局中全面建成社会主义现代化强国，助力中华民族伟大复兴意义重大而深远。当前我国奶制品产业迅猛增长，产业素质和质量安全水平大幅提升。

 AI 科普

以氨基酸为原料
仿生牛肉味的化
合物合成路线
（deepseek 设计）

 习题

1. 写出下列氨基酸在给定 pH 的离子存在形式。
（1）半胱氨酸（pH = 4.80）　（2）精氨酸（pH = 10.95）　（3）赖氨酸（pH = 6.0）

2. 下列氨基酸在 pH=6 时，置于电场中，推测其移动方向。
（1）缬氨酸（pI = 5.97）　（2）谷氨酸（pI = 3.22）　（3）赖氨酸（pI = 9.74）

3. 举例说明下列名词的定义。
（1）α 螺旋构型　　　　（2）变性作用　　　　　（3）三级结构
（4）脂蛋白　　　　　　（5）等电点　　　　　　（6）不可逆沉淀
（7）必需氨基酸　　　　（8）中性氨基酸

4. 写出甘氨酸与下列试剂反应的产物。
（1）KOH 水溶液　　（2）HCl 水溶液　　　（3）CH_3COCl
（4）$NaNO_2$ + HCl　（5）C_2H_5OH + HCl　（6）C_5H_6COCl + NaOH

5. 用简单的化学方法鉴别下列化合物。
（1）二肽，葡萄糖，蛋白质
（2）半胱氨酸，三肽，淀粉
（3）酪氨酸，丙氨酸，三肽

6. 给出下列化合物的名称。水解可以产生哪些氨基酸？

（1）　$H_2N-\underset{\underset{CH_3}{|}}{CH}-\underset{\underset{O}{||}}{C}-NH-CH_2-COOH$

（2）　$HOOC-\underset{\underset{NH_2}{|}}{CH}-CH_2CH_2-\overset{\overset{O}{||}}{C}-NHCH_2-\overset{\overset{O}{||}}{C}-NHCH_2COOH$

7. 有人说酸性氨基酸水溶液的 pH < 7，中性氨基酸水溶液的 pH = 7，碱性氨基酸水溶液的 pH > 7，此说法是否正确？为什么？

8. 把丙氨酸溶于水中，要使它达到等电点，应加酸还是加碱（丙氨酸的等电点 pH = 6.02）？

第十四章
萜类与甾族化合物

📖 学习目标

知识目标
1. 了解萜类和甾族化合物的结构、构象和种类;
2. 了解萜类化合物异戊二烯单元的结构;
3. 了解甾族化合物的性质。

技能目标
1. 从萜类和甾族化合物的结构单元认识其天然化合物;
2. 从萜类和甾族化合物的天然化合物结构,认识其应用性能。

素质目标
1. 从萜类化合物的理论学习,认识我国天然橡胶产业的巨大发展成就;
2. 从我国薄荷油巨大发展的一个侧面,深刻理解建立健全我国全面、完整工业体系的社会主义制度优越性。

    萜类化合物(terpenoid)是一种广泛存在于自然界中、分子式为异戊二烯单元的倍数的烃类及其含氧衍生物。萜类化合物几乎存在于所有植物体内,是构成某些植物香精、树脂和色素等的主要成分,也存在于动物和真菌体内。甾族化合物(steroid)是一种广泛存在于动植物体内、基本骨架为一个"环戊烷并多氢菲"的母核和三个侧链的物质。甾族化合物具有生物活性,在动植物生命活动中起着极其重要的调节作用,部分甾族化合物可以直接用来治疗疾病,而有些则可作为合成药物的原料。萜类化合物和甾族化合物均与药物有着很密切的关系。

第一节　萜类化合物

一、萜的含义

    萜类亦称萜烯类,是由异戊二烯骨架构成的一类化合物,是香精油的主要成分。某些植物的叶、花或果实用水蒸气蒸馏时,可以得到有香味的油状液体,称为香精油。早期,人们把存于香精油中的脂环烃 $C_{10}H_{16}$ 叫作萜。直到后来,人们又发现了不少与萜具有类似构造的含氧衍生物,以及挥发性不大的含有五碳原子数倍数的化合物。

二、异戊二烯规则

通过对大量萜类分子式及其结构的测定表明，其共同点是分子中的碳原子数是五的整数倍，而且是由异戊二烯的碳骨架相连构成的，即萜烯化合物的碳骨架可划分成若干个异戊二烯单元，这就是异戊二烯规则。异戊二烯及异戊二烯单元结构如下：

大多数萜烯类分子构造都是由异戊二烯骨架头尾相接而成，少数也有头头相连或尾尾相连的。由异戊二烯单元构成的链萜和环萜结构如下：

构成的具体萜烯化合物，例如：

月桂烯　　　　　对薄荷烯　　　　　松节烯（α-蒎烯）

三、萜的分类和命名

萜的分类见表 14.1。

表 14.1　萜的分类

类别	异戊二烯的单元数	碳原子数
单萜	2	10
倍半萜	3	15
二萜	4	20
三萜	6	30
四萜	8	40
多萜	> 8	> 40

我国对萜类的命名一律按俗名，再接上"烷""烯""醇"等命名而成。

1. 单萜

（1）链单萜　由两个异戊二烯连接构成的链状化合物。如橙花油醇，香气比较温和，在香料制造中更有价值；橙花醇和香叶醇互为几何异构体，存在于玫瑰油、橙花油、香茅油等中，用来制造香料。柠檬醛 a（牻牛儿醇或香叶醛）及柠檬醛 b（橙花醛）是几何异构体，是由香茅属植物柠檬草经水蒸气蒸馏所得柠檬油的主要成分，也存在于新鲜的柠檬果皮中，有强烈的柠檬香味，用于配制香精，也是合成紫罗兰酮和维生素 A 的原料。

| 橙花醇 | 香叶醇 | 柠檬醛a | 柠檬醛b |

（2）单环单萜　单环单萜的基本碳骨架是两个异戊二烯之间形成一个六元环状结构，饱和环烃称为萜烷，化学名称为1-甲基-4-异丙基环己烷。萜烷的重要衍生物C3位上连有羟基的含氧衍生物，称为3-萜醇，俗称薄荷醇或薄荷脑；萜烷的异丙基存在双键时，称为苧烯，是重要的单环萜。

| 萜烷 | 3-萜醇 | 苧烯 |

3-萜醇分子中有3个手性碳原子，故有4对对映体，分别是（±）-薄荷醇、（±）-异薄荷醇、（±）-新薄荷醇和（±）-新异薄荷醇。

薄荷醇
(menthol)

新薄荷醇
（neomenthol）

异薄荷醇
(isomenthol)

新异薄荷醇
（neoisomenthol）

其中薄荷醇的三个取代基都处于e键上，是最优势构象，（-）-薄荷醇是自然界存在的。我国盛产的薄荷草，其茎、叶中富含薄荷醇，（-）-薄荷醇具有局部止痛和消炎功效，内服有安抚胃部及止吐、解热功效，医疗上用作清凉剂和祛风剂。清凉油、人丹等中均含有此成分。

苧烯分子中含有一个手性碳原子，有两个旋光异构体。松针中含有左旋体，柠檬油中含有右旋体，都有柠檬香味，可用作香料及合成橡胶的原料。

（3）双环单萜　双环单萜的骨架是两个环共用两个碳原子构成的，其中最重要的是蒎族和莰族化合物，比较重要的双环单萜类化合物是蒎烯、莰醇和莰酮，结构式为：

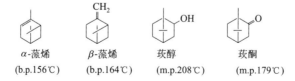

| α-蒎烯 | β-蒎烯 | 莰醇 | 莰酮 |
| (b.p.156℃) | (b.p.164℃) | (m.p.208℃) | (m.p.179℃) |

α-蒎烯和β-蒎烯结构上的差别在于双键位置的不同，都存在于松节油中。但α-蒎烯是松节油的主要成分，含量可达80%。它们都是不溶于水的油状液体，用于制药和造漆工业中，α-蒎烯也是合成冰片和樟脑的原料。

莰醇又名冰片或龙脑，存在于多种植物的精油中，为无色片状晶体，有清凉气味，用于医药、化妆品工业及香精的配制。

　　莰酮俗名樟脑。莰酮有两个手性碳原子，但只有一对对映体。莰酮存在于樟树中，把樟树的枝叶切碎进行水蒸气蒸馏即得到莰酮，天然存在的莰酮为右旋体。莰酮为无色晶体，易升华，有令人愉快的气味，医药上用作强心剂和兴奋剂，有驱虫作用，可作衣物防蛀剂。莰醇氧化即得莰酮。

2. 倍半萜

　　倍半萜是由三个异戊二烯单元相连而成的化合物，如法尼醇和山道年等都属于倍半萜。

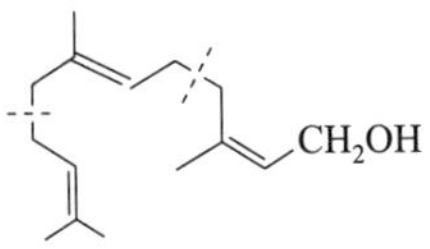

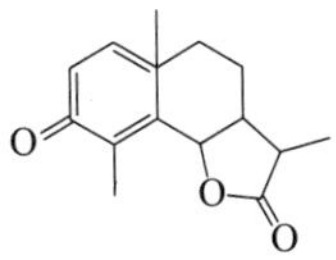

法尼醇　　　　　山道年

　　法尼醇广泛存在于玫瑰油、茉莉油、橙花油和金合欢油等中，是一种名贵的香料，用于制高级香精。山道年是由山道年花蕾中提取的无色晶体，不溶于水，易溶于有机溶剂，由于分子中有一个内酯环，所以易被碱水解成山道年酸盐而溶于碱中。医药上，山道年用作驱蛔虫药，是宝塔糖的主要成分。

3. 二萜

　　二萜是由四个异戊二烯单元相连而成的化合物，广泛存在于动植物中。叶绿醇是叶绿素的一个组成部分，用碱水解叶绿素可得叶绿醇。叶绿醇是合成维生素 K 及维生素 E 的原料。

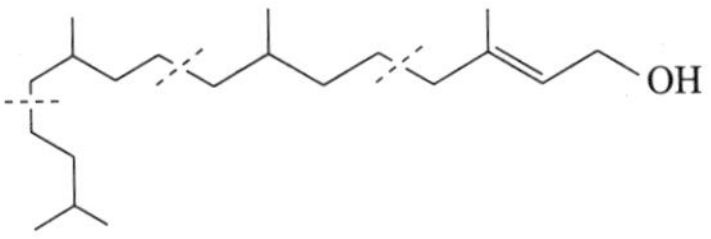

叶绿醇

4. 三萜

　　角鲨烯是最重要的三萜，在鲨鱼肝油中含量较多，也存在于橄榄油、麦芽和酵母中。其结构特点是中心对称，在分子中心处的两个异戊二烯单元是以尾尾相连的，其结构为：

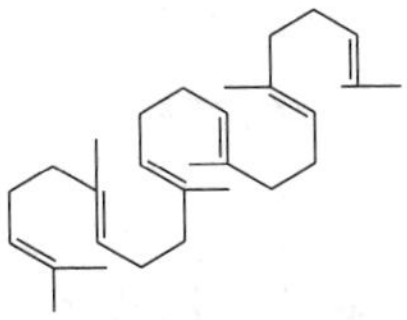

角鲨烯

　　角鲨烯为油状液体，不溶于水，溶于有机溶剂。经氧化、环化及甲基重排形成羊毛甾醇，而羊毛甾醇又是生物合成其他甾族化合物（如胆甾醇）的前身，体现了萜类化合物与甾族化合物之间密切的生源关系。

5. 四萜

　　四萜是由八个异戊二烯单元相连而成的化合物，这一类化合物的分子中都含有一个较长的碳碳双键共轭体系，多呈现由黄到红的颜色，常称为多烯色素。最早发现的多烯色素是胡萝卜素，它不仅存在于胡萝卜中，也广泛存在于植物的叶、花、果实以及动物的肝脏和乳汁中。胡萝卜素有 α、β、γ 三种异构体，其中以 β- 异构体的含量最高，也最重要，其结构为：

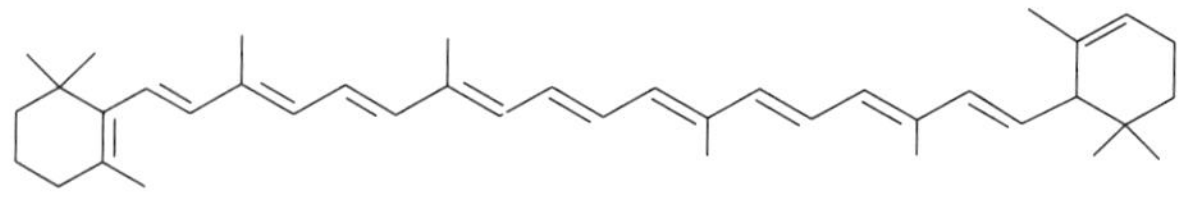

α-胡萝卜素 (m.p.188℃)

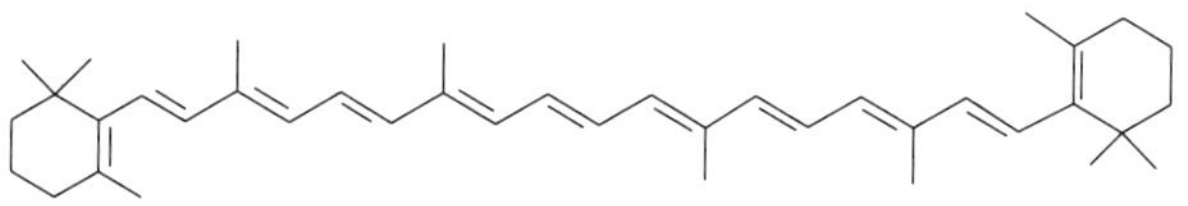

β-胡萝卜素 (m.p.184℃)

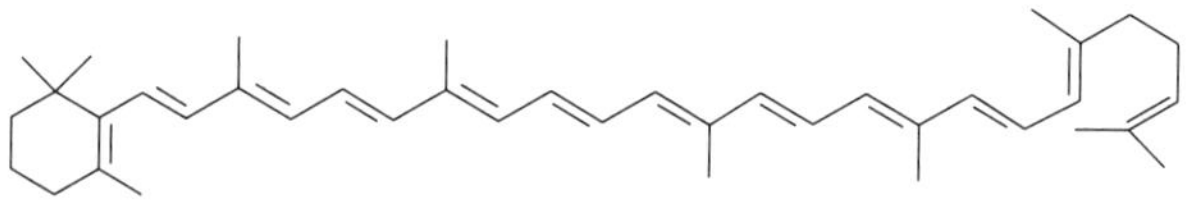

γ-胡萝卜素 (m.p.178℃)

结构与胡萝卜素相似的还有叶黄素、玉米黄素和番茄红素等，它们都是重要的天然色素。玉米黄素是 β- 胡萝卜素的二羟衍生物，存在于玉米、蛋黄中。番茄红素是胡萝卜素的异构体，存在于番茄和西瓜等果实中。它们与其他胡萝卜素的异构体或衍生物统称为类胡萝卜素，其结构为：

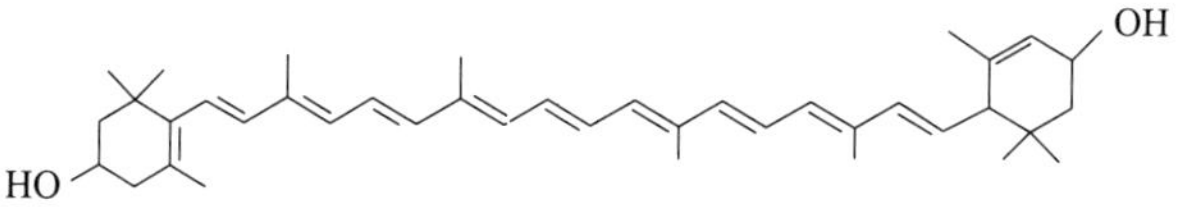

叶黄素

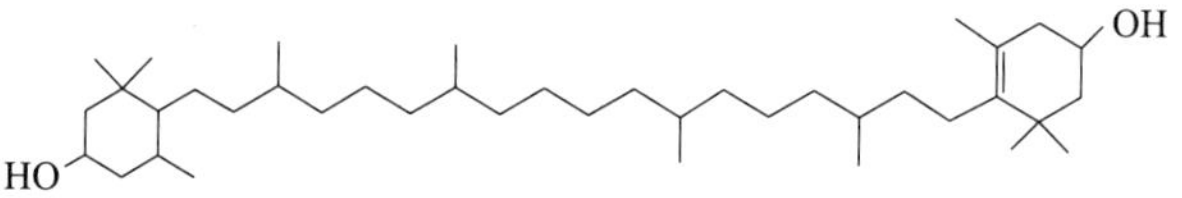

玉米黄素

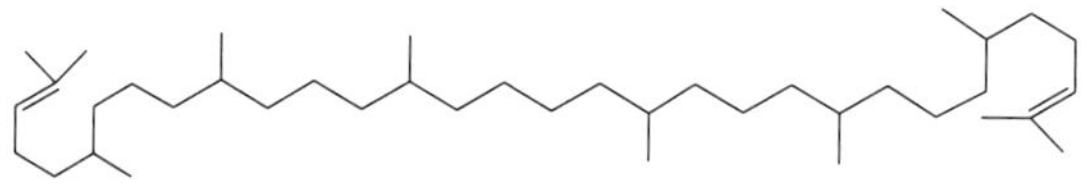

番茄红素

6. 多萜

主要是天然橡胶和古塔波胶，通过萜单元构成了大分子长链化合物。它们都是生物化学活动的天然产物，天然橡胶产自热带的橡胶树，主要成分是顺式的萜单元构型；古塔波胶产自东南亚热带雨林的古塔波树和南美的巴拉塔树，主要成分为反式萜单元构型。而在我国特有的杜仲树，它不仅是一种名贵的中药，还可从其根、茎、叶、花、果实和种子的含胶细胞中提取出主要成分反式萜单元材料。多萜天然高分子材料是大宗的现代化产品，在国家经济建设和国防建设中发挥着独特作用。

天然橡胶　　　　　　　　古塔波胶

🔄 思考题

萜类化合物的主要生产方法有植物提取、化学合成和生物催化转化 3 种。大多数萜类化合物在其天然来源中含量低、成分复杂，且某些植物天然资源濒危、生长周期长、人工种植困难、地理气候条件限制等，这些因素都阻碍了天然萜类化合物的植物提取规模化生产。化学合成过程往往都具有步骤烦琐、收率低、副产物成分复杂、后续产品分离纯化困难、易造成环境污染等严重缺点。生物合成技术则是最佳选项。市场上作为医药功能性萜类化合物，按照价格分为泛用萜烯类、高值萜烯类、珍稀萜烯类。而珍稀萜烯类在生物医药领域具有重要地位，其单品价格极高，商业及社会价值巨大。请对珍稀类檀香醇、青蒿素、紫杉醇等，设计一条科学合理可行的生物合成技术路线，不仅能够解决行业问题，也能够解决社会问题。

第二节　甾族化合物

甾族化合物，又称甾体、类固醇化合物，结构类型繁多，都含有一个环戊烷并多氢菲的基本骨架。甾族化合物广泛存于动植物体内。例如人体含有的甾族激素：由肾上腺皮质分泌出来的肾上腺皮质激素——氢化可的松、去氧皮质酮；由性腺分泌的雌性激素、β- 雌二醇、黄体酮和雄性激素睾酮等。均在人体中起着非常重要的生理作用。临床上用甾族化合物治疗某些疾病有明显的疗效。

一、甾族化合物的基本结构

甾的基本结构，由一个环戊烷并多氢菲的基本骨架，并且带有三个不同侧基。

"甾"是个象形字，是根据这个化合物而来，"田"表示四个环、"巛"则表示为三个侧链。四个环用 A、B、C、D 编号，碳原子也按固定顺序用阿拉伯数字编号。

由于甾族化合物的结构比较复杂，一般常用与其来源或生理作用有关的俗名来命名。如胆甾醇和多角甾醇等。

二、甾族化合物的构象

甾族化合物的结构比较复杂。四个环、六个手性碳原子，应该有对映异构体 $2^6=64$ 个。但天然甾族化合物现已知的只有两种构型，一种是 A 和 B 环以反式相并联，另一种是 A 和 B 环以顺式相并联。B 和 C 环，C 和 D 环之间以反式相并联。

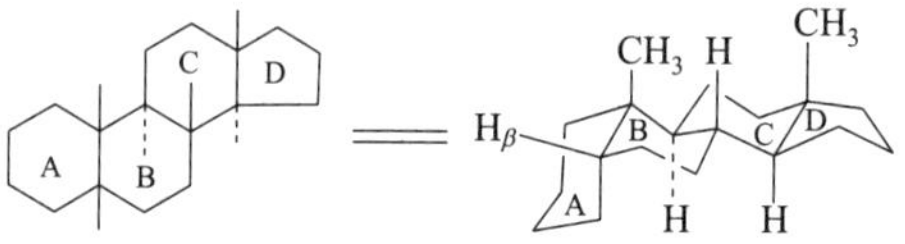

A/B 顺式构象

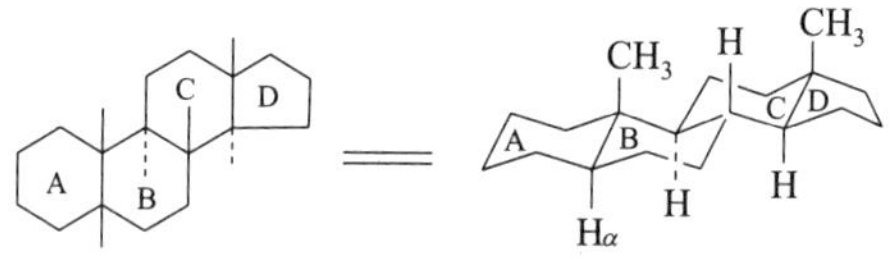

A/B 反式构象

从构型看，与甾所连接的基团，可以在环平面前，也可以在环平面后。一般将甾族化合物分子中环平面前的基团称为 β- 构型，用实线表示；把在环平面后的基团称为 α- 构型，用虚线表示。5α- 胆甾烷 -3- 醇的两种异构体如下：

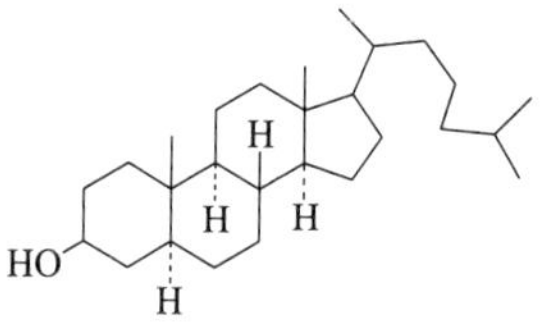

5α-胆甾烷-3β-醇 5α-胆甾烷-3α-醇

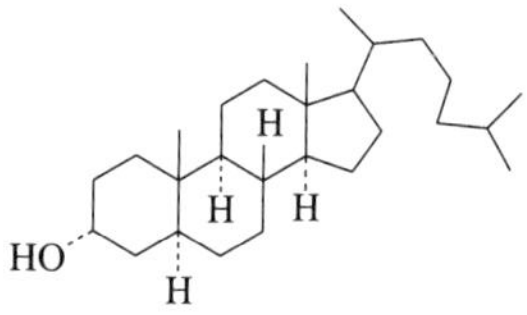

甾族化合物结构式中所有环接合点，一定要标明 H 或 CH_3。

三、甾族化合物的种类

根据甾族化合物的存在和化学结构可以分为：甾醇、胆酸、甾族激素和甾族生物碱等。

1. 甾醇

甾醇为饱和或不饱和的仲醇，可以从脂肪中不能皂化的部分分离出来。天然甾醇中的醇羟基都在3位上，并且与角甲基在环平面的同一边，这样的取代基常用 β 表示。根据附存物，甾醇分为动物甾醇和植物甾醇两类，胆甾醇和麦角甾醇可以作为这两类甾醇的代表，它们的结构如下：

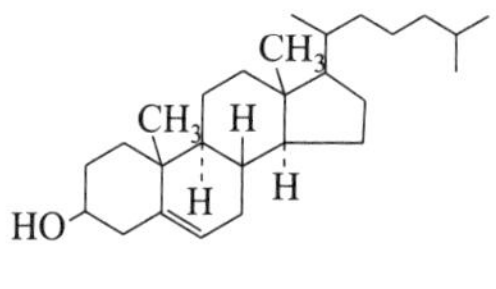

胆甾醇 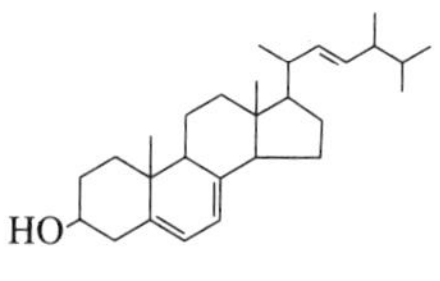   麦角甾醇

胆甾醇又名胆固醇，是最早发现的动物甾醇，存在于人和动物的血液、脂肪、脑髓和胆汁中。胆甾醇是无色或淡黄色晶体，微溶于水，易溶于乙醚和氯仿等有机溶剂。它在人体中的作用尚不清楚，但含量过高会引起胆结石、动脉硬化和心脏病。

植物甾醇最重要的是麦角甾醇，紫外线照射麦角甾醇，能转化成维生素 D_2。

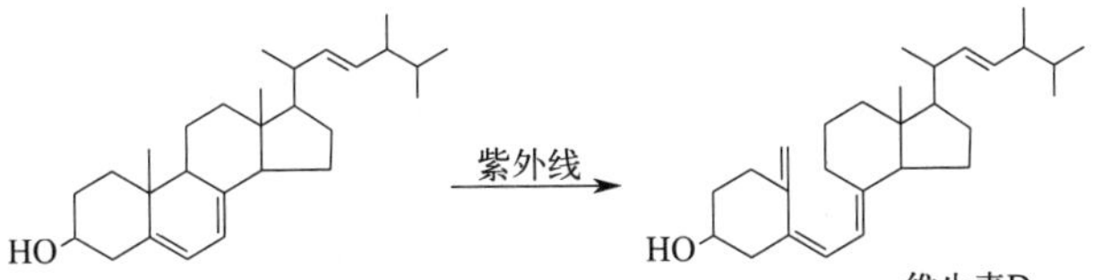

麦角甾醇 —紫外线→ 维生素D_2

维生素 D 广泛存在于动物体中，如鱼的肝脏、蛋黄和牛奶中含量较丰富。当缺乏维生素 D 时，儿童患佝偻病，成人患软骨病，因而维生素 D 又称为抗佝偻病维生素。其中以维生素 D_2 和维生素 D_3 的生理活性最强。

2. 胆酸

用水解的方法可从胆汁中分离出来一系列羧酸。从人和牛胆汁中所分离出来的羧酸主要为胆酸及去氧胆酸：

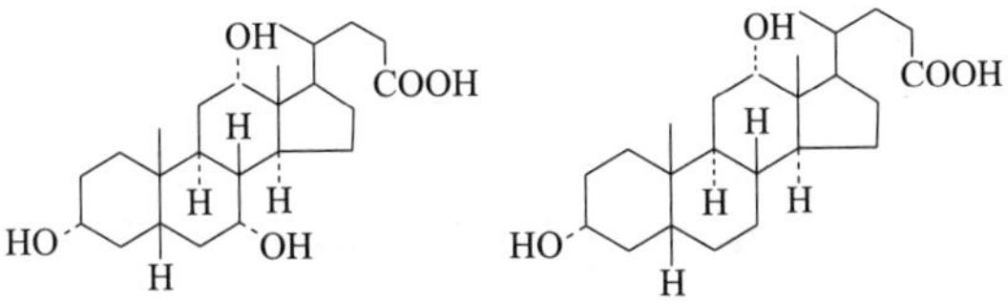

胆酸　　　　　　去氧胆酸

在胆汁中，胆酸以胆酸盐的形式存在，即胆酸中的羧基与甘氨酸（H_2NCH_2COOH）或牛磺酸（$H_2NCH_2CH_2SO_3H$）中的氨基形成酰胺键，而以后者的羧基或磺酸形成盐。胆酸盐的作用是脂肪乳化，促进脂肪在肠中的水解和吸收。

3. 甾族激素

激素是动物体内各种内分泌腺分泌的一种微量的但具有重要生理活性的物质，在机体的生长、发育和生殖过程中发挥十分重要的调节作用，是维持正常代谢所必需的。根据其来源和生理功能，都属于甾族化合物，即甾族激素。

甾族激素包括性激素和肾上腺皮质激素。性激素又分为雌性激素和雄性激素两类。雌性激素及雄性激素是决定性征的物质。

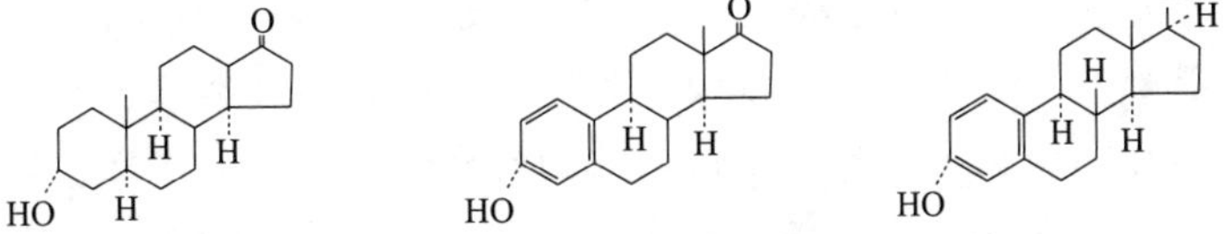

雄性激素（男性尿液中提取）　雌性激素（孕妇尿液中提取）　雌二醇（猪卵巢中提取）

雄性激素的 A 环是饱和的，是仲醇；雌性激素的 A 环是芳环，属酚结构。

肾上腺皮质激素是哺乳动物肾上腺皮质所分泌的。可的松和皮质甾酮是其中的一类代表。

可的松具有控制糖类的新陈代谢、促进机体生理机能的作用，具有抗炎症、抗过敏和抗毒素等药理作用，临床上多用以控制严重中毒性感染和风湿病等。近年来，合成或改性的可的松，疗效强而副作用小，醋酸泼尼松和醋酸泼尼松龙分子结构如下：

醋酸泼尼松　　　　　　　　　醋酸泼尼松龙

其抗炎作用比其母体（可的松和氢化可的松）均强四倍之多。

 阅读材料 I

萜单元与天然橡胶

萜类化合物在自然界中广泛存在，如高等植物、真菌、微生物、昆虫以及海洋生物中都有萜类成分，其种类繁多，估计有1万种以上。有的是链式结构，更多的是环状结构。然而，天然橡胶就是多萜类化合物的链式结构。

萜单元是异戊二烯，天然橡胶的结构就是萜单元。由无数个萜单元构成了天然橡胶大分子化合物。天然橡胶是橡胶树的分泌物，是植物生物化学变化的结果。从橡胶树割胶得到生胶，再加工得到天然橡胶材料，从天然橡胶的结构中认识到天然橡胶是异戊二烯聚合而成，进而认识到萜单元的构成形式。

天然橡胶

人类合成了异戊二烯，由此也合成了聚合异戊二烯大分子化合物，即异戊橡胶，开启了异戊橡胶的研究、开发和应用。在结构上，人类通过钛系催化剂、锂系催化剂和稀土催化剂，合成了异戊橡胶。虽然人工合成的异戊橡胶与生物化学转化的天然橡胶的结构有高度的相似性，但还不能完全拟合。结构中的构造仅仅是结构的最低级层级。涉及构型，天然橡胶就是萜单元的头尾相接，而合成橡胶的结构单元连接还不能达到完全一致；在三系合成的异戊橡胶中，从结构上看，或者分子量偏低，或者相对黏度偏低，或者玻璃化转变温度偏高，或者结晶半衰期太长等等。结构上的不足，在使用性能上就不可避免地存在一些不足。例如避孕套，就只能是天然橡胶制造，合成的异戊橡胶或者其他合成橡胶都无法与天然橡胶相媲美。在国防的一些产品制造中，依然以天然橡胶为主力橡胶。

顺-1,4-聚异戊二烯　　　　　　　反-1,4-聚异戊二烯

天然橡胶、钢铁、煤炭、石油并称世界性的四大工业原料，广泛用于交通、医疗和国防军工等领域，是重要的战略物资。因此，橡胶树的种植与研究工作成为各国竞相研发的重点。

世界上早期的橡胶树原产于巴西，主要分布于南北纬 10°内。1876 年，英国人威克姆（H.Wickham）将 7 万颗橡胶树种子运出巴西，送往英国。随后，英国人将这些幼苗移植到斯里兰卡和马来西亚，从而逐渐被亚洲热带地区广泛栽培。1904 年，云南省一公司引进橡胶树苗 8000 余株，几经周折运到云江县新城凤凰山种植，开启了中国橡胶树的种植历史。

新中国成立之前，天然橡胶树的栽种面积很小。随着经济建设和国防建设的需要，我国大力开展优质橡胶树的引种和研发。1951 年，周恩来总理召开了政务院会议，对华南橡胶树种植工作进行部署，1965 年底，中国橡胶树实有面积达到 265.02 万亩，实现了快速发展。到 2020 年，我国橡胶树种植面积已经超过 2200 万亩，天然橡胶年产约 80 万吨，种植面积居世界第三位，产胶量居第四位，成为世界天然橡胶生产大国。从萜单元材料的发展路径，可窥见我国方方面面的卓越发展成就。现在的中国是和谐的、稳定的、幸福的，为了国家更美好的明天，为了国家文明昌盛，要努力学习，为国家的建设打下牢固的基础。

阅读材料 Ⅱ

薄荷醇与我国的薄荷油生产

薄荷醇是萜类化合物。目前有 70% 的薄荷醇由天然薄荷油提取，30% 的薄荷醇由人工合成。天然薄荷醇主要应用于医药、食品和口腔卫生。合成薄荷醇主要应用于化妆品等。

薄荷醇中的 L-薄荷醇，是全球用量最大的香料之一。由于其具备薄荷香气以及清凉作用，被应用在食品和医药等领域，其中食品级 L-薄荷醇应用最为广泛，在薄荷醇总销量中占比 90% 以上。

L-薄荷醇，名称很多，诸如左旋薄荷醇、L-孟醇、5-甲基-2-异丙基环己醇、结晶薄荷脑、薄荷醇（标准品）、薄荷脑［L-(-)-薄荷醇］、薄荷冰等。

天然薄荷醇，我国是主要生产国，产量占世界四分之一，产值占世界贸易 40%。我国薄荷醇香味纯正，国际客户更喜欢使用中国产薄荷油和薄荷醇，中国产品的卖价比国际同类产品高得多。

成熟的薄荷植物收割后，经过水蒸气蒸馏得到薄荷油。薄荷油是薄荷醇的粗产品，其含量大约 80%。薄荷草本植物在我国各地都有栽培，生长于河沟边或山野潮湿地。以江苏、上海和安徽等地的质量为好。薄荷草本本身就具有浓郁香气清凉味，是中国特产。薄荷油中除薄荷醇为主要成分外，尚有薄荷酮、薄荷醇的醋酸酯及其他萜烯化合物。薄荷油冷至 0℃以下即析出结晶，用酒精重结晶，可得纯 L-薄荷醇。

国标 GB 2760—2024 规定天然薄荷醇为允许使用的食用香料。主要用于牙膏、糖果、饮料的加香。用量按正常生产需要，一般在口香糖中 1100 mg·kg⁻¹；糖果中 400 mg·kg⁻¹；烘烤食品中 130 mg·kg⁻¹；冰激凌中 68 mg·kg⁻¹；软饮料中 35 mg·kg⁻¹。供配制薄荷型香料（可占 10% ~ 18%）。

薄荷醇有重要药用价值，薄荷成为重要中草药。1600 多年前中国就用薄荷治病。明代著名医书《本草纲目》对薄荷的性能和医疗作用有详细记载，说它"味辛、苦，性凉"。近代医学证明它有兴奋作用，使皮肤毛细管扩张，促进汗腺分泌，发汗解热，疏散风热，可用于治疗感冒风热。市售清凉油、风油精、人丹等中成药中，薄荷都是重要成分之一。清凉油是由薄荷油、丁香油、樟脑、白蜡和白凡士林配制而成，俗称万金油，外用可治感冒头痛和虫咬发痒。

将鲜薄荷叶揉搓后贴在太阳穴上，可治血管扩张性头痛。能治鼻炎、抗脓毒、治皮肤病等。

 AI 科普

萜类化合物的
保健功能

 习题

1. 写出古塔波胶、天然橡胶的萜单元结构。
2. 写出柠檬烯、β- 胡萝卜素的萜族结构。
3. β,γ- 不饱和甾酮在酸性条件下可以转化为 α,β- 不饱和甾酮。结合已有的烯烃化学性质，提供分步的、合理的反应机理。

4. 选择题（单选）。
（1）萜类化合物的基本特性是（　　　）。
A. 具有芳香气味　　　B. 分子中碳原子数是 5 的整数倍
C. 分子具有环状结构　D. 分子中具有多个双键
（2）薄荷醇中有（　　）个旋光异构体。
A. 2　　　　　　　B. 6　　　　　　　C. 4　　　　　　　D. 8
（3）樟脑分子中有 2 个手性碳，则它有（　　　）。
A. 四个立体异构体　　B. 三个立体异构体
C. 两个立体异构体　　D. 没有立体异构体

（4）具有环戊烷氢化菲骨架的化合物属于（　　　）。

A. 多环芳烃　　　　　　　B. 萜类　　　　　　　C. 生物碱　　　　　　　D. 甾族

（5）α-蒎烯和β-蒎烯属于（　　　）。

A. 对映异构　　　　　　　B. 互变异构　　　　　　C. 顺反异构　　　　　　D. 位置异构

5. 写出樟脑与下列试剂反应的化学方程式。

（1）2,4-二硝基苯肼　　　（2）羟胺　　　　　（3）H/Pt

6. 写出甾族化合物基本结构并给各碳原子编号，说明什么是α-取向，什么是β-取向。

参考文献

［1］ 刑其毅，等．基础有机化学［M］.4 版．北京：北京大学出版社,2016.

［2］ 高占先．有机化学［M］.3 版．北京：高等教育出版社,2018.

［3］ 胡宏纹．有机化学［M］.5 版．北京：高等教育出版社,2020.

［4］ 高鸿宾．有机化学［M］.4 版．北京：高等教育出版社,2006.

［5］ 王积涛．有机化学［M］.3 版．天津：南开大学出版社,2009.

［6］ 陆涛．有机化学［M］.9 版．北京：人民卫生出版社,2022.

［7］ 徐国财，张晓梅．有机化学［M］．北京：科学出版社,2008.

［8］ 江洪，陈长水．有机化学［M］.4 版．北京：科学出版社,2018.

［9］ Schwarzenbach R P,Gschwend P M,Imboden D M. Environmental organic chemistry［M］.John Wiley & Sons,2016.

［10］ 王丽,潘虹,刘大颖．有机化学课程思政教学实践［J］.化学教育 (中英文),2022,43 (18):58-63.

［11］ 韩广甸,金善炜,吴毓林．黄鸣龙——我国有机化学的一位先驱［J］.化学进展,2012, 24 (7): 1229-1235.

［12］ McMurry J. Organic chemistry［M］. Cengage Learning,2016.

［13］ Bruice P Y. Organic chemistry［M］. Pearson,2017.

［14］ Carey F A, Sundberg R J.Advanced organic chemistry: part A: structure and mechanisms［M］.Springer Science & Business Media,2007.

［15］ Smith M B.March's advanced organic chemistry: reactions, mechanisms,and structure［M］.John Wiley & Sons,2020.